U0612725

普惠金融与"三农"经济研究系列丛书

普惠金融实践创新：广东案例

张乐柱　著

中国农业出版社

北　京

序　言

　　金融是现代经济的核心。金融业的规模经济性和空间聚焦性容易导致金融发展的不平衡不充分问题。特别是，空间分散和稀薄市场等因素的高交易成本等因素，会从广度、宽度和深度等方面，不利于农村金融市场的发展。农民，尤其是小农，容易遭遇到金融排斥和信贷配给等问题，而且农民的认知偏差和较低的金融素养，会使问题变得更为严峻。数字技术和数字经济快速发展带来的数字金融，在一定程度上降低了信息成本和交易成本，在促进长尾市场发展的同时，也在很大程度上促进了农村金融市场的发展。数字鸿沟的存在，也使得农村金融市场发展面临着较大的困难。相应地，特别对发展中国家的农村地区来说，普惠金融是一个世界性难题。作为人口最多的发展中国家，中国也一样面临着较大的城乡金融发展不平衡问题，普惠金融也由此变得非常重要。

　　广东是中国第一经济强省，同时也是区域差距和城乡差距较大的省份。在金融领域，广东的区域差距和城乡差距也是比较大的。对改革开放前沿阵地的广东来说，在通过普惠金融助推乡村振兴并实现现代化方面，承担着重要责任和使命。这既是国家对广东的要求，也是广东农村高质量发展的需要。当前，广东正在以习近平新时代社会主义思想为指引，谋划"十四五"发展规划。其中，发展普惠金融，也是重要的一环。广东省委、省政府一直高度重视普惠金融，广东的普惠金融发展也取得了较大的进展，探索了不少颇有成效的经验模式。不过，普惠金融的发展是一个系统工程、是一个动态过程。对广东来说，普惠金融的发展还面临着不少亟待解决的问题，还存在一些需要克服的困难。

通过普惠金融，解决广东金融发展的不平衡和不充分问题，不但关系到广东金融业的可持续发展，也关系到广东乡村振兴战略的顺利实现，更是关系到广东现代化建设目标的如期实现。研究广东普惠金融的规律、总结其经验，发现问题并提出方案，是摆在社会各界特别是学术界面前的一项历史使命。要完成这项使命，高校责无旁贷。就发展普惠金融而言，华南农业大学应该发挥它的重要作用。依托金融学广东省特色重大学科、广东省金融大数据分析重点实验室、金融学学术和专业硕士授权点、金融学国家一流专业建设点等平台，华南农业大学金融学学科，在普惠金融的学术研究、人才培养和社会服务等方面，一直发挥着重要作用；为广东农村金融和普惠金融的发展，做出了不可替代的贡献。

华南农业大学金融学学科（专业）的发展，长期以来得到了广东省委、省政府的大力支持。随着乡村振兴战略的深入推进，广东加大了对华南农业大学的支持力度。2020 年，在广东省人民政府张新副省长的关心和指导下，华南农业大学成立了普惠金融与"三农"经济研究院。成立该机构的宗旨主要是：加强普惠金融的学术研究、人才培养和社会服务，探索广东普惠金融的发展道路、实践模式及其所需要的政策支撑体系；通过普惠金融的发展，助推广东乡村振兴战略和粤港澳大湾区战略，促进广东更平衡更充分的发展。根据广东经济和金融发展的特点，我们把研究方向聚焦于普惠金融、数字金融、农村产权抵押融资等领域。为了使社会各界了解广东普惠金融在理论、实践和政策等方面的状况，促进广东普惠金融事业的发展，我们计划出版系列丛书。

本书的出版，得到了很多人的大力支持。在此，特别感谢广东省人民政府张新副省长、广东省地方金融监督管理局童士清副局长、华南农业大学刘雅红校长、华南农业大学仇荣亮副校长、华南农业大学科研院社科处原处长谭砚文教授、黄亚月副处长，华南农业大学普惠金融与"三农"经济研究院姜美善教授等团队负责人、彭东慧等骨干成员、华南农业大学徐俊丽、李德力等博士研究生、华南农业大学郭金海和何海彬等硕士研究生，以及广东金融学院华南创新金融研究院金山副教授、暨南大学博士研究生秦嫣然等。当然，也要感谢广东省财政专项资金（粤财金202054号文件）对本系列丛书的资金支持。

华南农业大学经济管理学院
华南农业大学普惠金融与"三农"经济研究院　　　米运生

乡村振兴的普惠金融逻辑 （自序）

  2017年党的十九大首次提出乡村振兴战略，2018年1号文件正式推进乡村振兴战略的实施，要求农业农村优先发展。乡村振兴的核心是产业振兴，目的是让农民收入增加、富裕幸福。乡村振兴意味着资源要素向农村地区集聚，金融作为市场化资源配置的技术和主要渠道，其聚焦乡村群体资金需求是时代赋予的历史使命，且农村信贷市场天然具有普惠效应。因此，构建普惠金融服务体系，通过金融技术创新，使服务惠及乡村弱势群体就是必选项。暂不论从小额信贷至微型金融再到普惠金融的发展历程，仅自2005年国际社会推进起算，普惠金融发展也已17载。政府动用财政与行政资源积极推动，学术界在理论上做了海量研究，实践界将触角伸向了原被排斥的群体和领域，均取得了不菲成绩，促进了国家减贫目标的实现。然而，离长尾群体获取"信贷权"的预期尚有距离。

  从经济学考虑，农村金融需求得不到满足是由于金融交易的均衡点处于低水平，这是理性人假设下的私人决策偏离"社会决策"的必然。因为存在外部正效应，必须将外部效应内化以达成金融交易条件，才能提高均衡产出水平，金融部门才有服务乡村振兴的动力。但现实中存在着条件约束：一方面是收益刚性约束，"三农"项目整体收益远低于城镇项目，形成地域性排斥效应；另一方面是成本约束，高成本是农村金融交易的最大制约，同时抵押物品缺乏，信用体系不完善及信息显示机制失灵，风险分散机制缺失，初始和拓荒成本容易"沉没"。从功能视角定义，金融是一种创造信用、在时空维度上实现资源与风险配置的技术。该技术在农村金融市场上的运用既遵循金融一般规律，也有其独特逻辑。首先，农村金融资源与风险配置遵循市场机制。当存在效益外溢时，应通过收益、成本、风险等方式寻求外部性的"内部化"。其次，农村区域更应关注未来收益预期。构建农村产权市场，促进农村资产的资本化，应是乡村振兴金融技术服务的重点领域；而信用创造要基于乡村的约束条件，这就需要创新乡村振兴金融产品。再次，农村金融应通过金融交易技术与交易条件的改善降低成本。最后，需构建农村风险分散机制。资源与风险配置是一个不可分割的过程，应让有能力的人承担风险从而获得风险溢价；将资源配置到能有效利用并取得最大产出的人手中，才能实现社会福利最大化。因此，基于乡村实际创新金融产品才能实现服务乡村振兴的目标。

作为中国改革开放的试验地，广东率先开启以普惠金融减贫和缩小粤东西北与珠三角贫富差距的行动，推进新农村建设和共同富裕进程，取得了不菲绩效。但实践中出现的效率不高、体系功能缺失、资产难以证券化和资本化等问题制约了普惠深度和广度。总结实践中的创新、破解制度性约束正是需要着力解决的问题，也是本书的主要逻辑。

第一部分广东农村普惠金融供给效率研究，是针对中国普惠金融发展以高昂的财政补贴为支撑、供给效率不高、难以惠及长尾群体的现实，主要从资金需求方——农户视角出发，构建农户借贷交易费用指标体系，实证分析交易费用如何影响农户正规金融借贷可获性。以广东省"银行＋农村金融服务站＋农户"和"政府＋银行＋保险公司＋农户"两种模式为案例，探寻节省交易费用的制度安排和治理结构设计。基于研究结论，广东省应主要从基础性金融服务普惠创新和市场化配置普惠信贷资源机制两方面设计低交易费用的普惠金融供给制度。

第二部分广东农村微型金融体系研究，以需求和市场导向逆向思维，从制度层面剖析农村微型金融发展制约因素、适宜的生存制度环境，揭示农村民间信贷的特有规律并借鉴其互联机制优势，结合并利用农村社会资本、信息、组织等资源，构建毛细化农村微型金融体系；设计农村微型金融利益联结机制，创新基于农村需求的金融产品以及政策性激励机制。广东省应从财政政策弥补微型信贷市场外部性、优化信用生态机制、建立信贷成本补偿机制等方面助力农村微型金融体系建设。

第三部分广东省林业资产资本化的制度研究，从资本化的前提"产权清晰"、资本化的基础"林权估价"、资本化的核心"金融产品交易"这三个方面分析制度约束及相应配套制度创新，以期实现以资本化金融技术盘活林业资产的目的。通过研究可知：广东省林业资源资产资本化程度不高，但广东集体林权"分股不分山"改革模式符合林业资源规模经营和风险防范特点，有利于引入社会资金，为林业资产资本化奠定了良好基础。改革的着重点：构建林权交易市场，创建林业资产评估县级机构，促进林业产权的当期或跨期交易，并进一步推进林权抵押贷款、林业资产证券化、林业资产入股开发、林业资产转让等林业金融产品创新方式。

第四部分普惠金融实践创新的广东案例，该部分通过对清远农商银行、农行大埔支行、阳西农商银行、肇庆农商银行、罗定农商银行以及云浮市、梅州市等地小微企业、农户、贫困户的问卷调查与访谈，从需求与供给两个维度考察约束金融交易的实际状况，重点从普惠信贷产品创新、普惠服务深化机制、新科技推进普惠金融、减贫机制、金融素养与信贷可得性、贫困农户信用评价体系、数字普惠等视角归纳总结了广东省各地的普惠金融探索，提供了值得借鉴的 11 个案例。

当然，以上研究都是在对广东省的田野调查基础上进行的，算是对广东部分普惠金融实践的"扫描"，主要目的是提取值得借鉴的经验。需要指出的是，金融作为现代服务业，其真正的创新无论是体制机制还是产品，必须基于服务对象的需求导向，唯有如此才能达到配置效率。而任何制度的诞生虽有共性，但都有其独特的条件环境，也即生存背景，"拿来"时需要一并识鉴。

聊作序。

张乐柱

2021 年 12 月 19 日

目　　录

序言

乡村振兴的普惠金融逻辑（自序）

第一部分　广东农村普惠金融供给效率研究

第二部分　广东农村微型金融体系研究

第三部分 广东省林业资产资本化的制度研究

第四部分　普惠金融实践创新的广东案例

>>>

第一部分
广东农村普惠金融供给效率研究①

我国在 20 世纪 80 年代引入了普惠金融理念，2015 年 12 月 31 日《推进普惠金融发展规划（2016—2020 年）》出台，普惠金融成为国家战略。据世界银行调查报告显示，我国普惠金融水平已高于发展中国家平均水平，有些领域甚至超过中高收入国家。但现实中我国普惠金融发展是以高昂的财政补贴为支撑的，推行的实际效果并不理想，农村金融市场上高昂的交易费用、信息不对称以及缺乏有效的合约机制，使得"农户惧贷，银行惜贷"现象依旧普遍存在。普惠金融核心在于为弱势群体服务，农户尤其是贫困农户是重点服务对象。然而金融服务弱势群体成本高、收益低且具有收入刚性约束特征，降低借贷交易费用、促进金融普惠的更大交易量和覆盖面、低成本地满足资金借贷需求是关键。这就需要探讨普惠逻辑，校正以财政支持代替市场机制、降低普惠金融供给效率、加大农村金融资源稀缺程度、更加难以惠及长尾群体的状况。基于效率的两部门资源优化配置逻辑，经济有效性与社会合理性是矛盾统一体，以社会合理性取代经济有效性必会导致低效和社会福利损失。本研究拟提高供给侧效率，以降低交易费用促进普惠的帕累托改进，实现更大范围、更高

---

① 该文是广东省哲学社会科学规划项目"农村普惠金融深度与供给效率研究"（项目编号：GD16CGL04）成果的一部分。执笔人：张乐柱、杨明婉。

水平的金融技术普惠，既具有理论意义，也具有实践价值。

本研究主要从资金需求方——农户视角出发，首先，使用威廉姆森的分析范式结合农贷市场特点，辅之以 2018 年广东省农户田野调查资料，构建农户借贷交易费用指标体系。其次，运用实证分析方法，探讨交易费用影响农户正规金融借贷可获性，包括是否可获得（贷款覆盖面）以及获得借贷规模（贷款满足度），从两个方面反映交易费用对普惠金融供给行为的影响。再次，以广东省"银行＋农村金融服务站＋农户"和"政府＋银行＋保险公司＋农户"两种模式为案例，以期探寻合理的制度安排和治理结构设计，从而达到节省交易费用的目的。最后，以国内外普惠金融实践为镜鉴，创新低交易费用的普惠金融供给制度。本研究具有以下边际贡献：

第一，运用 Heckman 模型研究农户正规借贷可获性，实证结果表明，贷款可获得与否是银行与农户签订借贷合约不断博弈的结果，资产专用性（房屋价值、金融资本、到银行网点的距离）影响借贷双方的信息搜寻成本；环境不确定性（金融网点个数）间接反映农户所在地金融发展程度，是农户与银行博弈时的客观费用因素；行为不确定性（个人身份特征）反映农户风险承受能力，是影响借贷契约签订的稳定性因素；交易频率影响交易双方贷中执行成本与贷后监督成本，即农户与银行签订贷款效率、违约概率高低。贷款规模是在农户贷款条件满足后，银行对借贷额度的分配。利息费用是贷款规模存在差异的直接影响因素，而人情支出是由于中国农村特殊的"人情贷"而增加的额外交易费用。

第二，解剖河源市老隆镇"银行＋金融服务站＋农户"以及佛山市三水区"政府＋银行＋保险公司"模式案例，比较分析其运行机理及形成动因，认为前一种模式利用了社会资本优势，后一种模式利用了增信和风险分散技术，两种模式均可有效降低银农双方贷前、贷中、贷后的交易费用。即在交易各方权利界定明确、专业分工的情况下，利用第三方作为乡村中介的契约安排，可以降低传统银农契约关系中的借贷交易费用。

第三，广东省应主要从基础性金融服务普惠创新和市场化配置普惠信贷资源机制两方面设计低交易费用的普惠金融供给制度；比较分析了国外普惠金融发展的四种模式——降低成本的差异化普惠模式、基于内生规则的组织化模式、以保护金融消费者权益为核心的模式、政府参与的普惠信贷模式，以期得出有效的政策建议。

1 导论 //

1.1 研究背景

"融资难""融资贵"是农村经济主体渴求金融服务的描述。如何让有限的金融资源更有效率地服务于农村经济需求主体，是乡村振兴战略对资源配置的要求。但目前农村地区金融排斥现象依然严重，很大一部分农村金融需求还得不到满足。普惠金融理念就是为那些被传统金融服务长期排斥的低收入者、贫困人口和小微企业等提供金融服务，实现其财富增长，从而实现共同富裕。

2005年，联合国提出要构建普惠性金融体系（inclusive financial system），是以可以承受的费用向弱势群体和低收入群体提供金融服务，扭转金融排斥（financial exclusion）格局，体现了金融公平，强调全民平等享受现代金融服务理念，是对现有金融体系的反思和完善（Basu，2006；Demirguc-Kunt，2006；焦瑾璞，2009）。2010年，由20国集团财政部长和央行行长组成普惠金融专家组（FIEG）发布了普惠金融九条原则；同年10月，韩国首尔高峰会议上成立了普惠金融全球伙伴。2012年，世界银行成为实施伙伴，与金融普惠联盟（AFI）、扶贫协商小组（CGAP）、国际货币基金组织（IFC）共同推动普惠行动。自中国20世纪80年代引进并在90年代末允许正规金融机构参与普惠金融以来，2013年11月，党的十八届三中全会首次正式提出"发展普惠金融，鼓励金融创新"的决定；2015年，中央1号文件再次明确提出"强化农村普惠金融"；2016年，《推进普惠金融发展规划（2016—2020年）》出台，意味着普惠金融成为国家战略。

普惠金融为中国扶贫减贫做出了贡献。根据世界银行调查报告显示，中国普惠金融发展已经高于发展中国家的平均水平，有些领域甚至超过中高收入国家平均水平。虽然我国普惠金融发展水平较高，但这种发展是建立在高昂的成本投入基础上的，普惠金融供给效率相对低下。其主要原因在于：一方面，对于普惠金融理论认识存在误区。大多数人长期聚焦于普惠金融的"普"，即让更多的弱势群体触及金融产品，追求覆盖力度，而忽视其"惠"，也就是说，在金融服务与金融产品的使用上存在不足。另一方面，没有合理处理政府与市场在普惠金融发展中的行为边界，以财政补贴降低普惠性信贷成本，实质增加了金融资源的稀缺性和普惠金融交易费用，导致普惠效益的溢出与普惠金融市场机制失灵，也使得财政支持力度不够的地区难以脱贫，从而加大了中低收入差距和区域经济发展差距。

1.2 问题的提出

当前学者主要关注的是我国普惠金融发展水平，但是忽视了实施普惠金融所投放的各种成本，应该真正给贫困群体带来脱贫能力的提高，而非仅仅关注于金融机构或代理服务的覆盖度。交易费用制约普惠效率，进而影响普惠深度，要降低农户借贷交易费用，而非一味依赖财政补贴，才能真正解决普惠深度不够、供给效率低下的问题。由此提出本文主要研究问题：

第一，借鉴交易费用经济学与制度经济学理论基础，根据威廉姆森分析范式，结合农贷市场特点，首先界定普惠金融的借贷交易费用维度，明确存在哪些费用。

第二，普惠金融发展最大的困境在于借贷双方"高交易费用"的存在，使得正规金融机构过多依赖财政投入而降低金融供给效率，难以维持自身可持续发展。这也说明，现有正规金融机构的安排不适应农户融资要求。低成本、可持续地向农户提供全方位金融服务是发展普惠金融的主要目标，解决方法在于建立低交易费用的金融制度安排和治理结构设计，从而达到节省交易费用的目的。

1.3 研究目的及意义

1.3.1 研究目的

本研究的主要目的在于低成本地向农户提供普惠金融服务与产品，普惠金融的落脚点在于为弱势群体尤其是长尾群体提供服务，农户尤其是贫困农户是普惠金融的重点服务对象，应纠正以往普惠金融推行的理念误区，即以高昂的财政成本为代价，来换取高覆盖但难以可持续发展的普惠金融举措。

本文构建了借贷交易费用的指标体系，明确存在哪些交易费用影响农户借贷行为，再试图运用案例分析法，解剖节约交易费用的制度结构，进而构建低交易费用的普惠金融供给模式。而实际上金融交易在低水平均衡徘徊，也即金融交易价格 P 高而交易量 Q 少（如图 1-1-1 中的 E_1 点），供给线与需求线在较低水平达到均衡。从这个角度看，我们所努力的目标是促成金融交易的达成，提高交易量 Q，降低价格 P，使得供给增加，需求得到满足（如图 1-1-1 中的 E_2 点）。

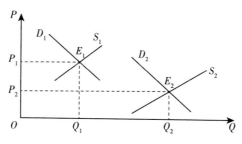

图 1-1-1　普惠金融服务供需均衡点

1.3.2　研究意义

（1）理论意义

目前研究中对普惠金融的概念界定不清楚，在实践上存在误区，大多数地方以财政支持代替市场机制，增加了交易费用。或者说，财政支持的错位扰乱了金融市场机制配置资源的功能，降低了普惠金融供给效率，导致普惠金融没有真正惠及被排斥的长尾主体。本文从交易费用视角，破解普惠金融借贷交易费用的内涵，以及影响农户正规借贷行为的机制，以期普惠信贷市场机制与更高水平交易均衡的达成，为资金要素配置提供理论基础。

（2）现实意义

基于效率的两部门资源优化配置，在实践中以需求上的管理绩效合理性掩盖供给上的经济低效率。通过研究，既为公共部门资金配置提供方向，又为普惠金融机构提供市场化普惠技术、机制与模式参考，还构建低交易费用普惠金融供给制度，促进普惠效率帕累托改进，降低农户信贷高成本的门槛，从而实现更大范围的金融技术普惠。

1.4　研究方法与数据来源

1.4.1　研究方法

在综合已有相关理论和文献基础上，结合定性与定量、规范与实证分析，具体研究方法有以下三种：

（1）田野调研法

通过对广东省部分地区的农户进行访谈与实地问卷调查，了解农户家庭基本情况、借贷意愿、借贷需求、可获得性、交易成本等信息，并收集相关数据，用于检验理论分析框架。为保证问卷设计的科学性，课题组在正式调研之前，对茂名市地区部分农户进行实地访谈；在借鉴已有文献相关问题和变量指标设计基础上，形成初步调查问卷；进行预调研，然后根据预调研实证分析结果以及多位专家、相关金融机构人员建议进行修改，最后进行大规模的正式调研。

（2）Heckman 两步法

关于农户借贷可得性数据，一方面问卷中存在不可观察因素，另一方面客观上有借贷行为的农户才有借贷规模这一数据，因而农户借贷金额的大小不具有随机性特征，对这一数据的回归将造成选择性偏差，存在样本选择偏误（伍德里奇，2003）。为解决估计偏误问题，采用 Heckman 两步法处理，回归方程有两个，第一阶段，分析是否获得正规借贷，采用 Probit 模型估计农户借贷行为发生与否，第二阶段，根据第一阶段估计结果计算逆米尔斯比率 λ，得到第二阶段的农户借贷规模方程，并使用线性回归模型（LRM）进行比较分析，以验证选择该模型的正确性。

（3）案例分析法

运用案例分析以弥补实证方法的局限性，提高研究效度。本文主要选取河源市老隆镇红桥村农村金融服务站以及佛山市三水区"政银保"模式进行剖析比较，分析其内在形成动因与运行机理，考察交易费用对契约选择与安排的影响。

1.4.2　数据来源

一是统计数据。宏观数据来源包括《国民经济和社会发展统计公报》《广东省统计年鉴》。此外，也采用广东省部分地区农业部门、金融机构的相关文献数据。

二是调研数据。实证部分的研究数据，主要来源于从 2018 年 1 月开始的对广东省部分地区的调研数据。

1.5　技术路线

本文的技术路线图（图 1-1-2）如下所示。

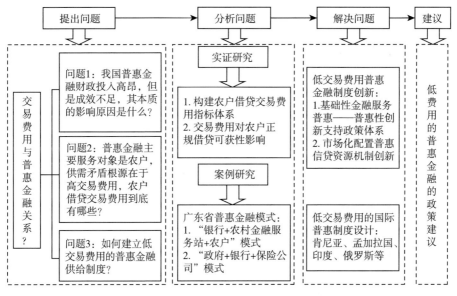

图 1-1-2 技术路线

1.6 创新之处

(1) 研究内容创新

本文运用实地调研法，结合威廉姆森的交易费用理论，设计问卷，分析农户普惠借贷的交易费用指标因素，弥补以往用交易费用研究农村正规金融借贷行为的不足。

(2) 研究观点创新

普惠金融是一种低成本向弱势群体提供金融服务的制度（或技术），作为其核心的普惠信贷必须市场化配置。我国普惠金融是在政府主导下以财政资金为"拐杖"支撑的实践，关注"绩效"（管理）而忽视"效率"（经济），成本高昂，高绩效与低效率并存。本文运用案例分析法，利用交易费用经济学与制度经济学理论，解剖低交易费用的普惠金融模式，辅之以制度设计，从而厘清普惠金融服务理念，即在政府适当的财政支持基础上，运用市场化手段，以低成本尤其是减轻财政成本的方式向农户提供金融服务。

2 文献综述

2.1 普惠金融

普惠金融来源于金融排斥，即弱势群体被排斥在主流金融服务之外（Ley-shon et al.，1996），且农村地区更为严重（Argent et al.，2000）。发展中国家20%最富有人口拥有账户比是最贫困人口的2倍（Demirguc‐Kunt et al.，2012）。中国的银行商业化使农村地区金融排斥严重（马九杰，2009；徐忠等，2009）。亚洲开发银行报告指出，要超越小额金融，构建普惠性农村金融体系（Laberte et al.，2008）。普惠金融这一概念由联合国在2005年提出，之后普惠金融虽取得一定成绩，但仍有不足，根据世界银行估算，2014年仍有约20亿成年人无法享受到最基础的金融服务。普惠金融强调"人人具有同等融资权"理念（杜晓山，2010；王曙光，2012；李明贤等，2013；吴晓灵，2013；何广文，2014），但早前学界主要关注金融排斥的地理学分析，认为金融排斥是指银行和非银行金融机构由于在贫困地区的金融零售业务大幅缩减而将其关闭或者撤出的现象。实际上，地理可及性只是金融排斥的一方面，金融排斥的概念现已扩展到更广泛的金融歧视，一些社会经济和金融服务市场因素也导致金融排斥（Kempson et al.，1999；Kempson et al.，2000）。Demirguc‐Kunt et al.（2008）将金融产品和服务的可及（access to）与使用（use）加以区分。研究表明，金融排斥或导致地区非平衡发展，强化城乡贫困（Leyshon et al.，1995、1997）。Kempson et al.（2000）指出，除了地理可及性，还有一些因素也会导致金融服务排斥，包括条件排斥、价格排斥、市场营销排斥、自我排斥。发展普惠金融的最直接目的是改变传统金融体系的金融排斥（星焱，2015），正是由于金融排斥现象的存在，推动了普惠金融的不断演进和发展（李苍舒，2015）。

普惠金融可促进金融稳定、经济增长和消除贫困（Bauchet et al.，2011；Roodman，2011；Dupas et al.，2013；Han et al.，2013），提高机会均等程

度（Demirguc‑Kunt et al.，2009；Mersland et al.，2010）。针对妇女的小额信贷会增加家庭消费与支出（Pitt et al.，1998），包容性更广的金融系统可降低基尼系数，使发达金融体中低收入人群与企业的现金流约束更容易解决（Beck et al.，2013）。张学朋（2015）通过调查甘肃省普惠金融，认为其一定程度上满足了农户基本需求，但总体满意度不高。

普惠金融强调金融服务的公平性和包容性。建立普惠制金融体系就是解决金融排斥，让那些长期得不到传统金融服务的社会弱势人群获得基本的金融服务（姚宏伟，2015）。王睿等（2008）认为公平、高效、稳定以及与经济结构的相容性是普惠性金融体系的基本特征。普惠金融体系的构建框架应该包括微观、中观、宏观三个层面（杜晓山，2006）。农村普惠金融体系建设应从制度变革和技术创新两个方面推进（董晓林等，2016）。但普惠金融发展过程存在一些困境（刘萍萍等，2014），主要存在以下几个问题：

（1）MFIs（微型金融机构）的商业可持续和减贫目标难以兼得

由于服务对象越贫穷、居住地方越偏远，交易成本就越高，随着 MFIs 注重对自身财务的管理和利润的追逐，服务的对象出现"使命漂移"（Mersland et al.，2010）。因此，学界开始出现制度主义和福利主义的双重理念（Hermes et al.，2007、2011）。前者认为，保证 MFIs 的商业可持续是最核心原则；后者认为，MFIs 应把减贫作为核心原则，并且支持政府对其进行长期补贴。此后，混合主义也诞生了，强调如果两者能够有机融合，普惠金融的制度安排就会随之形成。

（2）政府主导产生低效率

政府主导的农村金融制度创新不足、普惠性缺乏（冉光和等，2012），政府推动普惠金融模式导致金融服务低效（Kaboski et al.，2011），普惠金融交易成本过高（孙瑜，2013）。在政府主导的普惠金融模式下，金融机构可能不会认真考虑低收入群体的真实服务需求，而是盲目提供产品和服务，使得金融服务产生低效率。如 Kaboski 等人 2011 年对泰国普惠金融的调查显示，政府推行普惠金融计划的总成本超过总收益的 30%；又如尼日利亚政府主导实施的 SMEs（中小型企业）股权投资计划，该计划要求银行机构将 10% 的税前利润设立为 SMEs 的股权投资资金，并制定了相关的奖励规则，但是资金使用效率一直不高。

（3）农村普惠金融发展的影响因素

Hogarth et al.（1997）认为影响普惠金融服务的因素包括收入、就业、地域、种族、婚姻等；也有学者认为性别（Christiansen et al.，2010）、健康状况（Christiansen et al.，2009）、教育程度（Guiso et al.，2008）、宗教信仰、区域（Declin，2009）对金融排斥影响不显著。Beck et al.（2009）提出金融服务可获得性受到交易成本、储蓄率、投资决策、技术创新和经济增长等影响。中国城乡二元结构导致金融资源分配不公，农村弱势群体没有机会和能力获得金融服务（李玉辉，2014；刘萍萍等，2014）；农村金融产品单一，服务手段有限（Gale，2009；熊远，2013）；征信体系不完善，信贷担保难（Bloom et al.，2011；吴国华，2013；蒋雄，2015；明炼，2015）。此外，部分学者从财政资金和政策（张世春，2010）、人口规模、社会消费品零售额、地方财政支出（董晓林等，2010；王修华等，2014）、制度（夏园园，2010；周兆函，2010）等因素进行研究。

金融能力低下是导致金融需求方主动排斥的重要原因（Beck et al.，1999），金融能力包括知识、技能、信念、动机等行为能力和金融服务获得性、金融机构进入可能性等行为机会（Johnson et al.，2007）。提升需求方金融能力近年被纳入金融普惠范畴，金融教育、知识和素养及金融消费者保护（巴曙松，2010）受到重视。其中，金融知识匮乏在更大范围内抑制了有效需求。Ardic et al.（2011）和 Atkinson et al.（2013）及 OECD 都认为，普惠金融发展水平与金融知识的普及水平正向相关。金融知识能使借贷者了解在哪里、如何获取金融产品，扩大金融机构的服务范围（Atkinson et al.，2013）。如果从普惠金融供给者视角观察，有些国家的 ATM、EPOS 机在农村地区的安置范围很广，但在消费者金融常识普及率不高的现状下，其使用率仍然很低（Tilman et al.，2012）。欧美国家早就意识到了公民金融素养的重要性（Bernheim，1996），并将其纳入国家战略。家庭金融理论（Campbell，2006）推动了国民金融素养测度，提高及其与金融行为关系的研究（Fornero et al.，2009；Behrman et al.，2010；Lusardi et al.，2014）。

女性信贷约束在发展中国家的农村更明显（Fletscher，2008；Cole et al.，2011）。但女性小额借贷更有信誉，因为违约率低于男性（Armendariz et al.，2005），且运用信贷资金更有效（Pitt et al.，1998）。世界银行在发展中国家力推包容女性的小额信贷（Holt et al.，1991）。孟加拉国小额信贷就主要授信于女性（Khandker et al.，1995），其中格莱珉银行（Grameen Bank，简称GB）承担了女性小额信贷业务的 97%。女性贷款能产生级联效应（cascading effect），给整个家庭甚至社区带来效益（尤努斯，2008）。小额信贷使女性有经营性收入，更为自信，地位得以提升（Goetz，1996；Pitt et al.，2003）。

关于普惠金融发展水平测度评价，国内外学者均运用指标测算方法计量普惠金融发展水平。国际普惠小额信贷已有标准化的财务指标，但社会绩效指标更为复杂，不只衡量结果，也衡量行动及措施（Foose et al.，2006）。Yaron（1994）首先提出以覆盖面和持续性评价小额信贷，之后 Gonzalez‐Vega 拓展了覆盖面的定义，Robert（1995）则使将持续性、覆盖面作为评价指标的观点被接受。2006 年 MIX 公布了社会绩效任务委员会挑选的 22 个核心评价指标，2011 年指标缩减为 11 个。Beck（2007）曾提出根据金融机构网点数等 8 个指标评价；Sarma（2008）、Pais（2010）认为 Back 的指标过于烦琐，提出使用普惠金融指数评价，该指数能吸收普惠金融三个维度的信息，即地理渗透性、产品接触性、使用效用性。Chakravarty 改善了普惠金融指数，将不同维度的影响因素加总成指数，衡量每个维度对普惠金融发展水平的贡献度，并用此测算了印度 1972—2009 年的普惠金融水平。Gupte et al.（2012）在综合 Sarma 和 Arora 指标体系基础上比较了不同年度印度普惠金融指数的变化情况。世界银行构建了全球金融普惠指数库（global index），Corrado（2013）、Werff（2013）则直接使用账户数、信用卡使用情况等指标衡量。

国内研究普惠金融水平主要从两个方向入手，其中一个是直接用 Sarma 指数或者将其改进完善后再测量普惠金融指数。何广文等（2009）对农信社等三种机构的小额信贷进行了评估，董小林等（2014）运用 DEA 模型评估江苏小额贷款公司效率，杜晓山（2012、2014）探讨了公益与商业性小额信贷的社会绩效。周立（2010）认为需探索社会金融理论，促进基本金融服务普惠体系建设。陈三毛等（2014）利用 Chakravarty 和 Pal 指数方案测算了中国 31 个省（区、市）2007—2012 年间的金融包容性水平及其变化。王婧等（2013）运用 2002—2011 年中国银行业数据，利用变异系数法在确定权重的基础上构建普惠金融指数，对中国普惠金融发展状况进行了综合评价。其余还有很多学者直接使用 Sarma 的地理渗透性、产品接触性、使用效用性或者增加相关维度来衡量普惠金融发展水平。国内研究的另一个入手方向是测量金融排斥程度，衡量该地区（国家）的普惠金融水平。田霖（2007）利用主成分分析法、因子分析法以及聚类分析法，确定我国金融排斥分为五个等级，并衡量了各个金融区域的综合竞争力。高沛星等（2011）基于省际数据，采用变异系数法，从地理排斥、评估及条件排斥、价格排斥、营销排斥四个维度，定量分析了我国农村金融排斥的区域差异。王修华等（2014）构建了综合农村金融包容指数并测度发现我国农村金融整体水平较低。

至于普惠金融发展中的政府和市场关系，Peachy et al.（2006）认为金融监管部门需认识到若政府提供普惠金融服务可能比商业银行效率更低，应提高普惠金融社会基础，而不应强制介入和干扰金融产品设计。政府干预普惠金融市场，如果缺乏对干预措施的周密评价，会使得政府很难评估其影响（Beck et al.，2009）。政府对普惠金融的扶持必须建立在不破坏市场公平的基础上，才有利于微观经济主体市场地位的强化（何广文，2008）。为了更好推动普惠金融发展，必须明确政府和市场的行为边界，发挥市场在普惠金融资源配置中的决定性作用。

2.2 交易费用

2.2.1 交易费用概念

科斯在1937年发表的《企业的性质》里最早提出交易费用概念，并将之解释为"利用价格机制的成本"，认为企业作为市场代替者也存在"管理费用"；1960年，科斯将这个概念进一步深化，认为与一项市场交易有关（除去生成外）的费用都是交易费用。虽然科斯先提出交易费用概念，但正式提出这个术语的是阿罗，他将交易费用定义为"经济制度运作的成本"。科斯和阿罗对于交易费用的观点是从两个不同的角度提出的，科斯主要针对企业个体，属于微观视角；而阿罗主要是从整体市场角度提出的，属于宏观视角。

（1）宏观层面的交易费用定义

康芒斯最早从宏观角度定义交易费用为所有权转移过程中的代价，他指出交易本身有"冲突、依存和秩序"原则，并将交易做了严格的分类，分为买卖的交易、管理的交易和限额的交易。随后阿罗从宏观经济角度定义了交易费用。威廉姆森也把交易形象地比喻为物理摩擦，认为交易费用是经济活动过程中的摩擦成本。汪丁丁（1995）认为交易费用是为协调人们分工时发生的分歧而消耗的资源价值；巴泽尔认为交易费用是指在转移、获取和保护产权过程中产生的费用；North（1991）从制度变迁的动态视角进行定义，认为交易费用包括人与人长期以来交往的一切费用。张五常直接定义交易费用为鲁滨逊经济中不存在的费用，将交易费用定义宽泛化。

（2）微观层面的交易费用定义

微观层面的交易费用定义大多是针对产权和企业经营的。Alen（1991）认为，交易费用是指被用于确定和维护财产权利的资源损耗。Webster（2003）把交易费用定义为拥有和使用资源的成本。针对产权交换所产生的费用，North（1990）将交易费用定义为测量用于交换的有价值属性的成本及监督和履行协议的成本。Williamson（2007）将交易费用直接具体为事前起草成本、谈判成本、为合同设置安全保障措施的成本和事后讨价还价成本、合同治理成本等。实际上，微观的交易费用内涵是将交易费用的内容具体化，指交易双方在交易前、交易中、交易后全过程中一切因交易产生的具体性费用的总和。

金融交易当然也会产生金融交易费用。在金融市场上，交易产生于金融市场主体之间资金权利的交换。王煜宇等（2017）的界定为金融交易费用就是金融社会中的一切制度成本。金融交易费用源自市场金融交易中的信息搜索、合约谈判、监督与执行；源自金融组织的建立、维持或改变及运行；源自金融制度框架的建立、运行和调整。同一般交易费用一样，金融交易费用也可分层次理解。从狭义上看，金融交易费用指金融交易过程中发生的费用；从广义上看，金融交易费用指整个金融制度运转的费用。

王继权等（2003）认为，在农村金融交易费用中，信息不对称问题普遍比城市严重，再加上中国农村熟人社会仍存在的现实，违约后的监督成本非常高。并且农村房产与土地产权可抵押性并不普及，使得农村金融存在高交易成本。殷孟波等（2005）认为农村信贷市场上的交易费用分为两种：一是与交换效率有关的交易费用。农村金融市场上主要融资主体是传统农户、农业企业与个体户，多为小额贷款。但是对于金融机构而言，大额贷款和小额贷款交易费用相差不大。二是监督管理层机会主义行为的交易费用。该费用大小与机构采取的产权制度、治理结构、政府干预有关。王芳（2005）提出了具有代表性的农村金融交易费用表达公式：农村金融交易费用＝信息费用＋实施监督费用＋界定和保护产权的费用＋保险费用。

2.2.2　测量方法

尽管可以从逻辑上推测交易费用的存在，但是交易过程中发生的搜寻信息成本、监督成本等多为耗费的大量时间和精力，难以用货币进行测量。不过即便如此，还是可以测度交易费用。方法一是直接度量一国或一地区交易成本大小，通过一定计量方法估计交易成本的绝对数量；二是间接估计交易成本的大小，如通过交易效率的高低估计交易成本的大小。

钱德勒（Chandler）指出了交易费用绝对量核算的可能性，而 Wallis et al.（1986）在交易费用计量方面作出了贡献。Williamson（1979）将交易费用分类为人力资本专用性、实物资产专用性、地理位置专用性、借贷的不确定性、交易频率，并按照时间维度，将交易费用分为事前的信息搜集成本、事中的协议成本和事后的监督交易成本等。Williamson（1985）还指出了交易费用"序数"计量的可能性，他从不同企业契约类型出发，认为交易费用高低与企业契约类型具有依存关系，虽然绝对数无法测量，但交易费用比较方式在"序数"基础上有依存关系。

弗鲁伯顿等（2006）将交易费用分为市场型、管理型和政治型三种，市场型交易费用测度有买方和卖方两种角度：从买方角度，市场上商品价格的浮动就是买方进行交易支付的交易费用；从卖方角度，交易费用等于商品的推销费用，是商品的最终售价减去生产成本和运输成本之后与利润的差额。测度某一行业交易费用时，从买方角度出发，知道行业各商品市场价格差额即可。对管理型交易费用进行测度可用间接费用作为测度基础，间接费用包括生产费用和内部交易费用。国内学者主要是从会计角度对企业交易费用进行分析，黄晓波等（2009）的企业交易费用一般测度公式：企业交易费用＝交易费用总额－生产费用，生产费用＝材料成本＋人工成本＋制造成本。李梦荣（2012）的企业交易费用测度模型：企业交易费用＝企业财务费用＋管理费用＋销售费用＋所得税费用＋营业税金及附加＋其他应计入的交易费用。

那么，如何测度金融交易费用呢？在金融领域，Stoll et al.（1983）用买卖差价和交易佣金来计算美国纽约证券交易成本。Polski et al.（2001）则沿用 Wallis 等人的研究方法对美国商业银行业交易费用进行了测度。Polski 认为商业银行业属于私人交易部门，银行业交易费用等于商业银行业耗费的社会总资源，因为对商业银行业交易费用进行测度时采用商业银行利息费用与非利息费用之和来表示。

在中国农村金融交易费用测度方面，李富有等（2010）界定正规金融机构贷款成本由四个部分构成：一是名义价格，即贷款利率；二是手续费、抵押资产评估费等交易费用；三是借款人为获得贷款公布财务信息的成本以及等待审批过程的时间成本；四是公关费用。后三者是名义利率所掩盖的"隐形成本"。胡士华等（2011）界定贷款交易成本包括甄别、监督与回收贷款成本，建立基于借贷双方信息结构及交易成本情形下的借贷匹配理论模型，分析中小企业如何与正规金融交易形成借贷匹配。彭向升等（2014）认为农户正规金融借贷交易费用分为显性费用与隐性费用，显性费用主要是贷款利息支出，隐性费用包括等待审批时间成本、对银行相关人员进行公关的费用。童馨乐等（2015）考察农户借贷渠道偏好时，尝试从农户社会资本和农村金融服务供给两个方面量化交易成本。江振娜（2016、2017）从人力资本专用性、实物资产专用性、地理位置专用性、借贷的不确定性、交易频率五个维度测度农户借贷交易费用特征，并运用 Tobit 模型估计交易费用对农户贷款资金规模的影响；并利用威廉姆森对交易费用的划分，从农户角度选取利息成本、议价和决策成本、交通和时间成本、交易频率等四个方面构建了交易费用变量，分析农户借贷行为。殷浩栋等（2017）认为影响农户融资渠道选择的交易成本是利息、信息、时间、交通等交易成本。利息费用指贷款利率；信息成本包括抵押资产评估费、手续费、管理费、承诺费、顾问费、信息披露费、监督费等；农户还必须承担的时间成本、交通成本，以及公关费用。彭澎等（2017）认为贷款过程中银行的交易成本包括事前银行为搜集农户生产经营状况、信誉产生的信息搜寻成本，事中银行依贷前调查结果与农户签订合约花费的决策、协议成本，事后银行对农户展开调查的监督成本。对农户而言，包括事前农户为搜集银行信息花费的时间成本，事中长时间的审批等待成本，事后需与银行频繁沟通贷款使用情况的成本。周月书等（2019）从信息不对称与合约实施机制不完善两方面对信贷交易成本进行衡量，用社会资本、借贷经历、农户到最近正规金融机构的距离来衡量信息不对称造成的交易成本；用是否有抵押物或担保人衡量合约机制不完善带来的交易成本。

对交易费用的衡量一直是学术界无法回避的技术性难题，至今尚未达成共识。鲜有文献对经济生活中的所有交易成本进行衡量，一般的做法为结合不同经济主体特征进行不完整测度。罗必良（2006）认为，在交易费用计量的探索中，首先要关注数据的来源与度量，计量交易费用既要求有组织形式的数据，又需要有关于交易性质的具体信息。虽然主观度量方法已应用于各项研究，但要提高交易费用理论的可操作性，必须克服直接度量交易费用这一难题，因此对数据要求较高。其次，交易费用计量中要注意避免变量的同时性和样本选择偏差，建议使用案例研究来弥补实证研究的不足。最后要关注当制度结构给定且不发生变化时如何将交易费用模型化。

2.3　文献述评

关于普惠金融、交易费用两个主题方面的研究，国内外学者的理论探索已较为深入，取得了丰富的研究成果，这为后续研究提供重要参考，也为本文的深化研究提供了坚实基础和思考视角。目前的研究多关注普惠金融的测度及影响因素分析，采用不同衡量维度，对各地区普惠金融的发展以及对减贫、创业等影响效应进行衡量，这也为后续研究留下了空间。一是研究关注普惠金融的绩效而忽视效率。普惠金融发展长期聚焦于弱势群体金融产品的可触性（即宽度）而忽视其使用性（即深度），是否陷入了发展误区？普惠金融的供给效率究竟如何？普惠金融的深度与效率存在什么关系？现行的一些促进普惠金融的措施为什么恰恰破坏了实施机制与效率进而阻碍了普惠金融？目前普惠金融的目标发生漂移，正规金融机构主动排斥农村地区弱势群体，或者依靠财政支持来维持普惠金融的推行，忽视市场化的内在激励，导致普惠金融发展成本高昂，难以维持可持续发展。二是针对农村金融交易费用的研究甚少。关于农户交易费用的研究多集中在农地市场、农产品市场、技术市场。农贷市场上融资难、融资贵现象存在的根本原因在于高昂的借贷交易费用，而普惠金融恰恰是一项对弱势者提供金融服务的低交易费用制度创新，可为什么在实践中不能落到实处？本研究将制度经济学理论与农村金融理论相结合，试图回答普惠信贷交易费用是什么？如何影响农户正规借贷行为？政府介入导致普惠信贷效率损失的机制、契约交易制度架构的缺失与不完善如何增加普惠金融交易费用？怎样建立低交易费用的普惠金融供给制度？这需要从理论上区分具有外部效应的基础性服务和非基础性服务，基础性金融服务与交易制度是政府的切入点，非基础性普惠信贷通过市场化机制配置才能降低交易费用与确保效率（这是解决普惠金融深度的核心），进而实现市场配置资源的主导作用（效率）与金融技术普惠对"被忽视人群"（公平）的兼顾。对农贷市场上的交易费用指标进行测度主要参考罗必良教授对农地市场交易费用的测度方法，根据威廉姆森研究分析范式，将交易费用划分为三大维度，即资产专用性、交易频率、不确定性，依照借贷契约签订过程特点，再结合威廉姆森对于时间维度的划分，即事前的信息搜集、事中的协议定价和事后的监督阶段，形成有关金融交易费用的指标，然后对农户正规借贷行为影响做实证研究，同时使用案例分析方法，加强研究内容的深度。

3 调查设计与样本描述

3.1 调查设计

本研究所使用的数据除单独标注的外，均来自田野调查数据。2018 年 1—12 月间，课题组对广东省普惠金融实施状况进行了深入调查，采用一对一入户访谈方式获取了一手数据。

3.1.1 样本区域

（1）广东省普惠金融发展基本概况

普惠金融发展水平是影响农村金融发展及农户信贷供给的重要因素。鉴于此，本研究以 2015—2017 年广东省宏观数据为样本，分析其所辖 21 个市的普惠金融发展情况。

①维度划分及指标选取。普惠金融评价维度的选取遵循了 GPFI 方案的架构，包含金融服务的"服务质量""可获得性""使用情况"三个评价维度。

第一个维度：金融服务质量。该维度主要反映了金融产品与服务能否满足客户需求，尤其"三农"以及小微企业等普惠金融重点服务弱势群体的需求。金融服务质量的优劣主要用小微企业贷款余额占各项贷款余额的比重，以及涉农贷款余额占各项贷款余额的比重来表示，具体指标为：

$$d_1 = 小微企业贷款余额/各项贷款余额$$
$$d_2 = 涉农贷款余额/各项贷款余额$$

第二个维度：金融服务可获得性。在供给视角下，金融机构网点的设置与人员配置是资金需求者获取金融服务的基础条件，衡量一个国家（地区）普惠金融发展水平的重要指标就是地理覆盖面及人口覆盖面，包括每平方公里营业网点数量、每平方公里从业人员数量、每万人营业网点数量、每万人从业人员数量。具体指标为：

$$d_3 = 营业网点数量/地区土地面积（平方公里）$$

d_4＝金融服务人员/地区土地面积（平方公里）

d_5＝营业网点数量/地区常住人数（万人）

d_6＝金融服务人数/地区常住人数（万人）

第三个维度：金融服务的使用度。在需求视角下，金融服务的实际使用情况能真实反映金融机构的渗透率和服务的广度及深度。居民的储蓄存款、贷款作为银行最基础的金融服务，能够直接体现银行普惠金融的服务程度；保险密度与保险深度则可用来衡量保险状况。具体指标为：

d_7＝各项存款总额/地区 GDP

d_8＝各项贷款总额/地区 GDP

d_9＝保险收入/地区常住人数（万人）

d_{10}＝保险收入/地区 GDP

②普惠金融指数的测算公式。参考 Sarma（2008）在《普惠金融指数》中提出的普惠金融发展指数（index of financial inclusion，IFI），假设普惠金融领域有 k 个维度，且 $k \geqslant 1$，A_i 表示第 i 个维度，则有：

$$A_i = \frac{x_i - M_i}{M_i - m_i} \qquad (1.3.1)$$

式中，X_i 表示第 i 个维度上的实际值，m_i 是第 i 个维度的最小值，M_i 是第 i 个维度上的最大值。其中，$x_i \in [m_i, M_i]$。A_i 取值范围在 0 和 1 之间，0 表示低程度的普惠金融，即完全金融排斥；1 代表不存在金融排斥现象，即完全普惠金融。

首先，划分衡量普惠金融的各个维度；其次，根据选取各维度的具体指标，确定各指标权重。采用变异系数法计算各个指标的权重，计算的变异系数值越大，则权重也越大。

各指标的变异系数为：

$$V_i = \sigma_i / x_i \qquad (1.3.2)$$

式中，x_i 为各个指标的均值，σ_i 代表每个指标的标准差，V_i 为计算得出的各个指标的变异系数值。

各指标的权重为：

$$W_i = V_i \bigg/ \sum_i^n V_i \qquad (1.3.3)$$

由于各维度的量纲不同，需要进行标准化处理。通过离差法"去量纲化"，将各维度的原始数据换算为 0～1 之间的标准化数据，并用 d_i 表示第 i 个维度的评价指标。计算公式为：

$$d_i = W_i \frac{x_i - M_i}{M_i - m_i} \qquad (1.3.4)$$

假设普惠金融有 i 个评价指标 d，且每个指标的权重为 W，表示该指标对量化普惠金融指数的重要程度。其中，d_i 表示第 i 个维度在测量普惠金融指数时的计算值；W_i 表示第 i 个维度的权重，且 $0 < W_i < 1$，W 越大，表示这个维度在量化普惠金融程度所占的比重越高。

最后，计算普惠金融发展指数。该计算方法可以描述为第 i 个维度的测算值与理想水平之间的标准化欧氏距离：

$$IFI = 1 - \frac{\sqrt{(W_1 - d_1)^2 + (W_2 - d_2)^2 + \cdots + (W_i - d_i)^2}}{\sqrt{W_1^2 + W_2^2 + \cdots + W_i^2}}$$

$$(1.3.5)$$

Sarma（2008）认为，IFI 数值越高意味着普惠金融程度越高：$0.5 < IFI < 1$ 代表高水平的普惠金融；$0.3 < IFI < 0.5$ 代表中等水平的普惠金融；$0 < IFI < 0.3$ 代表低水平的普惠金融。

③广东省普惠金融水平测度分析。根据上文制定的维度与指标，测算广东省 2015—2017 年普惠金融发展水平。数据主要来源于历年《广东省统计年鉴》，以及各地市统计局的统计年报、广东金融网、中国人民银行广州分行官网、《广东省金融运行报告》。所有指标采用的口径是统一的。利用 IFI 计算公式，以根据普惠金融指数构建的变异系数法计算各指标权重，如表 1-3-1 所示。

表 1-3-1　广东省普惠金融水平测度的指标权重

衡量维度	指标说明	具体指标	单位	权重
金融服务质量	对小微企业	小微企业贷款余额占各项贷款余额的比重	％	0.05
	对农	涉农贷款余额占各项贷款余额的比重	％	0.08
金融服务可获性	地理覆盖面	每平方公里营业网点数量	家/平方公里	0.16
		每平方公里从业人员数量	人/平方公里	0.22
	人口覆盖面	每万人营业网点数量	家/万人	0.05
		每万人从业人员数量	人/万人	0.08
金融服务使用度	存款情况	金融机构各项存款占 GDP 比重	％	0.07
	贷款情况	金融机构各项贷款占 GDP 比重	％	0.08
	保险情况	保险密度：保险收入/地区常住人数	元/人	0.12
		保险深度：保险收入/GDP	％	0.08

根据计算得出的权重，测算评价指标 d_i，确定各指标的最大、最小值，然后根据公式计算出广东省各市 2015—2017 年的普惠金融指数如表 1-3-2 所示。

表 1-3-2　2015—2017 年广东省各地级市普惠金融发展指数（IFI）及排名

城市	2015 年		2016 年		2017 年		平均	
	IFI 值	排名	IFI 值	排名	IFI 值	排名	IFI 值	排名
深圳市	0.680	1	0.625	1	0.540	1	0.648	1
广州市	0.540	2	0.444	2	0.346	2	0.497	2
珠海市	0.480	3	0.322	6	0.262	6	0.421	4
佛山市	0.410	4	0.387	4	0.314	4	0.437	3
中山市	0.353	5	0.324	5	0.265	5	0.346	6
东莞市	0.351	6	0.413	3	0.331	3	0.398	5
江门市	0.320	7	0.179	8	0.147	8	0.235	7
惠州市	0.230	8	0.133	10	0.107	9	0.167	9
汕头市	0.210	9	0.255	7	0.196	7	0.234	8
肇庆市	0.203	10	0.115	14	0.092	14	0.149	10
清远市	0.195	11	0.108	17	0.083	16	0.137	12
梅州市	0.192	12	0.124	12	0.093	13	0.146	11
韶关市	0.160	13	0.112	15	0.080	17	0.131	13
河源市	0.140	14	0.111	16	0.080	18	0.120	14
阳江市	0.120	15	0.099	19	0.045	21	0.101	18
湛江市	0.110	16	0.122	13	0.091	15	0.118	16
潮州市	0.130	17	0.130	11	0.098	11	0.119	15
云浮市	0.078	18	0.064	20	0.094	12	0.096	19
揭阳市	0.073	19	0.137	9	0.107	10	0.108	17
茂名市	0.057	20	0.104	18	0.078	19	0.081	20
汕尾市	0.018	21	0.042	21	0.063	20	0.041	21

从表 1-3-2 中的 IFI 排名可以发现，深圳、广州普惠金融发展较为稳定，连续三年稳居省内前二；珠三角其他城市的排名虽有变化，但也仍然稳定在前十。而山区地带如河源、云浮等市三年内 IFI 值均小于 0.2，且起伏不定，与珠三角城市发展水平差距较大。从广东省不同城市普惠金融发展水平看，城市地理位置的分布对普惠金融的影响显著。沿海地区城市普惠金融水平普遍较

高，而山区与东西两翼在广东省内陆地带，属于经济欠发达地区，而珠三角
毗邻港、澳，又占有沿海交通的区位优势，普惠金融发展程度明显更高。广
东省城市之间普惠金融发展水平呈现极度不平衡趋势，尤其是以山区为主的
城市如河源、云浮、茂名等，与珠三角城市普惠金融 IFI 值呈现两极分化，
如何解决该类地区普惠金融发展缓慢问题，事关广东省普惠金融发展的整体
推进。

（2）调查范围选择

本研究选择广东云浮、茂名、河源的农户作为调查问卷的主要发放对象。
一是从普惠金融发展水平测算得出，云浮、茂名、河源地区的普惠金融发展较
慢，与珠三角地区相差颇大，制约这些地区普惠金融发展的原因值得进一步探
讨。二是云浮、茂名、河源的经济发展水平较为落后，虽作为普惠金融发展重
点试点地区财政投入较大，但从表 1-3-2 可以发现，云浮、河源、茂名 3 年
的普惠金融平均 IFI 排名依然处在落后水平，农户资金需求与金融供给不匹
配，普惠金融推广普及的效果并不理想。三是样本地区多以山区、丘陵为主，
虽然茂名市电白区靠近海边，但是涉及样本较少。样本地区土地细碎化严重，
很多土地撂荒，虽然土地确权工作基本完成，但效果没有达到预期，农业发
展缓慢，如何满足当地农户资金需求、实现金融扶贫是需要克服的难题。四
是按照 2017 年农业生产总产值大小，可将各地区分为农业生产总值大于
200 亿元、100 亿~200 亿元、小于 100 亿元三类，茂名属于农业产业规模
较大市、云浮属于产业规模中等市、河源属于农业产业规模较小市，样本城
市具备代表性。

3.1.2　调查对象

本研究的调查对象以户主为主，为了更加全面地了解农户借贷行为，样本
问卷不仅包含了贫困农户、普通农户（或称为传统农户、小农户），还有新型
农业经营主体，如种养大户、家庭农场与专业合作社，不同类型的农户借贷行
为特征存在差异。样本情况如表 1-3-3 所示。

表 1-3-3　调查对象

农业经营主体类型	户数（户）	占比（%）
贫困农户	49	10.27
普通农户	407	85.32

（续）

农业经营主体类型	户数（户）	占比（%）
种养大户	14	2.94
家庭农场	6	1.26
专业合作社	1	0.21
总计	477	100.00

3.1.3 抽样情况

样本主要采取分层抽样法进行抽样，在茂名、云浮、河源抽取 3 个县（市、区），同时兼顾 3 个市地理区位、经济发展的分布，在大多数县抽取 2～3 个村庄，每个村庄随机抽取 20 个以上的农户进行调研（样本分布如表 1-3-4）。2018 年 1—2 月，课题组首先对茂名地区进行预调研，调整问卷设计；之后在同年 7—12 月对云浮、河源地区的农户进行正式问卷调查。经过分批次调研，课题组共发放问卷 580 份，收回问卷 500 份，回收率 86.2%，其中有效问卷为 477 份，有效率 95.4%。发放问卷的主要方式：一是利用寒、暑假期，让学生对农户进行入户一对一访谈；二是让学生对村干部、农信社信贷员进行培训，使其利用上班时间辅助进行农户一对一访谈。

表 1-3-4 样本分布情况

样本市	样本县（市、区）、镇、村	发放问卷（份）	收回问卷（份）	有效问卷（份）	有效问卷率（%）
云浮	云城区：南盛镇横岗村、料洞村、七洞村；前锋镇矮岭村、前锋村、崖楼村	130	123	122	99.19
	郁南县：都城镇揽塘村、新城村、大路村	70	68	64	94.12
	新兴县：河头镇弯边村、大江镇大塘村	50	42	40	95.24
茂名	信宜市：池洞镇池洞村、怀乡镇大威村	50	43	41	95.35
	电白区：水东镇前进村、镇西村	50	45	40	88.89
	高州市镇江镇镇江村、荷塘镇松明村	50	45	42	93.33
河源	龙川县老隆镇江边村、联亨村、红桥村	70	62	60	96.77
	东源县双江镇双江村、新平村	55	32	30	93.75
	连平县隆街镇隆东村、上坪镇惠西村	55	40	38	95.00
总计		580	500	477	95.40

3.1.4　问卷设计

本研究采用结构式问卷，主要分为四大部分：农户基本信息、农户借贷意愿、农户正规借贷行为及农户民间借贷行为。

第一部分为农户基本信息，主要是问卷填写者的个人基本资料，包括农户家庭人口情况、受教育程度、年龄、性别、婚姻状况、农户类型、耕地面积以及家庭年收入来源、家庭年消费支出。以上信息决定农户是否存在借贷需求、农户是否申请贷款以及申请贷款额度的大小。

第二部分为农户借贷意愿，问卷考虑到农户意愿偏好的借款渠道，以及需要的借款金额、借款方式、还款方式、还款期限，主要探索农户更偏好的借贷方式，为设计合理的金融产品与服务提供思路。

第三部分为农户正规借贷行为，问卷主要从对金融知识的认知、借贷需求、是否向银行申请借贷、存在的信贷约束，以及借贷发生的金额、用途、期限、利率、产生的交易费用等方面探究农户家庭实际发生的正规金融借贷行为。

第四部分为农户民间借贷行为，问卷主要从借贷渠道、金额、期限、利率、用途等方面考察农户民间借贷行为。

3.2　样本地区农户基本特征

3.2.1　性别与农户正规借贷行为

从表1-3-5中的调查数据来看，农村地区男性正规金融借贷需求比女性强烈，这与中国农村仍然是以男性养家糊口、女性生儿育女的传统理念相吻合。但在实际发生借贷行为的农户里，女性群体（33.90%）比男性群体（32.84%）获贷成功率高，被银行拒贷率（6.78%）与男性（8.96%）相比要低。一方面因为女性更顾家，更愿意将借贷资金用于农业生产等经营性用途以提高家庭收入和生活水平。Wähnert et al.（2013）认为女性更懂得社交，管理能力更强，生产更谨慎，更愿意规避风险，所以容易得到银行的信任。另一方面，广东省大部分地区推进妇女创业小额担保贷款信贷服务覆盖，借鉴孟加拉国妇女小额信贷经验，设计了专门针对妇女的贷款服务，这也是在广东许多地区妇女能够获得贷款的原因之一。

表1-3-5　性别与农户正规借贷行为

借款需求与行为	类型	男		女	
		人数（人）	占比（%）	人数（人）	占比（%）
借款需求	需要	201	55.22	59	52.21
	不需要	163	44.78	54	47.79
	总计	364	100	113	100
借款行为	需要，已申请获得	66	32.84	20	33.90
	需要，未申请	117	58.21	35	59.32
	已申请，被拒绝	18	8.96	4	6.78
	总计	201	100	59	100

3.2.2　年龄与农户正规借贷行为

样本农户年龄多数集中在30~60岁之间，占总样本的80.08%，30岁以下的农户占8.18%，60岁以上的农户占11.74%，样本农户平均年龄47.67岁。从整体样本情况看，青壮年群体占比较少，他们大多离家外出务工，留守老人较多，农村老龄化严重。为了便于分析不同年龄段的农户借贷行为差异，我们将年龄分为五组，每组均包含高界线年龄，各组分别为小于30岁（含）、30~40岁（含）、40~50岁（含）、50~60岁（含）、60岁以上，如表1-3-6所示。

从表1-3-6可以看出，小于30岁的群体（61.54%）以及30~40岁的群体（59.10%）借款需求、意愿最为强烈，因为青年群体富有的是"劳动力要素"，缺乏的是"资金要素"，所以，在其怀揣梦想且具有参与市场能力而唯独缺少资金情况下，愿意借贷进而将未来的收入预期折现，从而赢取发展机会；也更愿意承担风险，将资金投入生产当中，为改变生活条件而努力。随着年龄的增加，农户借款需求意愿下降，因为一方面拥有一定的资金积累，另一方面抗风险能力也降低了，更追求安稳的生活。在实际获得的借贷行为中，小于30岁的群体获贷成功率最高，为41.67%；其次是50~60岁群体，为37.14%。原因可能为：年轻的群体受教育水平较高，拥有较高的金融素养，具备可持续生产与还贷能力，因此银行更偏好于年轻客户群体。而50~60岁的客户群体拥有资金储备积累与丰富的社会资本，欠债风险小，因此更容易获贷。对于60岁以上农户，他们存在借贷需求，但其未申请的占比最高

（66.66％），存在自我排斥特征。农户主动放弃借贷的原因较多，其中年龄及客观条件的限制使得许多农户不敢申请借贷。同时，拒贷率最高的是小于30岁群体（12.50％）和60岁以上群体（12.50％），年轻群体虽具备生产能力但风险较大，不确定性强，发生坏账行为的概率较高；而老年群体生产能力下降，身体健康状况也逐渐下降，届时可能难以偿还贷款，一般银行规定60岁以上不予借贷。

表1-3-6　年龄与农户正规借贷行为

借款需求 与行为	类型	小于30岁		30～40岁		40～50岁		50～60岁		60岁以上	
		人数 （人）	占比 （％）	人数 （人）	占比 （％）	人数 （人）	占比 （％）	人数 （人）	占比 （％）	人数 （人）	占比 （％）
借款需求	需要	24	61.54	52	59.10	90	57.69	70	50.72	24	42.85
	不需要	15	38.46	36	40.90	66	42.31	68	49.28	32	57.15
	总计	39	100	88	100	156	100	138	100	56	100
借款行为	需要，已申请获得	10	41.67	16	30.76	29	32.12	26	37.14	5	20.84
	需要，未申请	11	45.83	30	57.69	54	60.00	41	58.58	16	66.66
	已申请，被拒绝	3	12.50	6	11.55	7	7.88	3	4.28	3	12.50
	总计	24	100	52	100	90	100	70	100	24	100

3.2.3　教育与农户正规借贷行为

从整体样本看，没上过学的农户占整体样本的0.84％，说明广东省欠发达地区的农村扫盲工作做得较好。具有初中教育水平的农户占比最高，为56.18％，说明当地九年义务教育的实施取得了较好成果。高中学历农户占比22.85％，大专及以上学历的占比10.90％，说明高学历人才在农村存在率较低，精英人才流向城市已成为必然趋势。

从表1-3-7农户借贷需求可以发现，随着学历的提升，农户借贷需求意愿以及贷款成功率随之上升，而农户借贷需要但未申请发生比例以及拒贷率，随学历上升而下降，尤其是学历在大专及以上的农户拒贷率为0。农户学历高，说明具有较强的学习能力和较为开阔的视野，市场参与能力较强，接受新生事物也快，能够理解金融知识与金融审批流程，节省借贷交易发生前的交易成本，且更愿意向银行借贷。从资金供给方——银行类金融机构看，教育程度是银行决定是否放贷的关键因素，教育程度高的农户，信贷约束较小。以上结论从农户实际发生的借款行为中得到印证。

表 1-3-7　教育与农户正规借贷行为

借款需求与行为	类型	没上过学		小学		初中		高中		大专及以上	
		人数（人）	占比（%）	人数（人）	占比（%）	人数（人）	占比（%）	人数（人）	占比（%）	人数（人）	占比（%）
借款需求	需要	1	25.00	23	52.27	143	53.36	59	54.13	34	65.38
	不需要	3	75.00	21	47.73	125	46.64	50	45.87	18	34.62
	总计	4	100	44	100	268	100	109	100	52	100
借款行为	需要，已申请获得	0	0	3	13.04	37	25.87	26	44.06	20	58.83
	需要，未申请	1	100	17	73.92	90	62.95	30	50.84	14	41.17
	已申请，被拒绝	0	0	3	13.04	16	11.18	3	5.10	0	0
	总计	1	100	23	100	143	100	59	100	34	100

3.2.4　家庭负担人口与农户正规借贷行为

从样本统计来看，家庭平均人口规模为 5.46 人，三口之家仅占 11.32%。农村地区家庭人口规模普遍偏多，尤其是在广东农村地区，计划生育政策没有北方地区执行严格。

将农户家庭按照需赡养人数（包括未成年孩子及 60 岁以上的老人）划分为 4 类，分别用数字 0、1、2、3 代表。0、1、2 分别代表家庭需赡养人数为 0 人、1 人、2 人，3 代表家庭需赡养人数为 3 人及以上。一般来说，家庭需赡养人数越多，家庭负担越重，农户可能受到的信贷约束越强。从表 1-3-8 中发现，家庭负担人口超过 3 人的农户，借贷需求最为强烈，因为子女教育、老人医疗等消费性支出使得家庭资金紧缺。获贷成功率较高的则是家庭负担为 0 及 1 的农户，因为能够将生产获得资金及时用于还贷，欠债风险低。从资金需求方——农户的自我认知看，随着人口负担的加重，虽然资金紧张，信贷需求迫切，但是自我放弃申请（自我排斥）比率提高。拒贷率最低是家庭负担人口为 0 的农户，占比 5.56%，从资金供给方看，银行更偏好于没有家庭负担人口的农户家庭，因为违约风险更小。

表 1-3-8 家庭负担人口与农户正规借贷行为

借款需求 与行为	类型	0		1		2		3	
		人数 （人）	占比 （%）	人数 （人）	占比 （%）	人数 （人）	占比 （%）	人数 （人）	占比 （%）
借款需求	需要	72	55.81	48	53.33	51	50.49	89	56.69
	不需要	57	44.19	42	46.67	50	49.51	68	43.31
	总计	129	100	90	100	101	100	157	100
借款行为	需要，已申请获得	27	37.50	19	39.58	14	27.45	26	29.21
	需要，未申请	41	56.94	23	47.91	32	62.74	56	62.93
	已申请，被拒绝	4	5.56	6	12.51	5	9.81	7	7.86
	总计	72	100	48	100	51	100	89	100

3.2.5 身体状态与农户正规借贷行为

身体状态关系到家庭劳动力的质量、生产生活能力，是银行考察农户借贷能力的重要参考标准之一。根据表 1-3-9，从调研情况看，身体状态非常好的农户（64.1%）与身体状态非常不好的农户（66.67%）借贷需求意愿最为强烈，农户借贷需求意愿与身体状态呈现 U 型变化规律。原因在于：身体状态好的农户拥有较高生产发展能力，而身体状态差的农户因医疗费用等生活保障类大额支出导致家庭资金紧缺，对资金需求更加渴望。

表 1-3-9 身体状态与农户正规借贷行为

借款需求 与行为	类型	非常好		好		一般		不好		非常不好	
		人数 （人）	占比 （%）	人数 （人）	占比 （%）	人数 （人）	占比 （%）	人数 （人）	占比 （%）	人数 （人）	占比 （%）
借款需求	需要	50	64.10	79	50.32	107	52.71	18	60.00	6	66.67
	不需要	28	35.90	78	49.68	96	47.29	12	40.00	3	33.33
	总计	78	100	157	100	203	100	30	100	9	100
借款行为	需要，已申请获得	20	40.00	31	39.24	33	30.84	1	5.55	0	0
	需要，未申请	26	52.00	40	50.63	67	62.62	14	77.78	6	100
	已申请，被拒绝	4	8.00	8	10.13	7	6.54	3	16.67	0	0
	总计	50	100	79	100	107	100	18	100	6	100

从实际借款交易看，作为资金供给方的银行类金融机构更偏好于身体状态

良好的农户，故申贷成功率随着身体状态的下降而明显下降。而在已申请被拒绝的农户占比中，身体状态不好的占比最高（16.67%），而身体状态非常不好的为0。从资金需求方——农户角度看，有资金需求而主动放弃（自我排斥）的农户随着身体质量下降而提升，尤其是自我感知身体非常不好的农户借贷主观约束占100%，说明农户对自我身体判断的认知与农户向银行借贷的行为紧密相关，农户借贷行为不仅受到资金供给方的约束，也受农户自身认知判断的影响。

3.2.6 耕地面积与农户正规借贷行为

被调查地区农户人均耕地面积仅2.79亩[*]，由于主要调查的是广东省欠发达地区，且云浮、河源、茂名的地形主要为山地，人多地少的矛盾尤为突出，因此拥有0～3亩土地的农户占总样本的78.62%，农业经营规模小，土地细碎化严重。即便广东省土地确权已基本完成，但土地流转成效并不显著，农户难以开展大规模经营，土地撂荒现象严重。而由于调查地区多以山区为主，农户拥有的林地面积平均为5.57亩，因此需要有效地进行资金、资源与人力配置，寻找适合山区特点的产业支撑项目。

根据表1-3-10，从农户借贷意愿来看，农户耕地面积越大，对于资金的需求越强烈，申贷成功率越高，而拒贷率越低，信贷自我排斥的可能性越低。耕地面积越大，经营的生产资料、劳动力雇佣、机械配置所需资金投入也随之增多，催生了资金需求。银行更偏好于规模生产的农户，因其具备农业可持续发展能力。

表1-3-10 耕地面积与农户正规借贷行为

借款需求 与行为	类型	0亩		0～1亩		1～3亩		3～5亩		5～10亩		大于 10亩	
		人数 （人）	占比 （%）	人数 （人）	占比 （%）	人数 （人）	占比 （%）	人数 （人）	占比 （%）	人数 （人）	占比 （%）	人数 （人）	占比 （%）
借款需求	需要	18	48.65	72	52.55	125	52.52	31	65.96	6	66.67	8	88.89
	不需要	19	51.35	65	47.45	113	47.48	16	34.04	3	33.33	1	11.11
	总计	37	100	137	100	238	100	47	100	9	100	9	100

---

* 亩为非法定计量单位，15亩＝1公顷，全书同。——编者注

（续）

借款需求与行为	类型	0 亩		0~1 亩		1~3 亩		3~5 亩		5~10 亩		大于10 亩	
		人数（人）	占比（%）	人数（人）	占比（%）	人数（人）	占比（%）	人数（人）	占比（%）	人数（人）	占比（%）	人数（人）	占比（%）
借款行为	需要，已申请获得	7	38.89	19	26.39	40	32.00	10.00	32.26	3	50.00	7	87.50
	需要，未申请	9	50.00	48	66.67	72	57.60	19	61.20	3	50.00	1	12.50
	已申请，被拒绝	2	11.11	5	6.94	13	10.40	2	6.54	0	0	0	0
	总计	18	100	72	100	125	100	31	100	6	100	8	100

3.2.7 家庭总收入与农户正规借贷行为

从总体样本看，调研农户平均收入在 5.9 万元，最小值为 0.288 万元，最大值为 60 万元，贫富差距较大，拉高了农户整体平均水平。虽然调查地区是广东省欠发达地区，但是相比欠发达省份而言，因其毗邻珠三角与港澳的优越地理位置，青壮年农户外出务工机会多且大多在省内务工成本也低，家庭总收入比内地农户相对要高。

根据表 1 - 3 - 11 来看，在实际发生的借贷行为中，随着收入的提高，农户借贷需求意愿提高，借贷成功率也随之提高，农户放弃借贷的自我排斥行为概率逐渐降低。收入与资产作为还款能力的标志，收入高的农户在抵押担保、资信能力等方面容易获得银行金融机构认可。

表 1 - 3 - 11 家庭总收入与农户正规借贷行为

借款需求与行为	类型	小于1 万元		1 万~3 万元		3 万~5 万元		5 万~10 万元		10 万元及以上	
		人数（人）	占比（%）	人数（人）	占比（%）	人数（人）	占比（%）	人数（人）	占比（%）	人数（人）	占比（%）
借款需求	需要	15	50.00	75	51.72	67	53.17	66	56.41	37	62.71
	不需要	15	50.00	70	48.28	59	46.83	51	43.59	22	37.29
	总计	30	100	145	100	126	100	117	100	59	100
借款行为	需要，已申请获得	1	6.67	14	18.67	19	28.36	30	45.45	22	59.46
	需要，未申请	14	93.33	55	73.33	39	58.21	32	48.48	12	32.43
	已申请，被拒绝	0	0	6	8	9	13.43	4	6.07	3	8.11
	总计	15	100	75	100	67	100	66	100	37	100

3.2.8 社会身份与农户正规借贷行为

样本中农户的社会身份作为社会资本的重要部分，影响着农户借贷行为。样本中，担任村干部、中共党员（以下简称"党员"）、加入专业合作社的农户分别有 177 户、173 户、48 户，分别占比 37.11%、36.27%、10.06%；具有一定社会身份的农户共有 240 户，占比 50.31%，普通农户为 237 户，占比 49.69%。从表 1-3-12 可看出，在对借款的需求上，党员与非党员、村干部与非村干部的农户没有过多差别。这是因为党员、村干部在农村地区收入处于中等水平，资金能够满足日常生产、消费需求。牛荣（2012）认为农户具有内源融资偏好，如果农户收入可以满足基本生活和经营需求，则不需要借贷资金。

但从农户实际发生的借贷行为中可以看出，存在党员身份、担任村干部的农户申请贷款成功率比非党员、非村干部的农户高出近一倍，拒贷率同样低出一倍左右。原因在于：一方面，党员与村干部农户拥有一定社会地位和良好声誉，对于银行、政府等贷款优惠政策的信息可及时了解，比如广东省针对党员而专门设定的红色创业贷款项目；另一方面，银行相关的贷款项目需要公职人员进行担保，客观条件约束也使得党员与村干部具备贷款的相对优势。

表 1-3-12　政治身份与农户正规借贷行为

借款需求与行为	类型	党员		非党员		村干部		非村干部		既是党员也是村干部	
		人数（人）	占比（%）	人数（人）	占比（%）	人数（人）	占比（%）	人数（人）	占比（%）	人数（人）	占比（%）
借款需求	需要	94	54.34	171	56.25	100	56.50	160	53.33	66	51.11
	不需要	79	45.66	133	43.75	77	43.50	140	46.67	69	48.89
	总计	173	100	304	100	177	100	300	100	135	100
借款行为	需要，已申请获得	47	50.00	44	25.73	45	45.00	41	25.63	33	50.00
	需要，未申请	42	44.68	110	64.33	50	50.00	102	63.75	30	45.45
	已申请，被拒绝	5	5.32	17	9.94	5	5.00	17	10.62	3	4.55
	总计	94	100	171	100	100	100	160	100	66	100

同时调研发现，加入农民专业合作社的农户具有一定的生产规模，且主要收入以农业生产为主。从借款需求意愿来看，专业合作社社员（66.67%）比非合作社社员（52.24%）对资金的需求意愿更大，申贷成功率更高（表 1-3-13）。

合作社社员在生产销路、技术辅导等方面受到专业合作社的保障，家庭农业收入较为稳定，银行承担的违约风险小。

表 1 - 3 - 13　经济身份与农户正规借贷行为

借款需求与行为	类型	未加入专业合作社		加入专业合作社	
		人数（人）	占比（%）	人数（人）	占比（%）
借款需求	需要	210	52.24	48	66.67
	不需要	192	47.76	24	33.33
	总计	402	100	72	100
借款行为	需要，已申请获得	65	30.95	21	43.75
	需要，未申请	128	60.95	22	45.83
	已申请，被拒绝	17	8.10	5	10.42
	总计	210	100	48	100

3.2.9　金融知识与农户正规借贷行为

金融素养是影响需求有效性的重要因素，直接影响金融需求的有效性，间接影响金融交易的均衡条件和产出，进而制约普惠金融的可持续发展。素养高的金融消费者收益预期与风险偏好更强，在储蓄、信贷、投资等方面的金融行为更趋理性，更有信心参与金融交易，风险承受能力也更强。同时，缺乏金融知识的群体风险偏好更趋保守，会做出不利于自身福祉的金融行为（Lusardi，2007；Mitchell，2008）。而农户若拥有一定的金融知识则可以提高正规金融的借贷意愿，从而提高农户信贷可得性（吴雨等，2016），降低金融排斥程度。金融知识作为人力资本的典型特征，影响着农户的金融参与意识，包括农户家庭对资产理财、保险购买等行为的参与。

从调研中发现，中国农村地区的金融知识普及力度不够，样本中完全不了解、不太了解金融借贷程序的农户占比 58.40%，完全不了解、不太了解金融机构信贷产品或服务的农户占比 62.39%。从表 1 - 3 - 14 和表 1 - 3 - 15 中可以看出，农户对于金融知识了解得越多，借贷意愿越强，申贷成功率越高，拒贷率越低。易小兰（2012）也发现，农户对信贷政策的了解会提高其正规信贷需求和获得。对金融机构的贷款产品和贷款政策等的不了解会使得农户误认为自己不能获得贷款而放弃申请（Petrick，2004）。

表1-3-14　农户了解正规金融机构借款程序情况与农户正规借贷行为

借款需求与行为	类型	非常了解		比较了解		一般		不太了解		完全不了解	
		人数（人）	占比（%）	人数（人）	占比（%）	人数（人）	占比（%）	人数（人）	占比（%）	人数（人）	占比（%）
借款需求	需要	32	94.12	34	73.91	68	57.63	68	46.58	58	43.94
	不需要	2	5.88	12	26.09	50	42.37	78	53.42	74	56.06
	总计	34	100	46	100	118	100	146	100	132	100
借款行为	需要，已申请获得	29	90.62	22	64.71	24	35.29	8	11.76	3	5.17
	需要，未申请	3	9.38	11	32.35	39	57.35	48	70.59	51	87.93
	已申请，被拒绝	0	0	1	2.94	5	7.36	12	17.65	4	6.90
	总计	32	100	34	100	68	100	68	100	58	100

表1-3-15　农户了解正规金融机构信贷产品或服务情况与农户正规借贷行为

借款需求与行为	类型	非常了解		比较了解		一般		不太了解		完全不了解	
		人数（人）	占比（%）	人数（人）	占比（%）	人数（人）	占比（%）	人数（人）	占比（%）	人数（人）	占比（%）
借款需求	需要	30	96.77	32	72.73	57	54.81	82	50.93	59	43.38
	不需要	1	3.23	12	27.27	47	45.19	79	49.07	77	56.62
	总计	31	100	44	100	104	100	161	100	136	100
借款行为	需要，已申请获得	27	90.00	21	65.63	19	33.33	16	19.51	3	5.08
	需要，未申请	3	10.00	9	28.13	33	57.89	55	67.07	52	88.14
	已申请，被拒绝	0	0	2	6.24	5	8.78	11	13.42	4	6.78
	总计	30	100	32	100	57	100	82	100	59	100

对于农户而言，较好地掌握金融知识有利于减少因了解借贷流程、审批条件而花费的时间成本，熟悉各类金融产品与服务就可以根据自己的条件做出最优的信贷、投资与储蓄决策，增强使用金融服务和金融产品的能力。对于银行而言，较高的金融知识水平代表了优质的人力资本，体现了农户的个人能力与信用水平（尹志超等，2015），而且农户拥有较好的金融知识可以显著降低信贷违约的可能性（孙光林等，2017），是筛选优质客户的重要加分项。

3.3 农户借贷行为现状

前文进行了农户家庭特征与正规借贷行为关系的描述性分析，接下来分析目前农村金融环境影响下，广东欠发达地区农户借贷现状与行为特征，为进一步解释农户信贷约束提供基础。

3.3.1 农户申请借贷情况

调查数据显示，有借贷需求的农户（包括正规借贷与非正规借贷）为 345 户，占总样本 72.33%。其中，申请并获得非正规金融借贷的农户为 222 户，占总样本 46.54%；存在正规金融借贷需求的农户为 260 户，占总样本 54.51%；申请正规金融借贷的农户为 110 户，占总样本的 23.06%；没有任何借贷需求的 132 户，占总样本的 27.67%。以上数据表明：第一，广东省欠发达农村地区的农户普遍存在资金借贷需求，但是超过半数的农户没有选择正规金融机构借贷，且偏好非正规渠道借贷的农户多于正规金融渠道借贷农户的一倍以上。第二，54.51% 的农户存在正规金融借贷需求，但实际向银行申请的农户减少了一半以上，说明农户在对自身条件进行评价且主观认为会被排斥后，实行了自我排斥行为。

3.3.2 农户获得正规借贷情况

农户即便有正规借贷需求，但是否向银行等正规金融机构申请获得，存在三种情况，即：向银行申请，已获得贷款（或部分获得贷款）；需要借款，但是没有申请；已向银行申请，但是被拒绝。从表 1-3-16 可以发现，存在正规金融借贷需求的农户共为 260 户，已获得贷款的农户为 87 户，占比 33.46%。

表 1-3-16 农户正规金融借贷类型

借贷行为类型	总数（人）	占比（%）
需要，已申请获得	87	33.46
需要，未申请	150	57.69
需要，申请被拒绝	23	8.85
总计	260	100

农户选择"需要，但是没有申请"的为 150 户，占比 57.69%。因农户主观认知偏差、风险规避偏好，认为正规金融机构交易成本、风险成本过高，农户自我排斥，主动放弃申请贷款，造成"需求型信贷约束"。

问卷设计中，调查者为"未申请者"设计的"您需要贷款，但是没有申请的原因是什么？"问题选项包括：①不了解如何申请；②担心申请也会被拒绝；③在银行没有熟人；④离信用社远，手续太麻烦，审批时间长；⑤利息太高；⑥担心还不起钱，抵押物拿不回来；⑦额度小，不能满足需要；⑧其他。并且，问卷设计是让农户选择对其贷款行为影响最大的一个原因，所以避免了因选择多种原因，而造成的样本重复问题。

借鉴程郁等（2009）以及钟春平等（2010）对需求型借贷约束的分类，将农户分为：一是交易费用约束型。比如对于选项①"不了解如何申请"来说，农户对手续的了解程度反映了农户对成本的估计，农户申请贷款需要花费时间去了解申贷的手续与服务项目。选项③"在银行没有熟人"，反映了农户为了贷款所需要承担的人情支出。选项④"离信用社远，手续太麻烦，审批时间长"，直接反映了农户为了贷款而花费的交通成本、时间成本。对于有些欠发达地区的农村，金融网点覆盖面少，农户办理一项贷款需要来回跑几趟，出行成本高使得农户宁愿放弃借贷。选项⑤"利息太高"，反映了有些农户难以承受高贷款利率。利息是资金借贷的直接成本，农户从正规金融市场上借贷的直接交易费用可通过利率衡量，而非正规金融市场上主要是向亲朋好友借款，多为无息借款，其直接的交易费用考量主要涉及借贷需要的人情支出（王芳等，2012；周月书等，2013）。二是自我排斥型（或称为自我配给型）。选项②"担心申请也会被拒绝"，反映了有些农户虽然有贷款需求，但基于经验或对贷款政策的认知，认为申请贷款肯定会被拒绝而放弃申请贷款。三是风险约束型。选项⑥"担心还不起钱，抵押物拿不回来"，反映了有些农户的低风险偏好。

从表 1-3-17 中可以看出，农户认为申请不到借贷资金的最主要原因是交易费用高昂，占样本农户的 68%。其中，产生借贷合约前所花费的信息搜寻成本，如了解借贷手续、金融产品耗费的时间等，是农户产生交易费用约束的主要因素；其次是借贷合约产生时，可能发生的交通费用、等待时间成本等。只有解决借贷交易费用高昂的问题，才能提高农户借贷可得性。

表 1 - 3 - 17　农户遭受需求型信贷约束原因

需求性信贷约束	原因	人数（人）	占比（%）
交易费用约束	不了解怎么申请	46	30.67
	在银行没有熟人	12	8.00
	信用社远，手续麻烦，审批时间长	30	20.00
	利息高	14	9.33
风险约束	担心还不起钱抵押物拿不回来	11	7.33
自我约束	担心申请会被拒绝	37	24.67
总计		150	100

本文借鉴朱喜等（2006）和李岩等（2013）对供给型信贷约束的定义，将之分为两种：一种是完全信贷约束类型，即金融机构拒绝向已申请借款的农户提供信贷服务；另一种是金融机构提供的借款金额不能满足农户生产、生活资金的需求。因此，"金融机构是否拒绝放贷"以及"申请借贷的额度与实际发放额度是否相符"成为衡量农户供给型信贷约束的主要指标。

农户选择"需要，申请过被拒绝"的共 23 户，在农户申请借贷成功的人数中，"实际批准的借贷资金数额小于最初申请数额"的农户为 37 户，总共存在 60 户农户受到供给型信贷约束。问卷中，调查者为申请被拒绝农户设计的"您认为在提交借款申请后，没有获得借贷的原因是什么？"问题选项包括：①有银行借款未还清；②没有熟人帮忙；③没有明确的盈利项目；④缺乏抵押物、担保人；⑤不良信用记录；⑥政策原因；⑦其他。

从表 1 - 3 - 18 中可以看出，农户认为自己被银行拒绝的最主要原因是没有抵押物、担保人以及没有盈利项目。虽然广东地区农户土地确权已基本完成，农村房屋可抵押的贷款条例也有制定，但银行仍旧偏好传统的具有市场价值的抵押物。而担保贷款规定需具有公职人员担保才可以申请。拥有抵押物、担保人是银行贷款的基本门槛，形成了条件性排斥。银行还会考察农户是否具有可盈利项目，这是还款来源的保证。

表 1 - 3 - 18　农户遭受供给型信贷约束的主要原因

供给型信贷约束原因	人数（人）	占比（%）
没有熟人帮忙	3	13.04
没有明确的盈利项目	8	34.78

（续）

供给型信贷约束原因	人数（人）	占比（%）
缺乏抵押物，担保人	9	39.13
不良信用记录	1	4.35
政策原因	2	8.70
总计	23	100

农户获得正规借贷的可得性较低，反映了农户从正规金融渠道获得借贷的机会有限。虽然广东省大力推动普惠金融发展，扩大金融覆盖面，但农户实际获得借贷即"资金使用权"这一核心权利的机会仍然偏少，门槛依旧很高，普通农户尤其是低收入农户获得贷款仍然困难。而已经获得农村正规金融机构贷款的农户，从贷款资金获取额度分析，也仍然受到不同程度的排斥。调查结果显示，广东省欠发达农村地区的农户在借贷机会、借贷数量上被不同程度排斥，原因是高昂的交易费用、信息不对称以及缺乏有效的合约机制。

3.3.3　农户借贷行为表现

本小节将重点分析有正规借贷需求且获得借贷资金的农户（共87户）的借贷行为。

（1）借贷渠道

非正规金融借贷渠道仍是农户主要资金来源，求助于非正规金融机构的农户占样本总量的92.11%。在农户正规金融借贷渠道中，农村信用社系统（包括农村商业银行、农村合作银行及农村信用合作社）依旧是农村金融市场的支柱机构。此处将农业经营主体分为六类（其中不同规模的农业企业资金需求差别较大，在此暂不分析，只分析其他五类），分析不同类别的农户贷款行为差异。对于贫困农户而言，非正规金融为主要贷款渠道，他们大多数是因病致贫、因病返贫，资金严重匮乏，但农村正规金融机构对于借款担保人、抵押物以及其他隐形交易费用的要求，对其形成条件排斥。即便可以申请贷款，贫困农户的资金需求大多是消费性、生活性用途，应急性较多，而正规金融机构审批手续烦琐，难以满足其要求（如表1-3-19所示）。对于普通农户而言，其收入基本能满足生活需求，基于生存小农的假设，农户不到万不得已不会向正规金融机构申请贷款，这类农户平时资金紧缺时大多向亲戚朋友借贷。对于种养大户、家庭农场、专业合作社等规模型经营主体来说，其资金需求主要是生产性的，额度较大，且原始积累较高，再加上优惠政策补贴，更偏好于向正规金融机构借贷。对于银行而言，具备生产经营能力的农户，拥有还款能力，违约风险较小，何况还有政府财政资金的一定支撑，更容易获贷。

表 1-3-19 农户借贷渠道分布情况

农业经济主体类型	正规金融渠道		非正规金融渠道	
	户数（户）	占比（%）	户数（户）	占比（%）
贫困农户	3	7.89	35	92.11
普通农户	72	28.92	177	71.08
种养大户	9	60.00	6	40.00
家庭农场	2	33.33	4	66.67
专业合作社	1	50.00	1	50.00
总计	87	28.06	223	71.94

（2）借贷用途

调研中发现：第一，农户非正规借贷主要用途为生活性支出，最主要的是用于孩子教育、治病、建房等，而这类用途属于应急性支出，因此多选择从亲朋好友处获得支持。第二，从正规金融渠道获得的资金大多是生产性用途，比如添置农用机械、大棚，购买种子、化肥，以及办理企业、经商投资。一般情况下，农村信用社、中国农业银行、中国邮政储蓄银行会对贷款的具体用途设置明确规定，以保障还款。第三，贫困农户的生产性资金需求很少，生活性资金需求占比 86.84%，其中从非正规金融渠道获得占比 78.95%，说明贫困农户难以从正规金融机构渠道获得资金，金融排斥尤为严重。第四，对于具有一定种植、养殖规模的农业经营主体，比如种养大户、家庭农场、农民专业合作社，其资金需求主要为农业生产性用途，资金需求额度较大，且拥有较好的资信条件和固定资产，贷款交易成本比小农户低，更容易获得银行的贷款支持，因此其主要贷款渠道为正规金融机构。

从事农业生产受自然及市场双风险约束，不确定性大，因此农户往往具有较强的风险意识，且大多比较容易表现出风险厌恶型特征。对于是否将资金投入到扩大生产中，需要考虑自身的能力与条件。调研发现，虽然部分农户从正规金融机构获得贷款用于扩大生产规模，但私下调整借贷资金用途的情况仍时有发生，尤其是普通农户发生的频率更高（表 1-3-20）。

表 1-3-20　农户借贷用途分布情况

| 农户类型 | 非正规金融渠道 | | | | 正规金融渠道 | | | | 总计 |
| | 生产性用途 | | 生活性用途 | | 生产性用途 | | 生活性用途 | | |
	户数 (户)	占比 (%)	户数 (户)	占比 (%)	户数 (户)	占比 (%)	户数 (户)	占比 (%)	
贫困农户	5	13.16	30	78.95	0	0	3	7.89	38
普通农户	35	14.06	142	57.03	51	20.48	21	8.43	249
种养大户	4	26.67	2	13.33	8	53.33	1	6.67	15
家庭农场	1	16.67	3	50.00	2	33.33	0	0	6
专业合作社	0	0	1	50.00	1	50.00	0	0	2
总计	45	14.52	178	57.42	62	20.00	25	8.06	310

(3) 借贷期限

农户贷款期限特征：第一，正规金融机构规定了明确的贷款期限，基本集中在1~3年，仅有2个农户的借款为30年期限，均为用于购房的商业性借贷。农业生产周期较长，农户偏好期限长的金融贷款，而贷款期限短，期限结构存在错配。且银行为了控制风险，规定必须还清之前的贷款，才能进行下一笔借贷交易。第二，发生非正规金融渠道借贷的农户223户，其中具有借款期限的33笔（占比14.80%），没有借款期限的有190笔（占比85.20%），主要来源于亲朋好友。但没有借款期限并不代表农户会拖很长时间才还款，因为"人情债"也会约束农户的还款行为，尤其当贷款人缺钱时，农户会尽快从其他渠道借款还上（表1-3-21）。

表 1-3-21　农户借贷期限分布情况

借贷期限（天）	非正规金融渠道（户）	正规金融渠道（户）
无期限	190	0
15	2	0
90	1	0
120	1	0
180	3	1
365（1年）	14	35
520	1	0

（续）

借贷期限（天）	非正规金融渠道（户）	正规金融渠道（户）
700	0	1
730（2年）	5	26
900	1	0
1095（3年）	0	18
1460	1	2
1825	3	0
1900	1	0
3650	0	1
7300	0	1
10950（30年）	0	2
总计	223	87

（4）借贷利率

调研数据显示：第一，非正规金融渠道主要是无息借贷，即使存在部分有息借贷，利率也较低。非正规金融渠道中出现的利率大于9％的2户农户的2笔借贷，均是互联网借贷，借款人为年龄为30岁左右的年轻人，在资金紧缺时采用了支付宝花呗、京东白条等方式借款。第二，正规金融渠道中利率为0的7户借贷，是由银行按照国家规定的基准利率计息且完全由政府补贴，农户不需要承担任何利息费用。广东省政府贴息的普惠金融服务模式主要是妇女创业小额担保贴息贷款，目的是用政策鼓励妇女创业；此外，为支持农户尤其是种养两业农户发展，经济条件好的地方政府也有完全贴息情况。第三，从正规金融机构贷款的利率低于4.35％的农户，均是享受政府贷款贴息优惠政策的，且多为农业生产类种养大户，目的是支持当地产业发展，带动贫困人群就业脱贫。而其他商业贷款模式，可按中国人民银行所定的基准利率上浮。

调研发现，农村正规金融机构较少实施农户差异化定价策略，利率完全由银行单方决定，这与农村金融市场仍处于"卖方市场"、农村信用社的垄断供给地位、农民市场谈判能力弱等因素有关，而农信社采取一浮到顶的利率政策也有助于减少贷款的违约风险。广东省推行的普惠金融贷款模式创新，大多是政府利用财政手段参与，与相关涉农银行、农村信用社合作发放低息、免息贷款的模式，只能解决农户的一部分生产性资金需求，不能根本上解决资金供求矛盾（表1-3-22、表1-3-23、表1-3-24）。

表 1-3-22 借贷利率分布情况

单位：户

利率	非正规金融渠道	正规金融渠道
0	213	7
0~4.35%	4	14
4.35%~7%	3	49
7%~9%	1	14
大于9%	2	3
总计	223	87

表 1-3-23 正规金融贷款优惠政策

是否有贷款优惠政策	户数（户）	占比（%）
无优惠	42	48.28
有优惠	45	51.72
总计	87	100

表 1-3-24 具体正规金融贷款优惠政策

正规金融机构贷款优惠政策	户数（户）	占比（%）
低息	27	60.00
免息	7	15.56
政府担保	2	4.44
贷款贴息	8	17.60
其他	1	2.40
总计	45	100

（5）借贷金额

通过调研发现：第一，农户通过正规金融机构借贷的金额普遍比非正规金融借贷金额要大。对于作为资金供给方的银行、信用社而言，小额贷款与大额贷款所付出的审核成本、监督成本相同，且大额贷款因具有一定规模性而单位成本较低，故而所获得的收益较大。因此，在付出相同贷款交易成本的条件下，机构偏好于大额贷款合约。第二，2008 年之前银行小额贷款额度大多在5 000~10 000 元，贷款方式为凭身份证即可获得（指的是小额信用贷款）。但是这一部分小额信用贷款却产生了大量违约，或许部分原因是额度小，不足以唤醒借款人的风险意识。而额度大的贷款违约造成的后果更严重,从而可以约束农户欠债行为。第三,贫困农户从非正规金融渠道获得贷款的偏多,而从正规金融机构渠道获得贷款的只有4户。民间渠道不需要抵押担保,手续简单,且大多是从亲朋好友处借贷,能满足贫困农户的应急性资金需求;贫困农户自身没有抵押物和担保人,难以向正规金融机构申请贷款;正规金融机构体现风险溢价的上浮利率较高,使得贫困农户难以承受,影响其借贷意愿。第四,普通农户中存在借贷金额大于20万元的家庭,用途是购买城镇住房。而其他借贷金额集中于10万元以下,其中贷款额度在5万元的农户家庭为31户,占普通农户的43.06%。原因在于政府与银行合作开发的普惠金融服务模式(如妇女小额创业担保贷款、政银保贷款、党员信用贷)最低额度为5万元。这说明普惠金融服务小农的政策影响农户借贷行为,但其贷款条件是具有一定收入水平的农户家庭,贫困农户仍被排斥在外(表1-3-25、表1-3-26)。

表1-3-25 农户正规借贷额度分布

单位:户

农户类型	1万~3万元	3万~5万元	5万~10万元	10万~20万元	20万元以上	总计
贫困农户	1	2	1	0	0	4
普通农户	10	10	37	6	9	72
种养大户	1	1	2	4	0	8
家庭农场	0	0	2	0	0	2
专业合作社	0	1	0	0	0	1
总计	12	14	42	10	9	87

表1-3-26 农户民间借贷额度分布

单位:户

农户类型	5 000元以下	5 000~1万元	1万~5万元	5万~10万元	10万元以上	总计
贫困农户	6	10	11	6	0	33
普通农户	26	43	58	24	16	167
种养大户	1	1	1	2	1	6
家庭农场	2	0	1	1	0	4
专业合作社	0	1	0	0	0	1
总计	35	55	71	33	17	211

4 交易费用与农户正规借贷可获性：实证分析

颜志杰等（2005）通过询问农户"是否获得贷款"以及"获得贷款的金额"来考察影响农户正规借贷可得性的因素。本文运用 Heckman 模型分析农户正规借贷是否获得以及贷款规模问题，使用 OLS 模型进行比较证明选择正确性，并且采用替换变量证明研究结论的稳健性。

农户获得贷款的资金规模，一方面反映了农户贷款需求的满意程度，另一方面反映了农户实际借款能力或还款能力的强弱程度。正规金融机构对于农户贷款额度的判断存在以下两种情况：第一，在利率恒定情况下，金融机构对农户违约情况的判断，来自对贷款交易成本与可获利润之间权衡。如果金融机构对于违约风险高的农户要付出高昂的监督费用与审查费用，就会减少贷款金额，使农户可贷额度小于预期申请的额度。第二，在利率发生变化的情况下，金融机构可以根据市场的供求状况调整利率，供求曲线开始发生变化，当利率上升时，供求曲线均衡点也会上升至某个稳定状态，即农户所承担的利率在可承受范围内，而银行也能够在交易成本较小的情况下获取较大利润，农户申请金额与预期金额相等，不存在信贷约束。但是，根据 Stiglitz 和 Weiss 以及马九杰等（2012）的分析，当利率继续上升时，供给曲线会出现拐点，向左后方倾斜，原因在于：金融市场利率过高会导致逆向选择，将风险低的优质客户挤出，而能够且敢于在高利率状态下借贷的客户，大多为高风险的客户，这是金融机构不愿意看到的。故利率提高而金融机构慎于放贷是一种理性选择。

4.1 描述性分析

调研样本中的农户经营主体分为五种类型，包括贫困农户、普通农户、种养大户、家庭农场及专业合作社。从表 1-4-1 可以看出，贫困农户申请贷款可获得性很低，即使获得也会受到银行的数量配给。普通农户占总样本的85.32%，在获得贷款的农户中占比 82.76%，其中受到数量配给的占获得贷款农户的 41.67%。种养大户中 9 户获得贷款，其中受到数量配给的只有

1户。而家庭农场、专业合作社均受到数量配给,这是由于这类经营主体申请贷款的额度一般较大,银行会根据实际情况权衡授予额度的大小。

表1-4-1　农户家庭获得借贷额度基本情况

单位:户

类型	未获得	获得部分额度	获得全部额度	总计
贫困农户	46	3	0	49
普通农户	335	30	42	407
种养大户	5	1	8	14
家庭农场	4	2	0	6
专业合作社	0	1	0	1
总计	390	37	50	477

从表1-4-2中发现,农村信用社仍然是农村金融市场的主力军,服务于各种类型的农业经营主体,占总样本的74.71%;农业银行、邮政储蓄银行分别占比9.20%、6.90%;村镇银行等其他金融机构的发展,有利于形成多元竞争的农村金融市场。其中农业银行贷款服务的8户农户主要是云浮地区的柑橘种植户。

表1-4-2　主要放贷正规金融机构

单位:户

类型	农业银行	农村信用社	邮政储蓄银行	村镇银行	其他金融机构	总计
贫困农户	0	3	0	0	1	4
普通农户	8	52	4	2	5	71
种养大户	0	7	1	0	0	8
家庭农场	0	3	0	0	0	3
专业合作社	0	0	1	0	0	1
总计	8	65	6	2	6	87

从表1-4-3、表1-4-4可以发现,农户获取贷款以信用、抵押、担保方式为主,其中以信用贷款最多,占总样本39.08%。正规金融机构对于贷款用途有严格规定,生产性借贷与消费性借贷的利率大小、获得概率不同,但也存在很多农户以农业生产为由获得借贷资金,私下转向消费用途,这也再次印证了农户贷款"生产生活户内合一"、难以监督的特点。贫困农户由于无法提

供可供抵押的财产，主要以信用贷款为主，借贷用途主要是孩子上学及自建房屋。在普通农户中信用贷款是主要贷款方式，其次是担保贷款，而财产抵押贷款主要以在城镇购买的商品房为抵押物，贷款用途则更多元化。种养大户、家庭农场、专业合作社的贷款方式以财产抵押为主，主要贷款用途是扩大农业生产经营，银行放贷的规模大，审批时间也较短。

表 1 - 4 - 3　获取贷款主要方式

农户类型	信用贷款	财产抵押	小组联保	找其他人担保	其他	总计
贫困农户	3	0	0	1	0	4
普通农户	29	12	2	26	2	71
种养大户	2	4	0	1	1	8
家庭农场	0	2	0	0	1	3
专业合作社	0	1	0	0	0	1
总计	34	19	2	28	4	87

表 1 - 4 - 4　农户正规金融机构贷款用途

农户类型	购买生活用品	孩子上学	建房	添置农用	购买种子、化肥	办企业	其他	总计
贫困农户	0	1	3	0	0	0	0	4
普通农户	4	2	11	5	17	28	4	71
种养大户	0	0	0	2	4	1	1	8
家庭农场	0	0	0	0	3	0	0	3
专业合作社	0	0	0	0	1	0	0	1
总计	4	3	14	7	25	29	5	87

4.2　实证研究设计

4.2.1　模型设定

正规金融机构对农户贷款的决策行为主要有两个：第一个决策是农户是否能获得贷款。第二个决策是决定贷款额度是多少。目前研究这类决策行为最常用的是 Heckman 两阶段模型（Heckman，1974）。若农户是否获得贷款 Probit 模型的残差符合正态分布，则满足 Heckman 两阶段模型应用中误差项必须是正态分析的前提假设。具体而言，本研究将农户家庭获得贷款行为分成两个阶段：

第一阶段，利用所有观测数据，对农户是否获得贷款行为采用二值 Probit 模型分析。正规金融机构决定农户是否获得贷款决策可以用如下参与方程来表示：

$$C_i^* = P_i\alpha + \mu_i$$

$$C_i = \begin{cases} 1, \text{if } P_i\alpha + \mu_i > 0 \\ 0, \text{if } P_i\alpha + \mu_i \leqslant 0 \end{cases} \tag{1.4.1}$$

（1.4.1）式中，C_i^* 为农户贷款是否可获得发生的概率，它由不同因素解释，如果农户获得贷款，$C_i=1$，否则 $C_i=0$。P_i 为解释变量，α 为待估系数，μ_i 为随机扰动项。

考虑到 OLS 估计中可能存在样本选择性偏误，需从（1.4.1）中计算出逆米尔斯比率 λ，作为第二阶段的修正系数。λ 由下式获得：

$$\lambda = \frac{\varphi(P_i\alpha/\delta_0)}{\Phi(P_i\alpha/\delta_0)} \tag{1.4.2}$$

（1.4.2）式中，$\varphi(P_i\alpha/\delta_0)$ 为标准正态分布的密度函数，$\Phi(P_i\alpha/\delta_0)$ 为相应的累计密度函数。

第二阶段，选择 $C_i=1$ 的样本，利用 OLS 方法对方程进行估计，利用 λ 作为方程一个变量以纠正样本选择偏误的问题，即如下：

$$\ln Y_i = X_i\beta + \lambda\delta + \eta_i \tag{1.4.3}$$

（1.4.3）式中，$\ln Y_i$ 为第二阶段的被解释变量，即农户获得正规金融机构贷款金额的对数值。而 β 与 δ 为带估计的系数，如果系数 δ 通过显著性检验，则证明选择性偏误是存在的，表示 Heckman 两阶段估计方法对于纠正样本选择性偏误存在明显效果，因此选择 Heckman 模型是合适的。

Heckman 两阶段对于被解释变量要求中 X_i 是 P_i 的严格子集。（1.4.3）式中出现的任何一个变量都应该是（1.4.1）中的解释变量，但 P_i 至少有一个变量是不在 X_i 中的，这也符合农村借贷市场规律。即影响农户借贷可获得性的因素不一定是农户借贷规模所受到的影响因素，譬如农户具备村干部、党员等身份特征影响借贷资金的可获得性，但对贷款金额的影响可能不显著。

4.2.2　变量选择

（1）因变量

①贷款可得性。问卷中设计"2017 年，您是否因需要资金而向正规金融机构申请并获得贷款？"这一问题，获得即 $C_1=1$，否则 $C_1=0$。

②贷款规模。问卷设计中，"2017 年，您在正规金融机构获得的最大一笔的贷款金额"即 Y，单位为万元。

（2）核心变量：交易费用

根据交易费用的范围，可将之分为搜寻费用、信息成本、议价成本和决策成本（Williamson，1979）。以交易发生时间为标准，可将交易成本分为事前交易成本、事中交易成本与事后交易成本。其中事前交易成本包括搜寻信息成本，事中交易费用包括签订合约、讨价还价（谈判）、保障合约执行等成本，事后交易成本指由于合约的不适应性而产生的成本（Williamson，1989）。这种交易费用的分类在研究农产品交易行为时被广泛采用（Hobbs，1995）。Dahlman（1979）通过交易活动内容的类别化处理，将交易成本分为：搜寻信息成本、协商和决策成本、契约成本、监督成本、转换成本和执行成本。

本文沿袭威廉姆森（Williamson）范式对应的设计量化指标。

①资产专用性。威廉姆森将资产专用性划分为五类：实物资产专用性、地理区位的专用性、人力资本的专用性、完全为特定协约服务的资产以及名牌商标资产的专用性。本研究主要关注前三种类型。一般而言，借贷合约签订的抵押资产专用性程度越强，交易双方形成的"锁定效应"（lock - in effect）也越强烈，则契约更稳定（刘凤芹等，2012）。

第一，实物资产专用性，主要用可抵押的商品房价值（value）来标识。专用性资产可以分为动产和不动产，对于其价值可采用两种方式：一是按照资产购买原值，如车辆等机械类资产，但因固定资产的使用会导致耗损，尤其是使用年限较长的资产，使其市场价值与购买原值差异较大；二是市场化估值方法，如居住的房屋，可根据居住年限以及市场增值状况综合衡量。但当第三方市场缺失情况下，也存在交易的强势一方如金融机构低估价值的可能性，进而给另一方资金借贷者带来潜在损失，影响交易的公平性。对于异质性资产（如土地使用权因区位及级差而带来的差别）的估值更需要专业性评估知识，也更容易产生交易的不平衡。

胡浩志等（2013）通过对资产专用性度量文献的综述发现，多数学者采用实物资产专用性本身的价值衡量，如李孔岳（2009）、冯晓龙等（2018）运用农业机械拥有的原价值之和来衡量资产专用性。在借贷契约签订过程中，银行对于固定资产的市场化价值需要进行评估，而农村的房屋、土地暂不能作为可市场交换的产品，只有在城镇购买的商品房、汽车、大型机械设备才可作为银行贷款抵押物。而在调研对象中，贫困农户与普通农户占比较多，其农业经营规模较小，样本中大型机械设备的采用较少，故而选择农户在城镇购买商品房的价值（value）作为替代变量。商品房价值越高，抵押物专用性越强，农户申请借贷资金所需承担的违约成本越高，更易形成自我履约机制。所以正规金融机构的事后监督成本较低，且拥有价值较高抵押物的农户借贷中的审核等待成本也较低，受到正规金融机构的青睐，更易产生正规借贷需求与获得贷款（严予若等，2016）。

第二，地理区位的专用性，主要用农户到正规金融机构的距离（distance）来标识。金融交易成本的衡量大多只计算金融机构在交易中所产生的费用，但客户的"奉行成本"也至关重要，至少对客户的借贷交易对象选择及借贷与否的决策产生影响。陶峰等（2017）将地理距离相关的交易成本分为运输成本与信息成本。运输成本是指为了寻找合适金融产品而发生搜寻成本，包括时间、精力与费用（Agarwa et al.，2010）；而对资金需求者事前评估与事后评估也增加资金供给者成本。Degryse et al.（2005）发现银行对不同距离的借款人实行差别定价，借款人也偏好向距离最近的银行进行贷款。地理距离还会增加金融交易信息成本，尤其是软信息成本。软信息需进行长期面对面才能获取，远距离传播会造成信息失真（Porteous，1999）。Cuia‐Abiad（1993）证明了到金融机构的距离对融资交易成本有显著正向影响。童馨乐（2015）、丁淑娟等（2017）也将客户到正规金融机构的距离作为衡量交易费用的关键变量。在农村信贷市场，农户与银行签订契约过程需要多次博弈，对于农户而言，距离关系到贷款信息的搜寻便利程度、花费往返路途的交通费用及时间与劳务成本；对于银行而言，距离事关贷中的审核成本与贷后的监督成本。受局部知识所限，随着地理距离增加，银农双方信息不对称更为严重，易产生逆向选择与道德风险，信息成本也随之增加。

第三，人力资本的专用性，这是资产专用性的一种形式，指依附于人力资本载体的知识和技能的行业或企业专用性。一般而言，人力资本专用性越强，市场可流动性越差，对其投资的风险也就越大。Wang et al.（2009）研究人力资本专用性与企业绩效关系时，采用员工对企业专用性知识的了解程度作为人力资本专用性的替代变量。Jaggia et al.（1994）认为员工为得到专用性技能需要付出成本，Chandler et al.（2009）研究资产专用性和行为不确定对销售与雇员增长关系时，采用员工为获得产品专用知识所需付出的时间与金钱来衡量人力资本专用性。

本文主要采用两个维度衡量，一是农户对金融知识的了解程度；二是农户的金融类社会资本，从广度上衡量即其是否有在银行等金融机构从事相关工作的亲戚朋友，从强度上衡量即其为获得借贷所付出的人情支出（包括请客吃饭、过年红包等）。一方面，借贷契约签订需要农户拥有基本的金融常识，包括理解申贷程序能力、树立契约与诚信意识等，以保证借贷契约签订；另一方面，通过金融类社会资本能使农户获得有关金融服务与产品的优惠信息，而银行也能够利用农户社会资本信号传递机制与社会抵押功能，降低借贷交易合约的不确定性。童馨乐等（2011）认为社会资本能在金融市场上发挥良好的信息传递功能，降低信息不对称，解决农户信贷约束问题。刘西川（2007）根据调研发现，农户开支最大的交易费用是为获得农村信用社贷款而请客送礼的成本。故本文选择农户金融知识了解程度（knowledge）、家里是否有亲戚朋友在银行工作（finance）、人情支出（renqing）作为代理变量。

②交易频率指一定单位时间内农户与银行发生借贷交易的次数。一般情况下，农户与银行之间存在基本金融业务交往关系，包括借贷、储蓄、办卡、评级等，能够体现农户与银行关系的强度。交易频率越高，银农关系越强，双方信息不对称程度越低，银行对于农户生产经营状况、现金流、个人信誉等更为了解，农户也更为熟悉借贷流程，合约签订耗费的信息搜寻成本、审核成本降低，交易效率提高。本文主要用两个维度：一是采用三年内农户向银行借贷的次数（frequency），直接衡量交易频率；二是采用农户信用评级（credit rating），衡量银农关系强度（彭澎，2017）。银行衡量农户信用需采集农户与银行的交易信息，以及对农户家庭进行资产、信誉调查等。

③不确定性是指经济行为者在事先不能准确知道自己某种决策的结果，或者说经济行为者的一种决策的可能结果不止一种。在风险管理中，不确定性是指经济主体对于未来经济状况（尤其是收益和损失）的分布范围和状态不能确知。

对于外部条件不确定的界定，本文用农村金融服务供给水平高低衡量，主要从两个维度：一是金融服务基础条件，用当地具有贷款功能的金融机构网点数量多少（branch）衡量（童馨乐，2013）。二是金融市场环境的竞争力度，用银行贷款利率大小（rate）衡量。利率浮动大小直接体现利率市场化进程，而利率市场化程度由金融市场竞争性决定（刘西川，2014）。此外，利息费用能直接体现农户与银行借贷契约签订的交易费用大小（王芳，2012），而利息费用是银行根据农户家庭资源禀赋、风险收益回报率、贷款额度大小等因素综合权衡、制定的差异化定价策略（马九杰，2012）。Polski（2001）运用瓦利斯和诺斯的研究方法界定和测度了1934—1938年美国商业银行的交易费用，主要分为两类，一类是利息费用，另一类是非利息费用。而杨艳琳等（2019）对于农村普惠金融"承受性"发展采用农村贫困人口获得金融产品与服务耗费的交易费用衡量，具体指标用农村金融机构贷款上浮利率大小。

对于行为不确定的界定，主要采用个人社会身份。陈芳（2018）运用"心理账户"理论分析农户借贷决策，发现农户的社会身份，直接影响农户正规借贷风险。李孔岳（2009）、张舟（2017）研究发现农户行为不确定性受到个人社会身份（是否是党员、是否是村干部）影响，且对农地流转交易费用影响显著。故而本文主要用农户是否是村干部（cadre）、是否是党员（Party member）及是否加入专业合作社（specialty cooperative）衡量，代表农户的社会身份。农户社会身份代表一定声誉，一方面农户凭借个人身份可优先获取有利的信息资源，另一方面良好的信誉作为银行借贷软信息的凭证，能减少农户违约的不确定性，降低交易双方的信息不对称。声誉使得个人行为不确定性减弱，对于长期互惠的契约来讲，声誉机制有利于促进契约的稳定性（徐冬梅等，2019），声誉资本便是农户在未来减少各种支付成本的贴现值（雷新途等，2012）。

（3）未纳入第二阶段变量

有关农户个体身份、交通成本的变量，如农户是否是党员、是否是村干部、家里是否有亲戚朋友在银行工作、是否加入专业合作社、网点个数、银行网点距离等，未被纳入第二阶段即是否影响贷款规模的方程。农户身份特征、交通成本对银行是否给予农户借贷的决策有影响，但对银行授予贷款规模的差异并无明显作用。

（4）控制变量

参考已有研究，本文引入户主个体特征、户主家庭特征、贷款特征等因素，其具体含义见表1-4-5。

首先，户主个体特征。引入户主年龄、性别、受教育程度、健康程度、婚姻状态、是否创业等变量，作为农户个体的人力资源禀赋特征，考虑到年龄的非线性影响，还加入了户主年龄的平方。

其次，户主家庭特征。引入家庭劳动力、家庭负担人数、纯收入、土地总面积等变量。刘西川等（2014）认为家庭劳动力与人口负担率能够代表家庭生

表 1 - 4 - 5　变量说明与描述性分析

类型	变量	定义	取值说明	均值	标准差	最小值	最大值
被解释变量	Credit	2017 年是否获得正规金融机构贷款	是（1）、否（0）	0.192	0.393	0	1
	Size	贷款规模	2017 年最大一笔正规金融机构贷款金额（万元）	9.08	14.59	0.5	100
实物资产专用性	value	房屋价值	城市商品房估计总价值（万元）	8.99	25.43	0	200
地理区位专用性	distance	您家到最近的银行网点的距离	单位：公里	5.07	4.08	1	5
资产专用性	knowledge	是否了解金融机构贷款申请流程	非常了解（1）、比较了解（2）、一般（3）、不太了解（4）、完全不了解（5）	3.69	1.17	1	5
人力资产专用性	finance	家里是否有亲戚朋友在银行等金融部门工作	是（1）、否（0）	0.1	0.3	0	1
	renqing	人情支出	2017 年家庭人情总支出（万元）	0.39	0.57	0	13
交易频率	frequency	近三年向银行借到款的次数	0 次（1）、1 次（2）、2 次（3）、3 次（4）、4 次及以上（5）	0.247	0.61	1	5
交易强度	credit rating	信用评级	没有评级（1）、一级（2）、二级（3）、三级（4）、四级（5）	1.33	0.83	1	5

（续）

类型	变量	定义	取值说明	均值	标准差	最小值	最大值
外部条件不确定性	branch	家里附近（5公里）银行网点数	单位：个	1.68	1.75	0	18
	rate1	农户所愿意接受最高利率	单位：%	4.88	3.13	0	12.78
不确定性	rate	借贷利率	2017年农户最大一笔正规与非正规贷款利率水平	1.372	2.34	0	14
行为不确定性	Party member	是否是党员	是（1）、否（0）	0.36	0.48	0	1
	cadre	是否是村干部	是（1）、否（0）	0.37	0.48	0	1
	specialty cooperative	是否加入专业合作社	是（1）、否（0）	0.15	0.36	0	1
个体特征	age	户主年龄	单位：岁	46.67	11.25	14	85
	age[20]	户主年龄平方	年龄平方×0.001	2.4	1.08	0.196	7.225
	sex	性别	男（1）、女（0）	0.76	0.426	0	1
	edu	受教育程度	文盲（1）、小学（2）、初中（3）、高中（4）、大专及以上（5）	3.34	0.82	1	5
	health	健康状态	非常好（1）、好（2）、一般（3）、不好（4）、非常不好（5）	2.44	0.9	1	5

（续）

类型	变量	定义	取值说明	均值	标准差	最小值	最大值
个体特征	marriage	婚姻状态	未婚（1），已婚（2），离婚（3），丧偶（4）	2.04	0.44	1	4
	startup	是否创业	是（1），否（0）	0.14	0.35	0	1
家庭特征	Labour	家庭劳动力	具备赚钱能力的人（人）	2.87	1.33	0	8
	family burden	家庭负担人数	家庭16岁以下儿童与家庭60岁以上老人总和（人）	1.9	1.68	0	8
	income	纯收入	2017年家庭总收入减去2017年家庭总支出（万元）	1.4	3.1	-10	28
	perland	家庭拥有的土地总面积	耕地、林地、园地、草地、自留地总和（亩）	9.98	26.17	0	303

注：①为了防止方差过大现象，Okten et al.（2004）将一些数值型的变量乘以百分比，故此处将 $age^2 \times 0.001$。

命周期里的消费性借贷需求与行为动机。而家庭财富水平是决定信贷市场均衡结果的重要因素，通常农户家庭财产包括固定资产、流动性资产和耕地三类。

最后，贷款特征。农户借贷渠道偏好有正规借贷与非正规借贷，二者存在差异，结合调查问卷设置问题，可引入期望贷款用途、期望贷款额度、实际贷款用途、实际贷款额度的变量。

4.3　实证结果与讨论

根据前文的模型选择，采用 Stata13.0 计量软件进行估计。从估计结果可以看出，逆米尔斯比率在 1% 的水平上显著。这说明，农户贷款获得行为存在样本选择性偏误问题，也表明使用 Heckman 两阶段模型是合适的。详细估计结果如表 1 - 4 - 6 所示。

表 1 - 4 - 6　Heckman 两阶段模型估计结果

变量		农户是否获得贷款		农户获得贷款规模	
		系数	标准误	系数	标准误
实物资产专用性	房屋价值	0.002	0.008	0.011***	0.003
地理区位专用性	到最近银行网点距离	−0.560*	0.219	—	—
人力资产专用性	是否了解正规金融贷款申请流程	−1.835***	0.393	0.093	0.099
	是否亲友在正规金融部门工作	−2.499**	1.139	—	—
	人情支出	0.336	0.358	0.203**	0.099
交易次数	近三年向银行借款次数	2.115***	0.328	0.099	0.156
交易强度	信用评级	0.301*	0.182	0.151*	0.080
环境不确定性	银行网点数	0.258*	0.134	—	—
	最高承受利率	−0.251	1.049	0.371*	0.223
	利率的平方	0.678	0.696	−0.113*	0.059
行为不确定性	是否是党员	0.141**	0.084	—	—
	是否是村干部	0.512***	0.157	—	—
	是否加入专业合作社	−2.460***	0.778	—	—

（续）

变量		农户是否获得贷款		农户获得贷款规模	
		系数	标准误	系数	标准误
控制变量	户主年龄	−0.015	0.120	0.058	0.056
	年龄平方	−0.245	1.313	−0.357	0.619
	性别	−0.405	0.495	0.446*	0.230
	受教育程度	0.458	0.303	0.316**	0.113
	健康状态	0.551**	0.261	−0.06*	0.129
	婚姻状态	0.411	0.518	−0.425*	0.240
	是否创业	1.118**	0.483	0.058	0.207
	是否在非正规渠道借过款	0.635	0.428	−0.235	0.188
	家庭劳动力	0.334**	0.162	−0.206**	0.079
	家庭负担人数	0.137	0.148	0.135**	0.058
	纯收入	0.013	0.046	0.124***	0.024
	土地总面积	0.030**	0.013	−0.003	0.002
常数项		−2.083	3.263	−0.653	1.331
逆米尔斯比率（λ）				−0.12***	0.03
样本数		477			
删失的样本数		390			
未删失的样本数		87			
Wald（chi2）		95.15			
Prob＞chi2		0.000			

注：* 表示 $P<0.1$，** 表示 $P<0.05$，*** 表示 $P<0.01$。

关于农户是否获得银行借款，需要分析农户整体样本，包括农户不需要借贷、需要借贷、借贷受到配给约束、借贷获得四类农户。影响农户借贷的交易费用因素包括事前、事中、事后三个阶段。

第一阶段，从交易费用如何影响农户获得贷款行为中可以发现，交易费用显著性因素有资产专用性中的"银行网点距离、金融知识了解程度、是否有亲戚朋友在银行工作"；交易频率中的"信用评级、近三年获得贷款次数"；不确定性因素中的"是否是党员、是否是村干部、是否加入专业合作社、金融网点"等。而人情支出、到达金融网点时间、利息费用不显著。

银行网点距离变量代表了该样本农户所在村金融环境与金融服务的优劣。

距离银行更近，一方面方便农户往返借贷签约，减少额外的交通费用；另一方面可减少银行监督农户贷款行为的交通成本，有利于双方借贷契约达成。金融网点越多，代表该地区的金融发展水平越高，农户选择的渠道增多，获得贷款的可能性也随之增加。

金融知识对于农户贷款可获得性在 1% 负向显著，即农户越了解金融知识，银行越愿意放贷。拥有金融素养的农户可减少办理借贷耗费的时间成本，促使借贷合约达成，且贷后对违约的认知更充分，可减少银行的借贷执行成本和贷后监督成本，从而更容易获贷。

农户是否是党员在 5% 上正向显著影响、农户是否是村干部在 1% 上正向显著影响借贷获得。具备一定身份地位的农户享有一定声誉，同时也意味着具有信誉约束，能够减少银行的信息搜寻成本、监督贷款执行成本以及贷后违约成本，更容易促成借贷合约完成。

是否加入专业合作社、是否有亲戚朋友在银行工作等呈负向显著影响借贷。农户若拥有此类社会资本，则理论上可以降低借贷中的信息搜寻成本，但还存在干扰因素，使之未必能在前文的理想模型环境下实现。如银行更愿意以专业合作社为单位放款，合作社私下也具有吸收存款与放贷的行为。而银行对于以亲朋好友是银行职员担保的个人贷款较为谨慎，为防产生不透明行为，这类贷款更容易被拒绝，产生了负向作用。

信用评级在 10% 上正向显著影响借贷可获得性，且每提高一个等级，获得贷款可能性相对于未获得借贷的农户提升 30%。农户与银行的借贷合约签订的软信息凭证最直接的是在信用户（信用村、信用镇）评定后发放的农户信用证，极大减少了银行审核农户信息的成本。近三年贷款次数在 1% 上正向显著影响农户贷款可获得性，即农户与银行进行借贷交易次数越多，银行更愿意放贷。因为农户已经通过多次博弈形成诚信履约机制，使软信息显性化为硬信息，银行能显著降低信息搜寻成本、材料审核成本以及贷后监督成本。

在控制变量中，健康程度、是否创业、劳动力以及土地价值正向显著影响农户贷款可获得性。

第二阶段中的样本是已经申请得到贷款但贷款规模存在差异的农户。贷款规模大小决定了银行可能承担的违约风险程度高低，关系到银行监督与审查农户借贷合约所付出的成本。

交易费用对于贷款规模的影响显著因素为固定资产价值、人情支出、信用评级、利率、利率的平方。而金融知识与交易频率对贷款规模无显著影响。

固定资产价值在1％上显著影响农户贷款规模。资产价值每提高一个单位，农户获得的贷款规模就可能提高0.11元。一方面，农户拥有的可抵押资产价值越大，贷后道德风险会越少，银行贷款交易更加稳定，愿意给予大额度信贷；另一方面，农户小额贷款和大额贷款花费的信息费用、审查费用、监督费用差别不大，但大额贷款的单位交易费用更低，银行获得的利润更高。

人情支出在5％上正向影响农户贷款规模。由于正规金融机构中关系型借贷的存在使得人情支出作为衡量贷款规模的主要标准，人情支出每增加一个单位，贷款规模将增加20.3元。

信用评级在10％上正向显著影响农户贷款规模。在其他条件不变情况下，信用评级每上升一个单位，贷款规模将增加15.1元。不同信用评级的农户被授予不同信贷额度，信用等级高的农户，授信额度越大，且享受利率优惠。高信用等级农户使得贷后监督成本降低，从而减少贷后交易费用。

利息支出显著正向影响农户贷款规模，利率的平方在10％上负向影响贷款规模。农户与银行的借贷交易博弈均在双方的有限理性与机会主义行为下进行。农户希望减少利息成本同时获得较大的贷款规模，而银行则希望收取较高利率赚取较大利润。马九杰（2012）发现，在农户可接受的利率上升到很高的时候，对于农户而言，高利率代表贷后还款利息增加，交易费用过高使得农户违约倾向增加；而银行在利率上升过高时，因担心农户违约，会缩小贷款规模，以控制贷后的监督成本与违约成本。

控制变量中，个人特征中的性别、教育程度、健康状态、婚姻状态显著影响贷款规模；而家庭特征中的劳动力数量、负担人数、纯收入、固定资产价值也显著影响贷款规模。与第一阶段不同的是，贷款规模大小更多由农户硬信息如收入、资产价值所决定。

4.4 模型比较与稳健性检验

4.4.1 模型比较

为了证实Heckman模型的合理性，重点关注贷款规模效应，对贷款规模进行回归。在不考虑样本选择偏差的情况下，对Probit和OLS分别进行独立回归，先用Probit分析的第一部分回归结果稳健，但在对获得贷款规模做独立性回归时，存在样本选择偏差问题，在贷款规模中信用评级、交易频率均不显著。而每组回归中的控制变量变化也很明显，结果有很大差异（表 1 - 4 - 7）。

表 1 - 4 - 7　Probit 与 OLS 模型分别回归

变量		农户是否获得贷款（Probit 模型）		农户获得贷款规模（OLS 模型）	
		系数	标准误	系数	标准误
实物资产专用性	房屋价值	0.002	0.008	0.011***	0.003
地理区位专用性	到最近银行网点距离	−0.56*	0.219	—	—
人力资产专用性	是否了解正规金融贷款申请流程	−1.835***	0.393	0.029	0.105
	是否亲友在正规金融部门工作	−2.499**	1.139	—	—
	人情支出	0.336	0.358	0.219**	0.116
交易次数	近三年向银行借款次数	2.115***	0.328	0.150	0.175
交易强度	信用评级	0.301*	0.182	0.123	0.096
环境不确定性	银行网点数	0.258*	0.134	—	—
	最高承受利率	−0.251	1.049	0.317	0.283
	利率的平方	0.678	0.696	−0.098	0.073
行为不确定性	是否是党员	0.141**	0.084	—	—
	是否是村干部	0.512***	0.157	—	—
	是否加入专业合作社	−2.460***	0.778	—	—
控制变量		控制	控制	控制	控制
常数项		−2.083	3.263	−0.85	1.581

注：* 表示 $P<0.1$，** 表示 $P<0.05$，*** 表示 $P<0.01$。

4.4.2　稳健性检验：替换变量

因联立方程模型本身已经规避和解决了很多技术问题，并且回归结果已较为理想，所以本次稳健性检验将"是否了解金融机构贷款流程"（knowledge）替换为"是否了解金融机构产品与服务"（knowledge 1），如表 1 - 4 - 8 所示结论仍然显著。

表 1 - 4 - 8　替换变量：Heckman 两阶段回归

变量		农户是否获得贷款		农户获得贷款规模	
		系数	标准误	系数	标准误
实物资产专用性	房屋价值	0.004	0.007	0.012***	0.003
地理区位专用性	到最近银行网点距离	0.110*	0.064	—	—
人力资产专用性	是否了解正规金融产品与服务	−1.003***	0.245	0.158	0.100
	是否亲友在正规金融部门工作	−1.355*	0.729	—	—
	人情支出	0.264	0.359	0.175*	0.101
交易次数	近三年向银行借款次数	1.543***	0.264	0.059	0.168
交易强度	信用评级	0.393*	0.215	0.167**	0.083
环境不确定性	银行网点数	0.332**	0.112	—	—
	最高承受利率	−0.155	0.881	0.372**	0.164
	利率平方	0.553	0.566	−0.114*	0.070
行为不确定性	是否是党员	0.850*	0.500		
	是否是村干部	0.395**	0.181		
	是否加入专业合作社	−1.778**	0.694		
控制变量		控制	控制	控制	控制
常数项		−0.983	1.330	0.542	3.02
逆米尔斯比率（λ）				−0.421*	0.300
样本数			477		
删失的样本数			390		
未删失的样本数			87		
Wald（chi2）			101.6		
Prob＞chi2			0.000		

注：* 表示 $P<0.1$，** 表示 $P<0.05$，*** 表示 $P<0.01$。

4.5　小结

运用 Heckman 模型，基于交易费用理论分析农户资金借贷可获得性及借贷规模问题，研究发现：

①贷款可获得与否是银行与农户签订借贷合约重复博弈过程，资产专用性（房屋价值、金融资本、居住地与最近银行的距离）影响借贷双方的信息搜寻

成本；环境不确定性（金融网点个数）间接反映农户所在地金融发展程度与服务水平高低，是农户与银行博弈时的客观费用因素；行为不确定性（个人身份特征）反映农户风险承受能力，是影响借贷契约签订的稳定性因素；交易频率影响农户与银行签约双方的贷中执行成本与贷后监督成本，即农户与银行签订的贷款条例流程效率的快慢、违约概率的高低。

②贷款规模大小是农户跨越贷款基本门槛后对于借贷额度的授予分配，受到家庭资源禀赋与利率因素影响。而额外干扰因素如人情支出，是中国农村特色环境影响下"人情贷"的突出表现，即有的农户需花费额外礼金支出向银行、政府相关人员输送"人情"，增加农户借贷交易费用，可称为贷款的"间接费用"或"软费用"。利息费用是贷款规模存在差异的直接影响因素，因为存在利率的浮动空间，利率高低与客户经理对借款人的主观评价存在很大关系，因此在达成借贷契约过程中银行与农户之间存在博弈。但利率的提高具有逆向选择效应，当利率较高时银行会扩大贷款规模，以赚取更多利润；可当利率上升到一定程度时，银行为了减少违约风险，又可能会缩小农户贷款规模，进行数量型配给。

5 普惠信贷案例验证：基于交易费用视角

交易费用决定契约安排的形式（North，1981）。节约交易费用和规避风险是农户选择签订契约的两个重要动因（Dorward，2001），但农户能否选择签约或选择某种契约形式，以及在多大程度上起到节约交易费用或规避风险的作用，关键在于契约安排，即契约的设计条款。

在传统农村信贷交易中，正规金融机构的交易成本很高，包括信息收集、甄别、筛选的信息成本，监督和管理借款人行为的监督成本，契约的签订、公证等执行成本，进入农村信贷市场所投入的专用资产固定成本，以及拓荒沉没成本等；且正规金融机构的收益率比较低。为此，广东省推广普惠金融发展战略，通过第三方参与，设计农村金融契约安排，即"银行＋农村金融服务站＋农户"模式和"政府＋银行＋保险＋农户"模式，降低信贷交易费用。本文按照"形成动因—运行机理—案例介绍—功能成效"逻辑顺序，对两种不同契约安排进行制度性解剖，分析不同契约结构对降低交易费用的作用。

这两个案例具备典型特征，一是多次被媒体报道并被学术论文所引用；二是案例模式是广东省普惠金融在近十年内取得良好绩效的制度性因素，并在整个广东省乃至全国得到了推广，是银农契约安排的创新。案例的主要材料来自实地调研。

5.1 "银行＋农村金融服务站＋农户"模式

5.1.1 农村金融服务站内涵

农村金融服务站作为一种普惠金融创新模式，在全国地区得到了推广。从各地实践来看，对其存在两种观点：其一，农村金融服务站作为提供农村金融服务的中介机构，是作为现有金融机构"代理服务"的延伸，是联结各类金融机构、提供金融中介服务的非正式机构；其二，农村金融服务站是在固定场所为农民提供小额金融服务的支农模式。本文界定：农村金融服务站是在农村区域内，由于地理环境及经济因素，正规金融机构服务难以覆盖（正式物理网点难以保本微利），故委托具有固定场所的相关经济实体，使之代理承担特定金融服务的一项农村金融制度安排。农村金融服务站实质上是一种代理契约关系，契约规定了特定的组织和管理模式，各方按照契约的约定进行交易，保证契约的执行。

5.1.2　形成动因：高交易费用

威廉姆森认为，各种经济制度的主要目标在于节约交易费用。农村金融服务站作为联系正规金融机构与农户的中介桥梁，该制度的创新在于降低了农户与正规金融机构之间的信息不对称以及高交易费用，使得契约得以达成。

首先，农业是高风险产业，易受到自然和市场双重风险约束，且农户缺乏抵押物，经营农业信贷具有较大不确定性。其次，普通农户贷款额度小、收益低且地区分布零散，金融机构的农户贷款交易费用显著高于企业或城市居民，使得普惠目标漂移。再次，由于地理位置限制，尤其是偏远农村的农户与正规金融机构的交易契约属于零星且偶然发生，建立物理网点的运营成本高昂。农户因环境闭塞与交通费用高昂，难以获取正规金融机构信息与服务。最后，正规金融机构在农贷市场上的信息处理能力先天不足，即使信用农户的信息也不被正规金融机构所掌握，所以容易产生逆向选择和道德风险。

为降低农贷市场交易费用，正规金融机构选择当地信誉良好、具有固定场所、经营规范、具有一定经济实力的商户等作为合作对象，建设金融综合服务站，由金融机构承担初期建设与设备投入费用，合作商户作为农村金融综合服务站的运营主体，负责金融综合服务站的日常业务办理、设备维护等。合作商户通过与金融机构签订合作协议，明确经营内容，金融机构通过业务推广与办理等指标对商户进行考核、提成与奖励，形成"正规金融机构＋农村金融服务站＋农户"的模式。其主要运作机理为：将农村金融服务站代理人引入信贷体系，利用乡村代理人内生于农村的地缘、亲缘、业缘优势，通过信息传递机制与履约管理机制，降低正规金融机构与农户借贷交易费用，达到边际交易条件，拓展交易量，从而增加农户融资机会（如图 1-5-1 所示）。

（1）信息传递机制

农村金融服务站作为信息传递桥梁，联结了农户与正规金融机构。农村地区信息具有"硬信息"缺失和"软信息"不被农村正规金融机构捕获的特征，且信息分布具有分散性和低密度性特征，因此在贷前阶段，由于缺乏有效的信息获取渠道，正规金融机构需花费大量时间、精力用于搜寻农户家庭信息、信

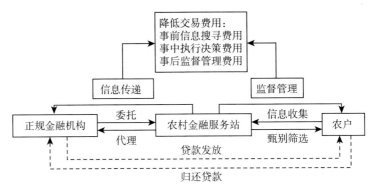

图 1-5-1 运作机理模型

用状况，但仍难以避免信息偏差。而农村金融服务站代理人，一般具有良好声誉，内生于农村社会关系网络，熟悉农户社区内部的真实信息，包括个人实际财富、个人信誉、家庭情况等，通过形成利益共同体，代理人将借款人信息传递给正规金融机构，节省其信息成本。在贷中阶段，代理契约使得金融机构将监督资金使用状况的责任转嫁给代理人（当然代理人可通过实施代理行为而获得代理收益），代理人利用乡村内生信息优势以较小成本随时监督贷款用途的使用以及项目运营状况，为正规金融机构提供可靠的动态信息，有助于监督农户因项目失败而违约的概率，降低信贷风险。

(2) 履约管理机制

代理机制有利于降低正规金融机构和农户的逆向选择和道德风险。首先，对于正规金融机构难以覆盖的边缘地区，委托代理人可对农户进行监督，降低交通费用。其次，代理人可利用农村社会声誉及惩罚机制约束农户贷款违约行为。代理人一般是在乡村社会具有良好声誉和社会声望的人，假定农户存在违约行为，其可利用权威形成社会排斥效应，从而对农户履约形成外在约束。最后，通过代理机制还可挖掘发现农村潜在信用客户，并将其"显性化"为优质客户。通过代理人和农户之间的社会网络，间接管理农户信用风险，缓解道德风险。

5.1.3 河源老隆镇红桥村金融服务站案例

河源乡村金融服务站主要由市财政局、农业局、林业局、金融工作局、扶贫办、人行河源市中心支行、河源银监分局、农行河源市分行、邮储银行河源市分行、省农信联社河源办事处、人保财险河源分公司、人寿保险河源分公司、联讯证券河源营业部组成。当地以行政村为单位成立乡村金融服务站，由村委会指定专人负责。

调研中课题组在龙川县老隆镇红桥村发现一家以便民超市为载体、与农业银行合作入驻的乡村金融服务站。访谈便利店老板后我们得知，河源的每一个村至少会设置一个金融服务站。站内有 1 部 POS 机，村民可过来刷卡取钱，1 笔最多能取 2 000 元，钱转到老板的银行卡上，然后老板再把现金取出来给农户。农业银行会定期查流水，将每 100 笔 150 元的补贴给老板。除此之外，站内也有农业银行金融产品的宣传手册，墙壁上挂着政府宣传扶贫政策、人民币反假以及普惠金融村村通的细则内容。根据村干部介绍，在经济发展较好的农村，金融服务站还拥有智能化服务机具如多功能电子服务系统，可以进行缴款（税收、水电气费、通信费、新农合、新农保）、理财业务、农户贷款需求信息登记。

红桥村属于老隆镇较为偏远的村子，经济发展较为落后，农户一般到老隆镇的正规金融机构网点办理基本业务，如存款、取款、保险等业务，往返路程需花费 3～4 个小时，奉行成本很高，地理排斥导致农户金融服务的自我排斥。为了改变现状，老隆镇政府与农业银行合作，由当地村委会选择委托代理场所，实施金融服务的代办代理制度。据了解，该便民超市是红桥村规模较大的超市，主要出售日常用品和蔬菜水果，是当地人群最为密集的地方，且处于红桥村中心位置。便民超市的老板从 25 岁就创业开便利店，夫妻两人共同经营30 余年，经营状况稳定，且具有信用和较好人脉，所以是一个理想的代理服务场所，符合政府与农业银行的代理服务站条件。金融服务站的开通，不仅便利了村民金融服务的获得，也使得便民超市的客流量大增，销售额也随之增加。在与便利店老板访谈过程中，我们陆续看到几个村民来找老板取钱，金额大多在 300～400 元之间，也有年龄较大的农户，老板会帮助其操作。

（1）具体对村民的访谈记录

村民 A：以前取钱需要骑摩托车到镇上取，现在很方便，店在家门口还和村里的超市在一起，能查也能取。

村民 B：这个老板我们都很信任他，是个老实人，平时也很热心帮助别人，在这里干了几十年，很守信用，不会泄露我们的个人信息，也不会给我们少拿钱。

村民 C（年龄较大的老婆婆）：我眼睛看不太清楚了，有时候取钱都老是按错密码，而且我也不放心把钱搁在家里，年龄大记性不好，还是放在银行好，这个老板是我邻居，家里急用钱的话，帮我取点也方便。

村民D：我经常在这里买日常生活用品，前两年看见宣传栏上推广妇女小额担保创业贷款，我正好准备扩大养猪规模，但并不是很了解这个项目，这个老板就告诉我具体需要准备哪些材料，如何申请，我带齐材料跑了一回镇上的农信社就搞定了，给我节省了好多时间。

（2）具体对老板访谈记录

"村委会前两年让我这个商店来做金融服务站，帮助当地村民存取款，宣传一下金融信息，农行也会每个月给我一笔佣金。我想着村干部让我这个店做服务站是看得起我，我要好好干，而且村民也比较信任我，我不能辜负大家对我的信任。平时大家来取钱的时候，也会在我这里买点东西，给我带来更多收入。这个村子里的人我都很了解，每个人家里什么状况、在银行贷款申请什么项目、做到什么程度，跟来往的村民聊聊家常就都知道了。如果一个人有快到期的贷款项目，我也会催催他。这个服务站，农行会专门派信贷员定期跟踪查询，还经常向我了解已经申请贷款的还有准备申贷的农户情况，我都会实情相告。平时我也会和他们交流当地村民的信贷需求，以及贷款项目的执行情况。比如我们村之前有个种植大户向农行借款 10 万元，种植油茶，我都会定期去基地看看，因为离得近，大家很熟，就很容易了解他现在做得如何。信贷员也会给我介绍银行最新的金融服务产品与政策，带来一些宣传资料与手册，我会把信息及时传达给当地村民。我们这些代理人都定期培训，基本银行知识差不多都了解。"

（3）具体对信贷员的访谈记录

"我们镇离这个村比较远，以前没有这个农村金融服务站的时候，过来一趟很不方便，这里也基本上没有什么贷款需求。对于金融知识的宣传，也是在村里赶集的时候摆摊宣传一下，并未取得很大成果。对这个村的农民都不怎么了解，他们申请贷款我们也不敢发放，即使现在国家已实行一些普惠金融的贷款项目，如政银保、妇女小额担保贷款，可利用信用或者担保贷款，但要搜集单个农户信用耗费的时间精力太大，最后还可能得到虚假信息。自从有了金融服务站，极大提高了业务办理效率。我们每个月都会过来和老板交流，了解农户个人信用状况，对于已经获得贷款农户，老板平时会帮我们监督其贷款项目执行情况，且都有签订雇佣合约，明确规定职责。我们定期给老板进行金融知识培训，他平时帮我们宣传金融产品，刺激农户金融贷款需求，这个村这两年已经有 3 笔比较大额的贷款，目前尚无违约情况。"

5.1.4 功能成效：降低交易费用

通过访谈记录可以发现，农村金融服务站一般选择人流集中且地理位置方便的地方，委托代理人在当地要有一定的声望和信用，并具备责任心。金融服务站作为农户与正规金融机构的桥梁，极大降低了借贷契约签订的交易费用。

（1）降低事前信息搜寻成本

一方面，代理人收集农户的融资、理财需求信息，将农户真实信息传递给正规金融机构，并接受农户金融服务的咨询；还可协助正规金融机构进行贷前调查，利用其在农村市场的信息优势，辨别农户信息真伪，筛选出信用良好的优质客户，及时规避不良贷款意图，降低信息费用。另一方面，可以承担向农户开展金融知识宣传、传递金融消费者自我保护意识的任务。农户可以方便地获取金融知识、了解金融政策与服务，从而降低农户为获取相关讯息所耗费的时间精力与交通成本。农村金融服务站还可协助村委会采集农户信用信息，方便农户及时提升信用等级，增加授信额度。

（2）减少事中执行费用

由于地理位置限制，正规金融机构物理网点建设需耗费大量运营成本，故依托当地村社商品店铺、卫生所、快递服务站等已有民间资源建立农村金融服务站，配置 ATM、POS 机，并对代理人进行金融知识培训，既可为农户小规模存取提供便利，也可指导农户使用非现金支付结算方式，又可监督农户贷款使用，汇报农户经营项目现金流和运营情况，节省正规金融机构因距离限制而带来的执行费用。还可指导借款人准备贷款材料，并向挂点金融机构推荐和报送申请资料，能节省农户往返正规金融机构交通费用。农户申请贷款后，只需要到正规金融机构网点面签一次，其他手续都能通过服务站办理，提高办事效率。实质上，正规金融机构将金融服务嫁接了民间借贷机制，利用乡村内部信息资源和声誉机制实施监督功能，大大减少了执行成本。

（3）缩小事后监督费用

依据合约规定，代理人协助监督贷款使用、催收到期贷款是其职责之一。由于代理人与农户长期、持续互动，且店铺与金融服务站的社区经营项目是多次博弈的，与借贷项目形成关联效应，有利于信用生态维护；同时代理人利用个人声誉获得村民信任，可进行有效监督。由于熟人社会的社会惩罚机制，代理人能够有效督促农户到期偿还贷款，故监督权力的转让降低了正规金融机构的贷后监督成本。

5.2 "政府＋银行＋保险"模式

5.2.1 "政银保"模式内涵

根据农业农村部的定义，"政银保"是指保险公司为贷款主体提供保证保险，银行提供贷款，政府提供保费补贴、贴息补贴和风险补偿支持，通过财政、信贷、保险三轮驱动，共同扶持新型农业经营主体发展。"政银保"是国内首例经过原保监会审批的合作农业贷款模式，具体操作流程（图1-5-2）：①农户向参与合作的银行提出申请；②合作银行开展调查，并将审批资料送至乡镇业务主管部门；③乡镇业务主管部门开展调查，审批同意后送至县（市区）"政银保"办公室；④县（市区）"政银保"办公室收到审批资料后开展调查，审批同意出具贷款《担保承诺书》，并将贷款《担保承诺书》和申请资料送到参与合作的保险公司办理贷款保证保险；⑤参与合作的保险公司收到贷款《担保承诺书》和审批资料进行核对，出具保单，并送至合作银行；⑥合作银行收到贷款保单后通知申请人办理放款手续。

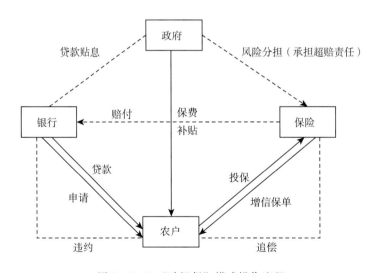

图1-5-2 "政银保"模式操作流程

"政银保"模式是一种典型的普惠金融供给制度创新，多元参与主体（政府、银行、保险公司）在不同利益目标下协商与合作，建立了动态的激励约束制度安排。

5.2.2 形成动因：契约交易不确定性

威廉姆森认为，交易属性分为资产专用性、交易频率以及不确定性。推进农村信贷契约的达成，重点就应该在降低交易的不确定性和优化契约治理结构两方面。因为资产专用性和交易频率两项内生于农村信贷的交易属性很难改变，降低农户贷款的不确定性是降低交易费用、促进交易契约达成的关键。

农业信贷面临的较高风险来自环境不确定性和行为不确定性。一是环境不确定性。农业是弱质产业，投资周期长，容易受到自然与市场双重风险约束。自然风险是指极端天气、地质灾害、水资源短缺等，如广东沿海地带经常遭受台风影响，尤其是粤东的潮汕地区及粤西的湛江、茂名、阳江、江门等地区，其主产水果如龙眼、荔枝会因台风影响而损失巨大。市场风险是指农产品市场是一个准完全竞争市场，市场价格波动大，农户难于把控预期，"谷贱伤农""谷贵伤民"现象并存。如广东养猪行业曾因猪肉价格暴跌而资金链条断裂，资不抵债。二是农户个人行为具有不确定性。由于农户缺乏抵押物和担保人，尽管农村房屋、土地的使用权已经明确可以抵押，但由于产权不完整且农村产权交易市场不完善，证券化价值交易受阻，个人贷款偿还主要凭借自我道德约束与信用约束。相比抵押及保证贷款，农户信用贷款需要承担较高的借贷利率，在浮动区间时就"一浮到顶"，没有"天花板"约束后可能更高，使得农户还款压力增大；农户联保贷款还可能造成集体违约风险。此外，正规金融机构需要承担高昂的贷后监督成本。由于农户贷款的"生产生活户内合一"特征及法律意识薄弱，加之存在"借银行的钱能拖就拖"的潜在意识，农户易产生道德风险，从事高风险项目，使得违约风险倍增，抬高了银行监督成本。因此，银行贷款面临很高的不确定性。

理论与实践均证明，"政银保"模式是有效的农村信贷市场风险分担机制，是政府、银行、保险公司三大利益主体博弈合作的产物，可共同分担农业信贷交易中的风险，分割风险溢价，分享制度创新收益，从而降低借贷双方的交易费用。而交易费用的降低使得投资收益率相对提高，边际收益的增加又使得公共租值具备了分割条件，激励银行发放贷款，增加了农户融资机会（如图1-5-3所示）。

（1）利益共享机制

契约的稳定需要各参与主体利益达成均衡。"政银保"模式作为一种制度创新实现了帕累托改进，该模式照顾到了各主体的利益，达到了基于长期理性的

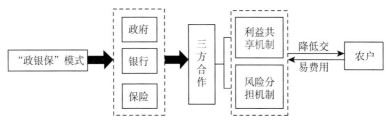

图 1-5-3　银政保模式运作机理

利益均衡。通过政府联动银行和保险公司作为共同的金融供给主体，分享服务"三农"的收益，满足银行和保险公司可持续经营目标。首先，银行将金融服务延伸至农村领域，扩大了金融覆盖面和金融深度，在风险可控制前提下，降低了违约率，提高了银行收益。其次，政府以财政杠杆撬动农村金融资金，引导社会资本进入农村金融市场，有效增加支农供给，提高财政资金使用效率，从而带来社会福利的增加。再次，保险公司将业务扩展至农村地区，因政府财政兜底控制了风险，增加了收入来源，保障基本利润可得。最后，农户贷款有财政补贴保费和利息，且银行按基准利率放贷，降低了农户贷款的利息费用；"政银保"模式主要以信用贷款为主，舒缓了农户因缺乏抵押、担保而难以获贷的困境，增加了农户融资机会。

"政银保"模式的实施使得金融支持农业发展成效显著，银行改善了信贷资产质量，保险公司扩大了农村市场业务，政府提高了财政效益和社会福利，农户获得了融资机会，四方共赢。

（2）风险分担机制

"政银保"模式中，政府设立农业担保基金，为参与合作的银行开展信贷担保和兜底损失赔偿；保险公司的加入降低了合作银行的农业贷款损失风险，形成政府、银行、保险公司三方分层共担风险机制。第一层，如果损失在约定的150%保险赔付率内，风险由银行和保险公司共同承担，银行承担20%，保险公司承担80%；第二层，贷款损失超过150%，可在政府担保基金的承受范围之内，风险损失由担保基金承担超额部分；第三层，如果信贷损失超过政府财政担保资金额度，超额部分由银行承担。但在实际运行中，若逾期贷款额度增加超过保险公司最高赔付额度与政府超赔资金额度之和80%，银行便会采用逾期叫停制度，暂停发放贷款。由此可见，合作银行只负责承担20%贷款本金免赔部分以及贷款利息损失全额，如果超过保险公司设定最高限额也只承担20%超额部分，改变了以往银行全额负担信贷损失的局面，资金风险得到有效控制。风险的分担将原只具备潜力的交易显性化为正常的金融借贷交易。假定损失变现，保险公司只需在规定的年度赔付总额范围内赔付，对超额部分无须负责，有效锁定风险，保证可持续发展能力。"政银保"模式由政府、银行、保险公司共同分担了贷款风险，在各方利益约束条件下，形成了相互信任的风险分担安排，同时保证了各参与主体自身的可持续发展（张乐柱等，2014）。

5.2.3　佛山三水"政银保"模式案例

广东省佛山市三水区位于佛山市境西北部，珠江三角洲西北端，占地面积828 平方公里，常住人口 44 万人，辖 48 个行政村。三水区地势自西北向东南倾斜，西北多高丘，东南多冲积平原及低丘，河涌纵横，土地肥沃，形成"三山二水五分田"的土地分布格局，因北江、西江与绥江三江汇流而得名。三水是广东省著名的侨乡，有旅居海外华侨及港澳台同胞 20 多万人。改革开放以来，三水一、二、三产业快速发展，多年位列全国综合实力百强县区，2017 年、2018 年又当选中国工业百强县区。三水农业用地 50 多万亩，农业生产者大约5.2 万户。三水区农业信贷资源主要来源于三水农村信用社，虽然农信社倾力支持，但贷款额度及覆盖面均难以满足农业发展需求。尤其 2006—2008 年期间，三水区受到自然灾害（台风冻雨）、禽畜疫情（猪高热病）等影响，农业受到重创，农户生活水平明显下降。由于农户缺乏抵押担保，金融机构不愿意借贷，不少农业经济主体资金链条断裂，难以恢复生产。为了解决此困境，2009 年 9 月，三水区在借鉴上海、天津等地"政银"合作模式基础上，引入"农业保险"作为合作对象，参与三方即"三水区农林渔业局、三水区农村信用合作联社、人保财险三水支公司"联合推出无抵押贷款合作模式，采用"政府担保＋银行信贷＋贷款保险"运作方式，取名"政银保"。三水区政府设立专门的"政银保"合作办公室，制定了《佛山市三水区"政银保"合作农业贷款实施办法（试行）》，建立了三水区"政银保"合作农业贷款联席会议机制，为"政银保"模式有效实施提供了制度与组织保障。经过 10 多年的实践，三水"政银保"取得了丰硕成果。截至 2017 年 12 月末，全区累计发放贷款6 971 笔，金额 125 700.5 万元，其中 2016 年发放贷款 1 151 笔，金额 23 932 万元，呈现良好增长态势。全区累计逾期贷款金额 1 374 万元，贷款逾期率 1.09％。

2017 年 9 月 26 日，三水对"政银保"贷款实施方法进行修订，主要调整体现在贷款金额、贷款利率、担保费方面。种养户贷款最高额度由 70 万元上升为 100 万元；家庭农场贷款最高额度由 100 万元上升至 150 万元；一般涉农企业、农民合作社、农村集体经济组织贷款最高额度从 150 万元上调至 200 万元；区级农业龙头企业、区级农民专业合作社贷款最高额度上升至 300 万元，市级为 400 万元，省级为 500 万元。"政银保"的保险保费（担保费）2％将完全由政府承担。为建立贷款利率动态调节机制，当地还根据不同贷款对象特点设定了不同的利率标准（参见表 1-5-1）。

表 1-5-1　不同贷款对象利率标准

贷款对象	利率标准
农业种养、农业饲料等生产性行业	贷款执行基准利率上浮最高 10％
农产品加工、仓储运输、销售流通等服务性行业	贷款执行基准利率上浮最高 20％
普通农户	贷款执行基准利率上浮最高 10％

与以往相比，农户虽然增加了贷款本金 0.435％的利息，但是保费减少了贷款本金的 1％，农户贷款负担实际降低了贷款本金的 0.565％。更为重要的是，通过适当提高利率，政府提高了银行放贷积极性和服务效率，增加了金融服务供给，农贷市场资金稀缺性降低。

课题组调研分别访谈了参与"政银保"模式三方，即三水农林渔业局、三水区农村信用联社、中财保三水支公司。重点考察了芦苞富成生猪养殖专业合作社、金佳养殖专业合作社、华淼水产专业合作社、大塘镇金瑞康蔬菜专业合作社。本研究主要选取富成生猪养殖专业合作社与华淼水产专业合作社作为重点分析对象。

（1）富成生猪养殖专业合作社

富成生猪养殖专业合作社曾多次被媒体报道，理事长莫丽霞是"广东省巾帼致富带头人"，是得益于三水区"政银保"模式的典型案例。富成生猪养殖农民专业合作社是三水首个生猪养殖农民专业合作社，社员以女性为主。成立第一年，合作社资金严重短缺。当莫丽霞得知"政银保"模式时，立马申请了贷款，得到了急需的资金。2014 年，养猪市场整体价格下滑，合作社出现亏损。但农信社并未缩小额度或者拒绝放贷，使得富成合作社能够调整种养结构，维持正常运营。如今富成合作社已发展养殖场 23 个，占地总面积达到 1 300 亩，拥有成员约 70 户，每年肉猪出栏数为 25 000 头，2016 年纯利润已达到 500 万元。

作为社长的莫丽霞自有及承包土地共 128 亩，并且以个人名义在 2012 年就向农信社贷款 70 万元，贷款用途为购买饲料与生产设备。访谈中，莫丽霞认为"政银保"贷款使其增收了 120％以上，而且审批速度较快，15 天就能获得贷款。因为农业养殖资金具有时效性，所以"政银保"贷款资金使得农民增收 40％。之后，莫丽霞还申请了"政银保一卡通"，能随借随用随还，减少了申请贷款所需的时间。相比妇女创业担保贷款要求的每个月还本金利息，"政银保"模式的"分月还利息，一年还本金"缓解了还款压力，因为养殖生猪需要 5 个月的生长周期。此外，莫丽霞扩大养殖规模之后，主要吸收农村留守妇女再就业，带动了当地农民收入水平的提高。

（2）华淼水产专业合作社

华淼水产专业合作社是水产养殖、种苗孵化、流通一体化的省级示范合作社，主要基地 3 000 多亩，自有基地 600 多亩。其理事长林华于 2012 年开始使用"政银保"贷款，贷款金额 300 万元，用于购买鱼饲料和池塘基础设施建设。林华认为政银保贷款金额满足了其贷款需求，如果向银行按揭贷款，如房子价格 100 万元，银行只会贷给 50 万元；而政银保模式是信用贷款，并且根据养殖规模大小审批贷款额度。在此之前，资金不足时他往往向饲料生产者赊账，需要支付很高的利息；而通过"政银保"贷款用现金结账能够节约不少成本。2016 年，合作社销售总额达到 1 000 多万元，纯利润 100 多万元。林华表示，"合作社的成功离不开'政银保'的支持，'政银保'的年利率较低，还款方便快捷，加上不用抵押，是农业大户扩大规模的最好选择"。

5.2.4　功能成效：降低交易费用

作为一种普惠金融供给制度创新，"政银保"模式的风险分担机制降低了借贷交易的不确定性，利益共享机制维持了契约各方合作的稳定性，从而降低了银农借贷的交易费用。"政银保"模式主要减少银行贷后风险违约监督成本，而"免抵押、低利率"的贷款特点，刺激了农户贷款需求，促进了其扩大养殖规模，增加了农户收入。

对于农户而言：一是减少了利息费用。政府以财政资金直接对借款人的借贷利息和担保费用进行补贴，实现了对农户收入的再分配，有效降低了农户融资成本，增加了农户收入。二是降低了执行费用，包括贷中等待审批时间、往来交通费用等。"政银保一卡通"服务使得借款人可根据自身资金需求情况，通过银行自助终端设备操作，利息从使用资金开始计算，随用随还，简化了操作流程，降低了申贷成本。贷款期限可从一年展期到二年，采用灵活的还款机制（可采用一次性或分期还款方式），减轻了农户还款压力。自助完成借还款操作，节约了时间、交通等奉行成本，提高了信贷交易效率。

对于银行而言：一是贷前信息费用减低。"政银保"模式涉及政府、银行、保险公司三方的利益，政府可利用行政资源和村委会基于社区的信息甄别优势获取信息，银行与保险公司可利用自有征信系统对投保人审查，三方共享信息与交叉比对，既提高了信息准确性，又降低了贷前信息搜寻费用。二是贷后监督成本下降。"政银保"模式的借贷风险由三方分担，也形成了三方合作监督机制。如果出现违约，保险公司会利用自有渠道催缴，政府也会以强制力追偿，分担了监督成本，提高了交易效率。

5.3 小结

根据实地调研，分析了"银行＋农村金融服务站＋农户"以及"政府＋银行＋保险"模式的运作机理、形成动因与案例，两种模式均在一定程度上降低了借贷双方的交易费用（见表1－5－2）。"银行＋农村金融服务站＋农户"模式中，正规金融机构利用农村金融服务站内生于乡村的特征，使之作为中介组织，嵌入银行与农户之间的传统契约关系，利用其低成本信息获取优势和社会惩罚机制，约束与监督农户借贷行为，有效降低交易费用。"政银保"模式是三方合作分担风险机制，利用各方机构专业化优势，降低银行贷后监督成本。综上，在交易各方权利界定明确、专业分工情况下，有效利用非正式组织作为乡村中介的契约安排可显著降低借贷交易费用，提高交易效率。

表1－5－2　两种契约安排降低交易费用主要措施

契约安排	贷前交易费用	贷中交易费用	贷后交易费用
银行＋农村金融服务站＋农户	银行通过代理人内生于农村社会关系网络的优势，能够有效筛选出农户真实信息，降低贷前信息搜寻成本；农户利用代理人扎根乡村的地理优势，方便快捷获取信息，降低搜寻金融讯息时间与交易费用	银行对代理人进行相关金融业务培训，如评定信用等级、处理贷款申请业务等知识，能够降低贷中执行费用；农户通过代理人获取申请贷款基本知识，并通过基本审批信息考核，降低来回往返银行的路途费用	代理人利用地理优势、声誉效应，协助银行对农户进行贷后用途监督，银行对一定监督权力的转让，有效降低贷后监督费用

（续）

契约安排	贷前交易费用	贷中交易费用	贷后交易费用
政府＋银行＋保险公司＋农户	政府利用村委会渠道核实信息真实性；保险公司利用自有征信系统，对投保人进行审查。三方合作共享农户个人信息，有效降低银行贷前搜寻信息成本，以及农户信息的真实性得到有效验证	推行"政银保一卡通"业务，随借随用随贷的特点，以一张卡完成借款至还款全部流程，简化冗杂的办款程序，极大降低农户等待审批贷款的成本，包括等待时间、往返费用	政府、保险公司与银行实行风险共担，改变传统银行承担全部风险的机制，有效降低农户的贷后风险，减少银行的贷后监督费用

6 低交易费用的普惠金融供给制度设计

6.1 基础性金融服务普惠：创新支持政策体系

农村地区的金融服务覆盖不足，铺设物理网点成本高一直是关键的制约因素，普惠金融生态有待优化。总结问题：一是普惠金融服务风险高、成本高、收益低的特点决定了盈利性较差，与金融机构利润最大化特征相矛盾。二是金融产品同质化严重，缺乏新型金融产品创新。三是外部经营环境及政策配套不健全，由支农支小扶弱扶贫所带来的社会效益与农业生态效益的外部性难以"内部化"，影响金融交易的达成。金融素养与金融知识缺失增加了信贷交易成本，降低了普惠金融需求。四是数字普惠金融快速发展，但缺乏配套的监督管理机制。

6.1.1 建立基础型硬件设施

根据上文实证，代理变量"金融网点不足，交通成本高昂"使得农户金融借贷需求意愿降低，更容易受到借贷约束。为提高农村地区金融服务覆盖，广东省各地区下达普惠金融"村村通"工作方案，扩张农村地区自助银行设备及助农取款服务机具投放，如 ATM、POS 机等；同时推广手机银行、网上银行、微信银行和电话银行等线上业务，以及互联网金融等新型金融业态，为农户提供 7×24 小时的金融服务。

广东省农村信用联社在全系统推出易捷通电子银行业务系统，客户可在网站、网上银行、手机银行等终端，通过远程网点查找、预约叫号、免排队、预填单等手段，实现在银行的营业场所无须排队即可办理业务。在系统上填单，解决了客户到银行填单的时间耗费与等待问题，提高了办事效率。从银行与客户借贷产生的交易费用视角分析，此系统既减少了客户排队所耗费的时间成本，又减少了客户对最近网点的搜寻信息成本；还减轻了银行柜员业务量，提高了办事效率，而且以电子银行系统掌控客户基本信息，减少了贷后银行的监督与管理成本。

6.1.2　建立基础性软件设施

通过实证发现，借贷交易费用中的金融知识与素养、信息搜集费用显著影响农户的借贷需求意愿与借贷可得性。基于此，可通过基础性软件设施建设提升金融交易效率。

（1）金融知识普及与金融素养提高

长期以来，金融知识匮乏使得农户很少同金融机构打交道，存在先天性恐惧感。即便农户有需求、有意愿向银行类金融机构申请借款，也会因贷款程序复杂、借贷门槛与自我排斥而放弃。因此，金融普惠不能仅关注于资金供给方，亦要关注资金需求方。要挖掘潜在金融需求，并且通过收益、成本、风险的支撑满足交易条件，使得农户真正获得贷款资金，从而获得改变目前生活水平的机会。调研发现，广东欠发达地区农户对金融借贷知识普遍不了解，这是因为大多数青壮年都去珠三角打工了，留守在农村从事农业生产经营的主要是老人、妇女与小孩（俗称的"386199部队"），而且农村金融机构宣传也不到位。据河源市农信社人员告知，他们会在每周二、四的农村圩集日设置摊位，发放宣传金融知识传单。但这种宣传形式覆盖面窄，且学习效果差，不能使农户真正了解金融产品与服务。金融机构可利用农村互联网渠道，利用数字技术普惠形式，让农户便利地获得金融知识与服务信息，这将会大大降低农户搜寻信息的成本。此外，金融知识的普及与金融素养的提高是一项社会公益目标，政府作为公共部门，在农业或者非农业培训时，可以联合相关银行协作进行金融知识培训。从交易费用角度看，农户金融知识的提高，既有利于潜在客户的挖掘拓荒，又可以减少借贷交易的时间成本，提高借贷成功率。

（2）征信体系完善

农户信用评级越高，越不容易受到信贷约束，且可贷款规模较大。大多数农户一般没有抵押物，银行贷款决策的重要依据是农户的信用等级评分。实施农村信用工程建设，建立健全农村征信体系及大多数农户信用档案库，实现农户与新型经营主体的主要信用信息查询服务，可以大为减少银行与农户间的信息不对称程度，降低银行信息搜寻成本。

广东省最早进行信用户、信用村评定的是云浮市下辖的郁南县，随后该举措在全省推广。调研发现，作为普惠金融试点的茂名市建立了信用村、征信中心与征信系统，目的是对茂名市的农户、小微企业、个体工商户信用信息进行采集。2010 年，中国人民银行茂名市中心支行负责维护的征信系统上线运行，实现了全市 197 户涉农金融网点的对接，目前已采集 140 多万农户信息，实现了信息共享。该系统可实现农户信用自动评分，能为金融机构甄别农户信用信息提供依据。另外，高州市实施了信用激励机制，信用户等级越高，利率越优惠，贷款授予额度越高，并优先安排放款，用制度进一步优化了农村信用生态。

6.1.3 政策支持体系

普惠金融市场发展存在外部性、垄断、公共物品缺失和信息不对称等问题，难以实现金融资源的有效配置，容易导致市场失灵。在这种情形下，需要政府发挥作用（姜再勇，2016）。据调研发现，广东农村信用贷款类农户大多申请了有政府贴息的银行金融产品，比如妇联和农信社开展的妇女小额创业贷款、"政银保"合作贷款、小额扶贫贷款、红色创业贷款等。从交易费用视角看，政策性支持减少了银行贷后承担的风险与成本。

政府对于提供普惠金融服务的金融机构给予税收优惠与政策支持，从借贷交易费用角度看：一是政府对金融机构开展扶贫、涉农、涉小信贷给予税收减免，按普惠金融业务量给予奖励与补贴，可以降低金融机构运营成本。二是由于农业是高风险产业，运用财政直接贴息方式，既可降低金融机构提高扶农贷款的风险成本；亦可引入保险等专业机构，创新"政银保"模式，分散风险。三是政府成立普惠金融专项基金，健全普惠融资担保体系，创新合作机制，如"政银担"模式，或政府直接出资设立担保公司，如在全国范围内设立的农业融资担保公司联盟，对符合条件的农业信贷项目予以担保，使得融资风险由不同市场主体分担，同时分享金融交易所带来的风险溢价，之后银行再发放贷款，降低了银行贷后的监督与审查成本。

6.2 市场化配置普惠信贷资源的机制创新

6.2.1 普惠对象瞄准机制

以小微额度的市场化配置排斥富裕群体大额度需求，提高弱势群体信贷的可获得性。农民、城镇低收入人群、贫困人群和残疾人、老年人以及小微企业、大学毕业生、自主创业者等长尾群体是当前中国金融服务的薄弱环节，也是推进普惠金融的重点服务对象。这些长尾群体的借贷需求大多具有小、散、多、急的特点，容易受到正规金融传统服务条款的排斥（王茜，2016），因金融机构具有信贷门槛，也具有门槛效应下的自我排斥。针对不同对象，应创新符合其需求特点的金融产品与服务，这需要建立和完善信息档案系统，掌握需求特点，突出问题导向，使信贷投放更加精准。从交易费用角度看，银行面向特定群体开发专门的金融服务产品，可以减少筛选对象信息的时间成本、与农户签订合同的谈判成本及履约成本。

（1）针对贫困农户开发金融扶贫产品

河源龙川县政府与当地农信社曾联合推出扶贫小额贷款项目，针对当地建档立卡贫困户，农信社组织信贷员对其逐户落实信贷需求，填写《贷款需求表》，包括具体的家庭基本信息、期望贷款金额、贷款用途等。而对年龄超过60岁、不符合银行贷款申请条件的贫困户，先由县政府联合农信社筛选可以带动贫困户的涉农龙头企业，比如河源市龙川县绿油农业发展公司，再通过向该龙头企业发放扶贫贷款资金支持，给予利率优惠，使其用帮助带动贫困户收购自家油茶产品或者优先雇工贫困户两种方式带动贫困户脱贫。

（2）针对弱势创业群体提供金融支持

在青年男劳动力外出打工后，农村留守妇女成为家庭主力。基于此，广东省开展妇女创业小额担保贷款，是农村信用社与省市妇联系统合作开发的普惠金融服务模式。其主要贷款对象是具有本地户籍、年龄60岁以下、身体健康、诚实守信、具备一定劳动技能和创业能力的妇女，首先考虑致富带头人、高校毕业生、返乡创业农民工、网络商户、建档立卡贫困人口中有创业意愿和能力及项目的妇女。贷款额度5万～10万元，主要用于妇女创业生产经营项目，期限2年，贷款利率按央行公布的同期同档次贷款基准利率执行，由省财政按贷款基准利率给予贴息。我们调研得知，茂名市从2011年开始提供此项服务，截至2016年末，累计发放妇女小额创业担保贷款3.17亿元，已贴息金额720万元，直接扶持4 069名妇女创业。

（3）针对具备一定社会声誉群体的金融服务

中共党员是农村社会经过正规途径筛选出来的精英阶层，一定程度上是信用与能力双标准认可的"符号"，红色创业贷款模式正是利用了这一筛选成果，降低了成本与风险。为帮助农村党员发展生产与自主创业，并带动贫困户脱贫，龙川县农村信用联社和政府一起开展红色创业贷款精准扶贫模式。红色创业贷款主要帮助中共党员带头脱贫或通过帮扶形式帮助贫困户脱贫的经营性贷款。该贷款期限为3年，月利率不得高于5‰，实行"一次核定、随用随贷、余额控制、循环使用"的授信、用信管理模式，授信金额最高可达 30 万元。农户携带中共党员证、身份证、婚姻证明、银行流水等证件原件到农村信用社即可申贷。政府对贷款利息进行贴息，而银行只负责收回本金。这种模式推动了农村精英阶层担负起乡土社会责任，带领建档立卡的农户脱贫，是真正的"草根金融"。截至 2017 年 6 月末，龙川农村信用联社累计发放红色创业贷款 434 万元，直接帮助 80 户农村中共党员创业。红色创业贷款模式对于农村经济发展起到了带头作用，树立了创业榜样，激励了农民工返乡创业，减少农村土地撂荒、农村空心化现象，也是推动龙川县普惠金融发展的重大成果之一。

6.2.2 普惠信贷机制：基于内生信贷规则的需求导向型金融产品

金融机构应基于农村居民的个性化金融需求进行市场化细分与定位，创新发展差异化的金融产品。传统的存、贷、汇难以满足农户需求，随着经济发展与消费多元化，农村居民的家庭理财产品需求不断增加，传统的注重群体需求方式向个性化需求方式转变，金融机构应通过营销服务差异化创新，对接农户的个性化金融需求，避免无效供给。因为不同的产业生产周期不同，农户需要的贷款期限、额度均有差异，一刀切的金融产品服务会使得银行贷款供给效率低下，增加额外的交易费用。

茂名市是广东省普惠金融试点城市，其地理位置特殊，中部、北部地区多山地丘陵，适宜林木生长和发展水果种植业，荔枝、香蕉、龙眼等"岭南佳果"驰名中外，南边临海，盛产龙虾、对虾、海参、膏蟹等，全市水产品产量居全省第一。茂名下辖的信宜市地处山区，林业资源丰富，农户缺乏抵押物。信宜农村信用联社开发了林权抵押贷款、"李贷宝""药贷宝"等贷款品种，支持松树、杉树、速生桉树、砂糖橘、三华李等农林产业，将信贷资金投放与地方特色农业产业发展结合起来，引导农民群众发展林果业。2016 年上半年，信宜农村信用联社累计发放林权抵押贷款 103 户，金额 9 310 万元，为林农解决了林木种植、加工和经营资金需求。茂名电白区渔业资源丰富，而渔业发展需要大量资金支持，尤其是在休渔期渔民需对渔船进行维护与翻修，存在巨大资金缺口。为此，电白农村信用联社结合渔民资金需求和行业特点，开发出渔船抵押贷款项目，主要提供用于购置新渔船、渔船由木转铁的更新改造、购置渔业装备的贷款，填补了渔民渔船改造资金缺口。截至 2016 年底，电白区农信社共发放渔船抵押贷款 602 户，金额 11.70 亿元。

6.2.3 金融普惠路径：低成本、便利性

根据 2016 年普惠金融发展报告，可将普惠金融路径分为五种模式，分别为直营模式、代理模式、互助模式、数字模式和供应链模式。五种模式在不同程度上降低了贷前、贷中、贷后的交易费用，提高了普惠效率，虽各有优势又都存在一定缺陷，要线上、线下结合运用，解决普惠金融最后一公里的到达问题。

（1）直营模式

直营模式是指金融机构下沉建立分支机构，扩大在县、乡、村的营业网点，依靠金融机构出资投建。这一模式虽然能够弥补一些贫困地区的金融网点空白，但投资成本高昂，风险成本高。

（2）代理模式

代理模式，即农村信用社（农村商业银行）、农业银行、邮储银行三家机构建立的乡村助农取款点与社区金融综合服务站，已形成分布最密集的金融服务网络，基本实现了金融服务的全覆盖。乡村助农取款点指金融机构与小商铺、卫生站等覆盖面广、人流量大的机构合作，通过设置 POS 机为农户提供免费存取款服务。而社区金融综合服务站是在助农取款点基础上，选取信用良好、具有固定场所且拥有一定经济实力的商户作为合作对象，由金融机构负责初期投资费用，合作商负责金融综合服务站的日常业务办理与设备维护，主要功能是办理银行助农取款卡、为农户提供信贷融资中介、金融知识宣传、农户信用信息搜集等。金融机构会考核合作商户，以市场化运作原则对商户进行提成与奖励。

以茂名市为例，截至 2016 年末，茂名共建设助农取款点 2 024 个，实现全市 1 619 个行政村覆盖。建立农村金融综合服务站 1 657 个，缓解了因金融网点不足而导致的服务缺失，贴近服务降低了农户办理银行信贷业务的交通成本。对银行而言，运用技术的提高及民间商户的固定资产，极大节省了边远地区网点建设成本以及搜集农户个人信息的时间成本。

（3）互助模式

互助模式是指村民们自发建立的一个类似于资金互助社形式、以信用担保形式缓解农户资金需求困境的农村社区内生性合作金融组织。农村资金互助会是指某个行政区域内农户按照自愿原则缴纳一定比例的互助资金，共同发起、拥有和管理，仅为互助会社员提供金融服务的农村合作金融组织；组织内的互

助资金仅在社员内部周转（张林，2012）。资金提供者与资金使用者统一，可以克服信息不对称，减少农户信贷交易成本，且成员内部之间存在"共跻监督"机制，即可凭借社员间的人缘、地缘和业缘关系对借款人进行监督，降低违约率（董晓林等，2016）。农村资金互助会也有劣势，比如贷款金额偏少、联保信贷限制等（张林等，2016）。所以，建立并完善农村资金互助会与正规金融机构之间的资金联结机制，可实现农村资金互助会与农村正规金融机构的协同发展。

（4）数字模式

在传统农村金融交易中，农户信用信息具有硬信息缺失而软信息不可得的特点，且隐性信息难以显性化，银行收集与整合这些信息需要花费大量信息搜寻费用；农户申请贷款也需要耗费交通成本、时间成本以及人情费用。在互联网金融平台上，通过运用大数据、云计算等科技可有效将分散的农户交易场景下的海量信息进行整合与分析以获取客户信用。银行征信系统所具有的农户信息大多是有金融交易记录的农户信息，而从来没有金融交易的农户信息缺乏，需要通过信用户、信用村等信用工程评定纳入，也可通过"电商"记录大数据分析。同时，在互联网平台上操作借贷程序，减少了农户的交通费用。

以宜信公司的"宜农贷"为例，"宜农贷"平台采用公益助农模式，经过审核的借款农户即可在平台上获得由爱心出借人的借款，借款人仅要求属于"三农"范畴、属于农村贫困人群或中低收入阶层、农村 60 周岁以下已婚女性，只要提供的信息详细且信用状况良好即可申贷。但该项目也存在平台可持续发展、监管不到位问题，尤其是农村群体对"宜农贷"认知度低，金融服务选择仍以农信社为主，对其他银行类金融机构项目参与较少，对于新兴互联网借贷平台缺乏了解，且 P2P 诈骗多发的现象使得农户对互联网借贷缺乏信任感。

因此，传统正规金融机构应运用"互联网＋"思维，将互联网金融的理念、技术与传统金融结合，利用自身线下优势创新产品和服务，拓展手机银行、网上银行等服务。同时农村互联网金融应采取与传统金融机构合作形式，将互联网金融征信体系与中国人民银行的征信系统对接，共享商户资源与客户信息。在农村地区设立集银行、保险、证券、理财为一体的线上线下同步发展的综合性金融服务站，实现"互联网＋"背景下网点职能的拓展，将线上交易和线下服务有机结合，可以实现两者的相互促进和相互补充。

（5）供应链模式

农业供应链金融模式是指以特色农业和优势农产品供应链核心企业为中心，对其上下游中小企业、农户或消费者利益进行捆绑，通过设计金融产品满足供应链各节点融资需求，推进农业供应链整体协调运转的系统性解决方案（杨进先，2012）。一些金融机构开展了几种模式的供应链金融服务，如"公司＋农户""公司＋专业合作社/基地/专业大户＋农户""专业合作社＋农户"等（邵娴，2013）。这既丰富了农户融资模式，缓解其缺乏有效抵押品问题，又提高了农村金融机构的资金安全性，降低了信息不对称程度、信用风险与放贷成本，提高了服务效率。

6.3　小结

普惠金融发展与效率的提高受多方面因素制约，金融是市场机制配置资源的制度设计，关键的是普惠金融正外部性的内部化，应从两方面着力：一是需要在政策性支持下优化金融生态环境，如建立基础性金融服务的硬件与软件设施条件以及政策支持体系；二是市场化配置普惠信贷资源的机制创新，如普惠对象瞄准机制、需求导向型普惠信贷机制等，核心是降低农村金融交易成本。在降低成本方面，现代通信与信息技术改变了原有创新环境，能够通过降低成本实现相对收益增加，进而增大交易量的预期。所以，基于新技术条件下的普惠路径与产品开发是重点。

7 国际普惠金融制度借鉴

7.1 国际普惠金融发展经验

7.1.1 降低成本的差异化普惠模式

长期以来，农户贷款难的主要原因在于农村金融市场供求主体之间存在高昂的交易成本。主要表现为资金需求主体交易成本和资金供给主体交易成本。需求方交易成本主要指贷款获取过程中支付的直接利息费用及付出的间接奉行成本，包括手续费等。供给方交易成本按形态可分为显性、隐性交易成本。显性交易成本指金融交易过程中可以量化的、必然产生的交易费用，包括信息获取费和交易手续费；隐性交易成本指市场交易的不确定性导致的未来可能由一方承担的一种或有成本（谭露等，2009）。这些交易成本的存在使得借贷过程中存在畸高的交易费用，中国普惠金融发展需要设计合理的借贷模式，降低交易成本，使得隐性交易成本显性化，显性交易成本最小化。国际上肯尼亚的M-PESA手机银行、巴西的代理银行等模式有较大借鉴价值。

肯尼亚作为一个贫困人口多、金融覆盖面窄、缺乏基础设施的落后发展中国家，普惠金融需求强烈。由于缺少信息传播技术基础设施，加之宽带使用费用昂贵，众多肯尼亚人民选择通过手机等移动终端访问互联网，所以用手机提供金融服务与产品能够解决低收入家庭、偏远农村农户的资金需求问题。

肯尼亚M-PESA手机银行运行模式：客户只需要拥有手机和身份证，便可在任何M-PESA代理点申请注册，将现金注入账户后，即可用于购买任何商品和支付费用。如果要取现和收款，只需向代理点服务人员出示身份证和发放短信。M-PESA的业务范围已扩展到存取款、消费支付、学费支付、工资支付等日常生活场景中，其代理点包括超市、加油站、小型零售店铺等8万多个，高密度分布使得客户更容易获得金融服务。手机银行的发展使金融交易过程中存在量化的显性交易成本得到了极大降低，提高了支付效率，加快了社会资源的分配，扩大了金融覆盖的密度和深度，使肯尼亚的账户渗透率达到了非洲第一（傅长安等，2015）。

20 世纪 70 年代，巴西首创代理银行模式，让银行可以给没有设立分支机构地区的客户提供金融服务。其主要做法：商业银行通过与代理商签订合约，利用零售商店、加油站、邮政网点等零售代理点，为缺少传统银行网点的边远、贫困地区居民提供存款、取款、电子资金转账、信息传输等金融服务。代理银行模式降低了资金供求双方交易成本，既为资金需求方提供了更为便捷的金融服务，客户可以减少专门去银行分支机构办理业务的时间成本；又使资金供给方即银行节省了扩张成本，发展一个代理商所需的成本仅是新建一个银行机构网点成本的 0.5%，避免了银行设立和维持分支机构所带来的高额固定成本（胡国文等，2012）。

7.1.2　基于内生规则的组织化模式

发展中国家的农村金融体系主要由两部分构成，一种是自然发育而成的民间金融领域，另一种是在经济和金融改革过程中由正规金融机构有组织培育的金融领域。内生金融，内生于民间组织的资金活动，为民间经济融通资金的所有非公有经济成分（姜旭朝等，2004）。内生金融相比外生金融在解决信息不对称、降低交易成本方面具有无可比拟的优势。内生金融产生于社区，社区成员之间存在高度的信息共享机制，可以克服信息不对称带来的道德风险与逆向选择；社区成员之间还可利用熟人社会的人际信任及制裁机制，以防范和控制借贷风险，并且能利用熟人社会的互联性来满足农村多样化的金融需求（胡卫东，2011）。孟加拉国格莱珉银行的小额信贷模式，表现尤为突出。

孟加拉国是当今世界普惠金融发展最成功的国家之一，尤努斯创办的格莱珉银行（Grameen Bank，简称 GB）模式，主要为贫困群体提供无抵押贷款，贷款对象中 97% 是农村妇女，以小组联保替代抵押担保，并且定期召开小组会议，进行小组内的信息交流，缓解信息不对称和道德风险问题。还款采取"整借零还"方式，贷款期限为 1 年，在贷款 1 周后开始还款。如果不按期还款，则会发送违约信号，银行可以提前防范，其他联贷小组成员也可以提前督促与监督其还款。格莱珉银行按照市场化机制运作，将利率分为四种类型，从小额贷款市场供求关系出发，制定了契合贷款需求者并且低于高利贷的利率，确保了可持续发展。另外，格莱珉银行也实行金融产品和服务的多元化，最早为穷人提供生产性贷款，之后逐渐开始设计有人性化的消费性贷款，不断满足穷人的贷款需求，比如住房贷款、教育基金、养老基金等。

GB 模式降低了事前的信息收集成本，格莱珉银行认为，女性的信用普遍高于男性，女性更善于发现和寻找还款来源，因此将客户限定于女性，减少了甄别信息真伪的成本。GB 模式也降低了事后的监督成本，格莱珉银行采取特殊的连带责任制度，如小组联保制度、建立风险基金制度，将交易成本转移到负债方，使负债方在还款策略上达成最优的博弈均衡。

7.1.3 以保护金融消费者权益为核心的模式

金融机构的债权维护与金融消费者权益保护是一枚硬币的两面，只有金融消费者权益得到保护，才能促使其认识到金融债权的同等重要，也才能使其由无意识到自觉的金融债权维护。这同时与金融知识的普及和金融素养的提升呈正相关。近几年，秘鲁大力发展普惠金融，重点关注保护金融消费者权益。秘鲁有完善的金融监管框架和消费者权益保护体系，银行保险和养老金监管局（SBS）是秘鲁核心的国家金融监管机构，SBS 还下设了金融消费者保护部和养老金监管部，要求金融机构定期披露产品和服务信息，增加金融信息公开透明度，使得偏远地区的农户更加信赖金融机构。除此之外，秘鲁还设立了保护竞争与知识产权机构，减少因信息不对称而造成的消费者权益受损。

7.1.4 政府参与的普惠信贷模式

普惠金融的公益性特征决定了其具有较强的社会效益和外部性，需要政府参与。普惠金融发展离不开良好的政策环境，但政府的参与行为要建立在不破坏市场机制基础上，才能有利于微观经济主体市场地位的强化。政府通过一些小额信贷项目，扶持小微企业和农户，制定法律法规，完善监管机制和监管手段，培育良好的金融生态环境，降低市场交易成本中的监督成本、信息搜寻成本（何广文，2008）。

墨西哥普惠金融发展离不开政府的大力支持。一是加强顶层设计和管理。2011 年，墨西哥政府成立普惠金融全国委员会，负责协调国家普惠金融政策和中长期发展目标，另外，设立了金融消费者保护协会，对金融服务进行管理和监督。二是墨西哥政府制定了"2007—2012 年国家发展规划"，并设立了在2020 年前实现普惠金融的国家目标。政府出资设立了两个信用注册机构，收集和整理个人、企业的信用状况，帮助金融机构防范和监控风险。三是墨西哥重视法律和金融基础设施建设。墨西哥先后制定了《2007—2012 年国家发展规划》和《2008—2012 年国家发展融资计划》；从法律上允许非金融机构在农村地区提供金融服务，并且在《墨西哥银行法》中加入快速修正体系，使得银行和监管者可以有效地控制金融风险。此外，为了提高金融服务便利度，墨西哥还扩建了银行分支机构、增加了 POS 机和 ATM 数量，使得贫困地区人群能更好地获得金融服务（焦瑾璞，2014）。

7.2　启示与借鉴

7.2.1　重视基础性金融服务设施建设

我国面临着普惠金融产品与服务的供给不足。在硬件设施方面，金融机构的网点分布及其设备数量不足，需增加其服务密度和覆盖面，包括 ATM、POS 机与网点，为普惠金融服务可得性创造良好条件。在金融服务网络布设方面，可以学习巴西代理银行和肯尼亚手机银行模式，考虑到一些偏远地区交通不便，可以技术手段代替传统物理网点，以免除铺设物理网点设备与设施的高成本。在不具备设立物理网点条件的金融机构空白地区，可以推广应用手机银行、电话银行、网上银行等，使得农民近距离享受基础性金融服务（姜丽明等，2014），实现服务覆盖。在软件设施方面，首先，应普及金融知识与教育，重视对农村地区金融扫盲行动，不断深化"送金融知识下乡"等活动的长效机制。其次，要加强对金融人才的培养，加大对普惠金融教育科研的投入，尝试建立普惠金融人才培养机制和国家层次的专业研究机构，与科研机构和高校联合培养普惠金融专业人才。最后，加强支付体系和信用体系建设，加强政府和银行的合作，建立共享的交易与信用信息系统，建立完善的信用评价体系，为农村征信体系建设而加快立法进程。

7.2.2　处理好政府与市场在普惠金融发展中的关系

国外普惠金融发展模式都体现了政府与市场的双重作用，即政府的扶持和市场化的运行。明确政府的行为边界，即政府不要过度干预，以普惠金融的外部性得以"内部化"为原则实施政府参与，以达到私人边际收益与边际成本的相交点和社会边际收益与边际成本的相交点无限趋近。充分发挥市场机制是普惠金融得以可持续发展的关键。普惠金融发展初期，绝大部分机构都具有扶贫性质，扶贫对象大多是生活贫困或者被排斥在金融服务之外的人群。期初的小额信贷经过不断发展，基本实现了市场化运营与商业化转型；随之发展到微型金融阶段，乃至普惠金融阶段，政府应进一步强化支持而不是管制，补足外部性，营造良好的金融生态环境，明确政府和市场在普惠金融发展中的分工，促进普惠金融长期可持续发展。

借鉴国外普惠金融发展经验，中国普惠金融发展应从政府和市场两方面进行帕累托改进。

政府要加强立法监督和制度建设，主要包括从财税政策、立法、监管三个层面入手：一是财税政策，应给予普惠金融机构一定的长期税收优惠，明确小微保险、农业保险的政策性保险性质定位，给予中小企业保险、农业保险财政补助，对普惠金融机构制定合理的差异化财政贴息比例。解决小额贷款公司的资本金来源问题，拓展其市场化融资渠道。二是法律法规，可通过法律法规明确小微金融机构的法律地位，降低普惠金融的准入门槛，放松对小额贷款利率的强制性规定。三是金融监管，对于不同金融机构设定差异化监管标准，使其风险与收益对称。

推动利率市场化，让资金的价格——利率反映市场上资金的供给与需求、稀缺程度和风险溢价，允许资金的供需双方在法律框架下自由决定利率。当然应注意信贷市场失灵下的逆向选择问题，这需要监管部门加大合规监督检查力度。应加强金融产品创新，建立需求导向的农村普惠金融体系和金融产品开发机制，根据市场需求，提供多元化的服务，譬如格莱珉银行的"乞丐贷款"、墨西哥的"妇女小组贷款"以及印度尼西亚的"个人贷款"，均是从贷款客户的实际出发，制定了符合其需求的贷款模式，并实现了信贷产品创新。

7.2.3 完善农村普惠信贷交易制度

从宏观上，应完善普惠金融的交易法律体系，校正规章制度，降低金融门槛，释放创新活力。法律的最大功能就是提供稳定的预期，引导人们在法律框架下按规则行事。应政策鼓励民间资本进入农村金融领域，从法律上明确其合法地位，使之更好地在阳光下服务农村经济。应加快合作金融法、政策性金融法等立法进程，明确相应金融形态的地位、性质、运行机制等，既优化农村金融生态，也防止地方政府的不合理干预，提高服务"三农"效率。鼓励农村金融机构竞争，只有竞争才能使市场充满活力，才能增进消费者福利，使得社会福利最大化。农村信用社在农村信贷交易市场上处于准垄断地位，改革处于外生性路径依赖状态，新的竞争者加入可减少垄断性高利和资金配给现象，增加资金供给，使融资者更容易获得资金。

从微观上，应保护小微金融消费者权利。建立相应的法律与规章制度，完善银行消费者权益保护框架，杜绝对金融服务乱收费，建立信息披露制度。加大对担保机构、小额贷款公司、资金互助社的监管力度，加强对不良贷款的处置处理，对涉农金融服务进行差别式监管，增大对涉农贷款不良的包容度，目前小微及支农贷款不良包容度是 3‰，可以适当上调 1～2 个百分点，虽然在利率优惠下"收益不能覆盖不良"，但经济账应该将政府的补贴及优惠计算在内才行。增加对"三农"贷款余额及其增量的监控，最大限度地保护消费者权益。

7.2.4　建立自动瞄准普惠群体的市场机制

金融是经济的核心，资金是经济的"血液"。让"血液"浸入实体经济机体，不能只是建设"主动脉"和"支动脉"，还必须构建能够到达"最后一公里"的"毛细血管"系统。因此，只有商业性金融服务农户和小微群体是不够的，合作性、政策性与商业性金融相结合是规律。基于这一规律，才能建立起市场化的自动瞄准普惠群体机制。一是将政府补贴性的各类贴息贷款、优惠贷款等交由普惠金融机构实施，并由普惠金融机构实施该群体的组织化任务，制定明确的信用规则和制度安排。"专营"政府补贴性信贷，既在一定程度上补贴了普惠金融机构，又通过金融交易实现了组织化和金融知识的普及与教育功能。二是政府相关机构的平行参与。由相关职能部门参与有关的信贷审查，降低信息不对称程度和成本。如政府扶贫办参与"扶贫小额信贷项目"的审核、农业局参与"小农户种养两业贷款"、妇联参与"妇女创业贷款"等。三是坚持小额度，重笔数。从需求者来讲，普惠金融需求一般都是小微型需求，也只有小额度需求才能到达普惠人群手中；同时小额度贷款能有效增加大额资金需求者参与侵占该贷款的成本，对大额资金需求者形成排斥效应。所以，考核普惠金融绩效应该关注"笔数"，而不应该只关注"涉农贷款营业额和余额"的考核。

可从以下几个方面改进普惠金融信贷工作：首先，传统观念的修正。要颠覆传统的观念，承认穷人比富人更讲信用，实行无抵押物的贷款方式，建立兼有双重性质即既有福利性也要可持续发展的小额贷款机构。其次，妇女是弱势群体中最难获得贷款的人群，同时也是最关爱家庭成员的主体，应将贷款重点放在妇女身上，这样可以使得贷款的福利效用最大化。再次，运用市场化资源配置机制。金融机构可以发放小微额度的贷款，主动排斥富裕群体的大额度需求，提高弱势群体获得信贷的可能性，将小额贷款真正用于支持弱势群体，防止普惠金融目标产生漂移。最后，需要改变传统的将资金直接发放给贫困农户的扶贫形式，在利用小额贷款发放给予生产资金的同时，提供一定的技术培训，使得农民利用自身的发展能力，可以真正从贫困中脱离出来，而不是暂时性地脱贫。

7.3 小结

国际普惠金融典型模式给我们诸多启示，中国要建立低交易成本的普惠金融供给制度，必须以市场机制为前提，以客户实际需求为导向，以财政性资金为拐杖支撑普惠信贷，让政府和市场发挥互补作用，通过微型金融的内生优势与商业银行和国家政策的外生优势相结合，发挥内外联动机制效应，实现福利性和制度性普惠金融的融合，让普惠信贷市场的杠杆撬动更大的社会资金，以期在低价格水平下实现较高水平的供给均衡，在更大范围普惠减贫，为乡村振兴服务。

8 研究结论与政策建议

8.1 主要结论

为了解决农户贷款难问题，2013年中国首次正式提出普惠金融概念，2016年将普惠金融作为国家发展战略，大力推动普惠金融发展，并将农户作为普惠金融重点服务对象。虽然普惠金融的推行为国家扶贫做出了贡献，但是普惠金融的制度功能未能充分施展，普惠效率偏低，农村信贷市场供需矛盾仍然十分突出。普惠金融的本质是建立为弱势者尤其是长尾群体提供低交易费用的金融服务的制度。在这部分群体存在收益刚性约束情况下，如何降低农户与正规金融机构之间的借贷交易费用，是具有重要理论和现实意义的。

近年来，普惠金融发展效果并不理想，农村金融市场上高昂的交易费用、信息不对称以及缺乏有效的合约机制，使得"农户惧贷，银行惜贷"现象普遍。因而提出疑问：为何国家大力推广普惠金融，但是农村金融市场存在的供需矛盾仍未解决？是否应从制度存在的本源探讨？高交易费用作为借贷矛盾的关键致因，如何影响农户的正规金融借贷行为？本文从农户微观主体视角，沿着交易费用经济学基本分析范式，尝试构建交易费用与农户正规借贷行为的研究框架，通过规范与实证方法相结合，重点研究如下方面：①根据威廉姆森的分析范式，融合农贷市场特点与交易属性特征（资产专用性、不确定性、交易频率），对正规金融机构与农户的借贷交易费用进行测度；②明确基于指标测度体系的交易费用影响农户正规借贷可获性的机理；③通过典型案例调查，探寻特殊的契约安排是否可以达到降低交易费用的目的；④设计低交易费用的普惠金融供给制度；⑤比较国际差异化普惠金融模式并概要启示与借鉴。

研究的主要结论如下：

第一，运用Heckman模型研究农户正规借贷可获性，实证结果表明，贷款可获得与否是银行与农户签订借贷合约不断博弈的结果，资产专用性（房屋价值、金融资本、银行网点距离）影响借贷双方的信息搜寻成本；环境不确定性（金融网点个数）间接反映农户所在地金融发展程度，是农户与银行博弈时的客观费用因素；行为不确定性（个人身份特征）反映农户风险承受能力，是影响借贷契约签订的稳定性因素；交易频率影响交易双方贷中执行成本与贷后监督成本，即农户与银行签订贷款效率、违约概率高低。贷款规模是在农户贷款条件满足后，银行对借贷额度的授予分配。利息费用是贷款规模存在差异的直接影响因素，而人情支出是由于中国农村特殊的"人情贷"而增加的额外交易费用。

第二，解剖河源市老隆镇"银行＋金融服务站＋农户"以及佛山市三水区"政府＋银行＋保险公司"模式案例，比较分析其运行机理及形成动因，认为前一种模式利用了社会资本优势，后一种模式利用了增信和风险分散技术，两种模式均可有效降低银农双方贷前、贷中、贷后的交易费用。即在交易各方权利界定明确、专业分工的情况下，利用第三方作为乡村中介的契约安排，可以降低传统银农契约关系中的借贷交易费用。从资产专用性看，通过利用基于合作的专业性投资，如基于网点、实物和人力资本的专业性，减少资产性投入；从不确定性看，契约内部各利益主体之间信息共享、风险共担，有效降低交易环境及个人行为的不确定性，从而降低履约风险。

第三，广东省应主要从基础性金融服务普惠创新和市场化配置普惠信贷资源机制两方面设计低交易费用的普惠金融供给制度；针对国外普惠金融发展的成功经验，主要从降低成本的差异化普惠模式、基于内生规则的组织化模式、以保护金融消费者权益为核心的模式、政府参与的普惠信贷模式四种模式进行对比分析，从交易费用视角探讨中国普惠金融应发展问题，寻找建立低交易费用的普惠金融供给制度对策。

8.2　政策建议

根据上述研究结论，本文提出如下政策性建议：

①降低农户信息搜寻费用，减少契约前交易费用。首先，发挥农户社会资本的信号传递与社会抵押功能。根据不同类型社会资本的特点和作用机制，搭建农户与正规金融机构的信息传输渠道，形成信息沟通机制，以降低农户事前信息搜寻费用。社会资本存在隐性社会抵押功能，可作为传统抵押物替代，提高农户获贷概率。其次，提升农户金融素养，推动金融知识精准普及。农户应主动参与有关金融培训，打破传统惧贷心理；让正规金融机构利用互联网、移

动设备等新媒体或与乡村组织合作，宣传相关金融服务与产品，使农户随时掌握最新的金融扶贫政策。最后，利用数字技术优势与电商网络开发乡村信用，使乡村潜在信用信息显性化，减少传统信贷员人工收集信息高昂的时间成本。

②降低农户奉行成本，打通普惠金融最后一公里。一方面，由于普及物理网点成本过高，偏远山区的正规金融机构可利用乡村便利店等载体设立农村金融服务站或者代办点，将小额汇兑、小额现金存取等服务延伸到辖内行政村。另一方面，正规金融机构可利用互联网技术，开设手机银行等移动 App，减少农户到银行网点交易而产生的交通费用与时间成本。此外，可发展互联网借贷平台提供小额借贷服务，但需强化监管监督。

③完善信用评级及征信系统，降低借贷契约交易的不稳定性。农户信用评级机制，不仅减少了借贷交易审核信息的时间成本，而且为正规金融机构贷后监督、追踪查询提供了保障。可考虑将中国人民银行征信系统与社会征信平台对接，从而形成线上线下全覆盖的社会信用评级系统。

④规范正规金融机构贷款程序，建立公开透明的申请、审核机制。正规金融机构如农信社、邮储银行和村镇银行等承担着普惠金融服务功能，其贷款程序应公开、透明、合理化，采取有效措施消除寻租可能带来的"关系贷款"和"人情贷款"，为普通农户获得正规金融渠道的信贷支持提供更为公平的环境，减少因借贷而产生的额外支出。

主要参考文献

蔡洋萍，谢冰，2016. 我国农村普惠金融内生化发展机理、障碍及对策研究［J］. 金融与经济（2）：27-32.

陈芳，2018. 社会资本、融资心理与农户借贷行为——基于行为经济学视角的逻辑分析与实证检验［J］. 南方金融（4）：51-63.

陈三毛，钱晓萍，2014. 中国各省金融包容性指数及其测算［J］. 金融论坛（9）：3-8.

程郁，韩俊，罗丹，2009. 供给配给与需求压抑交互影响下的正规信贷约束：来自1874户农户金融需求行为考察［J］. 世界经济（5）：73-82.

丁淑娟，陈宗义，陈祖胜，等，2017. 期限匹配、交易成本与农户意愿融资期限——来自山东省近万农户调研的证据［J］. 中国农村经济（11）：62-74.

杜晓山，2010. 小额信贷与普惠金融体系［J］. 中国金融（10）：14-15.

冯晓龙，仇焕广，刘明月，2018. 不同规模视角下产出风险对农户技术采用的影响——以苹果种植户测土配方施肥技术为例［J］. 农业技术经济（11）：120-131.

傅长安，李红刚，杨航，2015. 肯尼亚 M-PESA 手机银行发展经验及其对我国普惠金融发展的启示［J］. 武汉金融（10）：50-52.

高沛星，王修华，2011. 我国农村金融排斥的区域差异与影响因素——基于省际数据的实证分析［J］. 农业技术经济（4）：93-102.

胡国文，帅旭，2012. 巴西的代理银行制度［J］. 中国金融（5）：43-44.

胡浩志，吴梦娇，2013. 资产专用性的度量研究［J］. 中南财经政法大学学报（1）：38-46，159.

胡士华，卢满生，2011. 信息、借贷交易成本与借贷匹配——来自农村中小企业的经验证据［J］. 金融研究（10）：100-111.

胡卫东，2011. 金融发展与农村反贫困：基于内生视角的分析框架［J］. 金融与经济（9）：60-64.

黄晓波，段秀芝，2009. 交易费用的会计计量及其对公司绩效的影响：理论与证据［J］. 审计与经济研究（5）：52-57.

江振娜，2016. 交易费用对农户贷款资金规模的影响研究——基于福建省27个县市农户调查数据的分析［J］. 福建行政学院学报（3）：103-111.

江振娜，2017. 交易费用视角下农户贷款可获得性的影响因素分析——基于福建省七地市

农户的调查数据 [J]. 福建论坛（人文社会科学版）(12)：202 - 209.

姜丽明，等，2014. 普惠金融发展的国际经验及借鉴 [J]. 国际金融 (3)：17 - 22.

姜旭朝，丁昌锋，2004. 民间金融理论分析：范畴、比较与制度变迁 [J]. 金融研究 (8)：
　　100 - 111.

姜再勇，2016. 普惠金融的逻辑 [J]. 中国金融 (18)：76 - 77.

焦瑾璞，2009. 我国农村金融改革和发展的"三缺"和"三不缺"[J]. 银行家 (1)：32 - 33.

焦瑾璞，2014. 普惠金融的国际经验 [J]. 中国金融 (10)：68 - 70.

雷新途，李世辉，2012. 资产专用性、声誉与企业财务契约自我履行：一项实验研究 [J].
　　会计研究 (9)：59 - 66，97.

李富有，匡桦. 基于短期局部均衡的民间金融高利率解释 [J]. 经济经纬，2010 (1)：128 - 131.

李孔岳，2009. 农地专用性资产与交易的不确定性对农地流转交易费用的影响 [J]. 管理
　　世界 (3)：92 - 98.

李梦荣，2012. 交易费用的会计计量问题研究 [D]. 北京：北方工业大学.

李岩，赵翠霞，兰庆高，2013. 农户正规供给型信贷约束现状及影响因素——基于农村信
　　用社实证数据分析 [J]. 农业经济问题 (10)：41 - 48.

连耀山，2015. 互联网环境下普惠金融发展研究——以中国邮政储蓄银行金融实践为例
　　[J]. 中国农业资源与区划，36 (3)：86 - 90.

刘凤芹，王姚瑶，2012. 资产专用性、敲竹杠及其治理安排：一个前沿综述 [J]. 产业组
　　织评论，6 (4)：139 - 158.

刘西川，2007. 贫困地区农户的信贷需求与信贷约束 [D]. 杭州：浙江大学.

刘西川，陈立辉，杨奇明，2014. 农户正规信贷需求与利率：基于 Tobit Ⅲ 模型的经验考察
　　[J]. 管理世界 (3)：75 - 91.

罗必良，2006. 交易费用的测量：难点、进展与方向 [J]. 学术研究 (9)：32 - 37.

马九杰，吴本健，2012. 利率浮动政策、差别定价策略与金融机构对农户的信贷配给 [J].
　　金融研究 (4)：155 - 168.

马九杰，吴本健，2012. 利率浮动政策、差别定价策略与金融机构对农户的信贷配给 [J].
　　金融研究 (4)：155 - 168.

米运生，罗必良，2010. 垂直联结与机构贷款投向农村的市场化机制：农村金融的新范式
　　及其实践 [M] //中国农业经济学会. 加大城乡统筹力度：协调推进工业化、城镇化与
　　农业农村现代化. 北京：中国农业出版社：399 - 422.

彭澎，吕开宇，2017. 农户正规信贷交易成本配给识别及其影响因素——来自浙江省和黑
　　龙江省 466 户农户调查数据分析 [J]. 财贸研究 (3)：39 - 49.

彭向升，祝健，2014. 农村民间金融对正规金融的替代效应分析——基于农户借贷成本的
　　视角 [J]. 福建论坛（人文社会科学版）(3)：22 - 27.

邵娴，2013. 农业供应链金融模式创新——以马王堆蔬菜批发大市场为例 [J]. 农业经济

问题，34（8）：62 - 68.

孙光林，李庆海，李成友，2017. 欠发达地区农户金融知识对信贷违约的影响——以新疆为例 [J]. 中国农村观察 (4)：87 - 101.

谭露，黄明华，2009. 基于交易费用视角下我国农村金融弱化问题研究 [J]. 金融经济 (10)：92 - 93.

田霖，2007. 我国金融排除空间差异的影响要素分析 [J]. 财经研究 (4)：107 - 119.

童馨乐，褚保金，杨向阳，2011. 社会资本对农户借贷行为影响的实证研究——基于八省 1003 个农户的调查数据 [J]. 金融研究 (12)：177 - 191.

童馨乐，李扬，杨向阳，2015. 基于交易成本视角的农户借贷渠道偏好研究——以全国六省农户调查数据为例 [J]. 南京农业大学学报（社会科学版）(6)：78 - 87.

童馨乐，杨向阳，2013. 社会资本对农户借贷资金来源影响研究 [J]. 西北农林科技大学学报（社会科学版），13 (4)：74 - 81.

汪丁丁，1995. 从"交易费用"到博弈均衡 [J]. 经济研究 (9)：72 - 80.

王芳，2005. 我国农村金融需求与农村金融制度：一个理论框架 [J]. 金融研究 (4)：89 - 98.

王芳，罗剑朝，Martel Y，2012. 农户金融需求影响因素及其差异性——基于 Probit 模型和陕西 286 户农户调查数据的分析 [J]. 西北农林科技大学学报（社会科学版）(6)：61 - 69.

王继权，等，2003. 现代金融制度探析：基于金融交易费用理论 [J]. 河南金融管理干部学院学报 (2)：10 - 12.

王茜，2016. 我国普惠金融发展面临的问题及对策 [J]. 经济纵横 (8)：101 - 104.

王睿，明悦，蒲勇健，2008. 普惠性金融体系下中国农村小额信贷机构的研究分析 [J]. 重庆大学学报（社会科学版）(5)：28 - 34.

王煜宇，何松龄，2017. 制度金融学理论与中国金融法治发展：理论述评 [J]. 经济问题探索 (4)：155 - 162.

徐冬梅，刘豪，高岚，2019. 论林地产权转出的集中契约稳定性及治理 [J]. 林业经济问题，39 (1)：23 - 29.

严予若，郑棣，陆林，2016. 家庭禀赋对农户借贷途径影响的实证分析 [J]. 财经科学 (9)：100 - 111.

颜志杰，张林秀，张兵，2005. 中国农户信贷特征及其影响因素分析 [J]. 农业技术经济 (4)：2 - 8.

杨进先，2012. 农业供应链金融模式探索 [J]. 中国金融 (22)：85 - 86.

杨艳琳，付晨玉，2019. 中国农村普惠金融发展对农村劳动年龄人口多维贫困的改善效应分析 [J]. 中国农村经济 (3)：19 - 35.

姚宏伟，2015. 普惠金融发展中的金融排斥问题探析 [J]. 南方金融 (5)：37 - 43.

易小兰，2012. 农户正规借贷需求及其正规贷款可获性的影响因素分析 [J]. 中国农村经济（2）：56 - 63.

殷浩栋，汪三贵，王彩玲，2017. 农户非正规金融信贷与正规金融信贷的替代效应——基于资本禀赋和交易成本的再审视 [J]. 经济与管理研究（9）：64 - 73.

殷孟波，翁舟杰，2005. 从交易费用看农村信用社的制度选择——为合作制正名 [J]. 财经科学（5）：28 - 32.

尹志超，宋全云，吴雨彭，等，2015. 金融知识、创业决策和创业动机 [J]. 管理世界（1）：87 - 98.

张乐柱，李海辉，2014. "政银保"农业贷款模式绩效及制度创新解析——基于佛山三水的经验 [J]. 广东农业科学，41（16）：215 - 219.

张扬，2009. 从孟加拉国小额信贷成功模式解析我国小额信贷的困境 [J]. 商业研究（9）：138 - 141.

张舟，2017. 城市更新的土地利用决策治理：交易成本视角 [D]. 杭州：浙江大学.

赵洪宝，2014. 孟加拉国乡村银行小额信贷运作机制与经验研究 [J]. 世界农业（5）：168 - 170.

钟春平，孙焕民，徐长生，2010. 信贷约束、信贷需求与农户借贷行为：安徽的经验证据 [J]. 金融研究（11）：189 - 206.

周梅丽，王佳，顾陈杰，2014. 秘鲁小微金融监管实践对我国的启示 [J]. 华北金融（12）：54 - 57.

周月书，等，2013. 正规与非正规金融下农户借贷选择行为研究——基于南京与徐州农户的调查 [J]. 农业经济与管理（6）：52 - 59.

周月书，王雨露，彭媛媛，2019. 农业产业链组织、信贷交易成本与规模农户信贷可得性 [J]. 中国农村经济（4）：41 - 54.

朱喜，李子奈，2006. 我国农村正式金融机构对农户的信贷配给——一个联立离散选择模型的实证分析 [J]. 数量经济技术经济研究（3）：37 - 49.

Agarwal S，Hauswald R，2010. Distance and private information in lending [J]. The Review of Financial Studies，23（7）：2757 - 2788.

Ardic O P，Heimann M，Mylenko N，2011. Access to Financial Services and the Financial Inclusion Agenda aroundthe World [R]. World Bank Working Paper.

Atkinson A，Messy F，2012. Measuring Financial Literacy：Results of the OECD / International Network on FinancialEducation（INFE）[R]. OECD Working Papers.

Basu P，2006. Improving access to finance for India's rural poor [M]. World Bank Publications.

Beck T，Demirguc - Kunt A，Honahan P，2009. Access to Financial Services：Measurement，Impact，and Policies [M]. New York：Oxford University Press.

Chandler G N，McKelvie A，Davidsson P，2009. Asset specificity and behavioral uncertainty as moderators of the sales growth—Employment growth relationship in emerging ventures

[J]. Journal of Business Venturing, 24 (4): 373 - 387.

Cuia - Abiad V, 1993. Borrower Transaction Cost and Credit Rationing in Rural Financial Markets: The Philippine Case [J]. The Developing Economics, XXXI (2): 208 - 219.

Dahlman C J, 1979. The problem of externality [J]. The journal of law and ecnomics, 22 (1): 141 - 162.

Degryse H, Ongena S, 2005. Distance, lending relationships, and competition [J]. The Journal of Finance, 60 (1), 231 - 266.

Dorward A, 2001. The Effects of Transaction Costs, Power and Risk on Contractual Arrangements: A Conceptual Framework for Quantitative Analysis [J]. Journal of Agricultural Economic, 52 (2): 59 - 73.

Gupte R, Venkataramani B, Gupta D, 2012. Computation of Financial Inclusion Index for India [J]. Social and Behavioral Sciences, (37): 133 - 149.

Heckman J, 1974. Sample selection bias as a specification error [J]. Econometrica (42): 679 - 694.

Hermes N, Lensink R, 2007. The Empirics of Microfinance: What Do We Know? [J]. The Economic Journal (2): 1 - 10.

Hobbs R J, 1995. An integrated approach to the ecology and management of plant invasions [J]. Conservation biology, 9 (4): 761 - 770.

Jaggia P B, Thakor A V, 1994. Firm - specific human capital and optimal capital structure [J]. International Economic Review: 283 - 308.

Kaboski J, Townsend R M, 2011. A Structural Evaluation of a Large - scale Quasi - experimental Microfinance Initiative [J]. Econometrica (5): 1357 - 1406.

Kempson E, 2000. In or out? Financial exclusion: Literature and research review [R]. Financial Services Authority.

Leyshon A, Thrift N, 1996. Financial exclusion and the shifting boundaries of the financial system [J]. Environment and Planning (28): 1150 - 1.

Mersland R, Strøm R Ø, 2008. Performance and trade - offs in Microfinance Organisations—Does ownership matter? [J]. Journal of International Development, 20 (5): 598 - 61.

North D C, 1981. Structure and Change in Economic History [M]. New York: W. W. Norton.

North D C, 1991. Institutions [J]. Journal of economic perspectives, 5 (1): 97 - 112.

OECD, 2013. Financial Literacy and Inclusion: Results of OECD/INFE Survey Across Countries and by Gender [R]. OECD Publishing.

Petrick M A, 2004. Microeconometric Analysis of Credit Rationing in the Polish Farm Sector [J]. European Review of Agricultural Economics, 31 (1): 77 - 101.

Polski M M, Kearney A T, 2001. Measuring transaction costs and institutional change in the US commercial banking industry [J]. Institute for Development Strategies Discussion Paper: 85 - 86.

Porteous D, 1999. The development of financial centres: location, information externalities and path dependence [J]. Money and the space economy: 95 - 114.

Stoll H R, Whaley R E, 1983. Transaction costs and the small firm effect [J]. Journal of Financial Economics, 12 (1): 57 - 79.

Wallis J J, North D, 1986. Measuring the transaction sector in the American economy [J]. Long - term factors in American economic growth (1): 95 - 162.

Wang H C, He J, Mahoney J T, 2009. Firm - specific knowledge resources and competitive advantage: the roles of economic - and relationship - based employee governance mechanisms [J]. Strategic Management Journal, 30 (12): 1265 - 1285.

Williamson O E, 1979. Transaction - cost economics: the governance of contractual relations [J]. The journal of Law and Economics, 2 (22): 223 - 261.

Williamson O E, 1986. Vertical integration and related variations on a transaction - cost economics theme [M] //Stiglitz J, Mathewson G F. New developments in the analysis of market structure. London: Palgrave Macmillan: 149 - 176.

Williamson O E, 1989. Transaction cost economics [J]. Handbook of industrial organization (1): 135 - 182.

Williamson O E, 2007. Transaction - cost economics: An introduction [J]. Economics Discussion Paper (3).

>>> 第二部分
广东农村微型金融体系研究[①]

在经济全球化背景下，没有一个充满活力的金融体系，就只能成为现有国际金融体系的被动接受者和金融风险的被动承担者。构建一个符合需求的农村金融资源配置体系，是农村经济发展的必要条件。近40年来，农村金融在政府主导下一直处于缓慢的市场化制度改革进程中，一定程度上改善了农村金融服务供给，但尚未根本改变农村资金短缺制约农村经济发展的局面。其中一个重要原因即改革是以农村金融机构的自我完善为主线，忽视需求导向，限制社会资本准入，阻碍了内生性微型金融发展；同时非需求导向的机制演进导致了制度供给错位和不足，制约了市场机制功能的发挥。并且内生性农村微型金融是农村金融政策及传导机制实施的组织基础。因此，破解农村金融困境的关键就是加快内生性微型金融发展。但自从借鉴孟加拉国格莱珉银行模式试行小额信贷以来，如今的小额贷款公司、村镇银行和农村资金互助社等机构一直受可持续性困扰。可为何民间金融能够在同样信贷市场环境下虽经打压限制仍可持续？小微金融如何借鉴其制度优势从而实现信贷资源配置农村和弱小群体？

① 该文是基于广东省软科学研究计划项目"基于民间信贷交易的广东农村微型金融体系研究"（编号：2011B070300071012）报告改写而成。执笔人：张乐柱、吴颖懿、李锦宇。

本研究拟以需求和市场导向的逆向思维入手，从制度层面剖析农村微型金融发展制约因素、适宜的生存制度环境，揭示农村民间信贷的特有规律并借鉴其互联机制优势，结合并利用农村社会资本、信息、组织等资源，构建毛细化农村微型金融体系；设计农村微型金融利益联结运行机制，创新基于农村需求的金融产品以及政策性激励机制，并提出相应政策性建议。本研究创新点主要有两个方面：其一，视角创新。本研究采用逆向思维，探讨农村信贷交易的独特互联机制，使正规金融与民间信贷联结，设计农村微型金融机制。其二，内容创新。本研究探讨了农村民间互联信贷交易的内在机理及运行规律，设计了联结民间信贷交易的毛细化农村微型金融体系，构建了基于民间信贷交易的农村微型金融机制以及政策性诱导激励机制。以上是在对广东省茂名市的田野调查基础上的研究，并据此从财政政策弥补微型信贷市场外部性、优化信用生态机制、建立信贷成本补偿机制等三个方面提出了广东省建设农村微型金融体系的政策性建议。

1 导论 //

1.1 问题的提出：研究背景与意义

在经济全球化背景下，没有一个充满活力的金融体系，就只能成为现有国际金融体系的被动接受者和金融风险的被动承担者。构建一个符合需求的农村金融资源配置体系，是农村经济发展的必要条件。2010 年的中央 1 号文件明确提出以提高农村金融服务质量和水平"推动资源要素向农村配置"的意见。

近 30 年来，农村金融在政府主导下一直处于缓慢的市场化制度改革进程中。恢复农业银行、恢复农村信用社的"三性"并扩大其自主权、创立农业发展银行、行社脱钩、农业银行商业化、取缔农村合作基金会、以明晰产权和完善管理体制为中心的新一轮农村信用社改革、农业银行股改、邮政储蓄银行的建立、利率区间浮动的市场化试点等一系列举措一定程度上改善了农村金融服务供给，缓解了农村金融需求，但未能根本改变农村需求资金短缺的制约，且资金缺口仍呈持续扩大趋势。其中一个重要原因是长期改革只是以农村金融机构的自我调整和完善为主线，忽视需求导向，限制社会资本准入，阻碍了内生性微型金融发展；同时非需求导向的机制演进导致了制度供给错位和不足，进而制约了市场机制功能的发挥。并且，内生性农村合作金融、微型商业金融与政策性金融是农村金融政策及传导机制实施的组织基础。因此，破解农村金融困境的关键就是加快内生性微型金融发展。但是，自 1993 年试行小额信贷至今，小额贷款公司、村镇银行和农村资金互助社等新型农村金融组织试点一直遭遇可持续性困扰，制度绩效未达预期。症结何在？什么模式的微型金融才是农村经济所需要的？约束条件是什么、如何破解？为何民间金融能够在同样信贷市场环境下虽经打压限制仍可持续发展？制度优势何在？如何贯通资金流从而真正实现信贷资源配置农村、服务农村大多数人群？

本项研究从制度层面剖析农村微型金融发展的制约因素，以需求和市场导向的逆向思维入手，探讨农村微型金融发展必须具备的适宜生存制度环境，揭示农村民间信贷发展的特有规律，并借鉴民间信贷互联机制，结合并利用农村社会资本、信息、组织等资源比较优势，构建毛细化农村微型金融体系，进而基于长期理性约束下的利益最大化，设计农村微型金融利益联结运行机制。创新适合农村特点与需要的金融产品和服务，探讨引导信贷资金投向农村的财政、税收、金融、产业等相衔接的政策性激励机制，推动信贷资源配置农村、服务大多数农户，并提出相应的政策性建议。

1.2　研究方法与内容

1.2.1　研究方法

（1）定性研究

采取交叉学科方法，以微型金融理论、金融中介理论、金融联结理论以及信息经济学等为基础，通过分析农村微型金融发展文献，从制度层面探讨农村微型金融中介体的运行机制。

（2）定量研究

方法具体包括：①调查问卷法。按照珠三角、粤东粤西、粤北山区三大经济区的划分，选取广州、茂名、云浮等地作为调查地点，对民间信贷交易的互联机制以及联结中的利益分享、农村微型金融试点等进行座谈和问卷调查，通过搜集数据进行分析确定农村微型金融中介体的绩效，并对不同类型机构的不平衡发展进行比较和分析。②统计分析方法。本研究采用 E-Views、SPSS 等统计软件作为问卷分析的工具进行数据分析和处理，通过描述性统计、独立样本 T 检验、验证性因子分析等分析数据。

（3）规范研究法

在研究民间信贷、商业资本与农村微型金融机构的联结方式时，将动态演化的思想引入经典博弈论理论中，探讨博弈各方如何通过模仿与改进逐步找到最优行为策略；同时借鉴国际微型金融发展经验进行分析。

1.2.2　研究框架

研究的主要框架如图 2-1-1 所示。

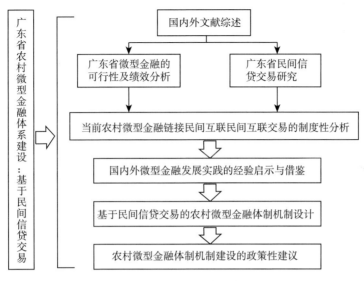

图 2-1-1　研究技术路线

1.3　使用数据说明

本研究使用的数据，来自《中国金融年鉴》《广东农村统计年鉴》《广东省统计年鉴》，以及本团队在广东省粤北、粤东、粤西等地落后地区的调研，还有全国农村金融和农村微型金融试点试验数据。

2 国内外研究现状评述

2.1 国内研究现状

（1）农村金融体系研究

在引进借鉴国外农村金融实践经验及其理论基础上，诸多学者结合中国农村金融改革实际，作了多方面探讨，在有些方面存在分歧，也在有些方面逐渐达成共识。结构性缺失和功能性缺陷是当前农村金融体系存在的主要问题。农村商业银行在集约化经营战略的驱动下撤并、重组，支农力度减弱；农业发展银行定位不准、功能单一；农村信用社系统准垄断且存在诸多不可持续现象；民间借贷缺乏规范；农村保险市场发展难以支撑"三农"风险分散配置需求；金融产品创新和服务滞后，大多以传统的存、贷、汇为主，贷款品种局限于具备担保抵押的短期农业生产性贷款；贷款定价能力缺失，且不能有效匹配风险。由此导致：农村金融服务功能不完善、服务缺失；农村资金供求失衡，资金旺盛需求与信贷资金外流并存；县域金融功能弱化，服务效率下降（郭保民等，2006）。

农村信用社是当前中国农村金融服务的主要供给者，长期以来也是改革的重点。究竟应该合作化、政策化还是商业化？有人认为，中国农村不具备商业金融的经济基础，政策性、农民互助合作金融组织是合理方向。也有人认为，合作原则在中国农村金融领域行不通，农村金融改革和发展重点应转向组建和发展股份制商业银行。还有观点认为，应根据地区发达程度选择不同模式，农信社应多元化发展（何广文，2005）。关于改革成效及其评价，在管理体制、产权制度、政策扶持以及经营机制等方面的新一轮改革远未达到预期效果。有的学者认为产权改革不彻底，农村信用社股东并没有所有者应具有的责任、权利和义务，而把管理责任交给省政府的管理体制是改革试点的最大败笔（张元红，2005），强化了官营企业特征（焦瑾璞等，2006）。也有学者认为基层信用社、县联社与省联社间的股权与管理权设置呈反向运作关系（李莹星，2005）。

法人治理结构与内控机制改革实效不理想，其主要原因是农村信用社改革动机出现偏差（高伟，2006）。以股东本位的法人治理结构仍然失效，没有形成股东共同出资构筑公司的资本基础，导致"三会"形同虚设（甄少民，2005）。目前的农信社改革方案偏离了正确轨道，原有的既得利益者把持着对农信社的管理权，不愿意把管理权交给农信社真正的所有者（谢平等，2005）。而农信社财务状况的好转只是阶段性目标，如果改革进程偏离了农村金融效率提高、农村信用社法人治理结构完善的最终目标，那么阶段性目标与总体目标的相关性是值得怀疑的（陆磊，2005）。下一步改革思路由"合作性金融机构"转向"社区性农村银行"（唐双宁，2006）；还有人提出了系统市场化思路（刘民权等，2005）。

（2）微型金融发展问题探讨

诸多学者就微型农村金融发展中的问题进行了研究和探讨。

一是发展不均衡。李莉莉（2008）、秦俊武（2009）的研究发现：一方面是试点种类不均衡发展，村镇银行一方独大。据统计，至 2009 年 6 月末，全国已有 118 家新型农村金融机构开业，从机构类型看，村镇银行 100 家，贷款公司 7 家，农村资金互助 11 家。另一方面是试点地区不均衡发展，新型农村金融机构特别是村镇银行试点一般设在农村经济比较发达的地区，试点并没有体现优先照顾落后地区尤其是服务空白地区的原则。

二是偏离目标客户。据《金融时报》报道：截至 2008 年 8 月末，中国 61 家新型农村金融机构对农户累计发放贷款 11.32 亿元，支持农户 22 797 户，户均贷款 5 万元，从一个侧面说明这些机构经营不以贫困农户为目标客户。刘雅祺等（2008）认为：目前小额贷款的承贷主体是农户，但农业生产的高风险、低收益特点决定了其还款的风险，金融机构出于安全性、效益性和流动性考虑，限制了对贫困农户的贷款支持，同时非正规金融机构发展迅速。

三是资金来源约束。李莉莉（2008）、陶月英（2009）的研究显示：新型农村金融机构融资渠道窄、资金不足，难以吸收低成本的储蓄和从正规金融机构融资，面临资金来源约束，而没有足够的资金，就没有一定规模的贷款投放，也难以依靠存贷利差收入来平衡成本，限制了农村微型金融机构的规模扩大和业务拓展。刘雅祺等（2008）认为：以扶贫为目的的非政府组织，其贷款本金、运作费用、技术支持费用基本靠捐赠和部分地方政府投入，这就使小额信贷机构的项目管理、运行和模式均受到捐赠机构和当地政府的影响。

四是风险约束。孟恩图雅（2008）研究认为村镇银行因资金短缺而面临巨大流动性风险；从业人员经验不足与素质不高加剧了操作风险；主要利润来源是存贷利差，利润来源单一且利润与风险不对称。鲁朝云等（2009）研究了农村微型金融机构的信用风险，认为其主要来源于信息不对称和信用约束机制薄弱，因经营不善或遭遇重大变故等不确定性，以及微型金融机构因信用评定机制不健全而难以动态监控客户。

五是成本控制问题。微型金融机构开展服务成本高，一是操作成本，农村地区地广人稀，固定资产投资和人才投资比较大；二是监督和风险成本，既需要足够的风险评估技术和人才，又需要足够的人才资本投资和客户信用档案方面的投资。而技术支持落后、人才缺乏及农村金融消费者的金融知识及理念滞后，制约了新型农村金融机构的发展（陶月英，2009）。

六是利率问题。商业利率原则是微型金融机构实现可持续的基本要件。长期以来，微型贷款作为一项商化运作的政策性业务，一直被视为一种扶贫手段而不是一种产业（刘雅祺等，2008）。杜晓山（2004）认为，向借款者发放贷款的利率应允许有较大的灵活性，并最终实行利率市场化，这是小额信贷项目能否可持续发展的关键因素之一。曹辛欣（2007）通过给出小额信贷高利率的经济学解释，分析了高利率政策在中国的可行性，提出应允许金融机构选择更加合适的贷款利率和其他收费，至少使其能够弥补成本。茅于轼（2007）指出，小额贷款必须实行高利率，如果小额贷款遵从低利率政策，穷人就借不到钱了，反而害了他们。

七是政府作用及监管问题。一方面，微型金融发展离不开政府的扶持，政府应动用其强大的资源动员能力，利用财政扶持、税费减免、农贷贴息、支农再贷款等优惠政策，推动农村微型金融发展。另一方面，要规范和界定政府行为边界，杜绝如扶贫低息贷款因寻租出现信贷配给等现象。况且对各类微型金融机构和业务的监管效力不足，基层金融监管力量不够，监管难度大、费用高（陶月英，2009）。而各类非政府组织小额信贷机构和项目法律地位的不确定，既不利于微型金融机构的生存，也容易导致地方政府等干预。此外，农村金融产品也应进行需求导向创新。因此，部分学者尝试探讨了微型金融机构的可持续发展问题，认为商业化的、以私人资本或股份制方式运作是小额信贷机构可持续运作的最佳方式，非政府组织小额信贷与私人资本和商业资本的结合是非政府组织小额信贷的最好归宿（任常青，2006）；应提高贷款机构运行效率以降低机构的管理与运营成本（吴国宝，2001）。

（3）非正规金融研究

非正规金融的较高效率为微型金融发展提供了借鉴。小额信贷的目标、方式与参与主体争议颇多，但重点是必须解决农户的贫困与信用矛盾（杜晓山，2004；焦瑾璞，2006）。许多学者对农村非正规金融交易的履约机制进行了探讨。一是独特的信息和信任机制，在一定程度上克服了正规金融所面临的信息不对称，防止了道德风险和逆向选择（刘民权等，2003）；费孝通（1986）从社会学角度也对此进行了阐释。二是硬预算约束机制，张友俊等（2002）认为，非正规金融中的民间借贷具有典型的契约性，具备限制没有还款能力的人进入信贷市场以及使借款不还的人付出高昂成本的机制，由此对借款人形成动态的预算硬约束。张建军等（2002）认为，非正规金融具有自发性，部分债权人选择用暴力手段回收贷款对借款人也构成硬约束。三是群体惩罚机制，孟加拉国格莱珉银行的信贷实践产生两种效应：第一是人以群分的匹配效应（positiveassor‐tative matching），这是小组信贷的过滤功能；第二是排挤效应，它会使违约方面临在其居住村落难以生存的困境。四是非正规金融具有灵活的担保机制，不仅存在有形担保，还有无形担保，甚至连性命、劳务等都可以作为担保（刘民权等，2003）。有些学者探讨了民间资本的合作化途径，尝试以增量改革来化解存量改革的矛盾（徐滇庆等，2004）。汪时珍（2006）提出利用垂直联结增加农村信贷量、降低民间信贷利率。武翔宇（2008）构建模型探讨了银行委托乡村中介发放信贷的现象，认为应将非正规部门纳入农村金融体系设计中。

2.2　国外研究现状

（1）农村金融市场发展理论研究

Patrick（1966）提出了金融与经济关系的"需求追随"和"供给引导"模式，且二者随经济发展存在最优顺序。Goldsmith（1969）开创了"金融结构论"，认为金融结构是一国金融工具和金融机构的形式、性质及相对规模之综合。Mckinnon et al.（1973）从制度层面研究了金融与经济的关系，指出发展中国家"金融的二元性"，提出"金融抑制论"和"金融深化论"。在上述理论影响下的农村金融理论探讨中，在20世纪80年代前农业信贷补贴论是主流，该理论因假定农村居民欠缺储蓄能力而强调农村外部资金注入，主张政府支持下的农村金融市场竞争；80年代后农村金融市场论成为主导，开始反对政策性金融对市场的扭曲（张晓山等，2002），主张发挥农村内部金融的中介作用，让利率市场化且实际存款利率为正数，取消特定目标贷款制度，使非正规金融与正规金融市场相结合。20 世纪 90 年代以来，Thomas Hellman、Joseph Stiglitz 等的金融约束论（financial restraint），认为发展中国家难以完全依靠市场机制造就一个有效率的金融市场，需得到政府、社会、非市场要素的支持，而一定的金融约束政策可创造租金，提高金融体系效率。欧洲对合作金融研究较早，形成了市场型、传统型及整合型等合作金融理论，20 世纪 90 年代以来，市场型合作金融理论成为主流，产权上亦逐步向股份合作制演变。近年来，Adams et al.（2000）依据 Hayak 局部知识理念，提出了局部知识分析范式，认为通过现场交易、金融机构多样性及竞争，利用散布在特定时地的局部知识，可以提高金融体系效率和优化金融资源配置。Devaney et al.（1995）通过评估一个农村银行结构的动态模型，测试了美国农村金融市场的竞争不完全性。Drabenstott et al.（1997）指出了美国农村资本市场的缺陷，并从扩大社区银行的可贷资金、发展农村二级市场、开发农村股票资本市场三方面提出了发展农村资本市场以扩大农村金融产品和服务供给的策略。Davis et al.（1998）从定量与定性两方面对罗马尼亚农户金融服务的可获得性进行了分析，同时考察了农户参与农村金融市场的动机。Vega（2003）论述了发展中国家农村贷款难的主要问题在于正规金融的供给不足，需要农村金融市场的深化。

（2）农村金融供给体系研究

Grant et al.（1996）通过对农村专门金融机构和银行的访问，分析了英国和爱尔兰农户的外源资金供给情况，认为大农户能更好地利用借款机会及新金融工具。Cozzarin（1998）创立了农业部门两大契约关系的概念模型（联盟和一体化），认为最优化契约和一体化组织是比合作金融更有效的农村金融组织形式。Graham（1998）研究了贫困国家农村金融互助组织在金融服务、存贷款方面的优势和不足，肯定了乡村银行集体借贷与信息收集的优点，也指出了产权不明、规模过小的缺点。农村地区存在着对微型金融的需求，但成本高、风险大，且需求规模渐次增大（Nagarajan et al.，2005）。功能观成为透视农村金融的新视角，农村金融作为一个系统，应具备生产信贷、消费信贷、保险等功能，为农村居民提供中介、储蓄、信贷、汇款、保险等服务（Adams，1988）。一些学者还研究了农村金融功能与农村贫困、食品安全的关联性（Vega，1994；Zeller et al.，1997）。

在对农村非正式金融组织的研究方面，履约机制是热点。首先，非正规金融信贷的有效性取决于其内生信息机制及特殊的信任机制。非正规金融借贷双方具有信息上的对称性，这决定了其特殊的信任机制，通过对成员资格的甄别和选择，以减轻逆向选择和道德风险（Geertz，1962；Ardener，1964；Aryeetey，2005）。在缺乏第三方实施机制情况下，自我治理安排通常都需要经常接触，并且依赖互惠、信任或其他传统才能维持和发展它们（Gouldner，1961；Axelrod，1984；Bates，1988；Ostrom，1990）。其次，非正规金融的履约率通常高于正规金融，群体惩罚是高履约率实现的一个重要约束条件（Aryeetey，2005），因为成员间相互监督的能力、个人声誉的价值以及能够获得彼此间信息的关系影响着非正规金融交易的执行能力（Chiteji，2002）。再次，非正规金融具有灵活的担保机制，尤其是社会资本担保。在经济交易中，作为社会资本的社会关系可以起到抵押品作用，使得经济交易按照交易各方达成的协议来实现（Castanias，2001）。最后，非正规金融具有女性市场定位机制，女性比男性有更高的履约率（Bakhoum et al.，1989；Buechler，1993；Vyas，1992；Tsai，2004）。Seibel（2001）指出，随着货币经济的膨胀，非正式金融机构进入了农村金融市场，但在规模、延伸和持续性上都受到了限制，他认为应该帮助非正式金融机构改进管理并整合到更广阔的金融市场，提出了使非正式金融正规化的观点。Khandker et al.（2002）对巴基斯坦的农业信贷调查以及 Tsai（2004）对中国和印度农村金融组织的研究都表明，微观金融的潜在客户仍在很大程度上依赖于非正式金融组织，正规贷款和非正规贷款在农业发展中起着同等重要作用。非正规金融具有信息优势，正规金融有资金成本低的优势，二者既竞争又互补（Jain，1998）；Fuentes（1996）还提出通过村代理加强二者间的互动。也有人呼吁更多地利用民间金融的互联性交易机制向农村地区输入资金（Aryeetey，2008）。

（3）微型金融发展问题研究

当今世界上大约有 30 亿人难以享受到正规金融服务。微型金融（又称小型金融）就是为解决穷人的金融需求而发展起来的。微型金融是指为低收入家庭提供的金融服务，包括贷款、储蓄和汇款等多方面的金融服务。目前提供微型金融的机构主要有三类：正规金融机构、半正规金融机构（如非政府组织农村微型金融）、非正规金融机构（如民间借贷行为等）。研究主要集中于以下几个方面：

其一，监管方面。Arun et al.（2005）强调了合适管理框架的重要性，以支持多样化的微型金融服务；强调有必要在管理方法中融合国家特色，以适应宏观经济环境与发展的不同阶段。Greuning et al.（1998）给出了不同类型的微型金融机构应该采用什么样监管方式的建议。

其二，资金来源方面。许多学者认为补贴性资金或捐赠基金对可持续性经营具有潜在危害。Brewer et al.（1996）对 1958—1996 年间小企业投资公司（SBIC）的业绩进行了调查，发现在这期间倒闭的 SBIC 有许多都有小企业管理局（SBA）为其发放的对债券给予利率补贴的担保，而那些没有 SBA 担保的 SBIC 业绩却处于行业前列（Pollinger，2007）。Christen（2001）认为对捐赠的依赖将会降低微型金融机构遵守财务透明和可靠性标准的动机，微型金融机构的商业化经营是协调借款人、贷款人以及投资者利益的唯一途径。CGAP 也认为微型金融机构只要能够获得补贴性的捐赠基金，它们就不会对商业性资金支付市场利率；且将不大会考虑到客户的多样性金融需求。

其三，利率方面。Fernando（2006）解释了小额信贷的利率高是由小额信贷业务本身特点决定的，指出强行人为压低利率不可取，利率管制措施会起到相反作用，并提出了政策制定者应如何帮助小额信贷机构提高运作效率等办法来降低利息率的具体措施。Helms et al.（2004）分析了利率管制和小额信贷的关系及其影响，提出了如何促进小额信贷实行较低利率且有效率地提供金融服务的政策措施。

其四，微型金融与正规金融互动方面，Poyo et al.（1999）以及 Fernando（2003）都认为，非政府组织转变为正规金融机构主要是为了确保机构可持续发展，为了扩展业务获取盈利；Valenzula（2001）认为正规金融机构进入小额信贷领域存在许多优势，如大量广泛的分支网络、提供存款服务和支付业务方面的经验等。

其五，贷款技术方面。微型金融服务中的小额贷款技术主要包括小组贷款、动态激励、定期还款计划以及担保替代。VanTassel（1999）提出了专门的理论模型，解释了贷款市场中面临的逆向选择问题。小组贷款形成作为部分甄别机制的联合责任贷款合同。通过博弈模型分析了在借款人信息不足时出现的最优贷款合同类型。但小组信贷技术不能防止成员串谋，因此合谋集体违约问题称为新的理论热点。Laffont et al.（2000）在一个简单的静态模型中证明，如果借款人间互不相识，就不会有担保效果；如果彼此了解，小组贷款就实施了有效的贷款。然而，如果允许共谋，同伴间转移财富，小组贷款就不是有效的。该文给出了防止共谋的最优合同。利用持续贷款的动态激励机制同样可监督社会资本的运行效率，Chowdhury（2007）分析了小组贷款的动态方面，特别是序贯融资与通融延期，检查了这两个机制在利用社会资本时的效率。缺乏序贯融资或贷款人监督，小组贷款就可能监督不力，使借款人投资于不理想的项目。担保替代是在借贷者缺乏足够的担保和抵押品前提下的一种有效制度设计，通过内嵌于当地社区的社会资本解决了信息不对称问题，通过隐含在小组中的社会抵押来代替资本抵押。Bastelaer（1999）指出越来越多的金融机构开始利用社会担保向穷人提高信贷，借款人的名声和他们所属的社会网络取代了传统的实物和金融抵押。Bastelaer et al.（2006）研究表明，以社区为基础的社会资本作为共有信任与偿还绩效紧密联系。

其六，微型金融可持续性方面。Bhatt et al.（2002）调查表明，美国1996 年开始运行的家庭微型金融项目中有 30％停业或在成立两年后就不再贷出资本（Pollinger，2007）。对微型金融可持续性的研究主要以财务可持续为基点，通过对项目财务状况的分析，判断其是否达到操作可持续或经济可持续，然后再从收入和成本两个角度分析影响财务可持续的各个组织管理因素，寻求财务可持续途径。Yaron（1994）于 1992 年提出了一个衡量可持续性的指标——补贴依赖指数（SDI），该指数反映了贷款机构要使收入等于资本的机会成本需要依赖补贴程度；针对 SDI 的缺陷，Khandker et al.（1995）提出了补贴依赖系数（SDR）。Pischke（1996）提出了衡量贷款经营可持续程度的四个指标：项目现金流对放贷机构的价值、会计损益、独立于补贴的程度以及资金来源。Aghion et al.（2000）从提高还款率的机制设计角度讨论了微型信贷的可持续性。Meyer（2002）研究了孟加拉国微型金融机构（MFI）的金融产品设计，认为 MFI 提供的金融产品流于标准化，没有充分考虑穷人对金融服务的偏好，从而影响了 MFI 的经济效益和持续运行。他提出要以客户的金融服务偏好为出发点，通过改进产品设计来留住客户，实现财务可持续目标。Aghion et al.（2000）研究分析了小额信贷项目的定价机制中决定利率水平的还款期限安排和价格条款、计息的不同方法对实际利息率水平的影响及其与可持续性的关系。Pollinger et al.（2007）研究表明美国 MFI 贷款的实际价格低于均衡价格，影响了其长期的财务可持续发展，并建议其从定价机制上改善微型金融机构的可持续性。Mcguire（1999）比较了亚洲的孟加拉国、印度、菲律宾等 9 个国家的政策环境和监管环境，并提出了政策和监管环境对微型金融经营可持续发展的意义。Nair（2005）研究了印度的 SHG（自助小组）联盟，认为 SHG 联盟能够产生规模经济，降低交易成本，降低违约率并能提供微型保险增值服务，使得联盟能以低成本补贴 SHG，确保了 SHG 的可持续性。

Woller（2002）则从市场营销角度研究了 48 家微型金融机构的业绩与市场导向之间的正相关关系，并提出：第一，市场导向是 MFI 经营业绩（如财务自足性、收入增长、还款率等）的重要决定因素；第二，识别穷人的需求并向其提供有价值的产品，是实现长期财务可持续与深度覆盖率的最佳途径；第三，创造市场导向型的机构文化是中层管理者的责任。

其七，政府作用方面。Greenwald et al.（1986）证明：当信息是内生的或市场是不完全的，经济不会达到受约束的帕累托最优状态，此时就存在政府干预的必要，这种政府干预应考虑到信息成本和建立市场的成本，使得所有微观经济主体都得到福利改进。拉努扎（2004）提出外部性意味着竞争性的微型金融市场并不能扩展服务边界，除非像对利润并不敏感的非政府组织和政府提供外部干预。

（4）农村金融微观运营机制研究

在制约农村金融运行的因素方面，农业生产的季节性使其存在协同风险（Braverman et al.，1989），信息不对称、抵押物缺乏、交易成本高、与农业及政府和捐助者的农业政策有关的风险是主要制约因素（Hoff et al.，1990，Pearce，2004）。不稳定的宏观经济环境、城市偏向政策、金融市场僵化及政治法律约束也是重要原因（Yaron et al.，1997；Demirguc - Kunt et al.，2004）。在利率问题上，Mckinnon 和 Shaw 接受了 Mellor 的观点，认为农村地区利率高源于高违约风险，而利率最高限降低了弱者的贷款可获得性；Basu（1997）则认为高利率未必能补偿额外风险。在绩效评价方面，Yaron et al.（1998）提出从政策环境、法律和监管体系、市场失灵因素、信息不完全和交流局限性、政策干预的效力等方面衡量农村金融机构业绩；Navajas et al.（2000）提出以覆盖面、自我持续性和社会福利的增进程度等作为衡量标准。Yaron et al.（1994）通过检测亚洲四个金融机构的金融政策、操作模式、激励机制和金融表现，说明社会机制的引入会降低交易成本，且国家在支持农村金融机构时应聚焦于机构建设。Schrieder et al.（1997）提出了在农村金融机构微观运营上的金融创新：创建一个可靠的、公正和可实施的、具有有效监督结构的规章制度；改革机构或创立新的机构；在机构内部实行流线型申请、批准和监督程序，并结合客户参与；根据客户需求进行服务创新。Sriram（2002）以印度为例，论证了微观金融在农村金融领域主要集中于为农户提供金融服务的交易成本问题，而减少交易成本的机制大多是通过建立信用来解决信息不充分问题，最后还界定了信用和社会资本可以被用来减少交易成本以及成本对信用不相关的两种情况。亚洲（Wells，1978）、非洲（Seibel，1985）等一些国家出现正规金融先将资金贷给民间贸易商等中间机构再由后者向农户发放的垂直联结计划并成绩斐然，目前其已扩展至亚非拉大陆（Pagura et al.，2006）。对民间互联性金融交易研究的共识是农村民间金融市场上的信贷数量、利率、期限、还款方式等合约条款和互联的其他生产要素市场、农产品贸易市场上相应的合约条款互为条件。争议在于，一种观点认为放贷人在两种市场上剥削了农户，阻碍了技术进步（Bhaduri，1973；Lemelleur et al.，2005）；另一种观点认为互联性金融交易是有效的，降低了风险（Basu，1983），节约了交易成本（Bell，1988），克服了不完全市场（Bardhan，1984），不仅没有抽取超额剩余（Smith et al.，1999），还能削弱垄断（Bell，1990）。另外，还需要研究民间金融市场结构。

2.3　简要文献评述

综上，国外学者对微型金融问题的研究很宽泛，从不同角度论证了微型金融发展所面临的问题，并提出了一些理论和模型，其中微型金融的可持续性及贷款技术是研究热点，为中国微型金融机构发展提供了启示和参考。国内研究更多是借鉴国外模式，针对中国微型金融发展实践中的突出问题进行研究。国内外研究为农村微型金融发展和体系完善提供了理论和经验支持，但也存在不足：一是借鉴国际经验多，但对国际上可行制度的生成与实施环境要素研究不足，导致舶来的制度失效。二是仍然按照城市金融发展的规范化思路构建农村微型金融，这势必使其遭遇"制度性失灵"，增加成本减低收益从而可持续性堪忧。三是指出了农村金融体系存在缺陷，增量发展微型金融是必要的；但是微型金融发展路径不清，其绩效可以从约占全国乡镇总数7%的金融服务空白乡镇得到印证。四是部分学者提出了借鉴非正规金融经验发展农村金融的建议，但多侧重在"合法"与"规范"情结。如何借鉴？联结的节点在什么地方？尤其是实证研究尚处在空白。五是在农村微型金融的服务方式与金融产品开发创新研究方面存在不足，以供给角度进行的金融产品创新开发难以达到需求期值，服务制度不能满足目标群体。这就需要在逆向思维和需求导向下，破解农村微型金融可持续发展的约束因素，在制度设计、运营环境、激励机制、金融产品等方面进行创新。

当前需要解决的主要问题是：切实破解农村贷款难与金融服务空白的难

题，推动信贷资源配置农村，服务农村大多数人群，尤其是服务贫困农户和弱势群体。这就需要从制度上剖析制约因素，构建适应农村服务特点的体制机制。因此，本项研究拟通过研究民间互联性信贷交易及其与正规金融之间的互动、民间信贷交易与农村要素和商品交易的综合交叉性，探讨农村金融运行的独特规律，尝试构建基于该交易基础上的农村金融毛细系统——农村微型金融体系；基于长期理性约束下的利益最大化，设计农村微型金融利益联结机制；创新适合农村特点与需要的各种产品和服务，探讨引导信贷资金投向农村的财政、税收、金融、产业等相衔接的政策性诱导激励机制，尤其对财税政策与农村金融政策的有效衔接机制重点探讨，推动资金资源要素向农村配置。

3 广东省农村金融体系的组织结构

3.1 农村内生金融市场的基本特征

农村金融市场通常具有以下基本特征：农村信贷市场的低盈利性、服务群体的弱质性、以非生产性借贷为主、状态依存与市场互联性。由于广东省的金融数据难以收集，故通过全国实际分析来反映广东省的情况。

3.1.1 农村信贷市场的低盈利性和服务群体的弱质性

①农业是弱质性产业，面临自然风险和市场风险双重约束。农业的弱质性首先表现在其对自然的高度依赖上。农业是一种以自然为基础的产业，风调雨顺时丰收丰产，然而一旦遇到自然灾害，则会减产减收甚至颗粒无收。而中国是世界上自然灾害最为严重的国家之一，灾害种类多、频率高、分布地域广、造成损失大，农业生产具有较大自然风险。与此同时，农业的弱质性也表现在较高的市场风险。根据发散型蛛网模型理论（cobweb theorem），农产品本期的供给量取决于上一期的价格，而农产品本期的需求量取决于本期的价格，当农产品供给弹性大于需求弹性时，由于外力干扰市场偏离原有的均衡状态后，价格和产量波动的幅度会越来越大，偏离均衡点越来越远（图 2-3-1）。大多数农产品的需求弹性比较小，而供给弹性较大，也就是说，农产品供给对价格变动的反应程度大于需求量对价格变动的反应程度，而农产品的生产周期比较长，农户只能根据上一期市场价格决定种植规模，因此市场具有自发性、盲目性和滞后性等特点。当受到外力影响偏离均衡点后，农产品的价格和产量呈现波动变化，且这一波动越来越大，无法自动恢复均衡。正如发散型蛛网模型不断的循环，农产品周期性出现"卖难"或"买难"现象，农民的收入不稳定。由此导致，农产品价格难以提高，成本大而收益低。

②农村借贷主体是弱势群体。一是农村经济主体是小规模家庭农户，居住分散，贷款缺少规模效应，贷款成本高。尽管农户派生出了新型经营主体（农

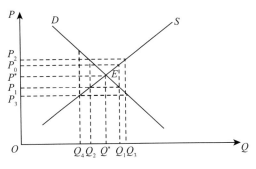

图 2 - 3 - 1　发散型蛛网模型

业企业、经营大户、家庭农场、农民合作社等），但 98% 的农户仍然是传统的小农户。二是缺少抵押和担保，资产难以证券化与资本化。作为农民主要资产的土地与房产产权不完，要素市场不完善，且具有基本保障功能，加之银行要求的资产抵押率较低，成为制约银行信贷投入的症结。三是农村经营信息具有不对称和不确定，难以掌握。作为农村经济主体主要收入来源的农业收益，受自然与市场双重风险约束，农业收入不确定；农村企业财务透明度低，制度不健全，会计信息失真，运作不规范；同时农村企业规模小，产品单一、科技含量低，决定了其抵御市场风险能力较弱，加大了信贷风险。四是农村金融生态较差，部分农户和乡镇企业都缺乏有效的信用记录，信用风险较为突出，容易导致金融交易中的道德风险和逆向选择。五是农业生产的季节性信贷需求和农户生活上的突发性、偶然性的信贷需求，使得农村信贷需求是状态依存的，金融交易机会是时间的离散函数（Arrow，1998），供给随需求而产生，供给与需求通过状态的市场得到配对。当需求得到满足时，供给自动消失，市场也随之消亡。

3.1.2　深层原因：农村要素贫困

（1）农民的人文贫困

农村劳动力要素的人文贫困是首要表现。联合国开发计划署在 1997 年的人类发展报告中提出"人文贫困"概念，指人们在寿命、健康、居住、交换、知识、环境和个人安全等方面的基本权利得不到满足，即对人们基本权利的一种剥削。Amartya Sen 提出贫困与交换权利的丧失关系密切（Sen，2002）。Sen 认为在一个私人所有制的市场经济中，决定一个人交换权利的因素包括：参与市场交换的概率、资产资本化及交换的成本收益、生产决策的边界、生产资料成本及出售产品价格以及享受社会保障福利与负担的税金情况。将上述因素与中国实际相对比（表2-3-1），显然，中国农户的交换权利有严重的残缺。首先，城乡分割的二元制户籍制度及其导致的城乡二元劳动力市场，严重剥削了农民参与市场交换的权利。由于农村劳动力市场相对于城市劳动力市场而言，缺乏正规的劳动中介机构，缺乏完善的劳动力交换行为的法律法规，且劳动力信息不对称，因此农村剩余劳动力的转移效率和效果并不理想。农民还是以农业收入为主要收入来源，而外出打工等非农收入只能作为"拐杖"，即黄宗智先生提出的"拐杖逻辑"。其次，中国农民缺乏明晰的所有权文件来界定自己的资产，这限制了其资产交换的权利，即农民丧失了从资产中发现并提出资本的权利和能力。中国农民大多数缺少有效的抵押和担保，土地与房产具有基本生存保障作用，按规定不得抵押，加之银行要求的资产抵押率较低，成为制约银行信贷投入的症结。再者，二元的社会公共基础设施和公共服务供给体系阻碍了农民的生产决策边界的扩张。最后，二元社会保障体系也阻碍了农村剩余劳动力转移。进城打工的农民工往往难以享受城市的各项公共基础设施和公共服务，如在子女教育、公共医疗、社区生活等方面，几乎被排挤在公共服务体系之外。

表2-3-1　影响交换权利因素：Amartya Sen 的与中国的对比

Amartya Sen 认为影响交换权利因素	中国传统体制下影响交换权利的因素[①]
参与市场交换的比率	二元户籍制度下的二元劳动力市场
资产资本化及交换的成本收益	缺少抵押和担保，农村住房和土地不得抵押
生产决策的边界	二元社会公共基础设施与公共服务体系
生产资料成本及出售产品价格	统购统销制度和"剪刀差"价格体系
享受社会保障福利与负担的税金	二元社会保障体系

①郑晶.中国农业增长及其效率分析——基于要素配置视角的实证分析［M］.北京：中国经济出版社，2009：128.

（2）生产要素贫困——农村金融抑制

农村金融抑制主要体现在两方面：一是农村正规金融供给不足，二是农村资金外流严重。第一，农村信贷规模和农村经济增长失衡。从表2-3-2可以看出，农村正规信贷规模只占信贷总量的5.97%～11.02%，而农村GDP占全国GDP的比重却在10.1%～19.8%，远高于农村正规金融信贷规模的比重。农村信贷规模与农村对国民经济发展的贡献极不相称，说明了农村资本要素缺乏，制约了农村经济增长。第二，农村资金外流严重。由于资本"嫌贫爱富"的本性，农村金融资源不断从农村流向城市，从农业流向非农产业，导致农村地区的资本要素更加贫乏。从表 2-3-3 可以看出，中国农村存贷款数额呈不断上升趋势，但与之伴随的是农村存贷比和存贷差额都呈现逐年扩大趋势。农村存贷款差额和农村存贷款比重的增大反映了越来越多的农村资金通过正规金融中介逃离农村地区。

表 2-3-2 农村信贷规模和农村经济增长比较

年份	各项贷款总额（亿元）	农村贷款金额（亿元）	农村贷款所占百分比（%）	农村 GDP 占全国 GDP 比重（%）
1995	50 544.1	3 019.1	5.97	19.8
2000	99 371.1	10 949.8	11.02	14.8
2005	194 690.4	19 431.7	9.98	12.1
2007	261 961.0	22 542.0	8.61	10.8
2008	303 395.0	25 083.0	8.27	10.7
2009	399 685.0	30 652.0	7.67	10.3
2010	479 196.0	—	—	10.1

资料来源：1996—2011 年《中国统计年鉴》。

注：农村贷款包括农业贷款和乡镇企业贷款。

表 2-3-3 农村存贷款差额与比重数据

年份	农村存款（亿元）	农村贷款（亿元）	农村存贷比（%）	农村存贷差（亿元）
1995	7 391.80	3 019.10	2.45	4 372.70
2000	14 998.20	10 949.80	1.37	4 048.40
2005	30 810.20	19 431.70	1.59	11 378.50
2007	42 333.26	22 542.00	1.88	19 791.26
2008	51 953.69	25 083.00	2.07	26 870.69
2009	63 845.61	30 652.00	2.08	33 193.61
2010	76 324.35	—	—	—

资料来源：《中国金融年鉴》。

注：农村存款包括农业存款和农户存款，农村贷款包括农业贷款和乡镇企业贷款。

据统计，20 世纪 80 年代以前，农业银行全部贷款的 98% 以上集中投向了农村（韩俊，2003）。但 1994 年以后，随着农业银行商业化改革进程的加快，农业银行大量撤并在农村的金融机构网点，缩减规模，取消县级分支机构贷款审批权，上收贷款权限，县级筹集的资金上存到上级行，由上级行统一使用，经营向城市转移。农业银行农业新增贷款占总新增贷款比重由1997年的17.83％锐减到2010年的0.06％，特别是2008年金融危机后，2008年农业银行对农业贷款比上年减少了1 237.80亿元，基本上可以认定农业银行已从农村地区撤离（表2-3-4）。虽然农业银行进行事业部制改革，一定程度"回归"农村信贷市场，农业农村业务具有一定增加，但总体配置"三农"资金要素占比过低，并且客户群体以规模经济客户为主，服务小微客户及弱势群体有限。

表2-3-4　农业银行存贷款情况

年份	农业银行的新增贷款（亿元）	其中的农业新增贷款（亿元）	新增农业贷款占比（％）
1997	98.10	17.49	17.83
2000	144.97	79.43	54.79
2005	274.06	45.09	16.45
2007	348.01	—	—
2008	−4 018.60	−1 237.80	0.31
2009	6 093.94	209.77	0.03
2010	6 267.49	352.50	0.06

资料来源：农业银行年报。

农村信用社一直是农村金融市场的主力军，贷款余额由1995年的5 175.83亿元增长到2010年的33 972.91亿元。但随着农商行化改革，农村信用社开始按照商业化原则运营，其资金也大量由农村地区流向城市地区，由农业流向非农产业。从表2-3-5可以看出：1995年存贷差约为1 997.02亿元，而2010年存贷差增至16 437.04亿元，短短15年间，存贷差绝对值增加了7倍以上。

表2-3-5　农村信用社存贷情况

年份	存贷余额（亿元）	贷款余额（亿元）	存贷比（％）	存贷差（亿元）
1995	7 172.85	5 175.83	1.39	1 997.02
2000	15 129.43	10 489.29	1.44	4 640.14
2005	27 605.61	18 680.86	1.48	8 924.75

（续）

年份	存贷余额 （亿元）	贷款余额 （亿元）	存贷比 （%）	存贷差 （亿元）
2007	35 167.28	24 121.61	1.46	11 045.67
2008	41 529.10	27 449.01	1.51	14 080.09
2009	47 306.73	32 156.31	1.47	15 150.42
2010	50 409.95	33 972.91	1.48	16 437.04

资料来源：《中国金融年鉴》。

　　自从 1986 年恢复邮政储蓄业务以来，中国邮政储蓄现已建成覆盖全国城乡网点面最广、客户最多的金融服务机构之一。截至 2021 年 10 月，其拥有近 4 万个营业网点，服务个人客户超过 6 亿户，发挥"自营＋代理"独特模式优势，服务"三农"、城乡居民和中小企业。虽然邮政储蓄银行的绝大多数存款来自农村地区，但 1990—2005 年期间邮政储蓄银行基本只存不贷，储蓄存款全额转存中国人民银行，靠转存利差为主要利润收入。2006 年，邮政储蓄银行始开展面向农户为主的农户小额贷款业务，但与此同时，表 2-3-6 反映出，2009 年和 2010 年，邮政储蓄资金运用中发放贷款和垫款仅占资产总额的 19.3% 和 24.8%，存放中央银行款项、存放同业款项、应收类金融资产和持有至到期投资占总资产的比例却占了大部分，而这些金融产品的投资显然并不是投入到农村经济社会发展当中。

表 2-3-6　邮政储蓄银行 2009 年与 2010 年资产负债

单位：亿元

项目	2009 年	2010 年
存放中央银行款项	5 024.87	7 400.77
存放同业款项	6 157.53	7 467.87
应收款项类金融资产	150.41	46.47
发放贷款和垫款	5 225.11	8 409.29
持有至到期投资	8 054.05	7 654.63
资产总额	27 013.00	33 890.28
吸收存款	26 066.01	32 376.70
负债总额	27 013.00	33 890.28

资料来源：《中国金融年鉴（2011）》。

3.1.3 农村金融市场互联性

在一般均衡模型中，一种商品价格（产量）变化会影响到另一种商品产量。但是，各个经济主体之间是相互独立的。在农村地区，农民生活在同一个社区，其生产活动也集中于一个共同的区域。村庄是经济、政治、宗教和社会的统一体，在这样的系统中，各市场是相互联系的，同一个主体可以在不同市场上实现均衡。所谓市场互联是指：一个市场中两种产品的价格是同时决定的，并且买或卖出一项东西的契约（约定）是以买或卖出另一项东西为条件的。互联性交易的另一个定义是由 Srinivasan（1989）给出的：交易者至少参与两个市场，所有的交换条件是由不同市场共同决定的。

互联性概念是从人类学那里引申过来的。这个概念强调，在熟人社会里，人际关系具有多重特征。在这样的多元社会中，尤其是在贫困的农业社会中，同一个经济主体与其他主体之间存在多种关系，各经济主体在几个相关的市场之间通过互联性契约（interlinked contracts）而联系起来。特别是土地、劳动力与信贷市场，三者之间存在高度的互联性。互联性交易通过互联性契约而形成，所谓的互联性契约，正如 Bardhan（1984）所言，它并不必然是指那些具有法律制裁形式的显性契约（explicit contracts），更多是指隐性的、非正式的、私人的安排，它的执行仅仅是通过习惯、社会互动和良心。

3.2 广东省农村金融体系的组织结构

经过近 40 多年的改革发展，广东农村金融市场呈现正规金融和非正规金融并存的二元格局。正规金融是在政府主导下形成的发达而富有控制力的上层结构，包括政策性金融机构（中国农业发展银行广东省分行）、商业性金融机构（中国农业银行广东省分行、中国邮政储蓄银行广东省分行）、合作性金融机构（广东农村信用社、农村商业银行）和新型农村金融机构（村镇银行、贷款公司）。非正规金融是在改革过程中内生于农村地区的、流动性强且分散程度高的下层结构，主要包括私人自由借贷、捆绑信贷、民间集资、私人钱庄、当铺和农村合作基金会等。图 2-3-2 概括了广东省农村金融体系框架。

2010 年末，广东省内县域金融服务网点为 6 800 个，县域金融机构存款余额达到 9 100 亿元，占广东省金融机构各项存款的比重为 12%；全部金融机构涉农贷款余额为 2 750 亿元，占全部金融机构贷款总额的 30%。农村金融机构

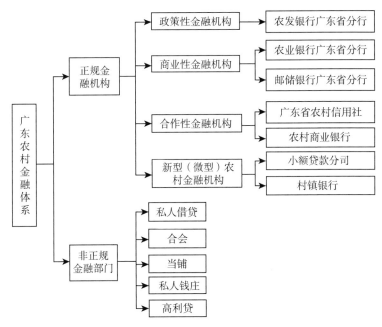

图2-3-2 广东省农村金融体系的组织结构

风险得到有效化解，县域金融机构不良贷款率大幅下降，利润总额和资产利润率增长较快。

（1）中国农业发展银行广东省分行

中国农业发展银行成立于1994年，是国家出资设立、直属国务院领导、支持农业农村发展、具有独立法人地位的国有政策性银行。其主要任务是以国家信用为基础，以市场为依托，筹集支农资金，支持"三农"事业发展，发挥国家战略支撑作用。农发行广东省分行是中国农业发展银行下的省级分行（一级分行），广东省分行下辖市分行和县（市）支行，截至2011年末，全省系统分支机构77家，其中一级分行1家，一级分行营业部1家，二级分行20家，支行56家，从业人员1 847人。其主要职责是办理粮棉油等重要农产品收购、储备、调控和调销贷款，办理农业农村基础设施和水利建设、流通体系建设贷款，办理农业综合开发、生产资料和农业科技贷款，办理农业小企业、产业化龙头企业贷款，组织或参加银团贷款，办理票据承兑和贴现等信贷业务。此外，它还承担吸收财政、开户企事业单位、居民储蓄存款以外的县域公众存款，发行金融债券；办理结算、结售汇和代客外汇买卖等业务。

（2）中国农业银行广东省分行

中国农业银行广东省分行是中国农业银行设在广东省的一级分行，截至2011年末，广东农行全辖共有22个二级分行（含省行营业部），营业网点1 689个，合计1 711个营业机构，在职员工3.16万人，是广东四大行中营业网点最多、覆盖面最广的商业银行。其分支机构遍布广东省大部分乡镇，珠三角地区的乡镇全部覆盖。农业银行作为农村金融机构的重要力量，近年来，在探索服务"三农"问题上有许多新的改革措施，譬如推出林权抵押、小水电、蔗糖动产抵押、农村城镇化、化肥淡季储备、农副产品季节性收购等特色信贷产品，创新"公司＋农户""行业协会＋农户""供销社＋农户""市场＋商户"等信贷模式。

（3）邮政储蓄银行广东省分行

邮政储蓄银行广东省分行于2007年10月11日开业，是全国规模最大的省级分行，下辖20家二级分行（不含深圳），117家一级支行，1 932个营业网点，资产总额列全省银行业第5位。建成了覆盖全省城乡的实时联通的个人金融服务、面向"三农"和中小企业的小额融资、服务异地商贸市场资金结算的"华商联盟"等三大服务网络。作为普惠金融的先行者和倡导者，坚持服务社区、服务中小企业、服务"三农"的市场定位。现已形成了涵盖个人业务、公司业务、信贷业务、理财业务、托管业务、外汇业务、信用卡、电子银行等在内的全功能产品体系，为客户提供线上线下一体化金融服务，在服务城乡大众、支持新农村建设、服务中小企业等方面发挥了重要作用。

（4）农村信用社系统

广东省农村信用社省级联社成立于2005年，由广东省内农商行入股组成，根据省政府授权，履行对广东省农商行管理、指导、协调和服务职能。截至2021年10月，广东省联社下辖73家农商行，营业网点5 600多个，从业人员约6万人。2005年以来，广东省农信系统坚守支农支小市场定位，坚持服务"三农"、小微和民营企业，扎根当地、服务城乡，已经发展成为全省规模最大、服务范围最广、支持"三农"最深的银行业金融机构。截至2020年末，全省农商行（不含深圳）资产总额3.69万亿元，各项存款余额2.89万亿元，各项贷款余额1.89万亿元，涉农贷款余额5 050亿元，小微企业贷款余额8 487亿元。2020年，全省农商行缴纳各种税费134亿元。

（5）新型农村金融机构

在新型农村金融机构方面，广东省的贷款公司和农村资金互助社在新型农村金融机构中占比较小，而村镇银行才是广东新型农村金融机构的主要力量。自 2008 年 12 月九江银行作为主发行设立的中山小榄村镇银行开始，截至 2017 年 6 月，广东省已组建村镇银行 51 家，其中粤东西北地区村镇银行 22 家。广东省村镇银行积极下沉服务网点，扩大服务半径；大部分村镇银行开通了网上银行和银行卡业务，拓展了普惠金融服务的广度和深度。

4 广东微型金融机构可持续发展的可行性分析

与广东省农村金融需求呈现多层次和多元化特点相对应，广东省农村金融供给体系的理想状态应该是一个多层次、多元化及功能完善的体系，既要包括政策性金融、商业性金融，也要包括合作性金融、非正规（民间）金融；既要包括大型金融机构，也要包括区域性和微小型金融机构，从而实现不同层次和种类金融供求的分离均衡。广东省对微型金融机构可持续性的探索是在拓展和深化小额信贷基础上实现的，其中以小额贷款公司、村镇银行的成立和商业银行丰富小额信贷产品和服务为标志。

4.1 广东省微型金融发展历程

根据广东省微型金融发展历程大致划分为三个阶段：政府主导的小额信贷扶贫项目阶段、农村微型金融试点阶段、农村微型金融推广阶段。

4.1.1 政府主导的小额信贷扶贫项目阶段（1986—1992 年）

1986 年，孟加拉国的格莱珉银行已经取得一定成效，为世界范围内解决贫困人员信贷问题提供了借鉴。与此同时，中国农业银行根据国务院决定，开办"扶持贫苦地区专项贴息贷款"项目，五年内每年安排 10 亿元专项贴息贷款，用于全国重点贫困县开发经济建设。信贷资金由中国人民银行每年专项安排，由农业银行负责发放，并进行专项管理。根据杜晓山（2004）的分析显示，1980 年至 1989 年国家扶贫贴息贷款的正常还款率为 14.3%，其中乡镇企业、县办企业的扶贫贷款还款率最低。政府主导的"扶持贫困地区专项贴息贷款"项目标志着中国微型金融的开端。

该时期广东农村微型金融处于初步探索阶段，微型金融机构建制不健全，扶贫小额信贷成效不显著。由于其自上而下的制度设计由官办金融主导，忽略了对农村内生资金的撬动，使得这一时期的微型金融和小额信贷难以服务农村底层群体。存在的问题：其一，政府主导的小额信贷扶贫项目缺乏有效的激励机制。据资料显示，中国扶贫小额贷款的利息低于市场利率，这一制度设计的原因是认为穷人需要廉价资金，但廉价资金实际上被最有实力偿还的群体取得，扶贫资金难以到达真正需要的群体手中。其二，农民金融意识淡薄、农村金融信用环境欠佳，部分农民和农企领导人认为信用贷款就是国家拨发的扶贫款，可以随意使用且不需偿还，从而制约了政府主导的小额扶贫信贷项目的可持续发展。

4.1.2 农村微型金融试点阶段（1992—2006 年）

自 1992 年农村民办微型金融和小额信贷肇始，比较典型的是 1993 年由茅于轼在山西省吕梁的临县湍水头镇龙水头村牵头组织的"龙水头村扶贫基金"。该基金具有扶贫和小额信贷双重功能，主要通过无息或有息捐赠筹集资金，再通过收息或免息的小额信贷给农民，帮助农民改善生活和发展生产。2003 年，在总结"龙水头村扶贫基金"运作经验基础上，茅于轼又成立了"湍水头基金会"和"小寨山村基金会"。

1998 年《关于农业和农村若干重大问题的决定》中要求"大力推广小额信贷扶贫资金到户的有效做法"。为规范农村信用社小额贷款的发放，央行在 1999 年发布了《农村信用社农户信用贷款管理暂行办法》，明确农户小额信用贷款应遵循"一次核定、随用随贷、余额控制、周转使用"原则；2000 年确定农户联保贷款"多户联保、按期存款、分期还款"模式。之后，作为正规金融的农信社也开始了对小额信贷的探索。

由国际基金和国内金融机构合作的小额贷款项目也同时进行。如 2005 年国家开发银行（简称"国开行"）和世界银行合作，通过聘用具有良好声誉的小微企业贷款咨询公司，筛选合适的合作金融机构并培育其机构能力，帮助合作金融机构商业可持续地向小微企业发放无抵押小额贷款。该项目通过小微贷款咨询公司提供技术支持，在合作银行总部和分支机构设立独立的小微贷款经营部门，通过一整套标准化贷款产品、信贷管理、人员培训、市场影响、风险管理以及针对管理和信贷人员的激励机制推动贷款发放。该项目的初步成功说明，通过更新信贷观念和创新信贷技术，小额贷款能够实现可持续发展。世界银行和国家开发银行的 SME 项目与中国传统商业银行在信贷方法的主要差异如表 2-4-1 所述。

这类创新的微型金融和小额贷款模式已在广东开展，如深圳市中安信业集团就作为主要提供小额贷款的金融服务公司，在广东省等 50 多个省市设立网点，成功开发并运作多种面向个人、私营企业的小额无抵押、无担保贷款产品。

截至 2008 年，累计发放贷款 4 万笔，平均贷款额约为 4 万元，最大贷款额不超过 15 万元，总贷款额在 12 亿元左右，平均贷款利率约为 15.6%。同时，中安信业集团采用五级分类方法，逾期 90 天以上的不良贷款率仅有 2.1%。

表 2-4-1　SME 项目与商业银行信贷方法的主要差异

中国传统商业银行信贷方法	世界银行与国开行 SME 项目的信贷方法
贷款审批主要依据抵押物和担保	贷款审批主要依据现金流量
信贷分析主要依据财务报表	信贷分析主要依据信贷员的现场收集和核实信息，从而判断其可信度
过多的相关文件要求，交易成本高	只需少数的核心文件，交易成本减少
贷款利率低	高于官方利率，但低于非正规信贷市场的利率
贷款额度大	微小贷款平均规模 4 万元，最大不超过 50 万元
要求提供商业计划书和可行性报告	不需要提供商业计划书和可行性报告
贷款审批时间长	贷款审批时间短，平均 1~3 天
贷款期限短	贷款期限灵活，根据借款人现金流和还款能力而定
信贷员的报酬机制倾向于发放大额贷款	信贷员的报酬机制鼓励发放微小信贷
要求不动产抵押，需第三方评估	灵活的抵押政策，不需第三方评估
贷款本息一次清还	每月等额还款

资料来源：世界银行. 缩小差距，促进平等，实现广东经济的共享式增长［M］. 广州：广东人民出版社，2011.

自 2005 年国务院扶贫办在世界银行技术援助下，在四川、河南等地开展贫困村互助基金试点项目。通过贫困村建立"自下而上"的农户共同所有和自我管理的非营利互助组织，主要为本村农户提供生产性借款和紧急借款服务，但不得吸收储蓄。农村互助基金会以财政扶贫资金为引导，村民自愿按一定比例交纳的互助金为依托，捐赠资金为补充。具体运作方式：村民自愿交纳互助金成为互助基金会成员，按照自愿原则由 5 名社员组成一个负有连带责任的互助小组。对于生产性借款的使用顺序由小组内部决定，贷款额度为其所交纳互助金的 10 倍，单笔借款最高额度为 4 000 元，贷款期限不超过 12 个月，每月分期偿还本息。随后，贫困村互助基金会试点在云南、甘肃、湖北等地发展。

4.1.3　农村微型金融推广阶段（2006 年至今）

中国邮政储蓄银行正式挂牌，并将市场定位在"微型贷款"。业务重点放在个人商务贷款和小额农贷。邮政储蓄银行的个人商务贷款单笔金额上限为

100 万元，最长循环授信期为 5 年，贷款利率根据人民银行同期基准利率上浮 10%～40%，年利率约为 8.5%～10.5%。截至 2008 年中，全国累计发放小额贷款约 1.7 万笔、金额高达 10 亿元。

村镇银行快速发展。2006 年 12 月，银监会出台《关于调整放宽农村地区银行业金融机构准入政策，更好支持社会主义新农村建设的若干意见》，首批选择四川、吉林等六省区进行村镇银行试点；2007 年 10 月将试点扩至全国范围。2008 年 12 月，广东省首家村镇银行——中山小榄村镇银行开业。截至 2016 年，广东省村镇银行资产总额 431.21 亿元，负债总额 358.01 亿元，各项贷款余额 222.94 亿元，各项存款余额 323.24 亿元，2016 年实现净利润 3.21 亿元。村镇银行九成以上信贷资金投向了"三农"和小微企业，农户和小微企业贷款合计 200.91 亿元，农户和小微企业贷款合计占比达 90.12%，成为真正支农支小的普惠金融。

此外，广东省小额贷款公司保持平稳较快发展。截至 2019 年末，广东省（不含深圳，下同）已开业小额贷款公司共 395 家，注册资本 556.99 亿元。其中省级小额贷款公司 5 家，珠三角地区 231 家（含 2 家全省范围经营小额贷款公司），粤东西北地区 159 家，共有从业人员 6 455 人。资本构成以民营资本为主，占比超过 91.65%，其中国有控股 36 家，民营控股 359 家。注册资本 5 亿元（含）以上的 15 家；注册资本 1 亿元（含）至 5 亿元小额贷款公司占多数，共 224 家，占比 56.71%。小额贷款公司以自有资金放贷为主，部分优质小额贷款公司经批准开展了小额再贷款、票据贴现、融资咨询、股权投资等业务。经营地域绝大多数以县域为主，主要服务"三农"、小微企业和个体工商户。贷款投放绝大部分用于支持"三农"以及自然人、小微型企业和个体工商户发展，累计投放占贷款总额 97.48%。

4.2 基于 SWOT 分析的广东省微型金融发展研究

4.2.1 广东省微型金融优势分析

（1）中央与地方政府对微型金融的支持

政策支持是微型金融机构开展业务和可持续发展的必要保障。近年来，国家和广东省为支持农村微型金融发展，先后出台了《关于调整放宽农村地区银行业金融机构准入政策，更好支持社会主义新农村建设的若干意见》《关于小额贷款公司试点的指导意见》《关于开展小额贷款公司试点工作的实施意见》

等政策性文件，促使农村微型金融机构试点工作稳步推进。与中央以及浙江省与山东省相比，广东省对于小额贷款公司试点规定的要求无论在设立条件、经营限制方面都要相对宽松，这有利于更多的微型金融机构进驻农村，从而激活农村金融市场竞争力，弥补传统农村商业银行农村金融服务缺位、信贷资金供给不足等问题（表2-4-2）。

表2-4-2 中央与广东、浙江、山东三省小贷公司试点规定的对比

方面	项目	中央	广东省	浙江省	山东省
设立条件	注册资本金	有限责任公司≥500万元，股份有限公司≥1 000万元	有限责任公司≥3 000万元（山区1 500万元），股份有限公司≥5 000万元（山区2 000万元），注册资本≤2亿元	有限责任公司≥5 000万元（欠发达县域2 000万元），股份有限公司≥8 000万元（欠发达县域3 000万元）	有限责任公司≥5 000万元（欠发达县域2 000万元），股份有限公司≥7 000万元（欠发达县域3 000万元）
	股东资格	—	主发起人净资产≥5 000万元（山区2 000万元），资产负债率＜70%，连续3年赢利且利润总额≥1 000万元（山区500万元）。最末年净利润≥300万元（山区150万元）	主发起人净资产≥5 000万元（欠发达县域2 000万元），资产负债率≤70%，连续3年赢利且利润总额≥1 500万元（欠发达县域600万元）	主发起人净资产≥5 000万元（欠发达县域2 000万元），资产负债率≤70%，连续3年赢利且利润总额≥1 400万元（欠发达县域550万元）
	股权结构	单一股东持股≤10%	主发起人持股≤45%；其他单个股东和关联股东持股≤20%；单个股东持股≥1%	主发起人持股≤20%；其他单个股东和关联股东持股≤20%；单个股东持股≥1%	主发起人持股≤20%；其他单个股东和关联股东持股≤10%
经营限制	资金投向	坚持"小额、分散"；同一借款人的贷款余额≤资本净额5%	坚持"小额、分散"；同一借款人的贷款余额≤资本净额5%，且≤500万元	坚持"小额、分散"；70%资金应发放给贷款余额不超过50万元的小额借款人，其余30%资金的单户贷款余额≤资本净额5%，不得向其股东发放贷款	坚持"小额、分散"；70%资金发放给贷款余额不超过50万元的小额借款人，其余30%资金的单户贷款余额≤资本净额5%，不得向其股东发放贷款

（续）

方面	项目	中央	广东省	浙江省	山东省
经营限制	贷款利率	基准利率的0.9至4倍	基准利率的0.9至4倍	基准利率的0.9至4倍	基准利率的0.9至4倍
	经营人员	高管人员无犯罪记录和不良信用记录	董事应具备大专以上（含大专）学历，从事相关工作≥3年，年龄≤65岁；董事长和经理应具有从事银行业工作≥5年，或者从事相关工作≥8年，具备大专以上（含大专）学历	董事应具备大专以上（含大专）学历，从事相关工作≥3年；董事长和经理应具有从事银行业工作≥2年，或者从事相关工作≥5年，具备大专以上（含大专）学历	高管人员要熟悉金融业务，有金融从业经历并具备较强的金融合规经营意识
	发展数量	—	每区（县）只可设立1家	每县（市、区）设立1家；某些县（市）可以2家	可在本市范围内选择1县（市、区）开展试点
	地域经营限制	—	不得跨区经营业务	不得跨区经营业务	不得跨区经营业务
管理架构	主管部门	—	省金融办	省金融办	省金融办

资料来源：世界银行. 缩小差距，促进平等，实现广东经济的共享式增长 [M]. 广州：广东人民出版社，2011.

（2）金融产品和服务更具个性化

社会资本与地理优势是众多村镇银行的核心竞争力，由于村镇银行多是由熟悉当地经济文化背景的金融机构主体出资组建，决定了村镇银行具有"草根性""本土化"等特点。村镇银行的信贷调查以当地社区为单位，与贷款客户有着较为直接的接触，基本能做到知根知底。因此银行细分市场，为农民和乡镇企业提供个性化金融服务和金融产品，且不需要担保与抵押。相较传统正规金融机构，村镇银行更具有信息和地理优势，这使得村镇银行更具保障小微贷款安全性和盈利性的可能。另外，"建立农民自己的银行"，使人们从主观意识上更认同村镇银行，容易获得支持。

（3）微型金融信贷制度契合县域经济需求

"三农"贷款稳步增长。以广东省小额贷款公司为例，其信贷期限呈"短、频、快"特点，办理手续简便、周期短，有的贷款一天内可办完手续并发放，且信贷担保方式灵活。自试点以来至 2019 年，累计投放贷款 2 556.6 万笔、5 655.62 亿元；全行业营业收入 57.63 亿元。2019 年广东省小额贷款公司累计投放贷款 747.6 万笔、722 亿元，年末贷款余额 514.64 亿元，同比下降 3.51%。从单笔贷款金额看，以小额为主，2019 年笔均贷款为 0.97 万元，单笔 50 万元以下累计投放 745.69 万笔，占贷款总笔数的 99.74%。从贷款期限来看，以短期贷款为主，6 个月以内的贷款占贷款投放总额的 60.18%。2019 年广东省小额贷款公司从银行、小额再贷款公司等机构累计融入资金 83 亿元，年末融资余额 72.69 亿元。

新冠肺炎疫情发生以来，广东省小贷行业积极战"疫"。自 2020 年 2 月 30 多家小额贷款公司建立绿色通道，优先为从事病毒防控、诊断和治疗等行业的小微企业提供低息融资服务，并开展减费让利，为小微企业及个人客户减免利息及其他费用超过 1 000 万元。省粤科科技小贷、粤财网联小贷分别提供 1 亿元、5 000 万元专项贷款额度，广州立根再贷公司设立 3 亿再贷、1 亿直贷专项贷款额度，以较低利率专门用于支持参与防疫、受此次疫情影响较大的小贷企业及中小微企业。据广东省小额贷款公司协会不完全统计，共有 14 家小额贷款公司捐赠抗疫资金超过 113 万元，并捐赠口罩、酒精、防护服等医疗物资价值超过 65 万元。

4.2.2　广东省微型金融劣势分析

（1）盈利动机与支农服务双重目标之间的矛盾

村镇银行、小额贷款公司、邮政储蓄银行和农信社的小额贷款成为现今广东省微型金融的主要形式。然而，作为商业性金融机构，既是以服务"三农"为宗旨，同时又有着"自主经营、自我约束、自我发展、自担风险"的盈利性取向，盈利性目标和支农服务存在一定的内生矛盾。再加上风险分摊和风险保障机制缺乏，资本的"嫌贫爱富"最终导致微型金融组织的贷款方向偏离服务"三农"和支持新农村建设与乡村振兴原意，将本该用于发展农村经济、改善农民生活的资金流向盈利性更高的城市及项目，农村地区信贷资金"农转非"资金配置悖论现象将不可避免地再次呈现在微型金融身上。

（2）融资渠道窄，网点少

例如广东首家成立的中山小榄村镇银行（表 2-4-3），2011 年底的存款余额为 94 389 万元，相对于 2009 年而言，年平均增长率仅为 7.5%，且 2010 年存款余额还出现了负增长。早在小榄村镇银行开设时，根据当时全行业平均水平计算，2011 年存款余额的目标为 150 000 万元，是实际的 1.6 倍。小榄村镇银行较慢的存款增长速度也限制了贷款规模扩张，年平均贷款增长率仅为9.6%。主要原因是村镇银行的认知度低且网点少。据了解，小榄镇周边75 平方公里有中小企业 3 万家，私营企业 1 万家，其中包括五金、印刷、电器、食品等诸多行业。在全镇范围内，有 11 家金融机构 66 个网点，工农中建等大型商行和股份制银行具有显著优势。小榄村镇银行仅占其中的 3 个网点，而中山东凤珠江村镇银行仅有一个营业网点。

表 2 - 4 - 3　中山小榄村镇银行主要经营数据

单位：万元

项目	2009 年	2010 年	2011 年
存款余额	81 695	67 919	94 389
贷款余额	62 830	61 145	75 472
净利润	101	1 128	3 608

（3）微型金融组织的管理制度未尽完善

虽然中国人民银行规定"符合条件的村镇银行可以按规定申请加入大额支付系统、小额支付系统和支票影像交换系统"，但实际上村镇银行较长一段时期无法以直联方式加入大小额支付系统。由此，广东第一家的中山小榄村镇银行也只能以代理行角色接入央行支付系统，严重影响其经营绩效。另外，村镇银行的管理架构和制度并不完善，在结算、融资、投资理财、现金管理、财务顾问、联保贷款等业务的制度设计方面明显滞后。当然，这也与人才结构相关，作为小微金融机构，无论是经济实力还是声誉方面都需在假以时日的发展中提升，在与大中型银行类金融机构的人才争夺战中自然处于不利地位。

4.2.3　广东省微型金融发展机遇

（1）农村经济发展为微型金融奠定了基础

随着新农村建设与乡村振兴的实施，广东农村经济不断发展，农民收入显著提高。如表 2 - 4 - 4 所示，2010 年广东农民纯收入为 7 890.25 元，与1995 年相比增长了 1.9 倍，年平均增长率为 30.8%。其中工资性收入、财产性收入和转移性收入占纯收入的比例都逐年增加。一方面，农民将手中的闲置资金用于储蓄，可以提高微型金融组织的资金实力，保持其财务可持续性；另一方面，农民利用手中的闲置资金扩大种养殖规模，形成信贷需求，为微型金融组织提供更多的资金需求，从而形成一个资金储蓄和信贷的互动循环。随着农村经济和农民收入的不断增长，农民的投资意识和风险意识也不断提高，这是微型金融发展的良好经济条件。

表 2 - 4 - 4　广东省农民人均纯收入及构成

项目	1995 年		2000 年		2005 年		2008 年		2010 年	
	额度 （元）	占比 （%）	额度 （元）	占比 （%）	额度 （元）	占比 （%）	额度 （元）	占比 （%）	额度 （元）	占比 （%）
工资性收入	712.24	26.4	1 362.16	37.3	2 562.39	54.6	3 684.47	57.6	4 799.52	60.8
家庭经营收入	1 756.64	65.1	2 002.93	54.8	1 731.97	36.9	2 001.48	31.3	2 203.74	27.9
财产性收入	50.06	1.8	73.68	2.0	167.25	3.6	339.47	5.3	401.15	5.1
转移性收入	180.3	6.7	215.71	5.9	228.88	4.9	374.35	5.8	485.85	6.2
纯收入	2 699.24	100.0	3 654.48	100.0	4 690.49	100.0	6 399.77	100.0	7 890.25	100.0

资料来源：《广东省统计年鉴（2010）》。

（2）新农村建设与乡村振兴战略实施为微型金融提供了机遇

2006 年国家提出新农村建设，2017 年 10 月正式提出乡村振兴战略，为微型金融发展提供了机遇和优化环境以及依据和保障。因为战略的实施意味着资源要素的农村集聚，意味着政府的工作重心在"三农"，也意味着新的增长点在农村。农村金融是农村经济的中心，是资金要素资源配置的主渠道，乡村发展机遇为农村金融机构提供了施展功能的舞台，提供了新发展机会。农村经济主体的小微性和弱势性决定了发展普惠金融的必要性，因而包容被排斥的农户与小微群体，普惠性配置金融要素资源是所有金融机构的重心。所以，需要进一步探讨金融资源配置农村区域的规律，挖掘社会资本等增信要素，利用新技术条件，开发创新适宜的金融产品，提高普惠效率。

4.2.4　广东省微型金融面临的威胁

（1）农业龙头企业壮大对农村信贷产生"挤出"效应

"龙头企业＋农户"模式是中国一段时期农业规模化经营的主要方式，企业与农户之间形成利益同盟，当然，利益的"共享"是前提。但这仍然是一种市场化交易，或者称为"半市场"形式，并未完全企业内部化。然而，企业与农户的市场谈判地位不均等，理性企业自然存在链条上的利益侵占意愿或行为。合作收益的分配历来是存在争议的。一些农业龙头企业能较好地处理与农户之间的利益分配关系，维持双方长期稳定合作。合作中农户不需要通过向正规金融机构借贷获取流动资金，而是通过从企业"赊欠"获取原始资本，并将自己与企业"绑在一辆战车上"。例如与广东温氏集团合作的农户，其从鸡苗、饲料、技术指导到包装等环节的成本皆先由温氏垫付，在公司收购农户成鸡时再从农户收益中扣除相应成本。还有的企业会逐步改善与合作农户的各种福利比如利润返还等，以期长期合作。自然农户获取的利润占比不会突破企业理性预期的上限。但这一机制模式在一定程度上降低了农民潜在的信贷需求，也一定程度上阻碍了新经济主体的自主发展，降低了农民向金融机构信贷需求，使得农村信贷市场部分地被"挤出"，这或许是这枚硬币的另一面。

（2）小农家庭制度决定民间信贷更具适应性

中国农户的特殊性表现为小农家庭制度广泛存在。中国的"家庭"既可以表现为最为普遍的三人家庭，也可以是由几代同堂组成的复杂结构。中国社会的特点，是首先以个人为中心，在血缘基础上向外延伸，再按社会关系、人际关系向外层扩展的"圈层结构"（图2-4-1）（费孝通，1985）。所以，中国农村社会单位是一个"家庭"，而不是个人。

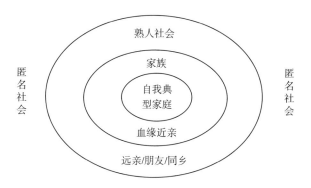

图2-4-1 中国农村社会圈层结构

由于中国农村的社会单位是"家庭"，对于个人及其各自小家庭来说，家族制度相当于一个保障制度，每一个家庭就是一个保障单元。如图2-4-2所示，当家庭中的个人出现资金短缺，自然首先是在家族内部（血缘近亲）调剂解决，其次向社会圈层结构的更外层（即由远亲、朋友和同乡等组成的熟人社会）寻求帮助。在此阶段，主要是在亲朋好友之间寻求无息或者低息的互助性借贷活动。最后，才考虑到正规金融机构或是申请国家的低息信贷进行借贷活动。如果以上均不行的话，就只能接受民间的高息借贷。

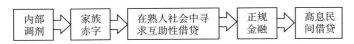

图 2-4-2　中国小农传统信贷顺序

(3) 农村微型金融面临着各种风险

其一，行业风险。农村微型金融承担着支农服务的重任，其以农业、农村、农民作为主要服务对象，但农业是弱质性产业，受到自然和市场的双重风险约束，微型信贷的收益低而成本与风险高，同时农村是落后地区，产业发展受基础环境约束，这些都使得农村微型金融面临颇高的行业经营风险。

其二，信用风险。农村微型金融面对的客户主要以农户和乡镇小微企业等弱势群体为主，受能力与财富的制约，没有可追寻的信用记录或者完善的财务报表，且农村小额贷款基本是没有抵押和担保的，因此，农村微型金融面临着高的贷款违约风险。

其三，流动性风险。由于农村地区经济条件、收入水平的限制，加上来自其他金融机构的竞争，农村微型金融组织的资金来源并不充裕。且农村地区小额信贷规模供给主体的缺乏，资金需求和供给的不均衡且信息不对称，容易引致微型金融组织流动性风险。另外，微型金融经营规模小，在盈利的压力下，往往容易扩大贷款规模，致使存贷比不断上升，造成流动性风险更加突出。

其四，操作风险。村镇银行的管理架构和制度并不完善，在拟结算、融资、投资理财、现金管理、财务顾问、联保贷款等业务的制度设计方面明显滞后，而制度约束力不足容易导致操作风险。

5 广东省微型金融的实证分析——基于茂名市小额信贷

5.1 茂名市农户小额信贷：基于供给方的分析

改革开放以来，茂名市国民经济和社会各项事业持续快速发展，综合实力明显增强，现已成为全国最大的炼油工业基地和广东省重要的能源、重化工业基地。此外，茂名市也是广东省的农业大市，农业人口约 460 万，占总人口 63%，农业生产总值在广东省连续多年位列第一。而服务于"三农"的农村小额信贷在茂名市农业和农村经济发展中扮演着重要角色。本文从运行机制、供给主体、互动行为三个方向对小额信贷供给展开研究。

5.1.1 小额信贷供给主体及规模

截至 2011 年 12 月，茂名市区内开设农村小额信贷业务的正规金融机构有三个，分别是中国农业银行茂名分行、中国邮政储蓄银行茂名分行及农村信用合作联社，其中农村信用合作联社均为县级独立法人机构，有高州市、电白县、信宜市、化州市和茂南区五个联社。为了能够进一步了解三个金融机构有关小额信贷的基本情况，对七个机构分别进行独立调研，其中农信社的数据为五个联社数据的简单加总所得。

对于农村小额信贷的申请者来说，一般都较为容易获得银行信贷，从具体数额来看，2009 年至 2011 年实际发放的小额信贷分别为 23.66 亿元、20.41 亿元和 22.64 亿元。如图 2-5-1、表 2-5-1 所示，从审批通过率来看，三年一直维持在 96% 左右，其中 2011 年最高，为 96.57%。从不同金额的审批通过率来看，30 万元以上的小额信贷通过率是较高的，可以达到 97% 以上，这也与申请者配合金融机构调查并提供各种证明材料有关。此外，从各金融机构发放信贷的比例来看，农村信用社发放信贷占总农户小额信贷的 80.4%，农行信贷占比为 13.3%，邮政储蓄银行信贷占比为 6.3%。

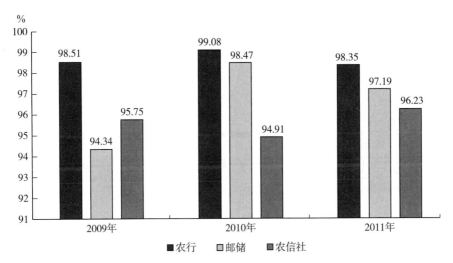

图 2-5-1　茂名市农村小额信贷审批通过率

表 2-5-1　茂名市三大金融机构农村小额信贷审批通过率分布

年份	机构	1万元以下	1万~5万元	5万~10万元	10万~20万元	20万~30万元	30万元以上
2009	农行	0.951 8	0.986 6	1.000 0			
	邮储	0.935 0	0.945 6				
	信用社	0.923 0	0.931 9	0.954 0	0.958 4	0.965 3	0.976 1
	合计	0.934 6	0.939 8	0.965 3	0.958 4	0.965 3	0.976 1
2010	农行	0.918 4	0.993 9	0.983 2			1.000 0
	邮储	0.969 7	0.988 6				
	信用社	0.930 3	0.964 8	0.942 3	0.950 0	0.931 5	0.945 3
	合计	0.950 0	0.972 8	0.955 0	0.950 0	0.931 5	0.945 5
2011	农行	0.957 4	0.982 2	0.975 5	0.926 3	0.979 7	0.993 6
	邮储	0.976 1	0.971 0				
	信用社	0.942 0	0.962 5	0.936 5	0.945 2	0.951 6	0.970 4
	合计	0.965 2	0.967 0	0.945 3	0.943 3	0.954 4	0.973 4

　　从不同金融机构审批率来看，农行的审批通过率是最高的，通常在98％以上；邮政储蓄的通过率则呈现上升趋势，从2009年的94.34％上升到2011年的97.19％。农村信用社的申请人数和申请金额是最多的，但其审批通过率比较低，维持在95％上下。2009年农信社对于小额信贷出台了专门的《农户

小额信用贷款操作管理办法》，针对农村小额信贷细节做了更加严格谨慎的评估和审核，导致审批通过率降低了。

5.1.2 小额信贷供给运行机制

为规范农户小额信贷管理，提升支农信贷质量和效益，提高支农服务能力和水平，茂名市小额信贷三大金融机构——农信社、农行及邮储银行根据《中华人民共和国商业银行法》《农村信用合作社农户小额信用贷款管理指导意见》《关于开展扶贫小额信贷试点工作的意见》等文件精神，制定了符合自身的农村小额信贷标准。下面结合三个金融机构的方案，从小额信贷对象、条件、用途、额度、利率、期限、程序等维度作简要分析。

（1）小额信贷对象与条件

茂名市小额信贷对象是指有合法、稳定、可靠的经济来源，信用等级在一般（含）以上，居住在金融机构营业区域之内，具有本地区农业户口，从事农村土地耕作或与农村经济发展有关的生产经营活动农民、个体经营户（不含个体工商户）。根据客户对象的不同，小额信贷业务可分为农户小额信贷和商户小额信贷；根据信贷担保方式的不同，可分为农户联保小额信贷和农户保证小额信贷。其中农户联保小额信贷联保小组由 3 至 5 户农户组成，联保小组成员相互承担连带保证责任。农户保证信贷由 1～2 个满足条件的自然人提供保证，又分为普通保证信贷（保证人为单笔借款合同作保证）和最高额保证信贷（保证人在最高债权额限度内为一定期间连续发生的借款合同作保证）。

金融机构对农业小额信贷申请者限制较多，如：①年龄为 18 至 55 周岁，具有完全民事行为能力，而邮政储蓄银行则要求申请人必须已婚，家庭成员中必须有两名（含两名）以上的劳动力；②居住在金融机构的营业区域之内，拥有本地区农业户口，如果城镇个人从事农业相关的经营活动，拥有稳定经营场所的，也可以申请农户信贷；③在当地从事农业生产或其他与农村经济发展有关的生产经营活动，并有合法、稳定、可靠的经济来源，而邮政储蓄银行还要求应有从事行业 1 年以上的经验；④经金融机构评定，信用等级在"一般"或以上；⑤债信观念强，具备清偿信贷本息的能力；⑥没有不良嗜好及习惯；⑦没有涉及违法行为；⑧在本金融机构开立个人资金账户。

（2）小额信贷额度与用途

金融机构对小额信贷用途有明确规定。主要包括：①种植业、养殖业方面的农业生产费用；②购置农用机具、建造农业生产配套设施等固定资产投入；

③围绕农业生产的产前、产中、产后服务环节的生产经营性投入；④购置家电、汽车（含摩托车）、农机具、家具，以及建房、治病、助学等消费性支出；⑤其他涉农用途。如果是用于非农业用途的农户小额信贷，需满足如下条件：从事农产品加工行业、医疗卫生用品制造、餐厅经营的，其中医卫、食品行业必须具有卫生许可证，特许经营行业必须具有特许经营证书。

农户小额信贷的具体额度由各金融机构按照"区别对待、分类指导"原则，根据当地农村经济状况、区域信用环境、农户偿债能力、信用等级及实际资金需求等因素综合确定。小额信贷单笔最低限额为 1 000 元，最小变动单位为 100 元。对于最高额度的限制，不同金融机构略有区别。其中农信社按等级划分：信用等级优秀的，属珠三角地区的不超过 10 万元，属非珠三角地区的不超过 5 万元；信用等级较好的，属珠三角地区的不超过 8 万元，属非珠三角地区的不超过 4 万元；信用等级评定为一般，属珠三角地区的不超过 5 万元，属非珠三角地区的不超过 3 万元。但实际调查发现，部分农业大户信贷额度可以达到 30 万元。邮政储蓄银行规定农户小额信贷单笔上限一般为 5 万元，超额度需求经总行批准后可适当提高，但单一借款人最高授信额度不得超过该客户的还款能力与合理的资金需求二者中的较低者。授信后，负债总额不能超过所有者权益，即发放信贷后，客户的资产负债率不能超过 50%。

（3）小额信贷利率与期限

农户小额信贷利率参照人民银行相关利率政策规定，实行风险定价原则，需要区分不同信贷对象，综合考虑资金成本、市场竞争、信贷风险度等因素，结合实际情况确定。但利率标准必须明确、统一，在同一时间、同一县（市）内不得由信贷人员擅自决定对客户提高或降低利率。划分利率等级，即信用等级高的信贷利率优于信用等级低的信贷利率；属于信用村（组）、信用乡（镇）农户的信贷利率优于非信用村（组）、信用乡（镇）农户的信贷利率。小额信贷利息自放款日开始计息，计息方式有"按期计息"与"按日计息"两种。信贷逾期之后对逾期本息计收罚息，逾期罚息采取按日计息方式。信贷期间，如遇利率调整，仍按合同利率执行。信贷发生逾期的，需按逾期罚息利率对逾期部分加收罚息，逾期罚息利率为信贷执行利率基础上加收 50%。

对于农户小额信贷的结息方式，茂名市主要提供三种还款方法：①一次性还本付息法，即到期一次性偿还信贷本息；②等额本息还款法，即信贷期限内每月（或每季度）以相等的金额偿还信贷本息；③阶段性等额本息还款法，即信贷宽限期内只偿还信贷利息。同一笔信贷业务，只能选择一种还款方法，还款方法不允许组合。农户小额信贷还款期限根据借款人从事农业生产的实际周期、信贷项目生产周期和综合还款能力等综合确定。

（4）小额信贷程序

由于农业信贷具有高风险性，所以金融机构对信贷需求资格会进行较为严格的审查。申请程序主要包括：第一，农户到金融机构进行自愿申请。第二，金融机构受理并展开调查，先核查身份证、证明材料、人民银行征信系统、实地调查、查阅存款账户等相关资料，然后撰写贷前调查报告。第三，审查审批并核定信贷额度及期限。审查内容包括借款申请人资格的合规性、借款申请人的信用状况、信贷用途的合法性、还款来源的可靠性、信贷项目的可行性等，最后确定本次信贷的利率和额度。第四，由金融机构与农户签订农户小额信贷合同，核发信贷证，农户在核定的额度及期限内随用随贷，最后信贷到期收回。具体程序见图2-5-2。

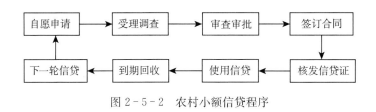

图2-5-2　农村小额信贷程序

5.1.3　茂名农村小额信贷供给存在的问题

为了进一步了解金融机构小额信贷业务发展的具体形式，课题组对七个营业点进行实地调查访谈，调查结果显示茂名市小额信贷供给存在的问题主要包括以下几个方面。

（1）宣传渠道单一

小额信贷是一个审批程序烦琐的业务，要使得文化程度较低的农民能够了解和接受该项业务，使小额信贷成为农户生活和生产的金融服务工具，就必须加强宣传。如图2-5-3所示，根据对七家金融机构的调查数据显示，它们主要还是通过发宣传单形式进行小额信贷宣传，占100%；其次是报纸及广播，占71.4%；然后是入户讲解，占42.9%；其他如大堂经理宣传等占14.3%。总体来看，金融机构的宣传手段比较单一，由于知识所限，农户通过宣传单或报纸不能了解小额信贷的要求或程序。因此，金融机构需要安排相关职员定期到各级镇村进行实地的入户讲解，更应运用数字金融技术和移动网络普及推广，从需求端普及金融教育，提高农户对小额信贷的认知和需求，扩展小额信贷市场。

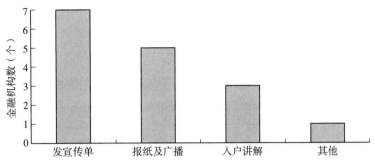

图 2-5-3　金融机构小额信贷宣传渠道

（2）小额信贷风险高

截至 2011 年 12 月，农村信用合作社是茂名市主要发放农户小额信贷的机构，占比 80.4%，五个金融点的各项不良信贷余额总数为 31.49 亿元，所占比例为 18.31%，而农村小额信贷的不良信贷数额为 15.53 亿元，所占比例为 9.03%。其中有两个县（市）农信联社的农户不良信贷率甚至超过 10%。由此可见，经营农村小额信贷具有较高的不良信贷风险，银行都呼吁出台新小额信贷管理条例从而保证农户和金融机构双赢。而同一时期的农业银行（0.03%）及邮政储蓄银行（0.002%）的不良信贷率就比较低，因为这两个金融机构经营农村小额信贷比例低，就算农户不良信贷的额度较高，其占总比例也是很小的。

造成农村小额信贷不良的原因是多方面的（如图 2-5-4 所示），主要集中于农业经营的失败，其中包括主观因素，如信贷用于生活性消费，或者做生意失败而没有还款来源等；也包括一些客观因素，如农业生产遇到自然风险或者农产品的市场价格较低，从而造成无力归还信贷。而由于故意赖账和赌博输掉等原因造成的不良信贷也是存在的。同时在调查中也发现，由于社会保障不健全，农户若遇生大病等情况导致意外大额支出，也容易导致无力还款。

（3）信贷程序烦琐

由于农村小额信贷具有较高的经营风险，因此金融机构设计了较为复杂的审批程序。根据调研数据显示，七家金融机构在审核是否对一个农户进行信贷的时候，其考虑的先后顺序为还款能力、信用、借贷历史、财产抵押等。而金融机构最担心的农村小额信贷排序为：还款能力低、农户信用低、风险大、信

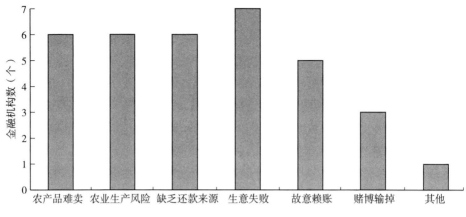

图 2-5-4　农户不良信贷原因

贷挪用等。因此，为了降低经营风险，银行需要安排大量的人力、物力进行核查，并撰写个人信用调研报告，然后上报审批，最后确定信贷的额度和期限，整个程序下来需要半个月到一个半月不等。然而农业生产具有季节性，若信贷与生产需求不匹配，也会导致农户的自我排斥行为。

金融机构审批小额信贷的两个关键变量是还款能力及信用程度，这与当地的金融生态环境相关。地方政府可以通过均等化公共产品供给，改善农村基础设施条件，引导农户生产经营，提高收入能力；还可主导参与农户信用体系建设，把信用体系与农户的房贷、就业等结合起来，提高违约成本，重构农村信用生态环境。

5.1.4　小结

通过对茂名市农村小额信贷供给方的分析，得出结论：①茂名市开展农村小额信贷的正规金融机构有农业银行、邮政储蓄银行和农村信用社。2011 年全市实际发放的小额信贷 22.64 亿元，审批通过率为 96.57%，其中 30 万元以上的小额信贷通过率是较高的，可以达到 97% 以上。②农村小额信贷应与时俱进。在小额信贷对象方面，原先规定为农户与个体经营户，然而农户早已经分化出新型经营主体，规模化的经营主体的信贷用途、信贷额度和期限也发生了变化，所以，应根据需求而变化，确保相对的"小额度"，进而形成对大额度借款人的排斥效应。信贷利率应包含风险溢价，但因农村信贷市场资金的高度稀缺性，不能完全以价格机制筛选客户，即不宜利率越高越好，容易导致逆向选择，增高小额信贷风险。③增进小额信贷供给效率。对茂名市的调查结果显示，小额信贷供给中的问题折射出供给方的效率偏低和可能存在的无效供给以及交易成本偏高的事实，因此，需要创新金融产品，降低交易费用，提高供给效率。在此方面，金融供给方可以与地方政府结合，通过一定程度地改善金融生态，实现小额信贷模式的服务弱势群体目标。

5.2　茂名市农户小额信贷：基于需求方的分析

如果把农户看成理性人，在无资金供给规模约束下，当信贷市场同时存在小额信贷和传统担保信贷时，基于农户本身缺乏可担保能力和小额信贷手续简便、低交易成本优势，农户必然首选小额信贷。分析茂名农户的小额信贷需求，必须立足于主要需求主体——农户的整体信贷需求上，才能为小额信贷的有效供给找到切入点，为小额信贷供给和小额信贷产品创新提供现实依据。通过统计调查问卷，说明对小额信贷的需求程度、主要用途和对金融机构的了解程度等，并据此分析了茂名小额信贷需求的主要特征和存在问题。

5.2.1　农户小额信贷主体

（1）信贷农户

从宏观数据来看，2008 年金融危机之后，茂名市许多农户为了保证自身生活稳定和生产安全，纷纷向金融机构提出小额信贷申请，使得 2009 年全市申请信贷人数创下新高，达到 44 866 人。金融危机过去之后，许多农户的收入得到恢复性增长，信贷人数也有所下滑，其中 2010 年为 34 494 人，2011 年进一步下降为 27 371 人，具体如图 2 - 5 - 5 所示。

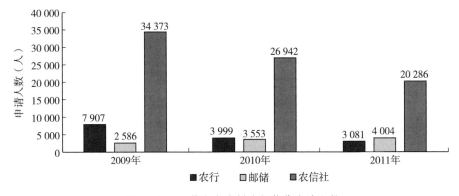

图 2 - 5 - 5　茂名市农村小额信贷申请人数

从申请额度分布来看，1万～5万元的信贷申请人数较多，2011年占到总体的69.66%，如表2-5-2所示。而下降幅度以农行为最，由2009年的7 907人降至2011年的3 081人，下降幅度为61.03%。农信社的申请人数由2009年的34 373人降至2011年的20 286人，减少了14 087人。而邮政储蓄银行的申请人数却有所上升，从2009年的2 586人升至2011年的4 004人，上升幅度为54.83%，但该机构申请人数的上升远不能弥补整个市场的下降趋势。

表2-5-2 茂名市三大金融机构农村小额信贷人数分布

单位：万元

年份	机构	<1（含）	1～5（含）	5～10（含）	10～20（含）	20～30（含）	>30
2009	农行	3 816	3 490	601			
	邮储	517	2 069				
	信用社	5 903	23 587	2 090	1 177	775	841
	合计	10 236	29 146	2 691	1 177	775	841
2010	农行	88	3 029	879			3
	邮储	584	2 969				
	信用社	3 494	19 089	1 532	1 141	770	916
	合计	4 166	25 087	2 411	1 141	770	919
2011	农行	80	1 938	540	113	106	304
	邮储	612	3 392				
	信用社	1 599	13 736	1 516	1 096	937	1 402
	合计	2 291	19 066	2 056	1 209	1 043	1 706

（2）申贷金额

尽管茂名市农村小额信贷申请人数出现下降，但其申请金额却未显著减少，全市小额信贷规模从2009年的24.67亿元到2010年的21.39亿元和2011年的23.45亿元，下降幅度仅为4.95%。由此可见，小额信贷单笔申请金额提升，从2009年的5.5万元/人，升至2010年的8.6万元/人。从申请金额分布来看，30万元以上的申请金额是最多的，占49.2%（如表2-5-3、图2-5-6所示）。农业银行申请金额上限范围从10万元以下提升至30万元以上，邮政储蓄银行的小额信贷也由5万元以下呈现逐年上升态势（而1万元以下金额的总数则波动不大），而农村信用社的金额分布仍集中在1万～

5 万元和 30 万元以上两个区间。

表 2-5-3　茂名市三大金融机构农村小额信贷申请金额分布

单位：万元

年份	机构	<1（含）	1~5（含）	5~10（含）	10~20（含）	20~30（含）	>30
2009	农行	2 778	10 269	5 255			
	邮储	2 168	8 579				
	信用社	4 208	67 200	16 173	18 018	16 455	95 592
	合计	9 154	86 048	21 428	18 018	16 455	95 592
2010	农行	49	11 345	4 470			185
	邮储	2 473	9 702				
	信用社	2 395	49 163	9 915	17 248	20 444	86 520
	合计	4 917	70 210	14 385	17 248	20 444	86 705
2011	农行	47	7 995	2 835	1 887	2 654	15 123
	邮储	2 806	12 021				
	信用社	1 311	37 532	9 735	17 017	23 244	100 246
	合计	4 164	57 548	12 570	18 904	25 898	115 369

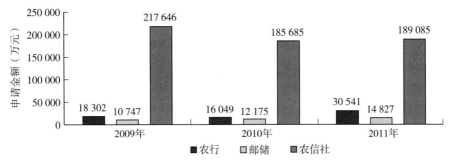

图 2-5-6　茂名市农村小额信贷申请金额

5.2.2　茂名农户小额信贷需求行为分析

（1）农户借贷主要途径

从样本农户愿意选择的借款渠道来看，不管是哪个收入水平的农户，利用亲缘关系进行的友情借贷是传统上解决资金困难的主要渠道，其次是农信社。农户对现代商业性金融体系存有疏远感，仅 5% 的农户指出会考虑银行；还有

2％左右的农户会选择民间"高利贷"，其原因可能是短时间内需要较大支出（表2-5-4）。

表2-5-4　农户意愿选择的借款途径

借款途径	所占比例
银行	5％
信用社	35％
亲朋好友	58％
民间"高利贷"	2％

从已有资金借贷状况来看，在过去5年中有过借贷经历的农户有98户，占被调查农户的81.7％。在当地农村信用社或银行借过钱的有50户，占被调查者的41.7％。一些农户在当地农信社有过贷款，但在回答问题"过去五年中的借款次数"时，却选择没有借过钱，这可能是在调研过程中，农户不愿透露自己的借贷情况。但从调研中不难发现：以农信社为借款来源的农户比例不是很高，大约占有借款经历的51％，这说明依然有49％的农户要通过其他方式满足资金需求，其中亲友借贷是主要渠道。

（2）收入水平与农户借贷金额

当农户面临资金短缺时，通常会借入资金以弥补流动性短缺，而农户财富（收入）水平是衡量信贷风险的重要尺度，对于以传统农业为主的农户，其收入水平与信贷需求之间存在必然联系。因此，有必要从农户收入结构和水平推测农户的信贷需求。

从年收入分布情况看，大多数农户家庭主要集中在中等偏下收入（年收入在30 000元以下），收入主要来自农业经营和外出务工，农户的收入结构早已发生改变，不再只依靠传统农业生产，大部分农户开始外出务工提高收入，以解决日常的生活消费。由表2-5-5可看出，随着收入的增加，农户非农经营活动增加，主要是做小生意、开家庭作坊、跑运输等，但还没有真正脱离农业生产。由表2-5-6可看出，不同收入水平农户对农业信贷需求占总需求的比例差不多，在25％～28％，而且具有向农信社借款意愿的农户占想借款农户总数比例为35％～38％，说明不同收入水平农户对农信社信贷需求意愿相近。

表2-5-5　不同收入程度农户的收入来源构成

项目	收入1万元以下	收入1万～3万元	收入3万～5万元
户数	46户	59户	8户
农业收入户占比	40.5%	26.8%	15.5%
兼业收入户占比	35.0%	31.3%	30.8%
非农业收入户占比	21.2%	39.1%	53.0%

注：农业收入主要来自粮食种植、农副产品销售；非农收入主要来自打工、做小生意、跑运输等；兼业收入则二者兼有。

表2-5-6　不同收入水平农户的信贷需求情况

收入水平	有农业信贷需求农户占比	打算向农信社借款农户占比
1万元以下	25.4%	35.0%
1万～3万元	28.0%	38.0%
3万～5万元	27.7%	37.7%

（3）农户借款期限

从借款期限上看，59户借款期限为1～2年，占比将近50%；有19个农户借款期限为2～5年，还有5个农户借款期限为5年以上，这部分农户可能从事的是非农活动，需要的资金周转期较长，比如建房、做小生意的启动资金、买农机或汽车等产品。短期借款人数1年以下的有35人，这部分农户借款的目的是婚丧嫁娶与医疗等家庭急用（图2-5-7）。

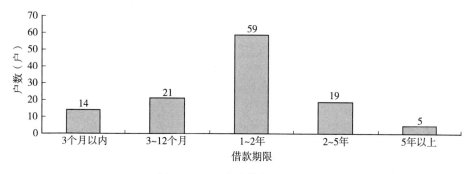

图2-5-7　农户借款期限分布

（4）农户借贷需求额度

在所调查的农户中，有98户近年来有过借贷经历，借贷总额约为88.2万元，平均借款规模约为9 000元，而其中来自农信社或银行的贷款并不多。图2-5-8为农户借贷金额分布，主要在3 000～10 000元之间。从当前小额信贷满足农户需求的情况来看，农户需要更大的信贷金额才能满足生活、生产需要。

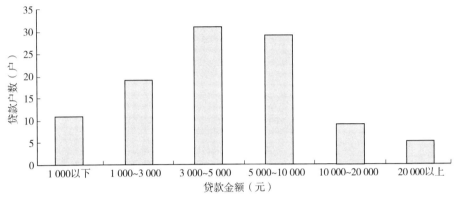

图2-5-8　农户小额信贷金额分布

在调查的120个样本农户中，有105户提供了未来需求意向的借款额度，但农户需求额度在不同农户间存在较大差别，从小于1 000元到50 000元以上不等。从农户未来需求情况可以看出（图2-5-9），农户信贷需求额度以3 000～20 000元区间的最多。小额信贷10 000元以下的农户可能主要用于做生意、建房和子女教育等。而农户需求较大额信贷的意向增大，这主要是因为农户生产不再局限于传统的粮食种植，同时还种植经济作物、做特色养殖、做生意、跑运输等多元化经营。此外，农民生活水平逐渐提高，生活性开支增加也导致信贷意向增加。

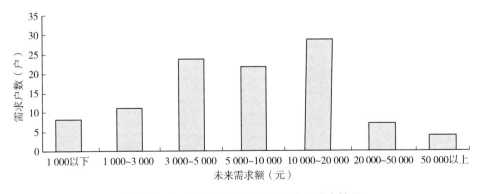

图2-5-9　不同信贷需求额度的农户分布情况

可以说，大部分农户在农业生产之外会兼业一定的非农活动，主要包括外出打工、从事运输业、做小生意等。外出打工不需要资金投入，而其他方式的兼业行为需要启动资金，当家庭积累不足时便需借贷。而如果农户家庭从事养殖业或做小生意要比打工得到更高收入时，农户就会产生非农生产和商业活动的动力，由此会带来更多潜在的信贷需求。

（5）农户借贷担保抵押情况

在获得信贷的农户中，其获得方式主要是担保与抵押信贷，各占33%和31%。抵押物一般是房屋和其他农户所有物，房屋作为抵押物的占37.5%，其他农户财产作为抵押物的占41.7%。认为信贷困难的农户中，大部分认为农信社信贷程序复杂、缺乏担保或抵押和利息过高（表2-5-7）。没有从农信社借贷的农户一般向亲朋好友借款，因为农信社信贷条件比较严格，他们认为自己经济条件太差，借款利息过高，没有还款能力；另外，许多农户认为即使自己持有信用证，但倘若没有"关系"，依然很难从农信社获得信贷。此外还有其他因素让农户认为信贷困难，如信贷强制保险、借款者年龄、信贷期限、个人信用等。

表2-5-7 农信社提供信贷的主要问题

主要问题	所占比例
程序复杂	28%
缺乏担保或抵押	27%
利息过高	25%
信贷额度大	15%
其他	5%

（6）农户对小额信贷的认知及满意度

对一些银行、农信社和小额信贷公司等推出的农村小额信贷业务（表2-5-8），62.7%的农户表示有所耳闻，但都不清楚，28.0%的农户表示没有听说过。因此，未来农村小额信贷的宣传和发展任务还相当艰巨。

表2-5-8 农户对小额信贷的认知状况

小额信贷认知程度	比较清楚	不是很清楚	没有听说过
户数	11 户	74 户	33 户
比例	9.3%	62.7%	28.0%

在小额贷款满意度情况调查问卷中，设置了 3 个题目，分别是"对贷款服务人员的态度满意吗？""小额贷款产品中有你想要的产品吗？""你认为小额贷款的利率高吗？"。第一和第三题设置了 5 个层级——非常不满意（非常高）、不满意（有点高）、一般（一般可接受）、满意（有点低）、非常满意（非常低），赋予每个层级不同分值，即非常不满意为 1 分，不满意为 2 分直到非常满意为 5 分；第二题设置了 3 个层级——没有（1 分）、有一部分（2 分）、基本都有（3 分），这样可计算出农民对小额贷款平均满意程度。

调查显示，对贷款服务人员态度的满意程度一题有 112 人回答，其中有 6 人选择不满意，92 人选择一般，14 人选择满意，可见 82％的人认为服务态度一般，平均满意程度分值为 3.07，说明农民总体上对服务态度的满意程度为一般偏上一点，说明各小额贷款机构的服务质量亟待提高。

对小额贷款种类是否能够满足农民需求一题有 104 人回答，其中 18 人选择了没有，70 人选择有一部分，另有 16 人选择基本都有，67％的人认为现在的产品有一部分能够满足需求，计算平均程度为 1.98，说明小额贷款产品总体上能够满足部分农民需求，但小额贷款产品多样化程度不够，可能造成有需求的农民因产品种类不符合需求而放弃贷款。

对小额贷款利率调查一题有 100 人回答，有 6 人认为利率非常高，12 人认为有点高，80 人认为一般可接受，2 人认为有点低，即 80％的人认为现行利率水平尚可接受，平均可接受程度为 2.78，说明农民对小额贷款利率一般可接受，但接受程度不高，利率一旦有所提高，可能就会打消农民贷款的意愿。

5.2.3　茂名农村小额信贷需求面临的问题

（1）农信社提供的信贷产品与农民的实际需求不匹配

借款期限结构方面，由于农业产业化水平的提高和链条的延长，使得农业生产季节性对借贷期限的影响弱化。农户一般借款期限为 1～2 年为多，占比将近 50％，而一般小额信贷的期限过短，与生产经营周期不吻合，希望能延长信贷期限。一些有大中型农机具投入的农户对期限要求更长，一般以 5～8 年为期。在信贷需求额度方面，许多农户的信贷需求没有完全满足，大部分农户认为农信社的授信额度太小，不能满足生产和生活的实际需要。随着农业产业化发展和向现代农业转化，农户必然会产生新的信贷需求，需要产品创新予以满足。

（2）农户"借款难"现象依然存在

对茂名农村地区农户的调查显示，有 105 户占 87.5％的农户都具有从银行或农信社等金融机构借款的意愿，但是有 32％的农户认为从银行或信用社信贷很难，有 43％的农户认为较难，只有 25％的农户认为不难，这说明大部分农户都认为从正规金融机构贷款较难。主要原因有几点：一是认为银行或信用社信贷程序复杂；二是缺乏可靠的抵押或担保；三是利息高和额度大。农户的这些认识一定程度上反映了现实，但同时也抑制了农户的正规金融机构信贷需求。另外，农村征信体系建设覆盖面还不太广，这也在一定程度上抑制了农户的信贷需求。

（3）农户对金融机构的了解不够

调查显示，62.7％的农户对银行提供的金融服务产品都不太了解，一些农户只是了解简单的存信贷业务，还有 27.9％的农户对金融服务一点都不了解。农户金融知识的欠缺也是农户信贷需求抑制的因素之一。这也提醒我们：金融作为经济的核心应让经济参与人都基本了解，因此金融教育与金融知识的普及是基本公共品，应是政府主导推动的事业。金融素养的提升会有效提高金融需求，有利于金融技术的应用和推广，有利于金融普惠弱势群体。

（4）农户生产经营面临风险较大

茂名农户的经营多集中在传统的种养业，在所调查的农户中务农人数占 68％，且农户经营规模有限，经营结构单一。由于自然灾害和市场价格波动导致农户面临较大经营风险，又由于农村地区的社会养老保险和医疗保险的覆盖率低且保障程度有限，不能起到老有所养和病有所依的功能，农户面临生存上的困难与风险。这一方面使农户的承贷能力减弱，财富与收入的不确定也使得借贷条件恶化；另一方面也使得金融机构对农户的资信评定更加严格，降低了放贷规模。

6 农村民间信贷交易机制：基于广东省茂名市的调查

6.1 农村民间信贷形成的原因

(1) 正规金融机构的配给约束与民间信贷灵活的担保机制

在正规信贷中多是要求抵押或担保的，而农户由于缺乏抵押品常遭受拒绝（李大武，2001）。因此，金融机构为了自身盈利性和风险性考虑，不得不采取信贷配给政策。而在民间信贷过程中，虽然大多借贷都缺乏有效担保，但履约率却是非常高。这是因为在民间信贷交易中有着灵活的担保机制，除了有形资产（包括农用机械、家用电器、交通工具，以及农作物收成、牲畜和房产、土地使用权等）担保外，在民间信贷交易中，最主要的担保品是社会资本（Coleman et al.，1988），即抵押品化的社会关系，譬如声誉和社会地位等都可以作为担保品。在一个人们彼此熟悉的社会中，乡土社会的信任不是对契约的重视，而是发生于对一种行为的规矩熟悉到不假思索时的可靠性（费孝通，1985）。

(2) 正规信贷机构的金融排斥

一定程度上，正规金融机构对农村区域和农村大部分群体（主要是弱势者）实行了金融排斥（financial exclusion）。关于如何判定金融排斥，坎普森与韦利提出了六个维度指标：地理排斥、评估排斥、条件排斥、价格排斥、营销排斥和自我排斥。何广文（1999）调查发现农户信贷中来自非正规信贷的比重高于75%。温铁军（2001）通过对全国15个省份的调查进行分析，发现有95%的农户承认使用非正规途径借贷。在许多发展中国家非正规信贷满足了那些不能够从正规信贷渠道获得生产、生活、消费所需资金的需求。非正规信贷是正规信贷的必要补充，政府部门应该减少对非正规信贷的限制，引导其健康发展（章奇等，2005）。IFAD报告显示，在中国农村地区资金缺乏，非正规信贷规模大约是正规信贷的4倍。

（3）金融抑制政策和制度约束

发展中国家为了促进投资，制定低于市场利率的银行利率，这被称为金融抑制（Mckinnon，1973），以使资金主要流入政府部门支持的行业，并且正规信贷制度几乎没有弹性，没有主动性，只能随着环境的改变而改变（David，1994），使得游离在制度之外的借款者将目光转移到非正规信贷上。因此，发展中国家和地区的金融抑制政策是促成非正规金融产生的一个重要原因。

（4）信息不对称

信息不对称是农村金融交易的一个基本特征。因为农户信用记录等"硬信息"缺失，而正规金融机构在处理"软信息"方面处于弱势地位（Stein，2002）。因此，除非能提供抵押或者担保，否则农户很难从正规金融机构获得贷款。如果非正规金融被政府人为地关闭，市场上将只剩下正规金融。那当正规金融面对众多农户时是处于信息劣势的，只能通过运用抵押或担保机制去筛选借款人。但在这种市场下，也无法完全消除逆向选择，金融资源的配置是无效率的，只能达到次优的信贷市场。而如果允许非正规金融的存在，则整个信贷市场可以达到帕累托最优状态，这就是非正规金融存在的意义（林毅夫等，2005）。

6.2　广东省民间信贷的现状

本节所用数据由课题组 2011 年对茂名市农户进行实地调研所得，共发放问卷 130 份，回收问卷 130 份，其中有效问卷 120 份。调查问卷内容包括家庭成员基本情况、家庭经济状况、家庭借贷现状及主要用途等问题。

（1）农户借贷主要途径

从样本农户愿意选择的借款渠道来看（表 2 - 6 - 1），利用亲缘、血缘、地缘关系进行的亲友借贷是解决资金困难的主要渠道（占 58%），其次才是农信社（占 35%）。农户对现代商业性金融体系存有疏远感，仅 5% 的农户指出会考虑银行；还有 2% 左右的农户会选择民间"高利贷"，其原因可能是短时间内需要较大支出。

（2）农户非正规信贷违约比例

大部分农户在非正规信贷中具有较高的偿还意愿（表 2 - 6 - 2）。一方面，由于农村社会相对比较闭塞，人员流动性不强，形成多次博弈的交换环境。非正规信贷主要在亲朋好友、街坊邻里之间，并且遵循由亲及疏的次序，乡村社会独特的监督机制、履约机制、排斥机制等起到重要作用。另一方面，借贷双方除了借贷关系外，还存在关联交易，使得违约成本增加，由此形成了非正规信贷履约机制，使得农户在非正规信贷中具有较高的信任水平。还有一种解释，就是当地长期形成的诚信文化约束，以及违约后暴力追债约束下的自律。

表 2-6-1 农户意愿选择的借款途径

借款途径	所占比例
银行	5%
信用社	35%
亲朋好友	58%
民间"高利贷"	2%

表 2-6-2 农户非正规信贷违约情况

指标	是（%）	否（%）
对亲朋好友违约	0	100
对其他人违约	0	100

（3）非正规信贷手续情况

从样本农户来看，采取口头约定即任何凭证都不需要的占 36%，仅采用简单借条且无保人的占 16%，打借条（有担保人）和需要抵押的共占 44%。由此可见，现阶段非正规信贷主要由口头承诺为主（表 2-6-3）。因此，应通过制度规范，增强民间借贷的风险意识，引导其向契约化方向发展。借贷双方应通过签订协议，明确借贷金额、期限、利率及违约责任，以降低借贷风险，并减少违约后的经济纠纷与社会问题。

表 2-6-3 非正规金融的信贷手续

借款手续	比例
口头协议	36%
打借条（无保人）	16%
打借条（有担保人）	22%
抵押	22%
其他	4%

（4）非正规信贷的利率

正规金融机构的借款利率和通过亲友借款的利率分布占比基本一致，月利率主要都是 0.5%～1.5% 之间。但通过比较可以发现，非正规信贷的利率更多地集中在低息范围，亲朋好友间的人情借贷不收利息或者只收很低的利息，但借款者通常会以实物形式予以弥补，其折价一般高于正规借款利率，但此问题在表 2-6-4 的数据中无法体现出来。

表 2-6-4　借款利率（月利率）分布占比

借款利率（月利率）	占正规金融信贷比重（%）	占非正规金融信贷比重（%）
0.5% 以下	20	36
0.5%～1.5%	68	48
1.5%～2%	10	7
2%～3%	2	0
3% 以上	0	9

6.3　农村民间信贷交易机制与信任机制的实证分析

在农村民间信贷交易中信任关系是一种非契约型长期合作博弈关系，使双方易于产生合作性行为（梁媛，2004）。

（1）模型假定

①参与者：在非正规信贷中博弈的参与者为农户，按照预期收益最大化进行决策，并且放贷农户采取"触发战略"。"触发战略"是指放贷农户首先信任借款农户，但是一旦借款农户出现违约行为，那么就永远选择不信任。

②信息：信息是完全的。

③策略：借方策略包括还款和违约，贷方策略包括信任和不信任。

（2）囚徒困境：一次性博弈

图 2-6-1 中，R 为放贷农户的预期利息收入；X 为借款农户所借款项的预期收益；L 是若借款农户违约时，放贷农户的预期损失，L 为负数，即借贷农户的违约预期收益高于守信时的预期收益。因此，在一次博弈中，该博弈模型的纳什均衡是（不信任，违约），不会出现合作行为，信任不会产生。

（3）引入社会资本的动态博弈：无限重复博弈

图 2-6-2 中，M 是放贷农户由于信任他人，使得自己的声誉提升、借贷双方交往更加密切所获得的未来预期收益；N 是借款农户由于信任他人，使得自己的声誉提升、借贷双方交往更加密切所获得的未来预期收益。在引入社

		借款农户	
		守信	违约
放贷农户	信任	$R,\ X$	$L,\ -L+X$
	不信任	0，0	0，0

图 2-6-1　囚徒困境

会资本的无限重复动态博弈中，放贷农户采取"触发战略"，即放贷农户首先信任借款农户，一旦借款农户出现违约行为，那么就永远选择不信任。通过长期惩罚机制来制约对方的短期背叛行为。如果借款农户在第 t 次博弈中违约，则其预期收益一次性增加 $-L$，但是，从此以后，双方进行非合作博弈，那么，此后的每次博弈借款农户的利润为 0，同时还损失了 N。在非正规信贷过程中，社会资本具有强有力的约束力，即 $N>-L$。也就是说 $X+N>-L+X+M$，即借款农户会选择守信。并且 $R+M>0$，所以最优解是（信任，守信）。因此，引入社会资本会增加借款农户所承担的违约成本，从而保证其守信。

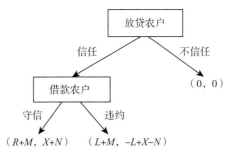

图 2-6-2　引入社会资本的动态博弈

由此可知，与正规金融相比，民间信贷交易由于引入了社会资本，能提供更多的有效金融供给、更有效地控制不良贷款、提供更灵活的担保机制。因此，民间信贷交易机制是有效的。

7 农村微型金融链接民间互联交易的制度性分析

7.1 金融链接约束模型

农村微型金融组织与农村民间借贷结合面临多方面约束条件，具体如图2-7-1所示。首先，在经营理念方面，农户希望能够借助金融获得更大资金从而扩大再生产或者应用于改善生活，获得发展机会；然而微型金融机构属于企业性质，其经营理念为盈利性，追求利润最大化。其次，在政策机制方面，农户要求政府出台相应的法律法规，制度的最大功效是创造稳定预期、减少不确定性。然而，长期以来农村金融相关法律缺失，如农村政策性金融、合作性金融、农业保险法等均处于空白状态，只得借用银行法、保险法中的部分条款但也实施不力。且利率管制一定程度存在，未能满足农村社会的确实需要。再次，在交易模式方面，农户希望金融机构能够提供资金供给，有合适的金融产品可供选择，并且提供适合本土化的高素质金融服务。然而微型金融机构却由

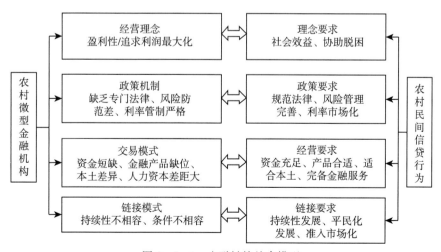

图 2-7-1 金融链接约束模型

于成立时间短、资金短缺及产品创新不足等，难以吸引高素质人才加盟服务，进而导致服务质量不高。最后，在链接模式方面，由于微型金融处于初期实验阶段，并未形成规模经济，服务成本较高，而严苛的评估和贷款条件，使之形成一定程度的群体与条件性排斥，从而背离了"草根金融"服务的普惠和包容性；在准入条件方面，准入机制的灵活性还较为欠缺，监管体系也不够健全，导致准入性排斥时有发生。

由此可见，为了实现农村微型金融有效链接民间互联交易，需要对其背后的经营理念、政策机制、交易模式及链接模式展开深入分析。

7.2　经营理念

根据世界银行定义，微型金融是对贫困和低收入人群、微型企业提供贷款、储蓄、保险及货币支付等服务的金融形式。在国际上，微型金融被誉为削减贫困和促进经济和社会转型的突破性革命。而中国农村微型金融机构的成立，有利于打破农村金融市场上农村信用社"一枝独秀"格局，使农村金融市场形成良性竞争，为支持农村经济发展和推动农村反贫困提供金融技术支持，由此决定了微型金融必须贯彻农村社会福利最大化理念。微型金融机构之所以能够为低收入群体提供金融服务，有其假定前提：低收入群体并非没有良好的信用度，只要运营管理得当，微型金融不仅能够缓解贫穷、帮助低收入群体，而且能够盈利，实现金融机构可持续发展。这反映了微型金融两个层次的含义：一是为大量低收入人口提供金融服务；二是保证机构自身生存与发展。正是这种双重性，提高了向低收入群体提供资金的效率。第一，微型金融机构对客户的筛选可确保让小微资金到达具有还款能力的弱势者手中，同时监管贷后资金，提高资金利用效率；第二，承认低收入人群的储蓄能力，吸储其闲散资金，提高了资金要素使用效率，增加了资金的流动性和总量；第三，将金融资源配置到贫困的弱势者手中会产生收入再分配效应，有利于缩小贫富差距，同时培养了这部分人群的商业意识与市场参与能力，增强了守信观念；第四，微型金融机构还可借助资产证券化技术盘活农村资产，拓宽融资渠道，增强扶贫能力。

然而，微型金融机构常面临资金供给不足、资金实力弱、经营风险大的困境。首先，农村微型金融机构模式创建时间短、网点布局少、客户认可度低、信誉积累不够，制约了存款总量的增加。其次，微型金融机构难以得到人民银行的再贷款支持，也缺少各级财政性资金的扶持。再者，就金融生态而言，乡村群体的金融知识贫乏、金融教育缺位，导致金融素养偏低，尤其是面临从"人际关系化交换"向"非人际关系化交换"转型的阶段，当农民金融知识缺乏而诚信意识不足时，容易产生一次性博弈下的违约行为，何况还有部分农村客户对微型贷款存在认识误差，认为微型贷款就是扶贫款、救济款，有的人甚至认为这种贷款可以长期不还。另外，对部分赖债户、逃债户、钉子户的催收措施软弱也间接助长了农村信用环境的恶化。

首先，从农民视角来看，农业生产活动效率低下，成本较高，农户分散、零星、不稳定，农业是具有天然弱质性的高风险行业，投资收益周期较长，再加上受市场和自然双风险约束，用于农业投资的农村微型金融贷款容易产生不良，对于金融资本的确缺乏足够的吸引力。由于农村经济活动一般规模较小、收益较低，因此农村资金需求呈现出单笔金额小、笔数大的特征。而中国农村现行土地与产权制度的抑制也使得农民缺乏合格抵押品，无法跨过农村金融服务的门槛。其次，从农户贷款需求额度看，大额贷款需求呈快速增长态势，过去小额农贷基本上可以满足农民的生产生活需求，但随着农村经济发展和新型经营主体的成长，金融需求也发生了较大变化，除部分传统农户的小额贷款外，用于特色种养业和农产品加工业的大部分融资需求都已规模化，信贷需求额度不断增大。再次，农户在贷款用途上已呈多元化，消费信贷成为农村信贷需求的一个重点，主要表现在希望改善现有住房条件、置换家电等家庭耐用消费品的消费需求。最后，贷款期限由短期向长期转变。随着农村经济外延的扩大，贷款需求已由原来的购买农业生产资料维持简单再生产，向特色、规模种养业和加工营销等方向转移，资金占用时间长的特点越来越突出。但大部分农户生产力低、还款能力弱的状况并没有得到根本性改变。微型金融机构为了稳健经营，在成本约束条件下，仍主要面向规模生产能力较强、信用水平较高的种养殖大户、家庭农场与农业企业等开展服务。

由此可见，微型金融机构服务理念尚未对接民间交易，农村信贷市场一定程度上存在"失灵"现象。这种失灵不是"边际"上的，而是服务客户的错位。以现代金融商业化、盈利性方式服务农村，会导致体系外生、金融产品滞销、制度供给错位，制约市场机制功能的发挥。

7.3 政策机制

改革开放以来，城乡金融体制实际上采取了不同的发展路径和发展模式。

城市采取的是一种渐进自由化和市场化路径，其基本特征是金融机构信贷资金管理权限逐步扩大、金融市场准入逐渐放松、金融机构逐渐多样化、利率管理权限逐渐放松。而农村金融则是采取了强制性制度变迁路径，政府实施农村金融发展的约束和抑制政策，实行信贷配给和信贷补贴制度，并限制农村金融机构多样化，不允许农村民间金融机构发展，使得农村地区微型金融制度面临较大的政策性约束。涉及农村法治、人文、行政环境，以及国家和地方财税、金融、产业等相关政策，所有变量都作用于"投资收益率"这一因变量，进而影响可持续性。

首先，缺乏专门的法律法规。政策和法律保障的缺失致使微型金融发展缓慢，贷款公司、农村资金互助社发展均未达预期，尤其是农村资金互助社应是大发展的，结果至2012年不再新设时也只有56家。村镇银行截至2017年末全国共建立了1 562家，但由于欠缺稳定的制度预期，其作用也难以发挥。微型金融虽有独特的制度设计与运作机理，但其既有的规定大部分体现在行政法规、地方性法规和政策性文件通知、决定和意见中，缺乏系统性的长远规划，可操作性不强。如中国银监会《关于加强村镇银行监管的意见》（银监发〔2007〕46号），在程序性规定方面过于简单笼统，缺乏明确、具体、可操作的程序性规定；在市场准入、业务运作和市场退出运行机制等方面缺乏配套制度。没有针对微型金融运作构建有效的制度保障，就难以为其提供持续发展的动力。

其次，风险防范制度缺陷。考虑到微型金融的信息非对称性、风险特质性及农户风险承受能力脆弱性等特点，采取了与一般商业银行不同的风险识别、风险控制与激励约束机制，如信贷等级评级、联保模式、渐进式贷款等措施。但仍面临许多不确定风险：一是系统性风险。农业作为弱势产业，缺少有效的风险分散和保障机制，一旦遭受自然灾害或国家产业政策调整变化，会有大批农户和农产品加工企业遭受损失而无力偿还贷款，且农业产业具有较大关联性，容易导致系统性风险发生的可能。二是道德风险。道德风险既与贷款人的贷后行为相关，也与市场和法律的不健全有系。有的金融机构在高息诱惑下不惜超额放贷，带来严重的风险隐患。

再次，组织制度缺陷。微型金融组织结构设置成为其可持续发展的瓶颈。以村镇银行为例，《村镇银行管理暂行规定》明确要求发起人或出资人至少有一家银行业金融机构且必须是最大股东或唯一股东。在这种制度规定下，村镇银行的发起人或最大股东绝大多数是地方性中小商业银行或农村商业银行（个别外商银行参与）。这种结构使得村镇银行的高层管理人员构成多由发起行指派，经营模式的路径依赖将使得村镇银行成为控股行的"分行"，其经营目标、评估标准以及监管指标与控股商行趋同。许多微观金融机构基本上很难对农村贫困者提供金融支持和服务，其小额信贷项目50%以上的一级客户都不是"弱小"。正是外无制度约束、内无动力激励导致微观金融机构的功能异化，某种程度上偏离了当时设立的初衷。

最后，利率管制弱化了价格机制功能。金融是市场化配置资金要素的机制，让价格反映供需、获利机会诱导更多供给，从而满足需求。但由于利率管制（按规定村镇行的贷款利率最高可上浮至基准利率的四倍），尤其是价格不能涵盖成本和风险溢价，将会使得微型金融机构承担较高风险和不可持续，也难与非正规信贷进行竞争，整个微型金融利润空间的政策性挤压，导致更多供给主体退出微型信贷市场，反而加剧了资金的稀缺性和供给更大缺口，让需求更加难以满足。在贷款利率受限的情况下，出于追逐利润和持续发展的动机，微型金融机构必然放贷于大额、有抵押、有担保且成本与风险更低的领域，导致村镇银行为贫困人群提供小额贷款的动力不足而减少金融供给，不利于微型金融机构的长远发展。

7.4　交易模式

农村微型金融在与民间链接时会出现本土化的交易条件约束，这主要是由于微型金融机构成立之初是基于城市金融经营理念及理论分析模型筹建，其交易模式不完善、创新动力不足。导致其困局的原因主要包括资金供给、金融产品、人力资本等方面。

首先，资金供给短缺。微型金融机构在资金供给方面存在较大缺口。一方面，创建时间短、网点布局少、客户认可度低、信誉积累不够，加之农村居民储蓄额度小，制约存款总量的增加和资金的积累，负债规模不高直接导致微型金融服务能力和规模经济效应的提升，也导致供给效率的低下。另一方面，难以得到人民银行的资金（如再贷款）支持，同样缺少财政性资金的扶持，而经营环境则是"扶弱支小"，对农村微型金融机构的可持续发展极为不利，难以有效发挥其将资金配置给农村弱势者的功能。

其次，经营未与本土文化环境相容。农村地区是熟人社会，流动性低，人们偏好人际关系化交换，因此，在长期制度演进中形成的基于人缘、地缘和血缘的关系本位社会结构及特殊信任结构深深影响着农村金融主体的行为范式，农村微型金融是根据现代金融规则而建立的制度，侧重于非人际关系化交换环境，其技术化融资工具、信息化信用方式等，与乡土社会、传统风俗和人们的交易观念尚未激励相容。故未能够充分利用地方局部知识，化解信息不对称制约，难以利用熟人社会形成的网络人际关系与地方性规则，形成有效的筛选、监督、激励与制裁机制，从而影响其运行效率。

再次，农村小微金融产品缺位。长期以来，大多数正规金融机构（除农村信用社系统外）的营销对象主要是城市客户群体，很少顾及农民等弱势群体，金融产品主要依据城市居民需求而开发，不可能适应农业生产特点和生产周期。即使是农村信用社，为了降低单位交易成本、管理和人工费用，在营销目标上也出现了脱离服务"三农"的倾向，大量资金流向非农领域以取得更高收益。而对于传统农业的资金支持力度大为不足，农业科技及机械化长期处于缓慢发展阶段。

最后，人力资本严重短缺。微型金融机构人力资源结构性矛盾和队伍素质低下问题突出，存量的微型金融从业人员来源复杂，金融素养有待提高，缺少风险控制能力。同时，农村金融人才的培养缺少系统性和针对性，既没有针对农村经济特点开展相应培训，也缺乏针对微型金融机构服务的人才培训计划，更没有从基础出发培养农村新型金融人才的具体措施。增量方面，微型金融机构尚未建立符合现代金融企业要求的人事制度与激励约束机制，福利待遇水平相对于城市较低，而高层次金融人才偏好证券与大中型银行或者待遇更好的机构，微型金融机构无论在待遇还是其他方面难以竞争。人才困境会长期影响微型金融机构发展。

7.5 链接模式

金融作为创造信用、配置资源和风险的技术是公共品，应该是普惠的，包容所有人。金融要具有"相容性"，能为社会每一阶层和群体提供服务，尤其是要对"权利贫困"的弱势群体提供平等地享受金融服务的权利。改革开放以来，中国金融体系不断完善，金融深化程度不断提高，但收入差距也不断扩大，其中也有金融成为"有钱人的财富聚集手段"的"贡献"。尤其是在农村地区，即便是以农村金融市场为核心业务的微型金融机构，在机构设置、业务范围、贷款投向等方面也逐步背离农村金融市场，链接模式不相容导致大量低收入群体被排斥。

首先，存在小微服务可持续悖论。为弱小群体提供金融服务是微型金融机构设立的初衷，但其基本前提是盈利，微型金融机构只有实现盈利，才能不断延伸服务范围与深度，才能形成规模经济，增强盈利能力，进而实现可持续发展。但扩大覆盖面意味着将更多的低收入群体纳入服务范畴，降低资本回报率，削弱可持续发展能力，多目标共存无法有效实现。基于此，盈利是首选，因微型金融服务成本高，故一些微型金融信贷项目利率远高于同期商业银行利率。而高利率形成价格性排斥，会将迫切需要金融服务且有一定偿还能力的弱小群体拒之门外，又背离了"草根金融"的服务方向。

其次，存在条件性排斥。条件不相容是指附加于金融产品的条件不符合某些人群。大多数微型金融机构在发放贷款时，会根据借款人的风险程度设定贷款附加条件。对于资信条件好、家庭收入高、学历水平高的客户，贷款条件较为宽松，有的还可发放信用贷款。但对于抗风险能力差、收入水平低且无法获得有效资信的客户，则会设置较为苛刻的贷款条件。由于乡村社会的信息不对称程度高，硬信息的缺失与软信息的搜集和甄别成本较高，微型金融机构没有从社会资本、乡土情结、圈层结构约束等角度综合甄别农民的偿债能力和偿债意愿，而审核与评估采取传统常规化的标准模式，所以，微型金融机构只得从评估和贷款条件筛选客户，形成条件性排斥。

最后，存在市场准入条件约束。准入条件约束主要是指金融监管部门对微型金融机构的市场准入设置较为严格的规定。微型金融的设立初心就是撬动社会资本，补充正规金融机构的市场服务空缺，满足小微群体的金融需求。从准入条件看，对微型金融资本的准入限制基本适度，但其他限定可能阻碍了社会资本投资。如必须有一家具备条件的商业银行控股村镇银行才可成立的规定，限定了社会资本规模，导致了对控股行经营模式的照搬，也成为小额贷款公司转制村镇银行不可逾越的壁垒。此外，对村镇银行采取内部联系人的控制监管模式，会导致村镇银行缺乏生机与活力。

8 微型金融发展实践及借鉴启示

20 世纪 70—80 年代，在孟加拉国、玻利维亚等国家，人们开始小额信贷和微型金融试验，并逐渐在世界范围内获得较快发展。由于各国的国情不同，微型金融运作方式及发展路径也具有差异性。通过研究国外一些较为成熟的农村信贷模式和国内微型金融发展较快地区的经验，为广东省农村微型金融构建及创新提供启示与借鉴。

8.1 国外微型金融的经济学思想及其实践

8.1.1 孟加拉国农村小额信贷

1976 年，穆罕默德·尤努斯教授怀着爱国之心和对农村贫困群体的关注，在孟加拉国一个叫乔布拉的小村庄开始了小额信贷扶贫试验。试验结果证明，这些无担保的，被传统商业银行视为"金融界不可接触者"的穷人，实际上比银行青睐的借款人拥有更好的信誉、更高的还款率。于是经过 6 年的运作，他于 1983 年成立了格莱珉银行（Grameen Bank，简称 GB），通过 30 年的发展，GB 逐渐发展为组织遍及孟加拉国的金融机构，服务于全国 64 个地区的 68 000 个村，且贷款还款率达到了 97% 以上。

（1）信贷理念：获得金融服务是一项基本人权

金融服务技术是一项公共品，穷人因缺少财产而被传统银行排斥，导致世界上绝大多数人口被剥夺了这项权利。格莱珉银行的信念是：获得信贷应被视为一项基本人权。穷人之所以成为穷人，是因为没有机会在合适的社会经济基础上发展；慈善不能解决贫困问题，反而会抑制穷人走出贫困的主观能动性；通过信贷释放穷人的创造力是解决贫困问题的最好途径，而发放信贷的评估依据应是个人潜力，而非个人现有的财产数额。格莱珉银行摒弃了传统银行做法，创新机制，帮助赤贫的穷人优先获得信贷，使其在财务上保持独立。信贷对象包括贫困的家庭妇女、乞丐、文盲以及自称不懂得如何投资的个人，其中 97% 的借款人为妇女。

（2）服务准则：以客户为中心创新业务

传统银行的总行和分行大都位于商业区和城市中心，其基本理念是等待客户上门存款和申请贷款。格莱珉银行的服务准则是：由银行主动去接触穷人，上门为穷人提供信贷服务。格莱珉银行总行和分行均设在农村地区，银行的23 689名员工活跃在孟加拉国的84 237个村庄，每周上门服务的数量达784万人；银行的所有信贷均以小额分期方式偿还（每周或双周一次），以减轻借款人的还款压力。

（3）收益原则：低息维持借款人的持续经营能力

传统银行信贷追求收益最大化，而格莱珉银行的信贷计息原则是：在确定利率时，参考市场利率，让利率持续维持在低于或接近于商业银行利率的水平，并尽可能不影响银行和借款人的持续经营能力。在操作上，信贷利息全部以单利计算，不允许信贷利息合计超过信贷本金，无论信贷逾期多久，当利息金额与本金相等时，即不再计息。小额信贷会通过非营利组织或借款人机构转交给借款人。

（4）风险控制：小组共同监督

传统银行贷款业务担保抵押占绝大部分。但格莱珉银行信贷不需要任何担保抵押物，其认为信贷是基于"信任"，而非法律程序和制度，不希望将无力还款的客户送上法庭，也不要求借助外力强制执行合同。风控手段是相互监督，要求借款人首先加入借款五人小组，接受其他借款人共同监督，并参加相应储蓄方案；贷款根据借款人经营能力以连续分期方式发放和收回；借款人只有偿还先期贷款，才可获得新贷款。根据风险等级对各类信贷采取不同措施：确需延期偿还的，允许借款人重新安排信贷；借款人陷入财务困境的，银行会协助借款人克服困难、恢复生产能力；借款人死亡的，通过内置保险方案还款（即信贷保险业务，将借款人取得的贷款留出少量资金存入保险储蓄账户，再凭该存款账户的利息设立保险基金，用于偿还借款人死亡后的欠款）。

（5）目标定位：经济效益与社会效益并重

小微信贷具有较大的外部性，同时其可持续发展要求市场机制配置，微型金融本身就是经济与社会效益并重的产业。格莱珉银行重视社会效益，特别关注人力资本形成和公共服务；关注借款人子女教育，为其提供奖学金、高等教育助学信贷；同时向借款人推广技术如移动电话、太阳能发电，促进机械动力取代人力，提高人力资本效率。在公共服务上，鼓励借款人在社会、教育和健康领域的目标追求，关注借款人住房、卫生等需求以及应对灾害和紧急避险能力的培养，发起"16 项决议"（不备嫁妆、儿童教育、卫生厕所、植树、为克服儿童夜盲症而提倡吃蔬菜、安排清洁饮用水等），并帮助借款人建立养老基金和储蓄。这些活动主要通过借款人团体中心推动，该机构为借款人所有，每年评选借款人团体中心领导者，选举理事会成员，以提高机构的组织领导水平。

8.1.2 美欧小额信贷发展

（1）美国 SBA 小额信贷机制

美国小型企业管理局（Small Business Association，SBA）通过政府信贷项目促使包括税项宽免、直接补贴和间接补贴成为小型商业政策，鼓励向小型企业发放贷款。自 1953 年以来，将近 2 000 万家小型企业从各个不同的 SBA 项目中直接或间接受益。1991 年至 2000 年，SBA 帮助了大约 435 000 家小型企业获得了超过 946 亿美元的贷款。

SBA 抵押信贷可通过提供依赖于借款者行为的信贷定价机制而改善信贷配给。通过减少预期与信贷违约风险相关的损失，抵押可以增加债权人的期望回报。当不出现逆向选择时，借款人反映出整个借款人团体的平均风险，债权人可以向借款人提供一个信贷率；将抵押品纵向排列，债权人可以在被测到的一般借款人违约风险下扩展信贷收益。其原因在于：当出现违约时，抵押品能够通过减少银行损失来增加收益。根据这一理论，SBA 抵押信贷可以减少小型企业信贷配给的可能性。这些关联可能会使小型企业花费高额成本，但若缺乏这些关联会导致小微信贷市场的信贷配给，为帮助这些小型企业与资金借出者建立联系，政府干预便显得必要。SBA 抵押信贷项目是一项在帮助小型企业方面的合理间接干预，就像是其所提供服务的一项替代品。它可以降低不透明信息的小型企业借款者与债权人建立关系所产生的风险，还可以通过降低债权人扩展长期信贷风险促进仲裁进程，使得债权人更加接近小型企业的投资需求。

（2）意大利 ABI 小额信贷项目

意大利银行协会（ABI）2007 年进行了一次筹划现代银行服务的活动，扩大了小额信贷概念，包括小额信贷服务、国内销售行为、金融教育项目以及与非银行机构的伙伴关系。而且，ABI 和意大利福利部开始与不同利益相关者合作，提供银行及相关参与方的小额信贷。ABI 的一项调查显示，截至 2006 年底，小额信贷收入占服务总收入的 3%～5%。小额信贷分类涵盖各种产品和服务，主要种类有活期账户和支付服务（49%）、金融（31%）和储蓄服务（20%）。在意大利，银行与许多专门小额信贷机构一起工作，截至 2006 年底，它们大约为 8 000 个项目支付了 7 500 万欧元。

（3）荷兰小额信贷机制

荷兰于 2007 年成立小额信贷委员会，致力于提高对小额信贷的认识，促使政府部门、金融机构、专门技术中心和其他相关组织通力合作，参与为小型和创业企业提供小额信贷，并要求政府提供相关政策工具。除此之外，荷兰还有一个小额信贷专业中心，促使工具更容易实施。荷兰经济事务部设立了一个项目，其业务支持服务由当地提供，但信贷管理则集中进行，以降低成本。这一项目开始于 2009 年，由公私合营共同提供融资，即除由政府提供 80 万欧元外，还由 ING 集团、拉博银行和福尔蒂公司等三家注入了 120 万欧元的资金。为了进行项目再融资，政府还提供了 1 500 万欧元的免息贷款。

（4）欧盟小额融资便利计划

2010 年 3 月 8 日，欧洲理事会通过决议，同意建立一种新的小额融资便利，向难以从传统信贷市场获取资金的失业者和小型企业提供信贷服务，以帮助失业者重新创业和支持小企业经营发展。欧盟主要采取了三种措施：一是实行竞争和创新框架计划（CIP），帮助小企业进行融资和发展；二是利用中小企业援助机构（Jeremie）协助中小微型企业拓展融资渠道，比如从欧洲地区发展基金（ERDF）和欧洲社会基金（ESF）及其他地方等获取信贷；三是与欧洲投资银行集团（EIB）联合启动"JASMINE"项目，主要服务于各成员国和地区的小额非银行金融机构和小额信贷提供机构。小额融资便利的运作将借鉴竞争和创新框架计划经验，并以未来四年欧洲投资银行集团（EIB）或其他相关国际金融机构（IFI）的社会贡献度为基础。该便利最长使用期限为 8 年。

小额融资便利的具体使用条款载于欧盟委员会和欧洲投资银行集团签订的协议中，可使用的工具和产品：一是债务工具。债务工具可采取向小额信贷机构贷款或债券认购形式，向小额信贷机构提供流动性，并由最终受益人（如小额资金借款人）使用该笔资金。债务工具还可以通过投资渠道向小额信贷机构提供流动性，如通过债券认购形式。二是担保产品。担保产品可采取直接担保形式，小额信贷机构收益可根据预先确定的标准覆盖部分小额信贷组合；或采取风险分担协议，如在向小额信贷机构提供流动性信贷的同时确定风险分担比例。当小额信贷发生损失时，小额信贷机构可减少向 EIB 或 IFI 偿还的资金。

欧盟对小额信贷机构的部分信贷组合提供无条件担保（但非全额担保，如担保50％），欧盟委员会将支付相应的担保费用。

8.1.3 拉美微型金融发展

（1）玻利维亚阳光银行

玻利维亚阳光银行由非政府组织小额信贷机构"促进和发展微型企业基金会"转变而来，其运作模式：一是只注重银行业务开展，不提供其他社会性服务（如技术培训等）。二是信贷小组由 3 至 7 人组成，信贷发放时所有会员可同时获得信贷。三是利率相对较高，年均信贷利率 47.5％～50.5％，贷前还须支付佣金 2.5％，业绩良好的客户利率稍低，年利率约 45％；高利率信贷使银行实现财务自立，不必依赖政府补贴。四是信贷偿还方式非常灵活，借款者可按周偿还，也可按月偿还；信贷期限 1～12 个月不等；每笔借款数额较小，平均额度约 1 500 美元。

（2）拉丁美洲农村"草根银行"

"草根银行"是在拉美国际社区资助基金会基础上创建的以村为基础的半正规会员制机构，通常由 10 至 90 个会员组成，客户组织结构为单个小组，目标群体以贫困妇女为主。主要模式：一是由于核心贫困户参与及双重担保等原因，在银行内部有 5～7 人连带小组。二是银行为会员提供三种基本服务——提供小额自我就业贷款、提供储蓄激励和积累储蓄方法、建立提供互相帮助并鼓励自立的以社区为基础的系统。银行小组成员贷款相互担保并在组织内部采用民主集中制原则。三是由于银行规模较小，为避免信贷受当地经济及规模制约，与大型银行和其他乡村银行联盟，架起社区与正规金融相连接的桥梁，有助于保证"草根银行"的流动性和信贷偿还，从而避免单一机构风险高、规模受限制的风险。

8.2 国内部分地区农村微型金融实践

8.2.1 山西农村微型金融

（1）山西临县农民扶贫基金

1993 年 9 月，北京天则经济研究所理事长茅于轼先生和亚洲开发银行驻中国代表处原首席经济学家汤敏先生发起成立龙水头村农民扶贫基金。基金在发起人的直接指导下实行自治管理，采用总监督、会计、出纳、信贷分离制约的模式。基金直接办理现金放款、收款等业务，但因业务量小，仅每周末集中办公一天。2007年底，扶贫基金总额113.26万元，信贷余额98.28万元，当年实现利润5.52万元。基金来源主要有捐赠资金和付息资金两种，2007年底分别为44.93万元和68.33万元。捐赠资金不支付利息，付息资金年息4%。为增加资金来源，基金也接受当地农户存款。信贷必须由夫妇2人同时申请，未成家信贷申请人须与近亲属同时申请。信贷最高限额为5 000元，期限一年，到期一次还清。起初，对治病、上学等信贷实行免息，从2006年7月起全部收息。信贷利率为月息1.5%，即年利率18%，逾期信贷按月息2.1%收息。

在茅于轼先生主导下，基金建立了简单的工作制度，提出了明确的纪律要求。实行信贷责任终身制，要求工作人员遵守"三公"（公正、公平、公开）和"三不"（不吃请、不收礼、不摆架子）。对借款户有"十要求"，包括不赌毒、不打斗、不盗抢、敬老爱幼、诚实守信、夫妻共担、邻里和睦、用途属实、不持假币、服务社区。

（2）山西左权县农户自立服务社

自立服务社于2001年由中国扶贫基金会和左权县政府出资305万元组建，隶属县扶贫办，经当地民政部门注册成立，是具有半官方性质和扶贫性质的小额信贷组织。2002年自立服务社开始发放信贷，2003年经营困难，几乎终止。后中国扶贫基金会拓宽资金来源，引进境外基金会、外资银行和政策性银行资金，将自立服务社由当地社团组织改为基金会的下属机构，县扶贫办成为项目监督机构。自立服务社信贷只支持生产项目，不提供生活信贷，同时提供技术信息咨询培训服务，致力于提高穷人的自立能力和自我发展能力。对农户信贷采用格莱珉模式，实行"小额信贷，整贷零还，五户联保，不需抵押"。根据农户还款情况，评定一、二、三级，单笔信贷额度可以分别达到4 000元、7 000元、10 000元。对城镇居民信贷最高额度为30 000元，需要2名公务员提供担保。信贷利率均为年息12%，期限一般为1年，先扣利息，信贷2个月后，逐月偿还10%本金。自立服务社资金来源是有偿使用，县政府出资按年息2%、中国扶贫基金会资金按年息3%、后期融入资金全部按年息10%支付成本。

（3）山西盂县汇民村镇银行

盂县汇民村镇银行于2008年8月挂牌成立，是经银行业监管部门批准，在工商行政部门注册登记，具有独立法人资格的有限责任公司。其注册资本5 000万元，由城市商业银行发起，占总股本40%，另有5个法人股东和8个自然人股东，建立了比较规范的法人治理结构和管理制度。其主要服务对象是"三农"和县域中小企业，目前业务发展态势良好。截至 2008 年 9 月末，存款余额 3 030 万元，其中对公存款 1 555 万元，占 51％；储蓄存款 1 475 万元，占 49％。信贷余额 1 173 万元，保证信贷 883 万元，抵质押信贷 290 万元，实现收入 10.6 万元。信贷对象有中小企业、农户、自然人；信贷行业有煤炭采掘业、养殖种植业和其他行业。

8.2.2　广东云浮"信用村"模式

2009 年 6 月，郁南县农信社与桂圩镇政府共同选定勿坦村作为试点，开展信用村创建工作，并将信用评级与农村党建、计生、支持青年及妇女创业、社会维稳相结合，引入激励型评级机制，在信用村创建上取得突破。勿坦村获得贷款授信户数由评级前的 52 户、金额 63.5 万元增至 296 户、金额 352 万元，分别增加 469％和 454％。

(1) 多方参与，共同推进信用村建设

信用村建设依靠当地政府、村委、农信社、农户多方配合，在农村营造守信光荣、失信可耻的浓厚氛围，使人人确立"珍爱信用记录"的信念。勿坦村的信用村创建从宣传发动到成立评级小组，从登记造册到公布评定结果，从评级申请到使用额度都制定了规范化、操作性强的工作流程，有明确要求和规定，并联合多方参与其中，如评级小组由熟悉当地情况的农信社人员为主，同时吸收该村的村党支部、村委会干部、村民小组长、村民（党员）代表等共同组成。

(2) 严格标准，科学评定农户信用等级

郁南县农信社结合省联社要求与该县实际，制定农户信用等级评定表，从农户基本情况、信用及合作情况和财务状况三个方面分 21 个子项进行量化评分，并对优秀党员、团员、妇女实行加分，对违法违纪、参与打架斗殴或邻里关系不和睦等情况实行一票否决或限级，按总得分确定相应信用等级，将农户的个人品质、生产经营、社会反映、承债能力等各方面进行综合评估，确保真实反映农户信用状况。量化指标的打分经过信贷员充分调查、取证，并参考村民小组长、村民代表意见。信贷员评分后须经过复审，再提交评定小组讨论确定，最大限度保证评级的真实性。农信社通过严格的农户信用等级评定，夯实信用环境建设的基础。

(3) 公开监督，动态调整评级结果

勿坦村村委设置固定宣传栏，分设专门信用等级公示窗口，对评级结果为优秀、较好、一般等级的农户进行公示，有异议的农户或群众可随时通过公示电话或其他方式反映情况。农信社对所反映的情况进行调查核实，如属实则及时调整。同时，农信社还通过动态调整评级结果制度，约束农户长期自觉维护信用等级和信用记录，促使农户共同建设和保持本村良好信用环境。

（4）分级授信，给予无抵押信贷支持

对不同级别的信用户，农信社实行区别的授信额度，其中优秀户3万元、较好户1万元。且较好信用等级农户只要集中3户以上联保，每户均可增加1万元额度，而一般等级农户联保每户可获1万元额度。信用户（优秀户、较好户）无须抵押担保，并且额度与信用程度挂钩，使农户理解了信用等级越高、信贷风险越低、实惠越多的道理，从而促使其争当更高信用级别客户。

（5）强化监控，密切跟踪信贷用途

信用农户获得农信社授信后，必须有实际用途方可在额度内申请使用信贷资金，做到"据实用信"。农信社在信用户用信管理上，按照"三个办法一个指引"要求，严格执行"不得对个人发放无指定用途信贷"规定。同时，农信社要跟踪信用户用信情况，确保信贷资金不被转移用途。信用户只有"据实用信"，才能保持良好信用记录。通过农户用信管理，农信社降低了信用风险。

（6）试点先行，逐步扩大适用范围

郁南县农信社以桂圩镇勿坦村作为试点先行。2009年8月，农信社完成首批对勿坦村353户农户的信用等级评定，符合条件的农户参评率达100%，其中优秀28户、较好268户、一般25户、较差32户，信用户占比为83.85%。经过考察和审核，2010年3月勿坦村被评为云浮市首个信用村，为全县15个镇优选试点行政村积累了经验。随后，全县15个镇18个行政村和9个自然村共有4 364户农户进行了信用等级评定，有2 652户信用户获得了农信社授信，授信金额3 634万元，累计有502户信用户申请了用信，累计发放信贷1 261万元，郁南县信用村创建模式取得了成功。郁南模式随后在广东省全境推广，为优化农村金融生态环境、破解农村金融服务难题提供了借鉴。

8.3　国内外微型金融经验对广东的启示

（1）培育机构多元、适度竞争的微型金融和小额信贷市场体系

鼓励国有商业银行通过控股、参股等形式组建农村小型、微型信贷银行，从资金、网络、管理、技术、产品等方面为其提供服务和支持，延伸农村金融服务触角；发挥农业银行、邮储银行、农村商业银行等作用，因地制宜发展微型金融机构和提供基础性金融服务；进一步发展村镇银行、小额信贷公司和农村资金互助社等新型农村微型金融机构，使微型金融和小额信贷全面覆盖农村地区。通过微型金融市场的适度竞争，增强各类市场主体活力。

（2）倡导普惠金融建设标准及理念

引入国际普惠金融体系建设标准，除政府主导的正规微型金融机构外，把具有可持续发展潜力的民间微型金融组织纳入服务体系，把农村低收入人口纳入金融服务范围，使其分享到经济增长所带来的福利改善。通过政策引导，鼓励各类金融机构关注并开拓低端金融市场，在向包括穷人在内的所有人提供基础性金融服务的同时，尽可能地基于小微需求创新产品，为其提供小微信贷，以资金要素资源的下沉改变他们的生存发展机会和悲催命运，以求共同富裕目标。当然，随着新农村建设、乡村振兴战略的实施，农村区域的平均收益率大幅提升，是新的利润增长点。金融机构做好小额信贷业务，不但能够帮助农村弱小人群脱贫致富，而且能在促进社会和谐、践行企业责任方面树立良好社会形象。

（3）采取灵活渐进的市场化利率政策

小额信贷可根据信贷用途及对象采用差别利率。如格莱珉银行信贷利率就有四种：创收信贷利率为20%，住房信贷利率为8%，学生信贷利率为5%，艰难成员（乞丐）信贷免息，所有利息都采用单利计算。格莱珉银行的实践证明，信贷利率较高，使得较富裕的非目标群体不会产生排挤目标群体的动机，低收入者和小微企业才会有机会获得信贷，同时也能实现财务的可持续性。中国小微金融机构亦应探索小额信贷市场利率定价机制，制定既能反映市场供求、又契合实际的差异化利率。

（4）多渠道扩大小额信贷资金来源

允许小额信贷机构办理乡村储蓄，鼓励农民在农村小额信贷机构存款，把存款数量作为小额信贷发放数额的一个标准，形成农村资金用在农村小额信贷的良性循环。在这方面村镇银行不存在问题，但应解决小额贷款公司制度设计中的资金来源渠道问题，且提高利率使其成为盈利项目，为民间资金创造获利机会，诱导、吸纳社会资金与民间闲散资金，并吸纳非政府组织等以股份形式参与。可以通过证券化和资本化技术将优良的小额信贷资产盘活，亦可由政府出资建立微型金融发展专项基金，向小额信贷机构批发资金，充实其资金来源。

(5) 构建微型金融特色的风控体系

借鉴格莱珉银行模式，实行"农户联保"风控方式。通过建立村民信贷联保小组，实际上是实施了合作成员的筛选功能，而小组自我管理与贷款激励机制实际是监督功能的拓展，通过中心管理客户实际上是金融机构将部分职责转嫁到村民身上，而"整贷零还"、信用额度测试等机制更是将一次性博弈拉长为多次博弈的制度创新，是市场化创造信用之举。所有这些创新，大大降低了交易费用。中国小微金融实践应借鉴格莱珉银行小微信贷的经验，与基层政府、村组织、农村合作组织等协同，解决小额信贷信息不对称问题和降低小额信贷成本，通过制度创新切实降低微型金融风险。

9 基于民间信贷交易的农村微型金融制度设计

9.1 体系毛细化：基于逆向系统思维的农村微型金融体制设计

有效率的农村金融体系应是正规金融与非正规金融并存的、普惠的竞争性金融体系，有利于克服信息不对称，有利于克服缺乏抵押品所导致的农户和微小企业融资困境，增加农户对金融资源"可得性"并以市场化模式增进金融效率。这样的体系应是合作性、商业性和政策性结合的中介体。商业性指其配置资源的运营机制，政策性指服务特定目标客户及收益补偿机制，合作性体现于其目标客户的参与性。这就需要培植能渗透、内嵌到农村经济体内的农村金融毛细系统，并重在民间资本投资基础上的内生化微型金融组织。结合广东省实际，本章拟从微型金融的发展原则、正规金融与微型金融的纵向联结、民间资本与微型金融的横向联结、通过项目联结发挥政府财政投资资金作用四个方面构建新型微型金融，使弱小群体得到有效的金融服务（图2-9-1）。

9.1.1 需求导向的微型金融应多层次多样化发展

经过40多年的发展，农村经济主体分化为农业企业、农民合作社、家庭农场、种养殖专业大户及小农户，还有诸多从事生产性与生活性服务的个体工商户。基于多样化主体的差异化需求，小额信贷的额度、期限结构等异质性明显，其金融服务也应是多层次多样化的。因此，广东省各类型农村微型金融组织应多元化发展，各类型农村微型金融机构侧重的服务对象不相同，针对的市场层次也具有差异。应通过纵向或横向联结方式将正规金融与民间信贷激励相容，使各类型资本渗透、内嵌到农村经济体内，这就需根据各地经济和农业产业条件，发展差异化的微型金融组织形式，从而满足地区内的大中小微型农业企业、种养大户、一般农户和贫困群体的不同信贷需求。目前广东省微型金融体系主要有村镇银行和小额贷款公司两种形式，而其他微型金融组织形式如资

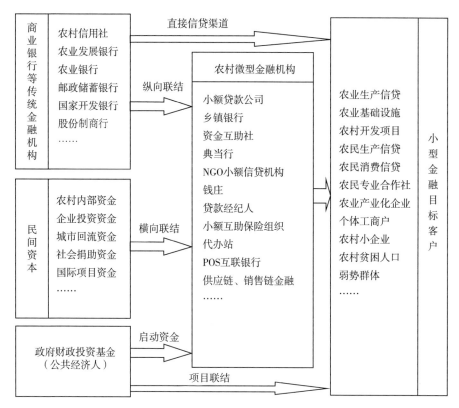

图 2-9-1　基于逆向思维的农村微型金融联结模型

金互助社、典当行、贷款经纪人、小额互助保险组织等发展缓慢，降低了微型金融的支农效果。因此，未来微型金融需要更加包容性发展。

9.1.2　商业银行参与微型金融：纵向联结

为提高竞争力，一些微型金融机构通过创新经营模式扩大市场份额、提高经营效率和盈利水平。例如印度工业信贷投资银行（ICICI）选择了专业化程度较高的微型金融机构作为合作伙伴，ICICI 购入微型金融机构的资产组合，同时委托微型金融机构管理小额贷款等资产的清收和偿还。商业银行可以此提高资产利用率、扩大收入来源，并扩大在微型金融市场中的份额。然而，中国商业银行对微型金融业务依旧热情不高，一些地区农村商业银行（农信社）的小额信贷业务甚至呈现出弱化趋势。因此，应通过政策与制度创造盈利环境，导引、激励商业银行以多种形式参与微型金融的动力，推进微型金融商业化进程。当然，商业银行在发展微型金融业务时应遵循比较优势原则，因地制宜实行差异化经营策略。

9.1.3 民间资本加盟微型金融：横向联结

民间金融常常被认为是民间信贷交易的垄断者、高利贷者、敲诈勒索的放债者、贷款骗子、剥削者等，但这些都是误解。长期以来，尤其是在国家严控金融资源时期，正是民间金融满足了 80% 以上的弱小微群体的资金需求，尤其是农民的生活类需求。民间金融存在多种形式，有宗族、亲戚、邻里、朋友等基于血缘、地缘、业缘等社会关系的资金提供者，有专业性民间放贷者，有互联性放贷者，还有互助性小组借贷等。民间借贷大部分是无息、低息，少数是高息。除高息民间金融外，农民对无息、低息民间金融是认可的。无息、低息的原因主要来自低放贷成本和低垄断利润，高息的原因主要是资金需求的刚性、高放贷成本和高垄断利润。无息、低息反映了民间金融在农村信贷市场的比较优势，正规金融应该认可，并通过垂直联结形成合作伙伴与利益共同体，进而贴近农村金融市场，降低信贷交易成本。对于高息民间金融，应尝试利用农村民间信贷联结机制引导资金流渗入农村，通过横向联结使社会资金投资得以输入农村，一旦正规微型金融和低息信贷供给增加，市场竞争将会使其利息下降到合理水平。

9.1.4 政府财政投资资金诱致：项目联结

政府可以利用财政投资资金，通过倾斜性的农村公共产品供给，改善农村投资环境，提高投资收益率，优化农村微型金融生态环境。政府可以选择适合农村特点的投入形式，最大限度放大财政资金效用。一是采用补贴方式，如直接补助、财政贴息、税费减免等，吸引社会资金投资农村基础设施领域。二是以工代赈方式，政府提供做工机会代替直接救济鼓励群众投劳。三是以奖代拨、以奖代补方式，对各地自主投建的农村基础设施按一定标准给予奖励。四是探索建立"政府出资，市场运作"等财政金运作模式，可以采取担保、保险、物资援助、风险补偿、购买服务等工具，也可借鉴国外 PPP（public-private-partnership）、BOT（build-operate-transfer）、 TOT （transfer-operate-transfer）、 DBFO（design-build-finance-operate）等模式。如城市道路、水利设施等大型资本密集型项目可通过公开招标，运用 BT（built-transfer）、BOT 等融资方式。对水源工程、管道煤气、地下管网、城乡公交等，可以运用特许经营、签约外包、服务购买契约、财政补贴等机制，面向社会资本开放。还可以通过捐赠、赞助、出让命名权等方式调动社会力量参与城乡基本公共产品和服务供给。

9.2　农村微型金融链条化机制设计

构建低成本信贷机制需基于农村社会资本及信贷互联交易资源。用民间信贷交易的有效机制，创新农村微型金融服务方式和产品，对接正规金融与社会资本，贯通资金流，使规模资金"零售化"，规范方式"民间化"。结合广东农村具体实际情况，可从利率市场化、资本扩大化、人力资本积聚化、金融产品创新化四个方面构建新的微型信贷机制（图2-9-2）。

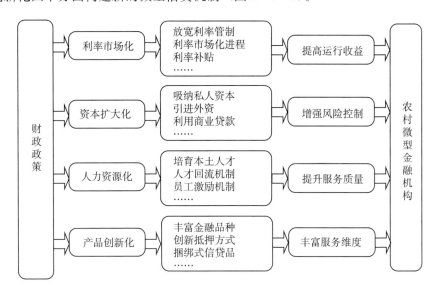

图2-9-2　农村微型金融链条化机制设计

9.2.1　利率市场化

金融是市场化机制配置资源要素的技术，微型金融也不例外。尽管微型金融具有较大外部性，但必须坚持商业化微型金融路径。为提高稀缺资金利用效率，避免人为因素负面影响，应尽量消除对微型金融社会公益性的认识误区，强调微型金融的有偿性，增强贷款使用者的责任感。如表2-9-1所示，国际微型金融成功实践无不采取市场化贷款利率，即可以覆盖成本的利率。国际微型金融利率水平一般较高，存贷差一般可以高达10%～20%，如印度尼西亚商业银行年利率为 18%，而小额贷款最高为其 3 倍以上，达到 63%，而民间的非正规贷款年利率甚至达到 120%。微型金融服务是一种市场经济行为，实现自身商业可持续是生存前提，因此，放开小额信贷利率限制，逐步实现利率市场化是实现微型金融机构可持续性的制度保证。

表 2 - 9 - 1　商业银行、小额贷款机构与非正规贷款的国际年利率比较

国家	商业银行年利率	小额贷款机构年利率	非正规贷款年利率
印度尼西亚	18%	28%～63%	120%
柬埔寨	18%	45%	120%～180%
尼泊尔	11.5%	18%～24%	60%～120%
印度	12%～15%	20%～40%	24%～120%
菲律宾	24%～29%	60%～80%	120%
孟加拉国	10%～13%	20%～35%	180%～240%

资料来源：孙颖. 微型金融在中国的运作模式研究 [D]. 天津：天津财经大学，2008：35 - 36.

从成本视角来看，微型金融机构运营成本远高于传统金融机构，这与服务的客户群体、产业及区域有关。农村地区是信用盲区，弱小群体是信用隐性群体，信用等级评定、相关金融教育培训等使得开发拓荒成本和沉没成本高；产业与农业相关联，受自然与市场风险约束，风控成本高；农村公共产品供给不足，资产要素难以规模化、证券化，产品创新成本高。微型金融发展的适当高利率是与较高的成本相关，收益覆盖财务成本与风险溢价，微型金融才能实现可持续经营。

从政府角度来看，不应当干涉合理的市场利率，每一笔交易的客户条件都是不同的，信用程度、抵质押物、时限与额度等均存在差异化，因而资金价格也应不同。应允许多种利率并存，即扶贫低利率和商业性利率在某些地区可同时存在，事实已经证明低成本的贴息贷款到不了弱小客户手中。建议可将用于补贴的这部分资金作为开展微型金融的配套资金或者入股一些非银行微型金融机构，从而提供更多更好的相关服务。从长期看，中国微型金融不宜采取低利率政策，要想实现微型金融业务的可持续发展，必须使贷款利率能覆盖操作成本，发展方向应是实现市场化利率。

9.2.2　资本扩大化

资金短缺是微型金融的重要短板。单纯依靠政府支持和国际社会的捐助资

金，仅能使微型金融维持短暂的生命力。而市场化融资是资金来源可持续的保障，有助于扩大微型金融的服务规模，更好发挥社会扶贫功能，防止其发生使命漂移。一是可增加私人资本股权占比。利用民间资本的市场参与补充正规金融服务空缺是制度设计的初衷。而根据《巴塞尔协议Ⅲ》的资本充足率要求，资本增长与贷款及其风险资产增长一致，充足的资本才是更大规模服务的前提。而且，通过股权融资，可以使微型金融机构资本结构更为合理，使微型金融机构产权明晰，有助于规范公司治理，健全内控制度，也有利于微型金融机构获得商业资金贷款。二是适当引进外资，这不仅可以弥补微型金融资金缺口，增加微型金融资金来源，也可以带来品牌效益和管理技术，更有利于完善微型金融市场。且此前已有成功案例，如德国复兴银行通过低息贷款和技术支持内蒙古赤峰市的非政府微型金融机构转型，联合国开发计划署帮助赤峰和贵州兴仁县的微型金融机构实行转型，花旗集团资助中国建立了微型金融培训中心，等等。三是可联结商业银行资金。商业银行贷款是微型金融机构获得资金来源的一种可行方式。虽然还没有专业的"小额信贷批发基金"，但越来越多的具备资格和条件的大中型商业银行会采取批发资金、入股、注资等方式涉足微型金融业务，参股、注资村镇银行、小额贷款公司等微型金融机构，从而使这些微型金融机构为更多弱小客户提供微型金融服务。

9.2.3　人力资源化

微型金融应是社区性的，根据哈耶克的局部知识理念，市场竞争是一种发现信息、减少信息不完全和不对称的过程，而贴近存在局部知识具体地点和金融需求者的本土和专业型人才方能使得微型金融实现零距离金融供给。因而，应根据各地差异化"土情"，优化人才资源储备。

第一，发掘和培育本土人才。学历是学识和能力的一个重要标志，但高学历未必高能力。本土人才虽然整体受教育水平可能偏低，但具有通识当地习俗文化、熟悉当地人情关系的便利，具有更好的适应性，这也是发展微型金融的必要条件。所以，需要发掘部分本土人才，尤其是长期在农村信贷市场上做民间信贷的"能人"，在招聘条件上要适当放低学历门槛，有针对性地对其进行职业技能和金融素养培训，使其适应工作岗位需求。这种努力有利于微型金融与民间借贷的联结，可扩大微型金融覆盖面，减少民间"高利贷"，普惠弱小群体。

第二，存量人才优化与高素质人才引进。微型金融机构存量人才大多是机构初创时期的"元老"，在高层次人才不屑惠顾时，是他们用青春热血奉献微型金融机构，在风雨中度过了最困难的时期。他们可能有学历及知识素养等方面的不足，但在微型金融机构稳定发展时期，需要给他们提供深造和充电的机会，有利于优化人才结构。同时，要吸引大学毕业生及博士、硕士研究生加盟微型金融。由于小额信贷组织难于吸引专业人才，可以通过产学研结合，通过实践基地与高校互联互通，将教学与实践结合起来，让一批优秀的金融、财务及管理人员率先进入微型金融机构，了解微型金融使命，通过事业留人。另外，还要通过待遇留人，提高报酬工资吸引人才。还可以通过优惠政策，鼓励贫困大学生回家乡微型金融机构从业，这样有利于微型金融机构更好地融入"熟人社会"，建立信任和业务的开展。高素质的管理人才有利于提高机构的管理效率，降低成本，是微型金融机构发展的重要推动力。

第三，健全人才激励机制。微型金融业属于劳动密集型产业，需要非常大的人力投入和开发，因此激励机制重要。一般针对信贷员的激励机制包括对大量因素的权衡，如是否达到贷款数量和贷款余额指标，或是新老客户的实际贷款数和贷款规模。用风险贷款率来衡量的贷款质量在大多数激励核算中算是一个关键因素。实施经济激励机制的成本和效益要符合机构实际，更应突出长期激励或者非经济性激励机制功能。

9.2.4 产品创新化

通过对小额信贷产品及微型金融机构机制的创新，既可解决小额信贷的信息不对称、担保抵押品缺失等问题，还可降低机构的交易成本和监管成本，实现风险控制。中国微型金融机构小额信贷产品和服务创新不足，基于此，切入重点在以下几个方面：

其一，丰富微型金融服务品种。微型金融服务以小额信用贷款为主，微型金融客户需求不局限于贷款，还有托收、结算、信托、理财、养老基金等多种需求，微型金融机构要以需求为导向创新多样化的金融服务产品，增量信贷主业，拓展中间业务比重。

其二，创新抵押替代品方式。根据现有银行的金融资产保全机制思维，抵押担保是占比较大的信贷制度安排。但由于农村资产产权的不完整，其证券化、资本化受阻。随着农村产权改革，尤其是土地的三权分置、宅基地使用权、集体建设用地使用权的资产权属规范，为资产权能的分置、流转和做活提供了条件。因此，可以根据新的农村土地、房屋等政策，运用新的技术手段，探索农村资产证券化和资本化的实施路径。此外，可以把养殖水面经营权、经济林权、仓单、地上作物的收获权、存栏牲畜、动产抵押、权利质押等存货、收费权益作为抵押品替代，订单农业的订单抵押也可以成为抵押品替代的一种形式。

其三，创新组合性或捆绑式信贷产品。微型金融机构应根据不同层次小微客户主体的差异化需求开发不同的金融产品。创新组合型信贷产品，是将不同类型的信贷产品组合在一起，实行信贷、理财、咨询等综合金融服务，满足多样化金融需求。捆绑式信贷产品，根据小微客户的多类型金融需求是将不同功能、不同性质的信贷产品捆绑在一起进行交易，如将小额信贷与农户保险捆绑在一起，资金要素与风险同时配置并相互支撑。

总之，微型金融产品的创新开发应以客户为中心、以需求为导向，结合产业、客户偏好特点，通过种类、期限、额度、价格、风险等差异化组合实施，如提供周期更长、还款方式更灵活的小额贷款，开发一些具有中国农村特色的储蓄类产品等。

10 政策建议

10.1 以财政政策弥补微型信贷市场外部性

农村微型金融机构的主要使命是修正农村金融市场失灵现象，满足本土农村小微信贷需求。中国农村微型金融市场建设刚刚起步，微型金融市场供给行为具有较大的正外部性，单靠微型金融企业难以可持续发展，会直接导致供给不足。为此，政府需要以财政政策改善农村金融市场生态，促进微型信贷市场机制的运行，具体如图 2-10-1 所示。

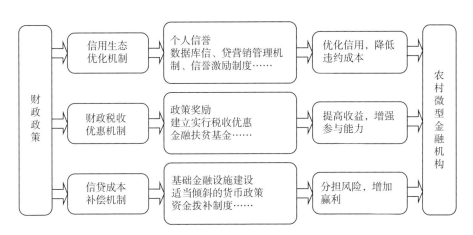

图 2-10-1　财政政策支持微型金融模型

国际上普遍对农业政策性金融实施优惠的财税等扶持政策。中国是农业大国，农业政策性金融地位更为突出，应对其实行优惠的财税政策，如减免所得税与增值税、提高税前风险拨备提取比例、对特殊业务进行利息补贴等，降低其经营成本。

（1）对微型金融实施精准扶持政策

实行税收优惠，减免农村微型金融机构税收。应减免其增值税和所得税，减免的税收用于充实资本金，并允许在税前增提呆账准备金。实行税收优惠是对农村微型金融机构发展支持的国际惯例。例如印度国家农业和农村发展银行免缴所得税、附加税和其他任何关于收入、利润和收益方面的税收，接受捐赠也不缴税。又如泰国政府对泰国农业合作银行免征营业税和所得税。在风险拨备方面，应提高农村微型金融机构风险拨备提取比例，并可税前列支。或者在参照银行业通行标准足额提取普通拨备的同时，建立行业特别拨备制度，促进其稳健经营，增强自身防范和化解风险的能力。

（2）建立微型金融扶贫基金

扶贫基金为微型金融机构提供了一条融资渠道，支持符合条件的农村微型金融机构的资金需求，一定程度解决资金瓶颈问题，还有助于降低流动性风险。以微型金融扶贫基金为后盾提高稳健经营预期可增强社会信心，校正微型金融机构信贷交易的外部性，诱导更多信贷供给。

（3）构建农村微型金融服务的激励机制

对村镇银行、小额贷款公司以及农民资金互助社等专业农村微型金融机构，可由地方财政按其一定期限内的已到位注册资本的适当比例给予一次性奖励，也可以对其提供的信贷额度或其他量化指标实施奖励政策，鼓励其开展农村扶贫项目及农业生产性、生活性贷款业务。对于服务地方优胜者，可以提供配套性服务奖励，如提供微型金融从业人员配偶工作、子女上学便利，在住房、购车等方面享受地方性补贴等，又或提供管理人员培训、挂职机会，定期安排高层次专业人才进行指导，以提高经营管理水平，从而更好服务乡村振兴。

10.2　优化信用生态机制

信用生态就是一种基于"自然秩序和法则"的自发信用体系，它强调的是人文环境的一种自然纯洁和优化，是系统内人与人、人与物、物与物的有机统一和相互依存，以此构建一个全社会的道德诚信体系，降低社会诚信风险和交易成本。农村信用生态的缺陷不在农民的主观不诚信（其实他们对信誉是非常看重的，因为信誉很大程度上决定一个村民在整个村社结构中的地位），而在于客观上风险大而收益低，且缺少财产抵押以及农业生产经营的不确定性大。因此，微型金融机构需要在两个方面着力：一方面建立有约束力的信誉制度，另一方面缓解担保抵押机制缺失，提升微型金融机构的风险控制能力。

（1）建立农户个人信用数据库

个人信用数据库的建立可使得隐性信用显性化，既为微型金融机构提供参考，减少信息不对称，又为信贷农户建立和保存个人信用记录，方便其今后信贷交易，也为其他社会活动提供信用证明，降低交易费用。个人信用数据库建立应由政府牵头、金融机构具体实施。在农户信用档案中，除了基本资料外，还应包括各银行、信用社等提供的个人信贷记录、信用卡使用情况以及社会信用和特别记录等。

（2）完善信贷营销管理机制

一方面，完善内部营销管理结构、机制和人员配备结构，与农村信贷小微客户需求相对应，使综合服务更契合实际。由此减少专用性资产配置，增加通用性资产，人员一员多岗、知识多面，为街道、社区、市场、企事业单位或个人提供全方位服务。另一方面，要完善内部指引，制定《信贷营销管理暂行规定》《信贷营销操作程序》等有关信贷营销工作规章等一系列内部管理机制；还要注重风险控制，制度制衡、内部程序性审核机制与审计稽核、检查监督相结合，及时处理风险隐患。

（3）建立信用激励机制

对于诚信履约的小微客户，微型金融机构可将其列为优质客户，优先满足其信贷需求，并提高其信贷额度、适当调低利率和提高期限。对于主观违约客户，个人信用数据库会记录在案，可能会被金融排斥，即使有下一笔金融交易，也会减低额度、增加利息。违约还与其社会信用挂钩，将对其本人的社会就业、信贷购物等产生影响。要使得信用成为人生最有价值的财富。

10.3 建立信贷成本补偿机制

农村微型金融机构服务群体的弱小性和农业产业的弱质性，决定了其信贷行为的较大外部性和社会公益性，需要政府的扶持和构建信贷成本补偿机制，既包括对农业风险造成的贷款本息损失的补偿，也应考虑因政策性农业贷款优惠利率造成的利差损失补偿。

第一，应加快金融新基础设施建设，拓展覆盖范围，构建微型金融发展新生态。完善农村微型金融支付清算系统，拓宽和延伸支付清算网络在农村的辐射范围，为各类农村微型金融机构提供便捷的资金汇划、汇兑和清算服务，提高资金运转效率。改进农村地区银行卡服务质量，开发适合农村实际的支付结算服务品种，拓宽支付服务渠道，方便"三农"支付。完善新基建，运用互联网、信息通信以及数字金融技术，提供移动支付服务，创造有利于农村微型金融机构发展的生态环境。

第二，要以适当倾斜的货币政策支持微型金融发展。农村微型金融机构是信贷资金专门支农的金融组织，其资金来源不足制约支农支小服务功能，需要建立长期稳定的资金筹措机制。在依靠市场发债筹资，因不确定性较大难以保证稳定资金来源的情况下，中央银行对农村微型金融机构的再贷款需求应予支持。此外，还可以酌情降低或取消对农村微型金融机构的存款准备金要求，使其金融资产最大化利用。

第三，应建立财政补贴资金拨补制度。政府应专设微型金融风险补偿基金，根据农村微型金融机构的涉农涉小业务量，实施合理的经营费用补贴和利差补偿。特别是应对中长期贷款给予必要的财政补贴。可以采取两种补贴方式：一种是中央财政对中长期贷款项目进行贴息；另一种是中央财政通过少量补贴，在农村微型金融机构和商业银行之间建立稳定的中长期信贷资金筹措机制。这样既有利于农村微型金融机构建立长期、稳定、低成本的中长期信贷资金筹措渠道，也有利于商业银行资金扩大出口并回流农村。

主要参考文献

曹辛欣，2007. 小额信贷的利率分析 ［J］. 黑龙江对外经贸（5）：99－101.

成思危，2005. 改革与发展：推进中国的农村金融 ［J］. 经济科学出版社.

杜晓山，2003. 农村金融体系框架、农村信用社改革和小额信贷 ［J］. 农业经济导刊（1）.

杜晓山，2004. 中国农村小额信贷的尝试 ［J］. 现代经济探讨（2）：7－11.

高伟，2006. 当前农村信用社改革需要注意的几个问题 ［J］. 金融与经济（3）.

郭保民，2006. 完善的农村金融体系是建设新农村的重要保障 ［N］. 金融时报，02－20.

郭一先，等，2006. 县域金融功能弱化的几种表现 ［N］. 金融时报，02－28.

韩俊，等，2007. 中国农村金融现状调查及其政策建议 ［J］. 改革（1）.

何广文，2004. 中国农村金融转型与金融机构多元化 ［J］. 中国农村观察（2）.

何广文，2008. 农村金融改革成效及深化改革路径 ［J］. 中国农村信用合作（10）.

焦瑾璞，等，2006. 小额信贷和农村金融 ［M］. 北京：中国金融出版社.

李莉莉，2008. 新型农村金融机构发展进程与阶段性评价 ［J］. 金融理论与政策（9）：24－27.

李莹星，2005. 花钱买不来机制 ［J］. 中国改革（8）.

刘民权，徐忠，等，2005. 农村信用社市场化改革思路探索 ［J］. 金融研究（4）.

刘雅祺，等，2008. 微型金融的发展现状及中国特色模式 ［J］. 金融市场（10）：52－56.

鲁朝云，廖航，2009. 农村微型金融机构的经营风险与管理 ［J］. 金融与经济（7）：79－81.

陆磊，2005. 走在十字路口的农村信用社改革：一个中期评估报告 ［J］. 南方金融（10）.

马晓河，2003. 解决三农问题呼唤农村金融改革 ［N］. 中国经济时报，07－03.

茅于轼，2007. 为什么小额贷款必须是高利率？ ［J］. 农村金融研究（3）：61.

孟恩图雅，2008. 新兴村镇银行目前面临的困境分析 ［J］. 中国商界（4）：9.

秦俊武，2009. 中部崛起战略下湖北新型农村金融机构发展探讨 ［J］. 武汉冶金管理干部学院学报（3）：27－29.

任常青，2007. 中国非政府组织小额信贷机构制度安排的症结与出路 ［M］//程恩江，刘西川. 中国非政府小额信贷和农村金融. 杭州：浙江大学出版社.

陶月英，2009. 新型农村金融机构发展的问题与对策研究 ［J］. 经济金融观察（9）：9－11.

汪时珍，2006. 农村信贷失衡、非正式信贷市场与垂直联结 ［J］. 经济社会体制比较（5）：121－124.

吴国宝，2001. 扶贫模式研究——中国小额信贷扶贫研究［M］. 北京：中国经济出版社：65－71.

武翔宇，2008. 中国农村金融连接制度的设计［J］. 金融研究（8）：156－165.

谢平，等，2005. 农信社改革得失调查［J］. 财经（12）.

谢平，等，2006. 农村信用社改革绩效评价［J］. 金融研究（1）.

徐滇庆，2004. 农村金融改革与民营银行［J］. 当代财经（9）.

张红宇，2004. 中国农村金融组织体系：绩效、缺陷与制度创新［J］. 中国农村观察（2）.

张乐柱，2006. 现阶段农村信用社改革绩效的实证与制度性反思［J］. 改革（12）.

张乐柱，2008. 需求导向的多元竞争性农村金融体系重构研究［J］. 华南农大学报（4）.

张元红，2005. 关于农村信用社的观点综述［J］. 中国经贸导刊（7）.

甄少民，2005. 对农村信用社资本充足率有关问题的思考［J］. 上海金融（8）.

周小川，2004. 关于农村金融改革的几点思路［J］. 新华文摘（21）.

Aghion B A D，Morduch J，2000. Microfinance Beyond Group Lending［J］. The Economics of Transition（2）.

Ardener S，1964. The Comparative Study of Rotating Credit Associations［J］. Journal of Royal Anthropology（94）：201－229.

Arun T，2005. Regulating for Development：the Case of Microfinance［J］. The Quarterly Review of Economics and Finance（45）：346－357.

Aryeetey E，2005. Informal Finance for Private Sector Development in Sub－Saharan Africa［J］. Journal of Microfinance（1）.

Bakhoum I，et al.，1989. Banking the Unbankable：Bring Creditto the Poor［R］. London：The Panos Institute.

Bastelaer T，2000. Does Social Capital Facilitate the Poor's Access to Credit? A Review of the Microeconomic Literature［R］. Social Capital Initiative Working Paper.

Bastelaer T，Leathers H，2006. Trust in lending：social capital and joint liability seed loaus in Southern Zambia［J］. World Development，34（10）：1788－1807.

Berger M，Buvinic M，1989. Women's Ventures：Assistance to the Informal Sector in Latin America［M］. West Hartford：Kumarian Press.

Biggart N W，Castanias P，2001. Collateralized Relations：The Social Relation in Economic Calculation［J］. American Journal of Economics and Sociology（2）.

Chowdhury P R，2007. Group-lending with Sequential Financing，Contigent Renewal and Social Capital［J］. Journal of Development Economics（84）：487－506.

Christen R，2001. In Search of Credibility：Transparency and the Microfinance Industry［J］. MicroBanking Bulletin，b：1－11.

Demirguc-Kunt A，Levine R，2004. Regulations，market structure，institutions，and the cost of financial intermediation ［J］. Journal of Money，Credit and Banking（3）：593 - 622.

Fernando N A，2006. Understanding and Dealing with High Interest Rates on Microfinance：A Note to Policy Makers in the Asia and Pacific Region ［R］. Asia Development Bank：40 - 43.

Fries R，Akin B，2004. Value chains and their significance for addressing the rural finance challenge ［R］. Washington D. C. ACDI/USAID：6 - 123.

Gouldner A W，1960. The Norm of Reciprocity：A Preliminary Statement ［J］. American Sociological Review（4）.

Greenwald B，Stiglitz J E，1986. Externalities in Economies with Imperfect Information and Incomplete Markets ［J］. Quarterly Journal of Economics（5）：229 - 264.

Greuning H，Gallardo J，Randhawa B，1998. A Framework for Microfinance Institutions ［J］. The World Bank，Financial Sector Development Department，12：2.

Helms B，Reille X，2004. Interest Rate Ceilings and Microfinance：the Story So Far ［J］. CGAP Occasional Paper（2）：20 - 23.

Herderson D，Khambata F，1985. Financing small - scale industry and agriculture in development countries：the merits and limitations of commercial policy ［J］. Economic Development and Cultural Change，33：349 - 371.

Hirschland M，2003. Serving small rural depositors：proximity，innovations，and trade - offs ［R］. BASIS - CRSP：2 - 16.

Hoff K，Stiglitz J E，1998. Moneylenders and bankers：price - increasing subsidies with monopolistic competition ［J］. Journal of Development Economics，55：485 - 518.

Kandker S R，Khalily B，Kahn Z，1995. Grameen Bank：Performance and Sustainability ［R］. Washington D. C.：World Bank Discussion Paper.

Laffont J J，Guessan T，2000. Group lending with Adverse Selection ［J］. European Economic Review（44）：773 - 784.

Mcguire P B，1999. Policy and Regulation for Sustainable Microfinance：Country Experiences in Asia ［J］. Journal of International Development（1）：717 - 729.

Meyer R L，2002. The Demand for Flexible Microfinance Products：Lessons From Bangladesh ［J］. Journal of International Development（14）：351 - 368.

Nagarajan G，Meyer R L，2005. Rural finance：recent advances and emerging lessons，debates，and opportunities ［J］. Working Papers：3 - 52.

Nair A，2005. Sustainability of Microfinance Self Help Groups in India：Would federating Help? ［R］. World Bank Policy Research Working Paper.

Ostrom E，1990. Governing the Commons：The Evolution of Institutions for Collective Action [M]. New York：University of Cambridge Press.

Pietrobelli C，Rabellotti R，2004. Upgrading in clusters and value chains in Latin Americas：the role of policies [R]. Inter – American Bank：10 – 95.

Pischke J D，1996. Measuring the Trade – off Between Outreach and Sustainability of Micro-enterprise Lenders [J]. Journal of International Development (8)：225 – 239.

Pollinger J J，et al.，2007. The Question of Sustainability for Microfinance Institutions [J]. Journal of Small Business Management (1)：23 – 41.

Poyo J，Young R，1999. Commercialization of Microfinance：A Framework for Latin – America [R]. World Bank：89.

Tassel E，1999. Group Lending under Asymmetric Information [J]. Journal of Development Economics (60)：3 – 25.

Tsai K S，2004. Imperfect Substitutes：The Local Political Economy of Informal Finance and Microfinance in Rural China and India [J]. World Development (9)：1487 – 1507.

Valenzula L，2001. "Getting the Recipe Right：The Experience and Challenges of Commercial Bank Downscales" in the Commercialization of Microfinance [M]. Bloomfield：Kumarian Press：73 – 81.

Woller G，2002. From Market failure to Marketing failure：Market – orientation as the Key to Deep Outreach in Microfinance [J]. Journal of International Development (14)：305 –324.

Yaron J，1994. Successful Rural Finance Institutions [J]. Finance and Development (1)：32 – 35.

>>>

第三部分
广东省林业资产
资本化的制度研究①

    林业生态环境与碳汇问题已成当今国际关注的焦点，而中国生态环境的达标与减贫和共同富裕的目标迫切需要发展林业产业。曾经的 592 个国家扶贫开发重点县中 496 个分布在森林资源丰富的山区。但林业发展资金成为瓶颈，财政资源有限，林业的天然弱质性使其难以获得外源融资，林业资产资本化融资成为重要技术路径。广东省拥有丰富的林业资产，截至 2014 年底，林业用地面积 1 096.25 万公顷，森林面积 1 082.79 万公顷，森林蓄积量 5.47 亿立方米，森林覆盖率 58.69%。同时广东是全国南方集体林区重点省份之一，集体林地有 1.51 亿亩，占全省林地面积的 91.5%。但"资源多、产业弱、林农穷"是其真实写照，林农们长期守着"金山银山"却富不起来。怎样通过林业资产资本化技术，让集体林地释放出巨大潜力，把山林变成兴林富民的"绿色银行"？

    本研究从宏观视角探析广东省林业资产资本化的制度创新，通过从资本化的前提——产权清晰、资本化的基础——林权估价、资本化的核心——金融产

①   该文是广东省林业科技计划项目"广东省林业金融制度创新研究"（编号：2015-02）报告的一部分。执笔人：张乐柱、孙红。

品交易分析制度约束三方面，以及相应的配套制度创新进行研究，从而实现以资本化金融技术盘活林业资产的目的。研究结论如下：①广东省林业资源资产资本化程度不高。虽然广东持续推进林业碳汇抵减碳排放交易，长隆碳汇造林项目还是全国首例获得国家发改委备案的 CCER 林业碳汇交易项目，但其林业资产资本化程度低，林权抵押贷款是主要产品且贷款额度偏小，林权估价普遍偏低。②广东省集体林权改革为林业资产资本化奠定了良好基础。广东"分股不分山"改革模式更符合林业资源规模经营和风险规模化防范特点，有利于引入社会资金，但还需在林业生态价值维护与林权资本化收益相关方面深化改革。③构建林权交易市场是林业资产资本化的基础条件。南方林业产权交易所做了有益探索，但还需完善林权要素流转交易的市场机制，实现利益分配的内在化激励。④林业资产评估是林业资产资本化的基础。在评估技术不变的前提下，需通过新技术、以县为单位建评估机构、产业链或组织化机制等制度性创新降低评估成本。⑤林业产权的当期或跨期交易是林业资产资本化的核心。林权抵押贷款、林业资产证券化、林业资产入股开发、林业资产转让等都是林业金融产品创新方式。

基于结论，提出几点政策性建议：①林业资产资本化是解决林业产业发展资金瓶颈的钥匙。只有将资产证券化、资本化，使风险与收益（价值）在时空间配置，将林业产业未来收益的一部分贴现，才能使林业产业获得发展的资金与机遇。②创新林业资产资本化产品。除林权抵押贷款外，林业资产证券化是方向，林业资产入股开发、林业资产转让等都是可行方式。③创新林业资产资本化的配套制度。以制度降低交易成本和不确定性，激励合作，如提供政策性森林保险、林权信息管理系统及产权交易平台建设、林业社会化服务体系、林业专业合作组织建设、信用担保服务等。

1 导论

1.1 问题的提出

林业生态环境与碳汇问题已成当今国际关注焦点，而中国生态环境的达标与减贫和共同富裕目标迫切需要发展林业产业。因为 592 个国家扶贫开发重点县中的 496 个分布在森林资源丰富的山区。中国林业资源丰富，据有关测算，农村集体林业资源总经济价值高达 2 万亿元以上，其中经济林和竹林占 90% 以上（高岚等，2013）。新时代乡村振兴成为国家发展战略，其中生态振兴是自然环境的生态化，而林业是生态屏障，是生态文明的基础。林业是以森林为基础的产业，具有保护生态环境、保持生态平衡的作用，也对林区农户具有重要经济意义。林权改革为发展林业经济、盘活林业资产、使林农增收脱贫奠定了基础。广东省拥有丰富的林业资产，森林覆盖率、森林面积等指标均排在全国前列，截至 2014 年底，林业用地面积 1 096.25 万公顷，森林面积 1 082.79 万公顷，森林蓄积量 5.47 亿立方米，森林覆盖率 58.69%。同时广东是中国南方集体林区重点省份之一，集体林地有 1.51 亿亩，占全省林地面积的 91.5%。但广东林业经济发展滞后，"资源多、产业弱、林农穷"是其真实写照，林农们长期守着"金山银山"却富不起来。林业产业发展需要资本，财政资源有限，资金要素配置的主渠道是金融，但长期以来，由于林业自身特点及外部因素，林业的外源融资严重不足，融资成为发展的瓶颈。从金融视角考察，无论是广袤的林业用地、绵延的林木，还是品种各样的林产品，都是资本。无论是经济林、生态林，还是碳汇林都有其价值，均可以视为资本，产生价值和现金流，带动林业经济发展。因此，运用金融杠杆撬动、盘活林业资产，使林业资产证券化、资本化，是满足林业经济融资需求的基本思路。

本研究从制度因素视角入手，探析广东省林业资产资本化的制度因素，从资本化的前提——产权清晰、资本化的基础——林权估价、资本化的核心——金融产品交易分析制度约束三个方面，探讨林业资产资本化的融资路径。以广东省为对象探讨林业资产资本化问题，不仅可以盘活广东省林业资产，解决林农融资难与增收问题，也能促进林区生态建设。

1.2 本研究的创新之处

第一，研究视角的创新。研究林业金融的制度因素，通过林业制度困境的分析，探讨林业资产资本化程度不高的原因，破解对策与路径更加具有针对性。

第二，研究内容的创新。制度约束导致交易成本高昂是林业资产难以资本化的根本制约。本研究正是从此假说入手，将林业资产资本化过程进行了解剖，从其前提——产权清晰、基础——林业资产评估、核心——林业金融产品的当期或跨期交易以及林业资产资本化的配套制度剖析各个环节的制度困境。

第三，分析了美国、日本和英国的林业金融发展经验，以及国内的三大金融体系——财政性融资、政策性金融及商业性金融，并将国内外林业产业金融发展进行了比较研究。

2 理论基础及研究框架

2.1 新制度经济学基本理论

2.1.1 产权理论

马克思的所有权理论是以资本社会为分析对象，以私人所有权为核心内容，把私人所有权作为一种运动于市场机制中的可交易法权，并作为资本的属性和权利。狭义的所有权是指法律上对财产归属关系的权利规定，广义的是指在法律制度上对整个生产关系的肯定。马克思的所有权思想已经包含了所有权的权能结构含义，从使用价值形态上，把所有权理解为狭义的所有、占有、代理、使用四方面的权利；从价值形态上，指出股份公司制度中的所有权是所有、代理、管理三权分离的构造。由此可知，马克思的产权第一等同于所有权；第二是属于上层建筑法权性质的权利，第三是指具有排他性的可交易资本属性权利；第四是动态的生产关系再生产全过程中存在的权利；第五是包含一系列关于资产权利在内的权利束。

西方经济学者从不同角度作出了不同的产权定义。其一，产权是包含多方面权能的权利束。配杰威齐（S. Pejovich）认为，产权包括四个方面的权利：一是使用属于自身资产的权利和在一定条件下使用他人资产的权利，即使用权；二是从资产中获得收益的权利，即收益权；三是变化资产的形式和本质的权利，即处置权；四是全部让渡或部分让渡资产的权利，即交易权。其二，产权是法律或国家（政府）强制性规定人对物的权利。其三，产权是一种人与人之间社会关系的体现。其四，产权是一种形成人们对资产的权威制度方式，是一系列旨在保障人们对资产的排他性权威的规则，是维持资产有效运行的社会制度。阿尔奇安（A. A. Alchian）以资本私有产权为分析对象，认为私人产权一方面是"国家所强制而实施的对某种经济物品的各种用途进行选择的权利"，另一方面产权是市场竞争机制的本质，因此，产权可定义为市场竞争权利机制，把市场竞争视作产权的本质要求和基本属性。其五，从功能出发，将产权定义为一种协调人们关系的社会工具。张五常认为，从功能上看，私有产权包括三个权利：私有的使用权、私有的收入享受权和自由的转让权。德姆塞茨（H. Demsetz）认为："产权的一个主要功能是引导人们实现将外部性较大的内在化的激励。"R. A. 波斯纳概括了产权有效体系的三个标准：一是普遍性，资产普遍有其所有者；二是独占性，在大多数情况下，产权越是独占和完整，资源配置越有效；三是可转让性，自愿自由交易的产权才是有效的。根据刘伟等（1997）对产权的归纳和研究，现代西方学者关于产权的定义中有三点是共同的：①产权是一种排他性权利，这种权利必须是可以平等交易的法权，而不是不能进入市场的特权；②产权是规定人们相互之间行为关系的一种规则，并且是社会基础性规则；③产权是一组权利束，可以分解为多种权利并统一呈现出一种结构状态。

马克思与西方学者虽从不同角度给出了产权的不同定义，但他们都指出了产权的最重要方面：产权的核心是所有权，是一种排他性的可以平等交易的法权，是一组权利束。

2.1.2 交易成本理论

我们把人与自然界发生的关系称为生产技术形式，将人与人之间的关系称为交易。康芒斯最早从经济学角度提出了交易概念：交易是所有权的转移，"不是实际'交货'那种意义的'物品的交易'……"，而是人与人之间的关系，"是一种相互依存又有冲突的关系"。他只是把交易作为对经济理论的最小单位的一种想象的结构，一种研究的单位。交易是有成本的，也即交易费用（或交易成本），包括：第一，通过市场价格机制"组织"生产的成本在于发现相对价格，包括获取市场信息的费用、分析处理市场信息的成本、寻找交易对象、了解市场价格等的费用；第二，每一笔交易的谈判和签约的费用；第三，"利用价格机制也存在着其他方面的不利因素（或成本）"；第四，企业内部组织交易也有成本。1960 年，科斯（Coase）在《社会成本问题》中将交易成本更一般化地拓展开来。交易成本包括度量、界定和保障产权的费用、发现交易对象和交易价格的费用、讨价还价的费用、订立交易合同的费用、执行交易的费用、维护交易秩序的费用等。

T. W. 舒尔茨（T. W. Schultz）1968 年在《制度与人的经济价值的不断提高》中将制度定义为一种行为规则，这些规则涉及社会、政治及经济行为。也有学者认为，制度是界定、规范和处理人们之间利益关系的契约。舒尔茨认为制度是为经济服务的，并作了经典型分类，包括：用于降低交易费用的制度，用于影响生产要素的所有者之间配置风险的制度，用于提供职能组织与个人收入流之间的联系制度，用于确立公共品和服务的生产与分配框架的制度等。制度的目标是：提供一种结构使其成员的合作获得一些在结构外不可能获得的追加收入；提供一种能够影响法律和产权变迁的机制，以改变个人（或团体）可以合法竞争的方式；提供一系列规则界定人们的选择空间，约束人们之间的相互关系，从而减少环境中的不确定性，减少交易费用，保护产权，使人们参加生产性活动。制度安排选择标准在于制度所规定的交易费用——交易成本最小的制度安排是最有效率的。

2.1.3 制度创新理论

"创新"的概念和创新理论是由熊彼特 1912 年在《经济发展理论》中首次提出的。熊彼特认为，创新包括产品创新、技术创新、组织创新和市场创新等。美国经济学家戴维斯和诺斯在 1971 年的《制度变革和美国经济增长》中，继承了熊彼特的创新理论，研究了制度变革的原因和过程，并提出了制度创新模型，发展了熊彼特的制度创新学说。

新制度学派对制度创新的认识主要有以下几个共识。①制度创新一般是指制度主体通过建立新的制度以获得追加利润的活动，包括三个方面：一种是反映特定组织行为的变化；另一种是指这一组织与环境之间相互关系的变化；三是指在一种组织环境中支配行为与相互关系规则的变化。②制度创新是指能使创新者获得追加利益而对现行制度进行变革的种种措施和对策。③制度创新是在既定的宪法秩序和规范性行为准则下制度供给主体解决制度供给不足、扩大制度供给以获取潜在收益的行为。④制度创新由产权制度创新、组织制度创新、管理制度创新和约束制度创新四方面组成。⑤制度创新既包括根本制度的变革，也包括在基本制度不变情况下具体运行体制模式的转换。⑥制度创新是一个演进过程，包括制度的替代、转化和交易的过程。

制度要借助不断创新来拓展自身的绩效范围。若出现预期净收益超过预期成本，一项制度就会被创新。制度创新的成本主要由几部分构成：规划设计、组织实施的费用；清除旧制度的费用；削除变革阻力的费用；制度变革带来的损失及变革的机会成本等。制度创新只有在这样两种情况下发生：一种是创新改变了潜在利益；另一种是创新成本的降低使制度变迁合算。可以说，制度创新是制度主体根据成本效益分析进行权衡的结果，包括三个方面：一是某制度设立与该制度缺位在成本效益方面的比较；二是把同一制度安排和制度结构的运行效益与运行成本加以比较；三是对可供选择的多种制度的成本收益进行比较，选择净收益最大的一项制度。制度创新的终极动力在于追求个人利益最大化，即一项制度安排在预期净收益超过预期成本时就会被创新。

2.2 林业等相关概念界定及研究框架建立

2.2.1 林业、森林、森林资源

谭世明（2009）认为林业是以森林资源为经营对象，提供木材、林副产品和环境生态产品为主的基础产业和社会公益事业。张建国（2006）提出林业是为进行森林经营而组织起来的，进行木材、林产品生产和保护性资源经营且以后者为基础，并以三大效益（生态、经济、社会）集森林资源于一体的基础产业和公益事业。他认为森林资源主要包括森林、林木、林地及依托森林、林木、林地生存的野生动植物和微生物。狭义的森林仅指林地和林木。森林作为一个复杂的生态系统，以庞大的区域规模、复杂的内部结构以及衍生的巨大功能，对人类社会生存与发展发挥着重要作用。1995 年 11 月 10 日，中华人民共和国林业部、国家国有资产管理局发布的《关于森林资源资产产权变动有关问题规范意见（试行）》中对森林资源资产的界定是"主要指森林景观资产、林木资产和林地资产"。

2.2.2 资源、资产与资本

《辞海》对资源的定义为："资财之源，一般指天然的资源"。联合国环境规划署（UNEP）的定义为：所谓资源，特别是自然资源，是指在一定时间、地点条件下能够产生经济价值，以提高人类当前和将来福利的自然环境因素和条件。郭培章等（2001）认为最广泛的资源含义是包含了社会中人类可以用来创造社会财富的所有自然资源和社会资源。资源不是一成不变的，而是一个动态的概念，其内涵及形式随着人类认识的提高、改造自然能力的加强、经济社会的发展和科学技术水平的提高而不断拓展。

《辞海》定义资产是"负债"的对称、资金运动的同义语、会计要素之一，指某一主体由于过去的交易或事项而获得或控制的可预期的未来经济利益，包括各种财产、债权和其他权利。资产是具有潜在市场价值或交换价值的一种实体，是所有者财富或财产的构成部分。资产的定义要求满足两个条件：具有市

场价值和所有者明确。本质上，资源资产是能产生效益且产权清晰的稀缺资源。

资本是一个经济学概念。最经典的是马克思《资本论》中的资本内涵：资本是能够带来剩余价值的价值，资本是一种以物为媒介的人与人之间的社会关系。马克思的资本概念带有意识形态和阶级特征。而蒋正举（2014）强调资本内涵的重点不再是人与人之间的社会关系，而是资源的一种属性，即资本是资源中能够带来价值增值的价值。资本有三个本质特性：增值性，其运营以实现更多资本为目的；运动性，通过自身不断运动获得不断增多的资本；存量性，能产生未来收益流的存量。

在"资源-资产-资本"理论中，资源、资产、资本是资源的三种属性，资源强调的是自然属性，是资源的实物量；资产强调的是经济属性，是资源的价值，是实物量的货币化；资本是流动的资产，是资产价值中能实现价值增值的价值。资源、资产、资本三者是递进关系，有转化的条件。资源价值核算和产权明晰是资源资产化、资产资本化的基础和先决条件，而存在市场则是资产资本化的一个重要前提条件（表3-2-1）（王兆君，2003；蒋正举，2014）。

表3-2-1　资源、资产与资本的属性及特征

属性	资源	资产	资本
特征	自然属性，有使用价值	经济属性，货币化价值、产权明晰、静态的	经济属性，收益性、增值性、流动性

蒋正举（2014）认为资源与资产的区别在于后者具有稀缺性和产权明晰，而资产与资本的区别在于后者有产权交易市场的存在，资源是资产和资本的基础和载体，资本是资源价值的实现。产权明晰、价值核算以及交易市场是资源转化为资产和资本的关键（图3-2-1）。

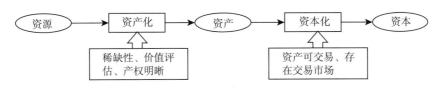

图3-2-1　资源、资产、资本转换关系

2.2.3　广东省林业产业金融制度创新研究的理论框架

本研究遵从由核心到局部的顺序对广东省林业产业金融制度创新展开研

究，首先是解剖林业金融的内核：林业金融的前提是林业资产产权清晰，基础是林业资产评估，核心是林业金融产品交易，三者均是林业资产资本化的重要内容。再者，由于良好的组织绩效不仅取决于组织内部的制度，同时也和组织内部制度与外部环境的融洽程度相关，外部环境的研究必不可少。另外，还从林业资产资本化的配套制度方面进行了研究。

综上，本研究的主体部分是从以上四个方面来研究广东省林业产业金融制度创新，分别是：林业权属、林业资产评估、林业金融产品交易以及林业金融的配套制度（图3-2-2）。

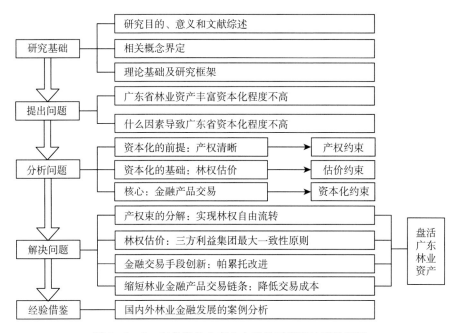

图3-2-2 广东省林业产业金融发展研究的理论框架

3 林业资源特性及产权制度安排

3.1 林业与农业的共性与差异

林业产业既具有一般产业的共性，又具有明显特性。林业产业的诸多内在特征使得林业产权制度安排较其他领域产权安排更为复杂。农业是利用土地资源进行种植生产的部门，而林业是保护生态环境平衡、培育和保护森林以取得木材和其他林产品、利用林木的自然特性以发挥防护作用的生产部门。两者均属于生物生产部门，又是两种不同部类的生产。

（1）林业物品特性

农业产品异于工业品之处在于：多数农产品作为初次产品具有量大、值低、易变质特性。量大值低相对提高了异地交换的运输费用；量大易变质增大了贮存困难和损耗，提高了贮存费用。且除极少数加工品（如酒类）外，多数农产品的使用价值随着贮存时间的延长而降低，增大了农产品待价而沽的风险，降低了讨价还价的能力（孟繁琪等，1995）。而林业是依托森林的生产功能进行的，林业是涉及国民经济第一、第二、第三产业的复合产业群体，其三大产业的产品具有不同行业属性：①林业生产的第一产业以林木培育业为主体。主要是通过种苗培育、营造林木，以实现森林资源特别是用材林资源增长为目标。其产品较农产品同样具有量大、值低特点，但储存期更长。②林业生产的第二产业是以林木加工业、林副产品加工业为主体，即以原木和竹材为原料，通过一定生产工艺生产各种木竹材产品及制品的一系列加工制造业。其产品更符合工业产品耐用、机械化程度高等特征，是林业产业链中获取利润最高的环节。③林业生产的第三产业是以森林旅游业为主体，依托森林景观资源，提供旅游、观光、休憩等休闲活动的服务业。其产品具有非实物性、不可储存性以及生产和消费同时性等特征。

（2）林业生产特性

从生产角度看，林业与农业具有高度相似性，具体表现在以下三个方面。

①经济再生产过程与自然再生产过程交织。农业生产与林业生产的劳动对象都是有生命的植物，其生产是一个有机过程。因此，生产时间和劳动时间的不一致成为农业、林业生产的重要特性。劳动并不贯穿于生产过程的始终，劳动时间只是生产时间的部分，生产时间还包括自然力独立发生作用的时间。因而劳动时间短而集中易于造成农业、林业劳动力过剩与不足并存；生产周期长又导致农业、林业的比较效益相对较低和投资相对不足。②土地是农业、林业生产与再生产不可代替的、最基本的生产资料。其一，农业和林业生产是一种生物性生产，直接利用太阳能，而固定太阳能的多少除同植物品质有关外，还取决于植物体接受阳光的面积。因此农业与林业生产所需土地数量比其他产业生产更多。其二，土地（土壤）是农作物与林木生长不可缺少的水分、养料、空气、热量的供应者和调解者。土地既是劳动对象，又是劳动资料，土地面积的大小、土壤理化生物性质以及土壤肥力高低，决定着生产成果的数量与质量。其三，土地肥力融合了自然肥力和人工肥力，可通过人工措施改良更新成为永续性的生产资料。把土地肥力与劳动者利益相结合，调动劳动者改良土壤的积极性具有重要意义。③农业、林业是资源约束性与资源再生性共存的产业。农业、林业生产高度依赖自然力和自然环境，极易造成年际间的产量波动，具有更大的自然风险。同时，农林业的生产对象都是生物资源，而可再生性正是生物资源的固有属性，是被利用之后能够在一定时期内恢复到可以再次利用状态的资源。

事实上，作为两种不同种类的生产，林业和农业存在着某些显著而重要的区别，表现在：①林业的生产周期相较农业更长。在这个生产周期内，一方面要求林业生产者必须不断地投入活劳动与物化劳动，另一方面在生产周期还没有完结之前，又不可能提供任何有效的产品。②林业对自然力的依赖更大。林业对经济力的要求又高于农业，尤其是山林资源的空间分布广泛，交通条件通常较为不便，对经营者体力的要求高于农业。③林业生产对土地规模的需求更高。造林要成为一种正规化的经济，需要比种植业大得多的土地面积。④森林资源的再生恢复速度更慢。森林资源的再生性具有时空尺度的有限性和可变性。前者表现为林业生产的长周期性使得不合理的经营活动将造成立地条件发生改变或衰退，恢复过程很可能是几十年、几百年甚至是上千年，对人类生产和生活的可持续性失去意义。后者表现为特定地域的森林、不同种类组成的森林是可再生和非可再生森林斑块的镶嵌体，对非再生部分的破坏会延长森林整体的再生时间。

（3）林业功能特性

林业作为国民经济的重要基础产业，为其他行业提供了大量原材料和初级产品。森林是陆地上最大的涵养水源、净化空气、美化环境的"基础设施"，所带来的社会效益、生态效益远大于森林所提供的木材和林产品而带来的经济效益。林业产业是兼有生态、经济和社会三大效益的特殊产业，具有促进经济社会可持续发展的重要作用。

（4）林业权属特性

在林业领域，国家所有和集体所有两种所有制类型具有显著的地域差异和迥然不同的经营管理方式。根据《森林法》规定："森林资源属于国家所有，由法律规定属于集体所有的除外。"因此，从法律角度而言，森林资源归国家所有的地理区域属于国有林区，森林资源归集体所有的地理区域属于集体林区[①]。一般来说，林区不是一个简单的地理区域，它包括在这一地理区域之上的森林生态系统，以及围绕这一生态系统的培育、采伐、加工、利用建立的社会经济系统。这个系统的复杂性在于它不仅包含人与自然的关系，还包括建立的社会经济系统，包括建立在自然资源之上的人与人之间的关系。

（5）林业的经济学属性

森林是构成陆地自然生态系统的主体，不仅包括林木、林地、野生生物等物质资源，还涵盖了森林景观、生态与社会效能等非物质资源。森林生态系统及功能属性输出到社会经济系统，便具有了满足社会个体、群体需求的效用，形成了特定社会经济和制度背景下某一自然生态系统的经济属性，主要包括产权、市场、价格机制、实现产权的交易成本、收益回报等，也体现在用途、功能和属性或其效益的经济特征。经济属性决定了这些功能及服务的生产、供给和消费的特点与规律，进而影响到森林生态系统资源在特定社会经济与制度背景下的高效配置和利用方式选择。

---

①　但通常所指的"南方集体林区""国有林区"，其所代表的地理区域不是单纯的国有或者集体权属的区域。划分北方国有林区和南方集体林区是计划经济年代的产物，是国家为了加强木材流通领域有序流向管理、放活山区经济而出台的一项隔江分治的木材产供管理体制。国家对北方森工企业采伐所产出的木材，实行统购统销，计划调节，统一执行国家调拨价，销售林木所得的利润全要上交国家财政，是高度集中统一单轨操作模式，统称为北方国有林区，囊括北方国有林区森工企业。而在南方，包括福建、江西、浙江、安徽、广东、海南、广西、湖南、贵州及西南、西北部分等省份的林区，一律实行计划调节为主、市场导向为辅的南方林区木材统一产销政策，中央准予木材放开经营，实行议价议销，多渠道流通，统称为南方集体林区。

3.2　林业产权制度安排：特殊性与复杂性

以产权为核心的制度安排及其变迁是影响经济发展的关键性因素。而不同产业的内在属性不同，对制度安排的诉求必然有所差异。厘清产权制度作用于产业经济增长的内在逻辑关系，是理解林业长期发展现状和未来走向的重要前提。

3.2.1　产权制度、功能与产业发展

资本主义自由市场的历史必然性，是以产权制度假定为前提、以合理的法规和秩序的存在为条件的（刘伟等，1997）。在对经济绩效产生影响的诸多制度安排中，产权制度是最重要的。鲍尔和耶梅在《欠发达国家经济学》中就把产权制度等非经济变量作为决定经济发展的重要因素（詹姆斯等，2000）。中国农村家庭承包责任制的实施对农业增长的贡献超过了其他主要因素而成为第一位的贡献因素（Lin，1992）。产权制度是制度集合中最重要和最基本的制度。产权决定经济的激励结构，其主要功能是引导人们实现将外部性较大的内在化的激励。从理论上诠释社会经济活动中人们降低交易费用的努力所导致的组织规模的决定、组织形式的替换、市场与合约的选择，以及制度变迁和创新的机理，对于资源使用决策的制定会产生至关重要的影响，因此也会影响到经济的行为和绩效。通过分配决策制定权，产权制度也决定了经济系统中谁是经济活动的参与者，并且界定了社会财富的分配。

3.2.2　农业产权制度安排及其适应性

中国以"家庭联产承包责任制"的实施为表征的农村土地产权制度变革，被公认为是实现经济增长的根本动力。从"三级所有、队为基础"的人民公社体制到土地家庭承包的演变，其实质是在不变更农村土地集体所有制基础上，通过分离土地所有权、承包权与经营权，将人为割断的农民与土地之间的经济关系又重新衔接起来，打破长期延续并束缚农业生产力的传统集体经济模式，确立农户家庭作为基本经营单元，重新构造了中国农业和农村经济发展所依赖的具有巨大活力的微观基础（郭晓鸣，2011）。

"集体所有，家庭经营"的产权制度安排对农业的适应性集中表现为：其一，农业生产的有机界规律为分散家庭经营提供了可能性条件。农业生物生长

发育的顺序性和继起性，决定了农业生产的各个阶段、环节及各道工序必然表现为时间上的分散化（即不可能同时操作），从而导致农业领域的分工有限性。其二，农业生产是人类劳动过程作用于自然的过程。土地是农业的不可替代生产要素，其空间不可移动性、肥力可变性和收益级差性等特征，使得农业经营具有空间分散性与经营集约性，劳动者应在了解本地资源禀赋基础上发挥比较优势。其三，条件的多变性决定了生产者应有较大的自主决策权。农业活动是不容间断的生命连续过程，又面临自然风险与市场风险双重风险，导致其"成为 种冒险事业"（莫尔豪斯，1982）。生产条件的多变、农业系统反应不确定、信息不规则，导致调节活动无法程序化。高效的农业生产客观要求生产者必须因时因地、随机采取措施，使多变的自然因素不断被组合成适宜农作物生长发育的环境条件。农业生产采取家庭分散经营形式正是这一规律的反应。其四，时空分布的生产特性决定了农业监督成本高。农业的组织化生产容易产生信息不对称、失真及委托-代理问题，而家庭是一个基于血缘和姻缘关系的特殊利益共同体，不局限于一般经济利益，还包括血缘、感情、婚姻伦理等超经济的社会资本纽带，更容易形成共同目标和行为一致性。同时家庭成员易于根据性别、技能和年龄等实际劳动分工，无须精确劳动计量及"剩余权"机制即可解决信息不对称问题。上述特性决定了家庭是农业生产的最适宜组织形态。中国农村产权制度改革正是还原了农户家庭经营形式。

3.2.3 林业产权制度安排的特殊诉求

林业具有农业的一切特征，但也具有其特殊性。马克思指出，林业生产"不适合私人经营，因而也不适合资本主义经营"，有区别的是中国林业家庭经营形式建立在生产资料（土地等）公有制基础上。但当将土地权能束分解后，"强化所有权，保障承包权，做活经营权"的制度安排一定程度上将集体所有权虚化，赋予了承包权的某些私人产权特点。而私人经营林业具有局限性：正外部性带来的市场失灵或导致私人供给不足和低效；私人经营无法满足林业生产对土地规模和技术装备投入的需求；林业的空间分布和区位特征对劳动者体力的要求可能导致私人产权激励功能部分失效；林业的长周期性可能导致私人经营行为的短期化。

林业产业的特殊性决定了林业产权制度安排的特殊性和复杂性，应满足以下要求和原则：第一，林业物品的丰富性要求产权安排对象和内容的多样性。林业的多数产品如林木、林副产品等能够与林地形成某种程度上的分割，林业产权设置对象不局限于土地，而是拓展到森林资源的诸多方面。第二，林业生产的时空特性要求产权安排兼具稳定性和灵活性。林业的生产周期长，自然风险与市场风险并存且自然风险更大，以土地和森林为基础的产权安排稳定且为经营者提供稳定收入预期很重要；以其他林产品为对象的产权安排则应具可流转性；而林业生产对土地规模、劳动者体力的较高需求使得林业资源能够自由流动和聚集。第三，林业的准公共品特性及功能多样性决定了产权安排的差异性。林业是兼有经济、生态和社会效益的产业，且生态效益和社会效益大，外部性难以内部化。因而，以经济效益为主的林业和以生态、社会效益为主的林业应具有差异化的产权制度安排。第四，林业权属的双重体制决定了产权安排主体的差别化。国有林的产权主体是国家（林业局代为行使职能），主要参与者是林业企业及其职工。集体林的产权复杂，既有国家对产权主体——集体在法律意义上的完整赋权，又在实践层面上对其权利边界进行管制，从而使明晰集体林的产权所有者和实施者具有必要。第五，林业的准公共品属性和正外部性对制度创新提出更高要求。林业具有准公共品特性，即效用不可分割、消费非竞争和受益非排他，具有正外部性，易致资源配置市场失灵。而林业又是具有较长生长周期的产业，其生态效益与社会效益需要较长时间的维护和投入。且不同经济发展阶段对林业经济、生态、社会效益的需求侧重点不同，相应制度创新也应与人民群体对具有良好生态、美好生活的期待相契合，关注生态与社会效益，并通过一定机制实现外部性内部化激励。

4 广东省林业金融产业发展现状 ////////////

4.1 广东省林业资源产业发展

广东省地处我国大陆的南部，面积 17.8 万平方公里，约占全国陆地面积的 1.85%；大陆海岸线长 3 368.1 公里，沿海岛屿 759 个（不包括香港、澳门地区）；内陆江河主要有珠江水系（包括东江、西江、北江等）、韩江、漠阳江和鉴江等。广东省地势北高南低，北依五岭，南濒南海，东西向腹部倾斜。北回归线从广东省大陆中部横穿而过，亚热带和热带季风气候使其成为全国光、热、水资源最丰富的地区。省内山地、平原、丘陵纵横交错，北部南岭地区的典型植被为亚热带山地常绿阔叶林，中部为亚热带常绿季雨林，南部为热带常绿季雨林，主要以针叶林、中幼林为主。广东境内自然资源比较丰富，目前已探明的植物类型有 7 055 多种，其中木本 4 000 多种，占全国木本植物的 80%；陆生野生动物 771 种，其中哺乳类 110 种，鸟类 504 种，爬行类 112 种，两栖类 45 种，列入国家一级重点保护野生动物 19 种，二级重点保护陆生野生动物 94 种。至 2014 年底，广东全省林业用地面积 1 076.44 万公顷，比福建、江西和浙江三省都高[①]，森林面积达 906.13 万公顷仅次于江西省，人工林面积也远高于其他三省，森林覆盖率达 51.3%，活立木总蓄积量达 3.78 亿立方米，森林蓄积量 3.57 亿立方米，林业总产值 279.83 亿元（详情见表 3-4-1）。

2007 年，广东省按照国家统一部署试点集体林权制度改革，率先探索了

---

① 江西省是南方集体林区重点林业省，江西省的"三个 2/3"（2/3 的人口在农村，2/3 的面积是山区，2/3 的县是重点林业县）是其省情、林情的基本写照。福建省具有发展林业得天独厚的自然条件，山多林多是福建的一大特色和优势，山地面积约占全省土地面积的 80%，素有"八山一水一分田"之称。福建省历来重视林业改革与发展，林业建设成绩斐然。浙江省素有"东南植物宝库"之称，其森林覆盖率、毛竹面积和株数位于中国前茅。三省均是林业强省和国家级林业重点省，且均是国家首批林改试点省份（2003 年），因此将其作为比较对象。

一条"明晰产权、量化到人、家庭承包、联户合作、规模经营""均股均利"的广东特色林改模式。2012 年，广东完成集体林权制度主体改革，全省完成宗地确权面积 1.41 亿亩，林地确权率为 96.8%，超过一半的县（市、区）建立了林权登记、交易服务管理和森林资源资产评估机构，发放林权抵押贷款 130 亿元。2013 年 8 月，广东省出台《关于全面推进新一轮绿化广东大行动的决定》，提出用 10 年左右时间，将广东建设成为森林生态体系完善、林业产业发达、林业生态文化繁荣、人与自然和谐的全国绿色生态第一省。全省推进生态景观林带、森林碳汇、森林进城围城、乡村绿化美化等四大林业重点生态工程。截至 2014 年，广东完成森林碳汇工程造林 355 万亩，占年度任务的 142%，累计造林 1 100 万亩，占总任务的 73.3%；建设生态景观林带 2 750 公里，占年度任务的 110%，累计完成 8 610 公里，占总任务的 86.1%；新增森林公园 155 个、湿地公园 55 个，建成乡村绿化美化示范村 1 825 个，惠州市继广州市成功创建"国家森林城市"，佛山市被评为"全国绿化模范城市"。

表 3-4-1　2014 年各省份森林资源对比

	广东省	福建省	江西省	浙江省	全国
林业用地面积（万公顷）	1 076.44	926.82	1 069.66	660.74	31 259.00
森林面积（万公顷）	906.13	801.27	1 001.81	601.36	20 769.00
人工林面积（万公顷）	557.89	377.69	338.60	258.53	6 933.38
森林覆盖率（%）	51.3	66.0	60.0	59.1	21.6
活立木总蓄积量（亿立方米）	3.78	6.67	4.70	2.42	164.33
森林蓄积量（亿立方米）	3.57	6.08	4.08	2.17	151.37
林业总产值（亿元）	279.83	323.25	274.18	147.00	4 256.00

资料来源：国家统计局网站（http://www.stats.gov.cn）。

广东省加强政策引导，制定了林业产业发展规划，发展十大支柱产业，促使林业产业转型升级。政府通过发展油茶、珍贵树种和森林生态旅游等，扶持林下经济发展，提高产业惠民效益，使广东省成为全国木材加工业最发达的地区和家具生产最重要的出口基地。广东现有省级林业龙头企业 137 家、省级森林生态旅游示范基地 83 家，建成 130 个大中型林产品市场，24 个林业项目被确定为广东省现代产业 500 强项目。建成商品林基地 6 010 万亩，油茶种植面积达 264 万亩，珍贵树种种植积 110 万亩。林下经济发展面积 1 500 万亩，林下经济产值 239 亿元，森林公园年接待游客约 7 600 万人次。2014 年全省林业产业总产值达 6 336 亿元，是 2008 年 1 404 亿元的 4.5 倍，林业产业总产值连续多年位居全国首位。与此同时，广东创新启动生态公益林示范区建设，不断扩大生态公益林面积，逐步提高补偿标准，从 2010 年至 2017 年，生态公益林补偿标准每年每亩提高 2 元，并从 2013 年起在全国率先实施激励性补偿机制，2 元当中的 0.5 元用于提高所有省级生态公益林补偿，1.5 元用于奖励性补偿，平均补偿标准是每年每亩 22 元。2008 年以来，广东共落实省级以上生态公益林补偿资金 69 亿元，惠及 21 个地级市的 2 600 多万人。与省科技厅合作新设立科技创新专项，大幅提升林业科技投入，攻克一批林业关键技术。基本建立地方性林业法规体系，共有林业地方性法规 8 个、规章 9 个。成功设立中国绿色碳汇基金广东专项，推进林业碳汇抵减碳排放交易，广东长隆碳汇造林项目成为全国首例获国家发改委备案的 CCER[①] 林业碳汇交易项目。

广东长隆碳汇造林项目[②]

气候变化及其影响是当前全球面临的共同环境问题，减少温室气体排放和增强对大气中二氧化碳的吸收固定能力是应对气候变化的迫切需求。森林对大气二氧化碳具重要的调节作用，实施碳汇造林被公认为固定大气二氧化碳最有效的手段之一。森林具有碳汇功能，通过植树造林、科学经营森林、保护和恢复森林植被等活动，增汇减排，是减缓气候变暖的重要途径。

为促进广东省林业碳汇发展，为广东省林业碳汇交易市场提供具备"可测量、可报告、可核查"要求的高质量碳汇信用产品，推进碳汇造林项目碳汇信用的市场化进程，广东翠峰园林绿化有限公司在中国绿色碳汇基金会广东碳汇基金支持下，于 2011 年在广东省欠发达地区的宜林荒山，实施碳汇造林项目，造林规模为 13 000 亩，造林密度每亩 74 株。其中梅州市五华县 4 000 亩、兴宁市 4 000 亩、河源市紫金县 3 000 亩、东源县 2 000 亩。涉及梅州市五华县转水镇、华城镇，兴宁市径南镇、永和镇、叶塘镇；河源市紫金县附城镇、黄塘镇、柏埔镇，东源县义合镇，项目已于 2011 年 6 月完工。

造林选取樟树、荷木、枫香、山杜英、相思、火力楠、红锥、格木、黎蒴 9 个树种进行随机混交种植。该项目苗木选用两年生的顶芽饱满、无病虫害的

---

① 根据《温室气体自愿减排交易管理暂行办法》，参与自愿减排的减排量需经国家主管部门在国家自愿减排交易登记簿进行登记备案，经备案的减排量称为"核证自愿减排量（CCER）"。自愿减排项目减排量经备案后，在国家登记簿登记并可在经备案的交易机构内交易。

② 根据中国林业网（http：//www.forestry.gov.cn）公开信息整理。

一级营养袋壮苗，要求苗高为 60 厘米以上。苗木必须具备生产经营许可证、植物检疫证书、质量检验合格证和种源地标签，禁止使用无证、来源不清、带病虫害的不合格苗上山造林。碳汇造林优先采用就地育苗或就近调苗，减少长距离运苗等活动造成的碳泄漏。为了防止水土流失、保护现有碳库，本项目将禁止炼山和全垦整地。采用穴状割杂的方式清理林地，清理栽植穴周边的杂草，不伐除原有散生木，加强对原生植被的保护。栽植时先在植穴中央挖一个比苗木泥头稍大稍深的栽植孔，去掉包扎苗木的不溶性材料，带土轻放于栽植孔中，扶正苗木适当深栽，然后在苗木的四周回填细土压实，使苗木与原土紧密接触，然后继续回土至穴面，压实后再回土呈馒头状，以减少水分蒸发、保障造林质量。经广东省林业调查规划院核查，本项目总体实施情况良好，成活率高，采用树种丰富，全面完成既定任务和目标。造林模式见表 3-4-2。

表 3-4-2 造林模式

造林模式编号	造林树种配置	混交方式	造林时间	初植密度（株/亩）
Ⅰ	樟树 18、荷木 20、枫香 18、山杜英 18	不规则块状	2011 年	74
Ⅱ	樟树 18、荷木 20、相思 18、火力楠 18	不规则块状	2011 年	74
Ⅲ	荷木 26、黎蒴 12、樟树 17、枫香 19	不规则块状	2011 年	74
Ⅳ	荷木 31、黎蒴 18、樟树 25	不规则块状	2011 年	74
Ⅴ	枫香 16、荷木 20、格木 20、红锥 18	不规则块状	2011 年	74
Ⅵ	枫香 20、荷木 32、火力楠 6、樟树 16	不规则块状	2011 年	74
Ⅶ	枫香 26、荷木 23、格木 25	不规则块状	2011 年	74
Ⅷ	荷木 22、枫香 22、樟树 15、红锥 15	不规则块状	2011 年	74
Ⅸ	山杜英 40、荷木 14、樟树 10、火力楠 10	不规则块状	2011 年	74

注：造林树种配置，如山杜英 40、荷木 14、樟树 10、火力楠 10，表示一亩造林地中山杜英 40 株、荷木 14 株、樟树 10 株、火力楠 10 株。

该项目在广东省林业厅支持下，由中国绿色碳汇基金会资助并提供全面技术服务，根据国家发改委备案的方法学 AR-CM-001-V01《碳汇造林项目方法学》开发。项目申请 CCER 的 20 年固定计入期的减排量，项目预计年减排量（净碳汇量）为 17 365 吨二氧化碳当量（tCO_2-e）。项目计入期为 2011 年 01 月 01 日至 2030 年 12 月 31 日（含首尾两天，共计 20 年），计入期内的总减排量为 347 292 吨二氧化碳当量（tCO_2-e）。该项目第一次监测期（即 2011 年 1 月 1 日至 2014 年 12 月 31 日）内，已产生 5 208 吨二氧化碳当量

（tCO_2-e）的减排量。2014 年 7 月 21 日，广东长隆碳汇造林项目通过国家发展改革委的审核，成功获得备案（发改办气候〔2014〕1681 号），是全国第一个可进入碳市场交易的中国林业温室气体自愿减排（CCER）项目。该项目对于推进可持续发展具有重要意义。第一，通过造林活动吸收、固定二氧化碳，产生可测量、可报告、可核查的温室气体排放减排量，发挥碳汇造林项目的试验和示范作用。第二，增强项目区森林生态系统的碳汇功能，加快森林恢复进程，控制水土流失，保护生物多样性，减缓全球气候变暖趋势。第三，增加当地农户收入，促进当地经济社会可持续发展。

4.2 广东省林业资产资本化发展概要

林业产业特征决定了其更难以获取发展需要的资源要素。在盘活林业资产资源方面广东省做了一定探索，主要是林权抵押贷款，虽具有一定覆盖面，但效果不达预期。据调研，农户和林业企业、合作社等均反映林权抵押贷款额度偏小且估价偏低，只能贷到估值的 20%～40%，难以满足借款者需求。而在林业产品外部性难以内部化且缺乏林业金融产品交易市场的情况下，金融机构缺乏对林业资产资本化创新的动力，仅是在政策支持下开展了林权抵押贷款业务而已，户数不多，效果不大。

广东省林业资源和林业产品丰富，政府也加大了政策支持力度，林权改革进一步明确了林业资源的产权属性，所有权、承包权、经营权的三权分置，改变了"国有""集体"属性下捆绑守贫的状态，林业产业大发展的环境条件已经具备。林业发展与林农、林企增收需要资本，庞大的资产存量则是最大的资本来源，这需要以林业资产资本化的思路，以金融技术做活资产流动性，实现资产的证券化与资本化，突破"资金要素"缺失的限制，改革导致高昂交易成本的林业制度，创新林业资产资本化产品。

5 广东省林业产权演化及产权市场交易

5.1 广东集体林权制度演化历程

在中国森林资源中，集体林占有重要地位，对改善生态环境、促进社会经济协调发展有重要作用。根据 1988 年"六五"全国森林资源清查，集体林业用地面积 17 074.24 万公顷，占林业用地面积的 60.37%；集体有林地面积为 9 885.44 万公顷，占有林地面积的 58.49%；集体林活立木总蓄积占全部活立木总蓄积的 32.82%；人工林面积和蓄积分别占全国相应指标的 75.81% 和 68.50%。集体林主要分布在传统的南方集体林区，以及 1978 年以后不断发展壮大起来的山东、河北、江苏和河南，简称"平原四省"①。20 世纪 80 年代集体林产权制度改革时期曾出现大规模毁林，80 年代末期以后，集体森林面积呈现增长态势。第三次全国森林资源清查期（1984—1988 年）到第八次全国森林资源清查期（2009—2013 年）期间，集体林地面积、有林地面积、活立木蓄积量和林分面积、林分蓄积分别增长了 20.10%、84.45%、109.22%、92.35% 和 146.45%；同期集体有林地生产力和集体林分生产力水平分别比全国相应指标增长率高 3.66% 和 9.80%②。中国林业产权变迁过程中出现了几次森林资源破坏，均与集体林产权制度相关，因此我们梳理剖析了中国尤其是广东省的集体林权制度改革脉络，以期为新时代集体林权制度建设提供借鉴。

5.1.1 土地改革时期（1950—1953 年）

新民主主义革命胜利后，中国在农村开展"第一次土地革命"，依靠政权力量通过没收或征收地主和富农土地，分配给无地和少地农民。1950 年 6 月颁布了《中华人民共和国土地改革法》，规定新的土地所有者可以自由管理、

---

① 国家林业局. 中国林业统计年鉴［M］. 北京：中国林业出版社，2014：1-5.
② 刘璨，等. 中国集体林产权制度改革回顾与展望［J］. 林业经济问题，2019（2）：113-127.

销售和出租土地。其中第 16 条规定:"没收和征收的山林、鱼塘、茶山、桐山、桑田、竹林、果园、芦苇地、荒山及其他可分土地,应按照适当比例,折合普通土地统一分配之"。林地也参照国家土改方案进行改革。1951 年 4 月,政务院在《关于适当处理林权,明确管理保护责任的指示》中指出:正进行土地改革的地区,应将地主的森林和一般大森林,按照土地改革法第十六条、十八条分别处理。同时确定大森林面积标准和管理办法,并规定由县级政府发给林权证书。把林地分配给农民,形成了土地个人产权所有制。截至 1952 年,除一部分少数民族地区和台湾地区,全国基本完成了林地改革,约有 3 亿多农民分配到约为 4 667 万公顷林地。

据 1999 年的《广东省志·林业志》记载,民国时期以前,广东的山林权属只有官有和民有之分;民国时期北洋政府颁布第一部《森林法》,把山林分为国有、公有和私有三种;中华人民共和国成立前,广东的山林主要集中在宗族和私人手中。1951 年 4 月底颁布的《广东省森林登记暂行办法》,对山林进行了登记确权,森林依其所有权分为国有林、村有林、私有林、合作林、团体林五种。1953 年 4 月 20 日,广东省政府印发通知,贯彻中南军政委员会的《关于固定林权及木材管理暂行办法》,明确林权四原则:第一,中农、贫农、雇农自有及富农自耕山的山林应一律保证其所有权不得侵犯,如被没收者应予以退还;第二,富农佃耕及地主自己雇工经营的经济林,原则上也应允其继续经营;第三,应没收的地主山林及公有山林,除人烟稀少距离村庄很远的大森林、大荒山收归国有,由县政府指定专人或乡村人民政府负责经营外,其余一概分配给当地居山农民,即靠近山边的农民个人私有或村公有,大片森林及柴火山、香菇山、小荒山等,以分给靠近村公有为宜,但居山农民田地太少不足以维持生活者,即使较大的森林,也应以一部分分给林农私有,分配后为便于管理和培植,可按照林农依自愿互利原则,组织林业互助或生产合作;第四,凡农民自有或已分配给农民私有及村公有的山林,省政府应发给山林管理执照,确保其完整所有权。所有人对山林的培植、改造和木材及其他山林产品的采伐、使用、出卖、赠与等有完整所有权,各级政府与林业管理机关无权干涉,过去由各地林业机关掌握之采伐批准权,应立即停止执行。

这一时期林权制度安排的环境为,在党的领导下全国取得了新民主主义革命胜利,消灭以地主土地占有制、雇工经营为主要特征的制度。中国共产党兑现"打土豪、分田地""耕者有其田"的革命承诺,对土改中土地私有化制度安排产生了决定性作用。林业产权制度安排的特点也表现为农民成为林地和林木的所有者和使用者，享有完整的林业产权，即包括林地和林木的所有权、使用权、处置权和收益权。由于生产力落后，农民生产条件有限、资金缺乏，林业分散经营面临资金、技术等要素制约，且单家独户难以承担各种自然灾害风险。因此，尽管农民的林业生产积极性高涨，但林业经营效益不高。

5.1.2 农民生产合作化时期（1954—1955 年）

1953 年全国进入有计划的经济建设时期，开始实施社会主义改造。首先是初级合作社阶段。在保护农民土地个体所有制基础上实行农业合作化，其组织形式就是初级合作社。初级合作社不改变"耕者有其田"政策，在个体所有制基础上发展具有社会主义性质的合作经济。山区、林区开建林业生产初级合作社。1955 年 11 月出台的《农业生产合作社示范章程草案》规定：成片的林木一般应逐步过渡到由合作社经营。社员私有的林木应根据以下原则，按照不同情况处理：一是零星树木归社员所有经营；二是需要经常投入劳动的，如果园、茶山、桐山、竹林等由合作社统一经营，由合作社付给合理报酬；三是对松林、杉木等成材林经林主同意，可由合作社统一经营，合作社所得收益扣除护林、采运、运送成本和应得报酬外，其余部分都归林主；四是新栽的幼林交合作社统一经营，林主应得报酬有收益后再付，也可由合作社按照所费工本收买，转为合作社共有。1955 年下半年，初级社比重从 14% 提高到 59%。

当时广东与全国一样，山林所有权属基本不变，承认农民的山林私有权，保留林地报酬。采取自愿方式组成林（农）业初级合作社，即将农田、山林入股，耕畜、农具等折价入社，确定入股成员与合作社的分成比例，农民可保留自留山、自留林、自留树。制度实施具有渐进性，按照自愿与互利原则，通过示范推行劳动互助、生产资料和林地合作制度，把林地农民私有私营改为农民私有、集体统一经营形式，此阶段的林地制度安排有利于改变林地分散细碎化经营格局，有利于林地统一规划与生产资料的集中利用以形成规模收益，降低林业生产经营成本，提高林业生产效率，促进了林业发展。

5.1.3 集体化时期（1956—1977 年）

（1）高级合作社阶段

初级合作社的绩效催生了合作社的高级化。根据《高级农业生产合作社示范章程》规定，除少量零星树木仍属于原社员私有外，幼林、苗圃、大片的经济林和用材林都应根据收益大小及当时的材积等作价转为合作社集体所有，折价入社的山林由合作社每年年终分红逐步偿还。农村原有的各种山林所有制转化为单一的集体所有制形式。截至 1956 年 6 月，全国高级社比重为 11%，1956 年底上升至 51%；1958 年 8 月上升为 88%，到 1958 年 9 月达 100%，全面实现高级社。

具体到广东省，至 1956 年下半年，广东省普及了林（农）业高级合作社，基本上完成林地集体所有制取代林地私有制，林地的农民私有化转变为合作社的集体化所有。除少量房前屋后零星果木仍属社员私有外，合作社拥有森林、林木、林地的所有权、使用权、收益权和处分权。林农不再是林地的所有者，也不拥有林地的使用权，仅仅只是"社员"，即高级社所雇佣的、在林业部门就业的雇员。高级社取消了林地报酬，收益无偿归集体所有，集体拥有林业生产资料的支配权和使用权，实行集体统一经营、按劳分配。林业产权"归公"自然引起林农的本能反应，引发一些地方乱砍滥伐林木行为。1956 年 7 月至10 月间，广东廉江县群众在入社前把 13 个山头全部砍光（刘璨，2006）。该时期的林业产权制度安排更大程度上体现了国家意志和国家利益，严重挫伤了农民林业生产积极性，而且在"退出权"受限情况下农民开始"偷懒"，林业发展缓慢。

（2）人民公社阶段

1958 年 8 月，中共中央通过了《关于在农村建立人民公社的决议》，人民公社化运动很快在全国农村范围内广泛展开。此后林地仍然属于集体所有，但集体由高级合作社转变为人民公社，将原合作社的土地、山林、耕牛等生产资料全部归公社所有。一些地方在农业生产合作化时期需偿还折价款的折价山林，全部低价甚至无偿归人民公社集体所有；一些地方建立了社队林场（后称"集体林场"）经营管理集体山林。截至 1960 年 9 月，全国乡村林场发展到8 万多个，这种集体所有、集体经营的专业化林场成为很多地方发展合作林业的重要力量。人民公社制度实施"一平二调"[①]，林地和森林资源产权关系变换频繁。林业经营以生产队或生产大队为主要经营单位，农民丧失对林地与森林资源的控制权。人民公社体制决定了农民对森林和林地资源不关心，产权残缺必然导致团队劳动监督成本过高和劳动激励过低的问题（林毅夫等，1992）。

---

① 即大搞平均主义和无偿调拨生产资料和生产要素。

1961 年《中共中央关于确定林权保护山林和发展林业的若干政策规定（实行草案）》（即"林业十八条"）出台，其核心是确定和保护山林权属："高级合作社时期，初级合作社、生产队集体所有的山林和社员所有的山林，应该仍然归生产队和生产大队集体所有和社员个人所有"，"高级社时期确定归社员个人所有的零星树木，社员在村前村后、屋前屋后、路旁水边、自留地上和坟地上种植的树木，都归社员个人所有"，"人民公社以来和今后新造的各种林木实行'谁种谁有'的原则，国造国有，社造社有，队造队有"。

"一平二调"也引起广东省林木的乱砍滥伐，林业发展严重受挫。"林业十八条"出台后，广东开展"四固定"工作①，对林业生产进行调整，制止乱砍滥伐林木行为，恢复林区生产秩序。1961 年 6 月 11 日，广东省委发出《关于贯彻山林政策问题的指示》，落实山林权属，形成五种基本形式：一是生产队所有和经营；二是大队所有，固定包给生产队经营或者大队直接经营；三是部分归大队、部分归生产队所有和经营，或者大部分归生产队、小部分归大队所有和经营；四是公社所有和经营；五是国家所有和经营，其中以第一种形式居多。据 1963 年 6 月的不完全统计，广东省有 1.66 万个大队落实了山林权，占广东省 2.03 万个有落实山林权任务大队的 81.8%。但还存在诸多问题，如面积不落实，尤其是国有林场与集体山林界限不清；有的地方社员林木入社的折价款没有偿清；在山林划分确权的反复中造成山林权属不清，成为引发山林纠纷的潜在诱因。

总体评价农业生产合作化时期的林业产权制度是难言其成功的，这一时期既有探索中的前进，也有违背规律后的森林毁坏，更有集体化所带来的对农民个体产权与利益的剥夺与侵害，这些深刻影响了人们的行为（不合作博弈），即使改革开放四十年之后影响仍在，这些都是值得理性反思的。

5.1.4 改革初期林业市场化制度探索（1978—2007 年）

（1）改革初期的国家政策变化

1978 年的十一届三中全会标志着中国改革开放的开启。农村以土地要素产权为核心的"集体所有、集体经营"制度改变为家庭联产承包责任制。随之

---

① 1960 年 11 月，中共中央发布《关于农村人民公社当前政策问题的紧急指示信》，规定生产队是人民公社的基本核算单位，生产小队是组织生产的基层单位，劳力、土地、牲畜、农具必须坚决地实行"四固定"，固定给生产小组使用，并登记造册，任何人不得随意调用。

林业发展也迎来了契机，在共有产权不变的情况下，出现了以家庭经营为主导的多种产权林业经营模式。1981年3月，《关于保护森林发展林业若干问题的决定》发布，提出要稳定山林权属，划定自留山，并落实林业生产责任制。截至1983年，有65%的县市和79%的生产队完成了林业"三定"工作，划定自留山面积0.11亿公顷，占全国山林总面积的4.3%。到1984年底，95%的集体林场完成了山权和林权的划定，划定自留山面积0.17亿公顷，占全国山林总面积的6.3%。1984年9月《中华人民共和国森林法》颁布，1986年5月《中华人民共和国森林法实施细则》发布，据此，全国县级以上政府给9 700万公顷集体山林重新颁发了林权证，给5 600多万户农民划定了3 000多万公顷自留山。自留山由农民自主经营，农民拥有使用权和收益权。全国5 000多万公顷山林建立了各种形式的林业责任制，山林所有权归集体，由农民承包经营管理，收益比例分成。1987年中共中央、国务院20号文件规定："集体山林没有分的不得再分，已经分的要积极引导农民实行多种形式的联合采伐、联合更新造林"。这一时期的集体林产权是以家庭经营为基础，股份经营、合办林场、专业户造林（或管理）、国家与乡村（或个体）联营等多种形式并存的格局。

（2）改革初期的广东省林业产权制度

其一，广东林业"三定"阶段。1978年3月至1979年7月，广东省开展了森林资源连续清查（初查）工作。经查，广东省共有林业用地1.84亿亩，其中集体1.52亿亩，占82.6%；有林地0.88亿亩，其中集体0.70亿亩，占79.5%；活立木蓄积2.32亿立方米，其中集体1.55亿立方米，占66.8%。1981年3月，中央发布《关于保护森林发展林业若干问题的决定》，提出要稳定山林权属，划定自留山，并落实林业生产责任制（简称林业"三定"）。同年6月，广东省印发《关于稳定山权林权和落实林业生产责任制的决定》，开展林业"三定"工作。截至1987年底，广东省核发山林权属证书面积占划定权属面积的79.7%，达826.67万公顷（不包括海南岛），农民自主经营自留山，拥有自留山的使用权和收益权，并且建立了各种形式的林业责任制，由农民承包经营管理，山林所有权归集体，收益类似于分成租佃安排，按照比例分成，个别地区采取固定租金。林业"三定"促进了林农耕山营林，尤其是南方集体林区。但林业"三定"简单抄袭大田包干模式，集体山林一律按"好、中、差""近、中、远""幼、中、成""杉、松、杂"切块搭配方法分配，形成"一主多山，一山多主"的林业细碎化经营格局，且界址与四至不清导致林权纠纷频发。而农民对于林地与林木产权预期不稳定，出现了大量砍伐森林现象。1987 年中央文件规定："集体山林没有分的不得再分"，部分地区还将已分林地又收回来，集体林权制度改革严重受挫。

其二，林业市场化运作时期。1995 年的《关于森林资源资产产权变动有关问题的规范意见（试行）》赋予了林农对自己经营的林业资源产权进行流转的权利，这是国家首次规定可以进行产权流转，有利于提高林地的使用效率和经营效益。1997 年广东省《外商投资造林管理办法》的颁布成为全国鼓励外商投资造林的开端。之后，又率先实施林业分类经营改革，以市场化运作方式对"四荒"进行拍卖，推进了荒山、荒沟、荒滩、荒丘使用权流转；并在全省范围内开展林权登记、换发证书等基础工作。1998 年，广东省被确定为全国唯一的省级林业分类经营改革示范区，实行经济林和生态林分类经营。2003 年，广东率先提出建设林业生态省目标，授予林业生态县 51 个、林业生态市 2 个。此外，还大力发展工业原料林、木材加工、林产化工业、珍贵用材林等，截至 2008 年，广东省林业总产值连续 5 年居全国首位。该时期制度变迁呈现强制与诱致相结合、诱致性色彩更浓的特点。一方面是林地使用权主体地位提高，经营主体通过林地流转、拍卖等市场交易方式获得的林地使用权更具有稳定性。另一方面是产权主体多元化和经营方式多样化。最初使用权主体只能是集体组织成员，后来则鼓励社会单位和集体以外个人参与，本集体组织内的农民只享有优先权。且经营方式采取了私营、集体、股份合作制等多种方式。但该时期的林业产权制度改革仍然体现出环境条件对制度安排的内在约束。

5.1.5 新时期集体林权制度改革（2008 年至今）

20 世纪 80 年代的集体林产权制度改革为后续改革奠定了基础，但也出现过因产权不清、改革反复从而导致毁林事件发生的教训。纵观改革开放后的林权改革，中国集体林所有权和家庭经营的基因没有变，变得是集体林地承包经营权的实现形式（刘璨等，2019），中国集体林地使用权和林木所有权仍是以家庭经营为主导的产权模式。2002 年《农业法》《农村土地承包法》、2004 年《宪法》《土地管理法》以及 2007 年《物权法》等法律的公布，使得集体林业发展的环境发生了重大变化，为新一轮集体林产权制度改革提供了保障。新一轮改革迫切需要解决集体林地林木存在的权属不清与利益分配不合理、集体林经营管理机制困难、林地林木流转不规范等问题，实现让农民从森林资源经营管理中获取更高经济回报与森林资源生态可持续发展的目标。由此，国务院牵头组织了"中国可持续发展林业战略研究"，提出了完善和改革集体林产权制度的政策建议。2003 年《关于加快林业发展的决定》出台，福建省率先试点以"明晰产权、减轻税费、放活经营、规范流转"及家庭经营为主要特征的新一轮集体林产权制度改革，并于 2008 年在全国范围内推广。要求用 5 年左右时间，基本完成明晰产权、承包到户改革，形成集体林业良性发展机制。同时实现林权合理规范流转、林权抵押和林业社会化服务等配套制度改革。

2008 年，广东省颁布《关于推进集体林权制度改革的意见》，实施新一轮集体林权制度改革。不同于全国普遍的"均山、均股、均利"模式，广东林改模式是独具特色的"均股均利"制度安排，要求"明晰产权、量化到人、家庭承包、联户合作、规模经营"。将占集体林地面积 70％左右的自留山、责任山确权到户；对一些生态区位重要、不适于分山到户的林地采取"均股均利"方式，将经营收益的 70％以上均分到农户。并建立森林资源资产评估体系和社会化服务体系，推进林业投融资与林业体制改革等配套。相比于其他省份的集体林权制度改革，广东省的"均股均利"集体林权制度设计，践行的是"还权于民"理念，通过明晰产权，还权赋能，为林业资产的资本化——利用金融技术盘活林业资产、在时空维度上配置价值与风险创造了条件，也为林业资产的所有者、承包者、经营者利益分割、共同合作提供了平台。

总结广东省集体林权制度改革的历史演进过程，如表 3－5－1 所示。

表 3－5－1　广东省集体林权制度改革的历史演进

项目	第一次改革	第二次改革	第三次改革	第四次改革	第五次改革
时间	1950—1953 年	1953—1956 年	1956—1981 年	1981—2008 年	2008 年至今
改革主题	土地改革	农业生产合作化	农业生产集体化	林业"三定"与林业市场化运作	新一轮林权制度改革
改革环境	新民主主义革命胜利	向社会主义过渡与推进工业化	向社会主义过渡与推进工业化	家庭承包制的成功与市场化改革	经济快速发展与增长方式转型
主导因素	实现耕者有其田	合作生产与工业化战略需要	进一步推进合作生产	复制农地改革与林业发展	农民增收、生态保护、林业发展

（续）

项目	第一次改革	第二次改革	第三次改革	第四次改革	第五次改革
改革内容	分山到户，农民拥有林地	农民依然拥有林地，保留林地报酬	林地收归集体，组织集体经营	稳定山权、划定自留山、确定责任制、四荒拍卖	坚持以家庭承包经营为基础，多种经营形式并存
权属情况	农户拥有完备林权	农户拥有完备林权	山林完全集体化（归合作社）	林地所有权归集体，经营权归农户	林地所有权归集体，经营权归农户

5.2 广东省林权市场交易

随着我国集体林权改革主体任务的基本完成，27亿亩集体林地被分散到8 000多万农户手中，催生了林权流转交易市场。构建林权交易市场是林业资产资本化的基础条件，具有林权交易市场，林业金融产品才能在市场上交易，借助市场的价格发现功能和反应稀缺性的信息功能，才能实现林业资产的价值和风险在时空上进行配置。我国2009年6月推行集体林权制度改革以来，林权交易逐步市场化，并日益受到资本青睐。然而，林地私下流转曾经一度盛行，部分地方还出现"价格过低、面积过大、时间过长"等"三过"现象，以及权力寻租、暗箱操作等腐败问题，严重损害了林农利益。为规范林权交易，各省开展了一系列有益探索。

(1) 南交所的林权交易市场探索

2009年11月，在整合江西53家县级林权交易中心基础上成立的南方林业产权交易所（简称"南交所"），是我国第一家区域性省级林权交易所，是林权市场迈向资本市场的标志性产物。南交所将林业资源与资本联系起来，其网络化"场内交易"，可公开公平地自由竞价，实行流转价格能比保留价溢价两成左右。整个交易在网络上全程公开，所有报价操作痕迹都同步记录在数据中心，竞拍者的信息保密，减少了暗箱操作、围标、串标等行为，也降低了信息不对称下的小林农及投资者双方交易费用，推动资本加速向林业"洼地"汇集。促进了林地项目流转，缩短了林业投资回报周期；还通过林权抵押担保、提供专业的林业资产评估等中介服务为林业金融提供支持，促进了林业要素的资本化。

专栏（一）：南方林业产权交易所

南方林业产权交易所是一家从事林权、林地、林木流转的专业机构，位于江西省南昌市，于 2009 年 11 月 7 日正式挂牌成立。南方林业产权交易所的主要职能：①拟订江西省林业产权交易市场建设总体规划和中长期发展规划，并付诸实施；②整合、建设、运营和指导管理江西省林业产权交易市场的动作使之合理、规范、统一；③提供林权、林业企业股权、林业科技成果（项目）、大宗林产品转让的服务；④开展林权抵押贷款、森林保险、森林资源资产评估、林业法律法规和政策咨询等服务；⑤开展森林碳汇储备交易和碳排放交易；⑥开展林地收储服务；⑦开展林产品中远期期货交易；⑧开发林业产品商城——一个交易平台，提供免费开店或买卖林产品及相关服务。

南交所的运作模式：其一，采取会员制。林业产权交易分支机构作为南交所的交易会员单位组织交易，经纪机构作为经纪会员参与经纪代理业务，中介机构作为中介会员参与评估、担保等中介业务；挂牌方和竞价方可委托在南交所注册的经纪会员代理进行交易，也可直接向交易会员单位或南交所提出申请进行交易。其二，网上交易。南交所致力于建立统一交易平台、信息披露平台、交易规则、支付平台和监管平台等"五统一"体系，并以此为平台整合形成区域性林权交易市场。南交所实行网上竞拍和现场竞拍相结合的交易方式，网上和现场所有举牌报价均进入远程交易系统数据库，所有报价以网上记录为准。

业务模式主要有：①林权交易。涉及业务品种：林地使用权、林木所有权、林产品、国有林场和企业资产、政府投入的项目工程等。②林权抵押贷款。用林权证作抵押向银行贷款，贷款期限 3～10 年不等，贷款利率参考基准利率上浮 20％。③林产品网上商城。为林农和中小林业企业提供网上开店业务，为交易双方提供托管结算业务。④林业产业园区建设。第一期设计园区面积 2 000 亩，第二期拟扩大至 8 000 亩，将产业园区建设成为辐射南方的重要林业加工园区。⑤森林资源调查和评估。以专业技术人员对林地进行调查，形成对林区资源的准确调查资料；对林地进行估值，出具有法律效力的评估报告。

截至 2011 年底，南交所已经开展林地、林木等林权交易 1 100 多宗，成交 58 万多亩，成交金额近 13 亿多元；截至 2013 年，南交所实现了林地、林木累计成交近 90 万亩，成交额近 23 亿元，初步辐射到了湖北、安徽、福建、广西、四川和湖南等 20 多个省市的林业投资者，被国际粮农组织授予省级林权交易示范点。2012 年 4 月 15 日，南方林业产权交易所启动了公司化、市场化、资本化运作林权市场的步伐，引进战略投资者注资 5 000 万元组建了南北联合林业产权交易股份有限公司。

（2）广东省林权改革实践

广东是全国南方集体林区重点省份之一，集体林地有 1.51 亿亩，占全省林地面积的 91.5%。林改之前，产权归属不清、权利责任不明、经营机制不活，林农发展林业的积极性不高，长期守着"金山银山"却富不起来。释放集体林地潜力，首先产权应该明晰，"产权的一个主要功能是引导人们实现将外部性较大的内在化的激励[①]"。产权必须是可以平等交易的法权，是构成市场机制的基础和运动内容，否则便没有市场经济；是规定人们相互行为关系的一种规则，并且是社会基础性规则，具有将外部性价值制度性地转化为内在性价值的可能；是一种权利束，可以将其区分为所有权、支配权、处置权、收益权、使用权、经营交易权、剩余索取权等。就集体林业产权而言，所有权属于集体，其他参与主体只有承包权、经营权等权能。只有产权明晰，才能调动市场主体参与寻利的"动力"，也才能将标的资产进行市场化配置，进而实现"个体所有制基础上的联合"。其次，需要建立林权要素自由流转交易的市场机制。划清林业产权边界是实现林权自由流转和实现林业资产资本化的前提条件，而林业的特殊性使划清界限成本高昂，如何能够低成本地界定产权？广东省探索了"均山、均股、均利""分股不分山，分利不分林"的特色林权改革路径，为实现广东省林业资产资本化提供了较好的基础条件。

专栏（二）：广东省的"均股均利"林权改革制度模式

2008 年 8 月，广东省出台《推进集体林权制度改革试点工作方案》，选取始兴县、四会市、博罗县开展集体林权制度改革试点。从广东省的省情和林情出发，改革制度模式围绕"明晰产权"进行设计。首先，从资源禀赋看，广东

---

① 德姆塞茨. 关于产权的理论［M］//科斯，等. 财产权利与制度变迁. 上海：上海人民出版社，1994：97.

集体林地 1 006.7 万公顷，占全省面积的 62%，占全省林地面积的 91.5%。但由于 20 世纪 80 年代林业"三定"时期就已将部分集体林以自留山（14.4%）、责任山（13.7%）形式分给了农民，现有仍然实行集体统一经营的林地面积为 525.8 万公顷（52.2%），对应 3 900 万农村人口，全部划分到户后，理论上人均不足 0.13 公顷，那将会导致林地严重细碎化。其次，长期实践印证了市场的规模化经营需求。"分山到户"后的林地细碎化不利于林业经济发展。一是统一经营的林地已发生了较大规模的流转，二是联户经营、合作专业社承包经营等规模化和产业化组织形式也不断涌现。据广东省林业局2008 年数据显示，全省森林覆盖率由 20 世纪 80 年代不足 30% 提高至56.3%，实现了生态与产业的同步发展。再者，1997 年广东省就颁布《外商投资造林管理办法》，吸引了大批外商、民营企业和林业大户等社会资金投资造林，此次林改应该依法保护其合法权益。

这次林权经营管理制度改革，首先要明晰产权，尤其是产权主体模糊的集体经营山林的权属。通过三权分置，在明确集体所有权的前提下，确保承包权的收益，同时做活林业林地及林产品的经营权。改革既需照顾公平，也要降低交易成本，只有制度变迁的收益大于成本，市场主体才有动力通过改革获取制度创新收益，也才能提高林业资源配置利用效率。因此，解决利益冲突和保持社会稳定的途径就是实行"产权明晰、界线模糊"策略，绕开过于复杂的历史纠纷，将改革过程中的摩擦成本降低，以增量改革化解存量矛盾，创造较为宽松的制度环境。

广东省对自留山和责任山的改革，承接上次林改，将合作组织（集体）统一经营山林作为改革的核心部分，以"均股"方式按人头分配给合作组织成员（村民）；以"均利"方式按股份分配经营收益；已流转集体山林和国有林地维护现有经营格局，但要将利润与合作组织成员（村民）分享。集体山林分股后可通过公开招标、租赁、转让、拍卖等方式依法流转，其经营和流转所得收益的 70% 以上均分给集体经济组织内部成员，其余部分留作集体公共开支。生态公益林补偿将形成自动增长机制，逐年提高（2008 年为 150 元/公顷，2009 年增至 180 元/公顷）；集体土地所有者出让、出租集体建设用地使用权取得的土地收益分配，按《广东省集体建设用地使用权流转管理办法》的规定执行。在坚持森林采伐限额管理前提下，拥有林权证的经营者可依法自由种植、买卖林木。据调查，各地村民有权将林地或林木转包给本地及外地的购买者，无须村委会授权，但采伐指标仍然受到总量控制。且无论采取何种形式，都需经村民会议 2/3 以上或村民代表会议 2/3 以上成员同意，方可实施。山林经营者可采取转包、互换、转让等方式依法流转林地经营权和林木所有权。为降低成本和规范林权流转，建立林业交易中心，始兴县、四会市已分别建立了森林资源评估中心和林业产权交易中心，为林权改革提供服务和交易平台。

广东林权制度改革模式创新取得了较好绩效：

其一，关注了效率与公平的均衡。一方面利益在群体间共享。改革总体上实现了村民之间、村民与村集体之间、村民与承包经营者之间的利益平衡。组织内每个成员平等享有集体山林的权益，村民与村集体按 7：3 分配收益；并且将承包合同修正完善，林地租金逐年增长，使经营者分利于所有者。另一方面，实现了配置效率的帕累托改进。"均股"可使林农凭借《股份权益证书》获取收益，林权证"联户发证"的试行①有利于林权流转和规模经营，基本达到"林农增收、林业增效"、降低改革成本、提高林地经营效率的预期。通过将林地租金从 52.5 元/公顷调整至 112.5～120 元/公顷并进行收益分配，在较短时间内给林农带来了实际收益增长（表 3－5－2）。

表 3－5－2　林改后（2009 年）试点县林业收入增长状况

试点县市	涉林收入增幅（万元）	受益农户（户）	户均收益（元）	人均收益（元）
始兴	727	43 000	169	40
四会	2 508	78 300	332	83
博罗	2 102	75 000	280	70

其二，林业生态得到优化。林权改革实施后，始兴新增造林面积 800 公顷；四会森林覆盖率从 50.9％增至 55.2％，林木总蓄积量增加 17 万平方米；博罗森林覆盖率从 48.2％提高到 55.2％，林木总蓄积量增加 27.8 万平方米。

专栏（三）：广东四会"均股均利"集体林改新模式

四会市有林业用地面积 98.3 万亩，其中集体林地面积 94.23 万亩，是广东省林改试点之一。2008 年四会开始进行林权改革，本着惠及农民、有利林

---

①　即按村民小组发放林权证，注明各户林地范围，由村民选举一个代表保管，将分散的林地和户主统一在一个证上。

业持续发展的原则，探索出了"明晰产权、量化到人、家庭承包、联户合作、规模经营"的集体林权制度改革新路子。对集体山"均股均利"，四会市采取了三种方式：一是由村民小组集体统一管理的商品林，集中登记备案，均股到人，按股分利；二是由村委会统一经营的山林，以村委会集中股权登记备案形式，确股到各村民小组，按股分利；三是已划定为生态公益林的集体山林，由集体组织统一管理，实行"确权入股，确权确利"。

"均股均利"林改模式，一是推动了四会市林业发展，森林覆盖率从林改前的 50.9% 提高到 55.2%，林木总蓄积量增加了 17 万立方米，2018 年全市实现林业产值 8.2 亿元。二是集体山林均股到人，以股权形式明确了产权，由集体对外承包，一样有分红，使农民腾出精力发展其他经营增加收入。三是改革后集体山林基本实现了集约经营效益。林地由集体统一管理，有利于山林连片规模经营，造就了一大批山林承包种植大户，有规模承包山林户 1 000 多户，利用山地连片种植柑橘的大户 1 000 多户。其中邱少伟承包经营山林面积 4 300 多亩，成为四会承包山林面积最大的经营户。同时，实现了农民利益共享，直接使 7.83 万农户 22 万农民受益，2009 年四会市农民来自林业的收入增加 2 508 万元。四是林权改革为资产的资本化利用创造了条件。如邱少伟拟林权抵押贷款 500 万元用于扩大经营规模；曾庆辉以自家种植的桉树作抵押，向当地农业银行贷款 100 万元用于他承包的 1 000 多亩山林扩大种植经营；同期申请贷款的还有另外 5 个山林承包经营大户，意向贷款总额达 800 多万元。2009 年，四会市各家银行向山林经营户累计发放贷款达 2 000 余万元。

6 广东省林业资产评估

6.1 林业资产评估概念及方法介绍

6.1.1 林业资产评估概念及其特殊性

林业资产转化为资本，除了林权界定清晰，还要准确计量这束权益资产的价值。没有价值、无法计量价值或者计价成本过高的林业产权是难以进行市场交易和流转的，也无法作为资本化的客体。林地的价格、林上资源林木的价格、森林碳汇的价格等，都需要科学合理的林业资产价值评估体系进行评估核算，对林业资产进行科学估价才能使其以公允的价格参与到资本化过程中，实现林业资产的流转和资本化过程。

森林资源资产评估实际上是以森林资源为内涵进行的资产评估，是指评估人员依据相关法律、法规和资产评估准则，在评估基准日，对特定目的和条件下的森林资源资产价值进行分析、估算，并发表专业意见的行为和过程。森林资源资产评估是一项技术性、政策性很强的工作，从业者不仅要掌握一般资产评估的理论和技术，还要了解森林资源本身特殊的生长变化规律、森林的经营和调查技术等，其知识结构既涉及林学、森工专业知识，又涉及经济学、法学、管理学等方面的知识，要求多学科协同。

森林资源资产是一种特殊资产，其评估方法具有特殊性。①林地资源资产和林木资源资产的不可分割性。林地资源资产和林木资源资产构成了森林资源资产的实物主体，其他森林资源资产则是由其派生出来的。而林地和林木具有不可分割性，木生于地，地因木而谓林地。林地资源资产的价值必须通过林木资源资产的价值测算来体现。②森林资源资产的可再生性。森林资源资产具有可再生性，这是森林经营的特点，是森林实现持续经营的基础。在评估时应考虑再生产的投入，即森林更新、培育、保护费用的负担；考虑再生产的期限，即未来经营期的长短，包括产权变动对经营期的限制；综合平衡森林资源培育、利用和保护的关系。③森林经营长周期性。森林的经营周期少则数年，多则数十年、上百年。长经营周期对评估影响表现为：一是在供求关系对价格的影响方面表现为供给弹性小，且成本效应滞后。当培育成本与市场需求价格出现背离时，市场需求价格会在短期内起主导作用。评估时应更多地考虑现行市场价格的因素。二是成本的货币时间价值极为重要，投资收益率的微小变化将对评估结果产生重大影响。三是对未来投入产出的预测较为困难，而预测的准确性将对评估结果产生显著的影响。④森林资源资产效益的多样性。森林资源资产具有经济效益、生态效益和社会效益，效益的多样性影响森林资源资产评估：一是生态和社会效益限制了经济效益，政府作为公共部门是公众利益的代表，注重生态效益和社会效益，制定了一系列法规限制森林经营，这些限制影响了经济效益，在评估时必须给予关注。二是生态和社会效益的经济补偿有限，评估时对生态效益和社会效益的处理是森林资源资产评估极具争议的难点。⑤森林资源资产核查的高成本。森林资源资产的基础数据是资产评估的基础，该数据多数要通过资源调查与核查获取与验证，然而，森林资源资产多处于荒郊野外，林区山高坡陡，交通不便，加大了森林资源资产核查难度。同时评估所涉及的森林资源实物量面积大且分布广，评估成本高。现代技术条件（譬如无人机和卫星技术）下的森林资源资产评估，更增加了评估成本投入。

6.1.2　林业资产评估程序

森林资源资产评估程序，是指评估人员执行森林资源资产评估业务所履行的系统性工作步骤，受《资产评估准则——基本准则》及《资产评估准则——评估程序》所规范。具体如下：

①明确森林资源资产评估业务基本事项。这是森林资源资产评估的第一个环节，包括在签订约定书前的一系列基础性工作，如对森林资源资产评估项目风险评价、项目承接与否及评估目的确认。由于森林资源资产评估业务的特殊性，在接受森林资源资产评估业务委托之前，应当与委托人等相关当事人讨论、阅读基础资料、进行必要的初步调查，共同明确委托方与相关当事方的基本情况、评估目的、评估对象、价值类型、评估基准日、评估限制条件和重要假设等资产评估业务基本事项。

②签订森林资源资产评估约定书。它是森林资源资产评估机构与委托人共同签订的，确认森林资源资产评估业务的委托与受托关系，明确委托目的、被评估森林资源资产范围及双方权利义务等相关重要事项的合同。

③编制森林资源资产评估计划。它是评估人员为执行森林资源资产评估业务拟定的工作思路和实施方案，对合理安排工作量、工作进度、专业人员调配以及按时完成森林评估业务具有重要意义。评估计划的详略程度取决于评估业务的规模和复杂程度，评估人员应根据所承接的具体评估项目情况，编制合理的森林资源资产评估计划，并根据执行中的具体情况，及时修改、补充森林资源资产评估计划。

④现场调查。评估人员应对评估对象进行现场实地核查，这是森林资源资产评估程序和操作的必经环节，有利于评估机构和人员全面、客观地了解评估对象，核实委托方和产权持有者提供资料的可靠性，并通过现场实地核查中发现的问题、线索，有针对性地开展资料收集、分析工作。

⑤收集森林资源资产评估资料。资产评估师应根据森林资源资产评估项目的具体情况收集相关资料，这是评估业务质量的保证，也是分析判断以形成评估结论的基础。由于评估对象及其所在行业的市场状况、信息化和公开化程度差别较大，相关资料的可获取程度也不同。评估人员应全面、翔实地收集与占有所执行项目的相关信息资料，并确定资料来源的可靠性。

⑥评定估算。评定估算环节主要包括：分析森林资源资产评估资料，恰当选择评估方法，形成初步评估结论，综合分析确定评估结论，森林资源资产评估机构内部复核等具体步骤。

⑦编制和提交森林资源资产评估报告。评估人员应按有关森林资源资产评估报告的准则与规范编制评估报告，并以恰当方式将评估报告提交给委托人。在提交正式评估报告之前，可与委托人沟通，听取委托人、资产占有方等对评估结论的反馈，并引导委托人、产权持有者、评估报告使用者等合理理解评估结论。

⑧森林资源资产评估工作底稿归档。在向委托人提交森林资源资产评估报告后，评估人员应及时将评估工作底稿归档。这不仅有利于评估机构应对今后可能出现的森林资源资产评估项目的检查和法律诉讼，也有利于评估人员总结、完善和提高评估业务水平。应将在森林资源资产评估工作中形成的与评估业务相关且有保存价值的各种文字、图表、音像等资料及时归档，并按国家有关规定对资产评估工作档案进行保存、使用和销毁①。

---

① 郑德祥. 森林资源资产评估［M］. 北京：中国林业出版社，2016.

6.1.3　林业资产评估方法

森林资源资产评估以总体、森林类型或小班为单位进行评定估算。评估方法主要有以下几种。

①市价法：包括市场价格倒算法、现行市价法。市价法是以被评估森林资源资产现行市价或相同、类似森林资源资产现行市价为基础进行评定估算的评估方法。

②收益现值法：包括收益净现值法、收获现值法、年金资本化法。收益现值法是通过估算被评估森林资源资产在未来的预期收益，并采用适宜的折现率（一般采用林业行业投资收益率）折算成现值，然后累加求和，得出被评估资产价值的评估方法。

③成本法：包括序列需工数法、重置成本法。成本法是以被评估森林资源资产的重置成本为基础进行评定估算的评估方法。

④清算价格法：清算价格法是根据林业企事业单位清算时森林资源资产的变现价格确定评估价的评估方法。

⑤其他方法。评估方法的选用并不是随意的，它必须与评估方法的适用条件、评估对象、评估目的不同选用一种或几种方法进行评定估算，综合确定评估价值（金涛等，2011）。

6.2　广东省林业资产评估制度创新

根据《关于林权抵押贷款的实施意见》（银监发〔2013〕32号）中的第十四条规定，银行业金融机构开展林权抵押贷款业务，应建立抵押财产价值评估制度，对抵押林权进行价值评估。对于贷款金额在30万元（含）以上的林权抵押贷款项目，抵押林权价值评估在保本微利下按有关规定执行；具备专业评估能力的银行金融机构也可自行评估。对于贷款金额在30万元以下的林权抵押贷款项目，银行金融机构参照当地市场价格自行评估，不得向借款人收取评估费。

在现实中，贷款额在100万以上的林权抵押贷款按照规定应由评估事务所进行评估，评估费是0.2‰。但许多评估事务所对林权估值不熟悉，不愿意做该项业务，且评估成本比较高。而大量小规模分散经营的林农仍占据市场主体部分，较高的费用成为其林业资产评估的严重制约。广东省英德市的一个林农以 638 亩桉树作抵押，从农行贷款 55 万元，抵押评估按照 6‰ 收取评估费用，整个评估费用在 3 000 元以上。因此，只有降低小林农的林业资产评估费用，才能促进林业资产的资本化。但林业资产评估技术复杂且评估成本高，且小规模林农贷款的单位成本居高不下也是实际情况，在短期内评估技术不变的前提下，需要制度性创新以降低评估费用。

第一，完善林业资产市场交易评估管理制度，并鼓励评估技术创新。完善林权抵押贷款相关配套，制定完善森林资源资产流转、抵押、评估管理制度，简化林权证办理手续，降低相关收费。在高评估费用情况下，可以实施财政性补贴等措施。鼓励政府参与、财政支持的交易前普惠性预评估行为，既为林农参与交易提供便利，又借助林业主管部门的专业性参与降低技术门槛和评估费用，也为林业资源的证券化、资本化，以及"带资产入城"加快城镇化创造了条件。

第二，建立以县为单位的评估机构。县域是农村范畴的规划基点，农村资源的配置以县域为轴心，在相应半径内实施，有利于农村资源的帕累托均衡配置，也能促进县域城镇化及降低农民利用资源的成本，既方便林农对林产进行评估贷款，也有利于提高林业资产评估人才流动性，增大服务半径与提升服务效率。

第三，以林农的组织化创新促进林业资产资本化进程。组织化能够有效减少金融机构的交易对象数量，增加交易规模，提升林农的市场经营能力，扩展林农需求的有效性范围，降低单位交易成本尤其是评估费用。其一，金融机构＋林业合作社＋林农。若在林农和金融机构之间直接发生借贷关系，由于单个林农的贷款规模小，而评估的交易成本较高，高交易成本将阻碍贷款交易。一定数量的林农联合组建林业合作社，通过增大规模使得单位交易成本下降，在新的均衡条件下交易达成，林农通过林业合作社获得了贷款，林农的贷款潜在需求显性化；同时，金融机构通过合作社向林农发放贷款，利用了合作社与社员之间的约束与监督机制，降低了信贷风险。其二，金融机构＋龙头企业＋林农。在林农信用不足时，龙头企业的介入起到了增信作用，有助于通过利益联结达成借贷合约。由于林农与龙头企业是林业产品价值链条上的利益相关者，以二者关联交易的价值闭环起到借贷交易的担保或保证功能，且龙头企业了解林农的信用条件及声誉，龙头企业的加入也起到监督作用，降低金融机构因信息不对称及风险规避产生"惜贷"行为的可能性。其三，金融机构＋专业担保机构＋林农。由专业担保公司为林农提供担保，林农以其财产向专业担保公司提供反担保，专业担保公司分担金融机构风险，可以显著提高林农贷款的可获得性。如广东省农业融资担保公司就是这样一个专司农业融资担保的机构，它是在政府政策支持下成立的，用以弥补市场失灵的金融交易行为，应充分发挥其作用。但作为市场机制配置资源，第三方担保机构的加入增加的担保费用必然转嫁到贷款受益主体——林农身上，而较高的成本会使林农对贷款望而却步。该贷款形式更适用于一些较大规模的林业企业。

7 广东省林权的当期及跨期交易制度

尤努斯认为，"贫穷不是收入低，而是因为丧失了从社会获得资源的能力"。林业资源丰富，但林农却守着"金山银山"陷入贫困，一定是既有制度约束了主体创新进而获取租值的动力。进行林业资产资本化制度创新，盘活资产，增收富裕农民是帕累托改进路径。在林权清晰、林业资产价值评估前提下，促进林业资源价值在时空维度的转移与交易，实现林业产权的当期或跨期交易成为林业资产资本化的核心内容。实现林业资产资本化交易过程，需要有林业金融交易的平台，利用更多的金融交易手段，创新林业金融产品。

7.1 林业资产抵押贷款

7.1.1 林业资产抵押贷款的内涵及其广东发展

(1) 林业资产抵押贷款及其要件

林权抵押贷款是指从事林业种植、加工和经营的企业或个人，按照相关法律和政策规定，以林业行政管理部门颁发的《林权证》载明的拥有或有权依法处分的林地使用权和林木所有权作抵押，经林业行政管理部门确权、评估和办理登记后向金融机构申请贷款的信贷品种。可作为抵押物的森林资源资产为：用材林、经济林、薪炭林及其林地使用权，采伐迹地、火烧迹地的林地使用权，以及国务院规定的其他森林、林木和林地使用权。贷款利率不超过基准利率的1.5倍，小额信用贷款利率不超过同期基准利率的1.2倍；还款期限最长可为10年，林农可通过单户或联户联保申请等方式，获得最高不超过林权评估价值50％的抵押贷款。林权抵押贷款创新引入林地使用权和林木所有权作为抵押物，使沉睡的森林资源变成可以抵押变现的资产。林权抵押贷款的要件有：一是借款人，是向拥有资金的一方借入款项的人，一般指个人、企业。早期林权抵押贷款的借款人多为林场、林业企业、营林大户、林业合作社等，随着林权制度改革，个体林农逐渐成为林权抵押贷款的主力军，且呈现户数增多、贷款额逐步增大趋势。二是贷款人，是向需要资金的一方发放贷款的人，一般指商业银行（包括农村信用社系统）。林权抵押贷款具有农业贷款性质，贷款风险大，抵押物变现难，贷款人多为政策性银行和涉农金融机构。有人对2008年福建省的调查发现：金融机构开展的林权抵押贷款业务，国家开发银行占52％，农业发展银行占30％，两大政策性银行供给占比82％。随着贷款需求的增加和国家对林业发展与农村信贷的政策性扶持，越来越多的商业银行会参与进来。三是抵押物，是债务人为担保某项义务的履行而转移给债权人的担保物品。林权抵押贷款的抵押物可以是林权所指向的一束财产权利，也可是森林、林木、林地、荒山等有形物品。防护林和特种用途林由于功能特殊，列在不可抵押范畴之内。四是信用担保。所谓担保，是指在借贷、买卖、货物运输、加工承揽等经济活动中，债权人为保障其债权实现，要求债务人向债权人提供担保的合同。担保方式主要有保证、抵押、质押、留置和定金五种。这五种担保形式的法律效果是有区别的，保证与定金产生的权利为债权，不具有优先受偿性；抵押、留置、质押取得的是担保物权，对担保物及其变现所得的价款具有优先受偿权。信用担保业的特点是贷款信用担保仍是主要担保品种，商业性担保成为主流，各级政府对信用担保机构给予了大量支持。基于林业的外部性与公共产品特性，政策性担保机构介入林业资产资本化，有利于风险的分散和外部性的"内部化"。

（2）广东省林权抵押贷款发展

据广东省银监局的统计数据，截至2014年12月，广东省林权抵押贷款累计发放4 563笔，金额已超过130亿元，尚存余额46.52亿元，全省15个地级以上市均开办了林权抵押贷款业务。中国农业银行广东省分行创新的林权抵押贷款担保产品，2012年和2013年先后荣获广东省金融工会服务"三农"和中小微企业"最佳金融产品"以及广东银行同业公会"广东银行业服务实体经济十大创新产品"称号，并在广东《新农村纪事》大型系列片中进行了专题报道。广东省农村信用社积极参与林权抵押贷款工作，并认真研究相关政策微调。韶关、梅州、江门、肇庆、清远、云浮等六地级市的林权抵押贷款发放金额走在全省前列。

林权抵押贷款一定程度上缓解了林业发展资金问题，但林业发展融资瓶颈没有得到根本改观，融资结构仍过度倚重财政拨款。相对其他行业，林业资金需求大、周转慢、效率低、经营周期长、风险大、易受自然灾害影响，林业经营客观上面临更多不确定因素，加大了林业融资难度。林权抵押贷款实施中普遍存在银行惜贷行为，如贷款发放金额小、期限短、利率偏高、程序复繁。因此，进一步创新林权抵押贷款方式，降低贷款成本，满足林农、林企发展需求，是实现林业经济快速发展的重要保障。

7.1.2 案例：四会市林权抵押贷款

四会市乃"中国柑橘之乡""中国玉器之乡"和广东省著名侨乡、全国绿色小康县、全国经济林业示范县。全市总人口41.3万人，总面积1 163平方公里，其中林业用地面积95万亩，占全市总面积的55.67%；林业用地中商品林面积66公顷，生态公益林面积29万亩；森林覆盖率达53.1%。全市已种植速生丰产林11.2万亩、竹林12万亩、经济林18.2万亩，有柑橘（含山上山下）24.5万亩。四会市荒山造林和各类绿化造林大户不断涌现，四会市速生桉丰产林种植面积超100亩的种植户有600多户，超1 000亩以上的种植户有100多户，还有种植园林绿化和柑橘超50亩以上的种植大户约200户。据了解，有相当一部分种植户由于前期投入过大，后续管理资金严重短缺，急需大量资金周转。还有一部分林农已经租赁到了较大面积的林地，但由于没有足够的资金导致投资项目没法启动，资金不足问题日益突出，全市农林业贷款资金需求约25 000万元。

四会农商行是广东省第一家推出林权抵押贷款的金融机构，2008年12月17日发放了广东省第一笔通过林业服务交易中心抵押登记的林权抵押贷款。

条件要求：借款人除应具备《广东四会农村商业银行股份有限公司信贷业务操作实施细则（修订版）》（四农商银发〔2015〕90号，下文简称《实施细则》）规定的基本条件外，还应符合以下要求：①自然人年龄在18周岁（含）以上60周岁（含）以下，身体健康，在四会农商行所在地有固定住所或常住户口，为具有完全民事行为能力的中国公民；企（事）业法人、其他经济组织、个体工商户须具备相应的林业经营资格。②具有良好的信用记录和还款意愿，在各金融机构无不良贷款、欠息及其他不良信用记录。③具有稳定的收入来源和按时足额偿还贷款本息的能力。④在本行开立结算账户。⑤满足本行规定的其他条件。

办理流程：客户向四会农商行并同时向林业交易服务中心提交申请材料；林业交易服务中心对拟抵押林木权属进行核实，组织资产评估并形成评估报告，提交给农商行进行决策是否办理抵押、抵押金额等事宜；若申请获得农商行初步同意，则以林权证作为抵押，与林业交易服务中心签订林权抵押协议；林业交易服务中心向农商行办理林权登记手续，农商行以此向申请人发放贷款。

贷款额度、期限及利率：根据林权抵押物的变现能力及评估价值确定林权抵押贷款金额，原则上控制在抵押物评估价值的 40％（含）以内。

期限：根据林木的具体生产和收成周期合理设定贷款期限，一般应与林木的收成期限相匹配，原则上不得超过 5 年，且贷款到期日不得超出借款人对林地经营期限。展期适用《实施细则》的有关规定。

利率：参照《实施细则》，区分不同的贷款对象，综合考虑成本、市场竞争、风险等因素，结合实际确定贷款利率水平。

某借款申请人于 2001 年承包了四会市城中区下布经济联社角仔坑一带山林地，合同签订面积共计 1 910 亩（经林业局卫星定位勾图为 2 020 亩），主要用于种植速生桉树。种植的速生桉树大部分已约有 4 年树龄，前期已投入约 200 万元资金用于承包山地、种植树苗、购买肥料等。速生桉树生长态势良好，但由于林地仍需投入，用于树木的抚育工程（如施肥、管理及山林基地道路维护等），资金预计约 300 万元现已自筹资金 100 万元，缺口约 200 万元。为使林地桉树能正常运作，向四会农商行申请借款 200 万元，期限为 2 年。经四会市林业调查规划设计队作出评估：其中林木评估面积为 2 020 亩，株数为 191 900 株，市场价值为 6 173 109 元；林地评估面积为 2 020 亩，市场价值为 757 500 元，综合评估价值为 6 930 609 元，抵押率为 28.85％，抵押物足值有效，对该笔贷款的投放起到一定保障作用，桉树砍伐期一般为 5～6 年，林木预计再需 2 年时间就能成材砍伐并上市销售。按现时的木材市场需求分析，桉树收购价格每亩收成约 4 000 多元，总产值可达约 800 多万元，纯利润约 300 万元，且木材价格逐年上涨，具有较好的经营效益。经审核及相应程序，四会农商行向申请人贷款 200 万元。

7.2 林业资产证券化

7.2.1 资产证券化的界定

资产证券化（asset-backed securitization，简称 ABS）是 20 世纪 70 年代以来世界金融领域最重要的金融创新之一，已成为国际资本市场上主要融资方式。广义的资产证券化是指某一资产或资产组合采取证券资产价值形态运营方式，包括四类：实体资产证券化、信贷资产证券化、证券资产证券化和现金资产证券化。狭义的资产证券化是指信贷资产证券化，是指将缺乏流动性但能够产生稳定现金流的资产，通过一定结构安排，对资产中的风险与收益要素进行分离与重组，转换成可以在金融市场出售的流通证券的过程。概之，就是将能产生稳定现金流的资产出售给一个独立的专门从事资产证券化业务的特殊目的公司——特设信托机构（special purpose vehicle，SPV）。特设信托机构以资产为支撑发行证券，并用发行证券所募集的资金支付购买资产的成本。其中，最先持有并转让资产的一方为需要融资的机构，称为"发起人（originator）"；购买资产支撑证券的人为"投资者"。在资产证券化过程中，为减少融资成本，发起人往往聘请信用评级机构（rating agency）对证券信用进行评级。为加强所发行证券的信用等级，发起人会采取一些增信手段，提供该服务的人被称为"信用加强者（credit enhancement）"。在证券发行之后，还需一专门的服务机构负责收取资产收益，并按契约支付给投资者，这类机构称为"服务者（servitor）"。

资产证券化是融资者将被证券化资产的未来现金收益权转让给投资者，并使其定价和重新配置。资产证券化过程实质上就是将原有资产中的风险和收益，通过结构性分离和重组，转换为可以在金融市场上出售和流通的证券并据以融资的过程。资产证券化的目的在于通过其特有的提高信用等级方式，使原来信用等级较低的项目通过增信可以进入证券市场，利用该市场信用等级、流动性高和债券安全性、债券利率低的特点大幅度降低发行债券和筹集资金的成本（图3-7-1）。资产证券化可分为两大类：一类是资产收益证券化，是指以某项资产可以带来的预期收益为保证，通过一套提高信用等级计划在资本市场发行债券募集资金的融资方式。另一类是资产支持证券化，是以项目所拥有的资产为基础，以项目资产可以带来的预期收益为保证，通过在资本市场发行债券募集资金的融资方式。二者的区别在于前者所说的资产一般是金融资产，如房地产抵押贷款、基础设施建设贷款等长期贷款的票据，而后者所说的资产一般是实物资产。

7.2.2　林业资产证券化的可行性及环节

（1）林业资产证券化的可行性

①林业资产证券化初步具备基础条件。

随着林业的迅速发展，林业建设投资需求越来越大，现有银行业金融机构的间接融资已难以满足，资产证券化成为解决问题的钥匙。一方面，随着林业市场化改革的深入，林业企业逐渐提高了对风险、融资以及市场竞争的认识，这为资产证券化的推行打下了良好微观基础。林业建设巨大的资金需求和大量优质的投资项目为资产证券化融资方式提供了应用空间。另一方面，中国资产

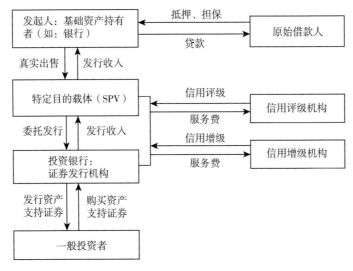

图 3-7-1 资产证券化基本流程

证券化实践为林业资产证券化提供了经验借鉴,而中国信托行业发展为资产证券化提供了平台,使得特设信托机构实施信托计划成为可能;且资产租赁信托、汽车按揭信托、住房按揭信托、外汇资金信托、证券投资信托等产品的开发和推广成为业务发展重点,资产证券化的操作特征正逐步强化。

②林业具有适合资产证券化的资产特征。

其一,林业项目适合证券化。首先,项目适合证券化。林业投资有可靠的收益率,林业项目在建成后有可预测的、稳定的现金流收入。这些项目是资产证券化融资对象的理想选择。其次,林业投资周期相对较长,生产资金占用多,投资收效慢。这是由森林的生物学特性所决定的,选林、育林、造林、营林的资金,在生产运行数年甚至数十年后方能实现资金形态的转化,从而获得森林资源再生产所需资金。再者,林业投资效益偏低。在国家政策补偿机制不健全的情况下,林业产业外部化的生态效益和环境效益难以"内部化"为经济效益;同时,林业产业及林产品结构不合理,原料提供者角色一时难以改变,原料及初级加工产品占比偏高,科技含量低,产品附加值少。林业企业作为市场主体,受环境与政策性约束较大,不可能成为"完全的"理性人,制约了林业投资效率与收益率。最后,林业投资受自然与市场的双风险约束,风险大,风险与收益需要在时空维度上进行配置。

其二,森林资源适合资产证券化。首先,森林资源符合证券化的资产池特点。资产池是指根据资产证券化的目标，资产证券化的发起人将应收或可预见现金流的资产进行组合，称为资产池。其特点是在未来能产生可预测的现金流，持续一定时期的低违约率、低损失率的历史记录，本息的偿还分摊到整个资产的存续期间，原所有者有良好的信用记录，金融资产的抵押物有较高的变现价值或对于债务人的效用很高，金融资产有标准化、高质量的合同条款以保证原始权益人对该资产拥有完整的所有权，资产具有一定规模。而森林资源具备上述特点。森林资源的培育一般需要几年、十年甚至几十年，按照规定轮伐期采伐时便可产生较为稳定的现金流，这些现金流正好可以清偿证券投资者的投资。其次，森林资源具有资产证券化信用增级条件。所谓信用增级就是指运用金融工具和技术提高资产支持证券的信用等级。森林资源所有者大多数是集体、国有林场或国有森工企业，即使有"分林到户"的部分，也仅仅是承包经营权，只是权利束的一部分权能，所有权仍属于集体。因而，绝大部分林业资产具有"政府信用"背景，为信用增级提供了便利，更容易被投资者所接受和认可，促进交易的达成。林业资产证券化还可对资产池内的森林资产承担部分自然灾害风险，而森工企业长期限的购销合同的增加，也能一定程度地对冲市场风险。再次，林业资产证券化可促进林业发展与林农增收。森林资源资产证券化属于一种结构化融资，属于存量资产融资。证券发行后，森林形态并未改变，而将筹集到的资金应用到急需项目上，可以促使林业发展与林农增收。最后，森林资源资产证券化是社会化林业发展方式，通过破产隔离和信用增级手段，可使投资者风险化解到最低，增强了投资者对林业投资的积极性。

（2）林业信贷资产证券化

林业信贷资产证券化作为资产证券化的一种，其基础资产是林业信贷资产，因为其载体——林业的特殊性，使其与别的类型资产有着不同特征。林业信贷资产证券化是指银行机构将其拥有的林业信贷资产出售给证券化机构，证券化机构将其按某种共同特质汇集成一个资产组合，并通过一定技术把该资产转化为可在资本市场上流通的具有固定收益证券的过程。

由于林业生长周期长，金融机构一般并不积极向其提供贷款，而资产证券化则是结构性融资领域发展最快的金融创新工具，实质是将一些具有相同特征的、流动性差的、但有预期现金流的基础资产进行组合，将组合出售给特定目的载体（SPV），特定目的载体通过信用增级等措施进行设计后向一般投资者发行资产支持证券。在这一过程中，基础资产的风险得以隔离和转移，投资者获得基础资产产生的未来现金流，基础资产所有者获得融资金。因此，林业信贷资产证券化较好地为缺乏流动性的基础资产所有者解决了融资问题，盘活了林业信贷资产。

林业资产证券化也可以将林业产权所有者作为发起人，通过将林业产权出售给 SPV，经过信用增级和评级过程，委托证券发行机构发行林业资产证券，由投资者在资本市场上进行购买。同时发起人也可以是担保机构，利用所担保的林权作为资产出售给 SPV，经过信用增级和评级过程，委托证券发行机构发行林业资产证券。发起人可以多种多样，只要是拥有基础资产的人或机构均可作为发起人，通过证券化这一过程来盘活手中的林业资产。银行抵押贷款也可以证券化。抵押贷款是银行发放贷款的主要方式之一，银行通过将这些抵押贷款证券化来管理其风险的做法由来已久，其中最主要、最成熟的是房产抵押贷款的证券化，林业资产与房产在很多方面的属性具有相似性，房地产抵押贷款同林权抵押贷款也有许多共同特征。

（3）林业资产证券化的环节

林业资产证券化主要有三个环节：资产重组、风险隔离和信用增级。

其一，资产重组。资产重组是指资产的重新组合和配置，要实现林业资产收益的重新组合，以达到林业资产证券化对标的资产的特殊要求，并均衡和满足资产证券化参与各方的利益要求。资产证券化对于标的资产的选择一般要求资产具有同质性，所选资产能达到一定规模。因为只有组合成一个规模较大的资产池，才能分摊资产证券化的各种费用，降低融资成本。另外，对于组合的资产要求能准确预测其现金流，即能对资产风险进行评估和定价。

首先应使各类资产在地域上具有分散性特征。如果资产组合中用作抵押的资产遍布各个地区，那么这样的资产组合将是非常理想的证券化资产。如果资产集中在某一特定经济区域，当这一区域的经济在未来某段时间内发生问题时，可能导致风险集中与关联风险，损害投资者利益。合理选择不同地区、不同林区、不同林种所对应的林业信贷资产作为基础资产，资产组合的分散将有利于林业信贷资产证券化。其次，应使得各类资产具有规模性。与构建资产组合规模相关联的一个问题是成本费用。一个较大规模的资产组合可以更大程度地分摊证券化费用，如法律费用、会计费用、承销费用等，从而降低资产证券化交易和单位资金的成本，增加收益。规模性并不意味着对应资产组合里的单个资产必须具有较大规模，只需要总体资产组合达到一定规模即可。最后，构建资产组合的一个重要特征是这些资产具有某种特质，可以对其现金流进行预测，对其风险能够进行评估。以贷款为例，可以根据利率等进行资产组合，将期限为 15 年的资产放在一个资产组合中。通过将不同特质的资产进行分类组合，就能使整个资产组合的未来现金流更容易被预测。同时投资者对期限、利率等具有不同的偏好，将不同类别资产放进不同的资产组合，能够创造出对投资者具有吸引力的不同类型证券化产品。通过资产组合机制，特设机构将具有某种特质并在地域分布上呈现出一定多样化的资产组合起来，就能够根据资产的历史数据，利用各种模型推算资产组合中资产的违约率，再根据违约率对风险进行定价，从而使风险更容易被预算，并较为准确地确定资产担保证券的收益率。

其二，风险隔离。风险隔离是指通过将资产组合的风险和基础资产原始所有人的其他资产进行隔离，把资产组合的风险转移到愿意且能够承受的人（最终投资者）那里。风险隔离要求林业信贷资产证券化的结构能保证发起人的破产不会对 SPV 的正常运作产生影响，同时林业资产证券化所形成的资产支持证券的偿付不会受到标的资产原始债务人偿债能力的影响。在股票、债券等融资方式中，基础资产仍然属于融资人，如果该企业经营效益不好或破产，风险就会直接影响到股票、债券持有人的收益。换句话说，证券持有人的风险和收益是与某个企业整体运作风险联系在一起的。风险隔离是资产证券化的技术，也是区别于其他融资方式的一个非常重要方面。资产证券化的基础资产通过真实出售，彻底地从发行人资产中剥离并转移至 SPV，这部分资产与发行人自身的信用等级、经营情况等已没有关系，而且 SPV 的设立也要求其具有不易破产性，因此，即使资产原始所有人出了问题，其风险也不会转移给证券持有者，即资产的卖方对已出售资产没有追索权。风险隔离使得投资者只需关注资产本身质量而不必在乎发行人的风险，卖方、证券发行人和投资者之间构筑了一道"防火墙"。

其三，信用增级。信用增级是指发行人通过各种增信技术提高证券信用等级，以保证能按时、足额支付投资者利息和本金，从而提高证券的可接受程度。信用增级是减少资产证券化整体风险特别是信用风险的有效手段。信用增级并不是发行人将经营的基本信用风险转移给独立的信用增级机构，而是由于资产证券化的特殊性要求而进行的。通过信用增级，拟进行林业资产证券化的组合资产的信用评级将独立于发行人的信用评级，使发行人能摆脱自身信用评级限制进行融资。信用增级能增加金融资产组合的市场价值，是林业资产证券化的重要一环。在成功的资产证券化案例中，非政府信用的资产证券化大都包括某种形式的信用增级。信用增级包含一个由第三方提供的信用担保（外部增级），或者利用基础资产产生的部分现金流实现自我担保（内部增级）。大多数交易都利用了内部和外部信用增级相结合方式，常用的信用增级技术有内部信用增级和外部信用增级，前者包括优先级/劣后级构建、储备基金、超额担保等；后者包括第三方担保、现金担保等。

7.2.3　林业资产证券化案例

（1）资产证券化在林业中的首次尝试

2004 年 1 月，上海世华科技投资有限责任公司与上海中泰信托投资有限责任公司联合发行速生杨林木财产信托优先信托权益投资计划。该计划以世华科技为委托人，将其拥有的评估现值为 4.25 亿元的速生杨林木财产用于设计信托计划，上海中泰信托投资有限责任公司担当受托人，在市场上向特定投资者出售。投资者在信托期间享有该资产的优先受益权，由上海光兆植物速生技术有限公司对优先信托权益进行担保；上海世华科技向投资者承诺在信托计划到期后回购这笔资产，且优先信托权益的受益人可在每个信托年度结束前三个月要求世华科技回购其权益。

速生杨林木财产信托优先信托权益投资计划并非真正意义上的"资产证券化"，但展示出了许多资产证券化特征：一是世华科技担当发行人，上海中泰信托公司作为受托人，将信托机制引入，实现了资产的"破产隔离"。二是被证券化的资产是质量较高的能产生稳定现金流的速生丰产林收益，符合资产证券化对资产的需要。三是中泰信托将委托人的信托权益分割成优先信托收益权和剩余信托收益权，并将优先信托收益权转让给投资者，相当于资产证券化的内部信用增级。四是上海光兆植物速生技术有限公司对优先信托权益进行担保，相当于信用的外部增级。这次在林业项目的初次尝试取得了不错的销售业绩，也证明资产证券化金融工具可以运用于林业产业。

（2）福建省林业资产证券化实践借鉴

福建省是林业大省和全国重点集体林区，林业占农业的比例高达 60%，2003 年就被确定为全国林业综合改革试验区，率先实行集体林权制度改革，具有发展林业资产证券化的优势。一是地方政府的制度性支持和探索。为缓解林业资金缺口及促进林业发展，福建省政府及有关部门相继制定了一系列政策性文件①，明确了林权范围和法律地位，对林权流转、保险等作了具体规定，

---

①　这些文件包括《关于加快林业发展建设绿色海峡西岸的决定》《福建省森林条例》《福建省森林资源流转条例》《关于加快金融创新促进林业发展的指导意见》《关于开展森林保险试点工作的通知》等。

为金融机构开展森林资源金融创新提供了政策环境。二是福建省新一轮林权改革，实现"均山分林"，明晰林业资源产权，确定林业资产证券化的"原始权益人"或"发起人"，为林业资产证券化奠定了产权基础。三是金融机构"林权抵押信贷"为林业资产证券化提供了实践基础。自 2003 年推行林权抵押贷款后，2016 年 8 月福建针对林权抵押贷款主要集中在林业企业、林业经营大户而中小林农贷款难的问题，又推出面向分散林农的小额贷款。截至 2016 年底，福建已累计发放各类林业贷款 90.61 亿元。以林权担保的各类林业行业贷款累计发放 63.86 亿元，涉林面积 966.09 万亩，其中林权证直接抵押贷款 30.97 亿元，涉林面积 298.52 万亩。此外，林业行业小额贷款自推出以来，累计已发放 26.75 亿元。

应注意的问题：一是建立健全林业资产评估系统。构建林业资产评估体系是林业资产定价、交易和融通的重要前提。二是完善信用等级评价体系。发行前的信用评级是资产证券化的必备步骤，只有建立一套严格公正的林业资产证券化信用等级评价体系，才有利于投资者投资。三是规范林业资产证券化信息披露。对资产证券化交易的信息披露要求比一般上市公司更高。四是创建 SPV 载体。SPV 是联结融投资双方的一个桥梁，也是实现风险隔离和真实销售的前提，是林业资产证券化的重要环节。

7.3　林业资产入股

7.3.1　林业资产入股及其条件

林业资产入股是指权利主体以其拥有的林地经营权、林木所有权或森林资源的其他权益作价出资，或者作为合作造林、共同经营林业的出资条件而转移所有权或经营权的行为。林业资产入股包括林农之间的和林农与外部单位或个人之间的自愿组合；林农以林地、林木、劳动力、资金入股，集体外部人员或单位以资金或技术入股，合作开发，进行林业生产经营，收益按股分红。林业资产入股形式主要有两种：一种是建立较松散的股份制经营体，将权益性资产折价入股，统一经营按股分红；另一种是相对规范、要素结合更加紧密的股份公司形式，一般是将入股的权益性资产进行评估作价，折成公司股本联合经营，按照股份公司模式运作，股份公司设立股东大会、董事会、监事会，股东收益视股份公司的盈利状况而定，股利分配遵循法定的股份公司股利分配顺序。

林业资产入股不同于林业资产转让，需要具备一定条件：

①一定程度的区域经济发展。区域社会经济环境决定了林业资产入股的发展速度和规模。林业资产入股首先在南方集体林区崛起不是偶然的，江西、福建、浙江等省不仅森林资源禀赋丰富，也是我国经济快速增长的地区，而林业经济的快速发展导致资本需求缺口扩大，巨大的获利机会诱致制度创新，林业资源的资本属性也促使林农逐利动力增大。利用股份制或股份合作制等制度创新，以林权入股形式实现林业经济的合作发展，契合了林业资源经营的规模经济要求。

②林农具有以林权入股的动力。真正的合作是个人产权基础上的自愿行为。林业经营具有规模化优势，受家庭经营规模制约的自主经营林业的生产效率低下。在林业资产资源已经细分的情况下，"三权分置"条件下的农民通过承包林地入股实现合作与规模经营是破解困局的制度性创新，不过前提是维护林农的收益和承包权益。如果把林地、林木权益用于参股经营，凭股权确保资产不丧失，并能据此获得经济利益回报，就会增强林农的参股意识，这是集体林权入股的重要条件。

③入股资产林权界定清晰。确保资产权能的"合作化"而不是"集体化"。曾经的集体化道路忽视了原有财产主体权益，高级社以来的合作化成了剥夺社员权益的行为，导致了后来的"谈合色变"，这一惯性仍然存在。所以，"基于个体产权的联合"是合作的本意，尊重合作者的个体产权是合作化的基本要件。产权清晰界定是林业资产资本化的基础，避免了入股资产的虚置现象，林农真正拥有资产的受益权和处置权。

④相应的资金实力与高素质人才是客观条件。如果没有一定的资金实力，实行林业资产入股、扩大林业生产经营就是一句空话。实行林业资产入股要求经营者具备现代企业经营管理理念与科技素养，这是林业资产入股的关键客观条件。

⑤林权入股者的更高收益预期。林业资产参股后创造的经济价值要高于分户经营时的经济价值，这是林业资产入股的前提。发挥规模经济与专业化经营的比较优势，降低单位成本，提高比较收益，进而增加分红与收益才能促使小微林农入股经营。

7.3.2 林权入股：贵州六盘水案例①

贵州是南方重点集体林区，林地林木是农村群众的坚实依靠。六盘水市地

---

① 李书畅．"三变"改革化劣为优［N］.中国绿色时报，2016-10-13（2）.

处贵州西部乌蒙山区，所辖 4 个县级行政区中有 3 个国家级扶贫开发重点县、1 个省定重点县，贫困人口 38.99 万人，贫困发生率 14.95%。林业产权改革使农民对承包的林木、林地具有了经营权，通过林权流转、林权证抵押贷款等形式盘活林业资产，让分散的资源、资金和劳动力集中参股到企业、合作社等经营主体中，形成长期稳定收益，促进了农村经济发展和农民增收，也创新了精准扶贫模式。

2010 年，六盘水市集体林改主体改革全面完成，全市应纳入林改的集体林地面积为 593.92 万亩，实际完成勘界确权面积 546.1 万亩，共发放林权证 14.54 万本，发证宗地数 23.320 5 万宗。林改确权发证理清和明晰了农村林业资源资产权属。《进一步深化集体林权制度改革工作方案》又规范了林地、森林、林木流转合同，使林业资源参与入股面积大幅增加。截至 2015 年底，六盘水市林权流转 8.93 万亩，资源变资产集体林地 6.58 万亩，整合转股林业资金 2 510 万元，入股农民达 6 万余人，其中贫困人口 2 万余人。与此同时，六盘水市培育了一批新型经营主体，涌现出天刺力公司、普古银湖农民专业合作社、钟山民润合作社等经营主体，创新现代林业管理体系，推动特色林业产业化、规模化和市场化。

水城县是 2014 年农业部农村土地承包经营权确权登记颁证整县推进试点单位，率先开展了土地承包经营权确权登记颁证，在此基础上，水城县猕猴桃产业园区采取"市场运作、企业投入、项目扶持、农户参与保底分红"模式，引导老百姓用土地入股。补那村农户以土地入股水城县长丰实业公司共建猕猴桃基地，公司按照 581 模式保底[①]；项目产生经济效益后，除去项目成本和土地保底分红，所获利润 90% 归公司、10% 归入股农户。2014 年，水城县猕猴桃产业园区内林农人均可支配收入实现 13 230 元，比全县农民人均可支配收入 6 412 元高出 106.33%。

盘州市石桥镇妥乐村，采取"村合作社＋农户＋公司"经营模式，盘活 1 450 株古银杏树资源，实现了资源资产化。将景区 1 450 株古银杏树入股村合作社，村合作社与旅游公司协商，每年将景区旅游门票收入的 30% 提取给村合作社。门票收入提成的 30% 由古银杏树入股农户分红，70% 由村合作社用于发展集体经济。2014 年至 2016 年，旅游公司门票收入 98 万元，分给村

---

① 即入股 5 年每年按每亩 500 元，再 5 年每年按每亩 800 元，第 11 年以上每年按每亩 1 000 元的标准付给农户红利。

合作社提成 29.4 万元，入股农户分配 8.82 万元；20.58 万元用于村集体发展资金。古银杏果成熟后，由村合作社根据古银杏果的质量和市价，以每公斤 28 元、24 元、20 元的价格向农户收购，交给旅游公司进行统一包装、管理和经营，公司按每公斤 4 元支付给村合作社劳务费作为集体经济发展资金。

六枝特区落别乡的抵耳村以退耕还林项目为依托，以贫困户为主体，采用土地入股方式，引进栽种蓝莓苗 50 亩 10 000 余株。该蓝莓基地入股农户占股 40%，收益的其余 40% 用于帮扶 50 户贫困户，另有 20% 用于村集体经济。纳骂村依托农业特色产业"3155"工程，采取"公司＋合作社＋小微企业＋农户"模式，利用陡坡地带领全村 1 030 户 4 332 人种植刺梨 4 200 亩。农民以土地入股，由合作社统一种植管理，三年挂果后交还给农户自行管理，果实以 4 元/公斤最低保护价回收，每公斤果实的产值返还给村集体 0.06 元，作为村集体经济收入，返还给小微企业 0.2 元，其余全部归农民。进入丰产期后村集体每年增加经济积累可达 38 万元，全村农户平均每户可增收 1 万元以上。

7.4　林业资产转让

7.4.1　林权转让的含义

根据森林资源的定义，其主要包括森林、林木和林地。其中森林所有权有"国家所有"和"集体所有"两种形式，使用权有国有单位使用、集体经济组织使用和个人使用（承包）。林木所有权和使用权主体可以是国家、集体和个人。林地所有权有国有和集体所有两种形式，林地使用权有四种形式：国有林地国有单位使用；国有林地集体经济组织使用（承包）；集体林地国有单位使用；公民、法人或其他经济组织使用。

广义的林权转让包括权利转移和让渡的所有行为，具体包括：林权租赁，林业资源产权人将林地使用权按照固定期限租赁给承租人并收取租金；林权产权人之间的互易；林权的无偿赠与、继承等。狭义的林权转让是指在不改变林地所有权和林地用途的前提下，林业资源产权主体将林地使用权、林木所有权和使用权通过招标、拍卖、协议等方式进行的一次性权利再转移，是有偿地对林权剩余期限的合法交易行为。需要指出的是，虽然国有林区的林地所有权主体是国家，但林地使用权分配到集体和林农后，也存在国家征购需要和集体承包林的生态公益林划转，由于国家支付补偿对价，所以，有货币补偿的林地征购和划转行为在本研究中被看作是林权转让的特殊形式。

7.4.2 林权转让的方式

(1) 买卖转让方式

林权买卖转让是最普遍的产权转让形式，是权益性资产一次性的、以货币易物的行为。出让方收到与被转让林权资产等值货币时，将林权主体变更为受让方，与此相关的权利和义务一次性地让渡给受让方。买卖转让是产权交易市场上最主要的林权转让方式，也是最彻底的林业资产资本化形式，更是产权权利和义务最清晰、最直接的让渡方式。

(2) 有偿互易转让方式

林权主体之间相互交换林地使用权、林木所有权与使用权的行为。互易是物物交换，当物物不等价时才由一方向另一方当事人支付货币差价。林权的有偿互易一般发生在相邻林地之间，或出于方便管护林子的目的，或出于整合零碎地块、农户局部再调整的目的。林权互易是相对于其他几种转让方式最简单和有效的，一般不需要评估，但是交易双方应该签订互易合同以保障双方的权利和义务。

(3) 协议转让方式

这是产权交易双方通过洽谈、平等协商就交易价款、产权期限、付款方式等相关事宜达成协议的交易方式。协议转让方式确定的转让价格是双方协商的结果，一般不是真正名义上的市场价格，受许多主观因素和客观情况左右，适用于小规模林权转让。协议转让一般不需要对林权价值进行评估，交易成本低，但因缺乏完善的价格形成机制，需要订立规范合同保护林权相关权利人的利益。

(4) 招标和拍卖转让方式

招标是以订立招标采购合同为目的的民事活动，由符合条件的单位或个人参与竞标，由产权出让者确认标的，中标后双方签订林权转让合同。拍卖是林权所有者在公共场合出售产权商品，多位买者参与竞买轮番抬价，最高应价者得的产权转让方式。采用招标和拍卖方式不仅需考虑出让价格，还必须进行事前的资质、信誉调查，了解市场行情。招标和拍卖一般通过产权交易平台或具有公信力的第三方主持，遵循公开、透明原则。林权招标和拍卖要依据《中华人民共和国拍卖法》和《中华人民共和国招标投标法》的规定，按照招标、拍卖程序进行，招标和拍卖方式适用于大宗林权转让，交易费用高，程序复杂。

（5）征购和划转被动转让方式

《中华人民共和国宪法》规定，国家可以依照法律规定条件，对土地实行征购、征用或者收归国有。林权的征购和划转，一般是出于生态建设需要对森林资源进行森林权属变更，通常是将经济林、用材林调整为防护林和特种用途林等兼具生态和公益功能的林种，并根据规定支付征购和划转的补偿对价。由于政府支付的补偿对价低，与市场价格偏离较大，侵犯了林权所有者的权益，因此在未来的征购中，应适当参考市场价格提高补偿对价标准。

7.5　重庆地票制度的金融思考

7.5.1　地票产生的背景

土地资源的稀缺性是众人皆知的道理，尤其是城镇化发展使土地成为最稀缺的资源，而农民却守着土地贫穷，农村生产性土地大量撂荒，非生产性土地大量闲置。农民手中有承包地和宅基地，由于没有有效的退出机制，农民难以把手中的土地资源转换成资金资源，农民的土地权利在流转中也被稀释。2008年12月4日，重庆农村土地交易所挂牌成立，尝试将农村宅基地证券化交易。2009年国务院发布《关于推进重庆市统筹城乡改革和发展的若干意见》（国发〔2009〕3号），明确"设立农村土地交易所，开展土地实物交易和指标交易试验（地票交易），逐步建立城乡统一的建设用地市场，通过统一有形的土地市场，以公开规范的方式转让土地使用权，率先探索完善配套政策法规"。由此肇始地票制度试验性探索，这是地票制度产生的背景。

7.5.2　地票的具体操作

（1）地票的初始制度设计

所谓地票，是利用城乡建设用地增减挂钩和级差地租理论，把闲置、废弃的农村建设用地复垦为耕地形成权利凭证后，在农村土地交易所公开交易，从而转化为可在城市规划建设用地范围内使用的建设用地指标。其优点在于"先造地后用地"土地指标交易制度模式，先把农村建设用地转化为耕地之后，才在城市新增建设用地。

参与复垦的土地需具备四个条件：一是现状为建设用地且符合土地利用现状分类；二是在土地利用总体规划确定的城镇建设用地扩展边界及能源、交通、水利等工程设施用地范围外，符合土地利用规划，具备复垦为耕地的条件；三是权属清晰，具有合法权属证明；四是申请国有建设用地复垦的，还应符合国有建设用地复垦的有关规定。

禁止参与复垦的土地类型：一是违法建设用地；二是单独的附属设施用地；三是 2009 年 1 月 1 日后新批准的建设用地且房屋权属初始（首次）登记时间未满 5 年；四是中国传统村落、历史文化名镇名村或者地名文化遗产保护范围内的建设用地；五是权利依法受到闲置的建设用地；六是自然灾害发生后，地质状况尚未稳定的建设用地；七是有其他不宜复垦的情形。

（2）地票的实施流程

一是复垦。前提是农民住有所居，并自愿申请，将闲置、废弃或利用不充分的农居房屋复垦为耕地。市、区政府则对复垦申请的批准和结果验收负行政责任。

二是交易。复垦一旦验收合格，就生成"地票"，即可以公开交易的土地资产凭证。权利人——农户或者农村集体可持票进场，到重庆农村土地交易所挂牌出售。

三是落地。重庆市建立计划指标、地票、增减挂钩指标分类保障用地需求的制度。重庆市明确规定，主城区和区县城新增的经营性用地，必须使用地票。

四是分配。地票的成交价款扣除复垦成本之后，全部收益归农民和农村集体所有。其中，单户交易总面积未超过 1 亩的部分，地票的净收益的 85％归宅基地使用人，15％归农村集体经济组织；超过 1 亩部分对应的地票净收益全部归农村集体经济组织。属于集体使用的建设用地，复垦交易后的地票收益归集体。但是单户复垦交易的宅基地证载面积已超过 1 亩的，宅基地证载面积部分对应收益的 85％归宅基地使用权人，15％归农村集体经济组织，其附属设施用地对应的地票净收益全部归农村集体经济组织。

7.5.3　地票的金融功能

（1）有价凭证：实现了农村土地制度与金融制度对接

地票制度的最大价值在于具有有价凭证的金融功能。地票交易程序完成后，由农村土地交易所将地票证书发给投资主体，作为其支付地票价款的凭据，具备了有价证券属性。证券化后的土地变成一种可交易的商品，具有了时空让渡的可能性，具有流动与流通的金融特质，能够通过招拍挂方式以转让、出租、作价入股、抵押等进行流转。作为一种土地金融产品创新，地票既盘活了资产,又使得农村闲置土地资源与农民的金融资源需求实现了对接。

(2)地票质押:为融资提供了同质化的价值凭证

地票质押指地票持有人以地票价值为担保,向金融机构申请贷款的一种融资方式。地票质押业务激活了地票的融资功能。从宏观上看,地票质押贷款使得地票市场投资价值增加,市场容量扩大,将有利于减少市场投机,吸引更多资金进入地票市场。从微观上看,地票市场各参与主体都将受益。地票持有人在地票无法使用或交易时,可通过地票质押缓冲资金短缺,有利于吸引更多资金进入地票市场,稳定地票价格,保障农民和集体经济组织的收益。商业银行可通过适当地票质押率(一般情况下地票质押率不得高于70%)控制资产风险,保证利息收入和手续费收入。而地票持有人获得资金有利于偿还其他项目的贷款,改善商业银行原有资产状况,分散商业银行经营风险。

地票作为有价证券是权利价值凭证,具有可质押性。地票质押制度设计安排了变现处置通道,增强了流动性。地票质押到期,出质人无法归还贷款的,质权人可以向市国土房管局申请行权,并通过重庆农村土地交易所依法转让、出售、拍卖或采取其他手段处置该质押地票,重庆农村土地交易所有权优先出让质押地票,以保护质权人权益。

7.5.4 实施绩效

截至2016年5月上旬,重庆市累计交易地票17.7万亩,交易额达353.4亿元。地票交易制度绩效明显。

(1)保护了耕地

作为最年轻的直辖市,重庆城镇化必然占用大量土地。重庆通过这一措施为退出农村建设用地提供了路径,在城镇建设用地刚性增加、耕地减少的同时,相应收缩了农村建设空间和规模,使建设用地结构趋于城镇化。截至2015年底,全市累计使用地票11.75万亩,而实际占用耕地7.32万亩,实现了耕地占补平衡有余。

(2)助推了脱贫增收和新农村建设

重庆农村户均宅基地0.7亩,通过地票交易,农户能一次性获得约10万元的收益。地票收入成为部分贫困户实施生态移民搬迁的重要资金来源。截至2015年底,重庆累计交易贫困区县地票13.08万亩、260.8亿元,占地票交易总量、交易总额的75.65%、75.45%。同时地票帮助农村集体经济组织实现200多亿元的财产收益,也使得农村建设布局优化,促进了农地流转和经营规模化水平的提高。

（3）促进了城乡统筹发展

地票来源于农村尤其是边远山区的农村，而落地于城镇，实际相当于城市向农村特别是向远郊农村反哺了 300 多亿元的资金。已交易地票 70％以上来源于渝东北、渝东南地区，这两个区域在全市发展中承担着生态涵养和生态保护功能，发展导向是引导超载人口转移；地票的使用，95％以上落在了承担人口、产业集聚功能的都市功能区及城市发展新区，统筹优化了城乡、区域开发结构，有利于区域差异化发展和资源的优化利用。

（4）促进了农村金融发展和城镇化进程

地票作为有价证券可进行融资质押，也为农房抵押评估提供了参照，提升了农村产权抵押融资能级。截至 2015 年底，重庆办理农村集体建设用地复垦项目收益权质押贷款 144.23 亿元，农房抵押融资 166.9 亿元，地票质押贷款 12.23 亿元。有 9.7 万户进城落户居民申请复垦宅基地，实现了带着财产进城，也助推了城镇化发展。

7.5.5 由"地票"到"林票"：该制度创新的启示

农村宅基地使用权的资本化产生了"地票"制度，林业资产的资本化也可以产生"林票"。林农同样面临着入城而无财产的困局，其林业资产包括山林等也需要流转，并且林业资产具备较大外部性特征，政府作为"公共人"理应政策性支持。由地票制度可以得到如下启示。

其一，金融技术和制度是解决农村资金短缺的基础性制度。与财政资金不同，金融制度是市场化配置资金要素的技术与制度，具有逐利信息发现和配置功能，要素配置具有较高效率。金融资源的资本化技术因具有空间与时间二维度的配置，尤其是时间维度的配置能够克服现有间接金融服务的不足，盘活具有长周期特点的资产。金融技术与制度创新可以使农村各种沉睡资产市场化地变成财富。

其二，金融制度实施的前提是资产的产权主体明确，联合主体收益分成达成。一方面，只有产权明晰、权属主体确定，才能避免纠纷，降低交易费用。另一方面，交易达成的前提是交易双方收益和效用的满足，收益大于成本。所以相关利益者必须达成分成收益协议才能够实现交易。再者，交易达成对交易双方均有益，值得合作，因为只有合作才能"分享合作收益"，分割租值收益。当然需要改革原有的"规则"约束，逐渐以现有的市场交易规则和制度替代。

其三，相应产权市场的建立。农村区域的产权交易市场是农村地区资产实现交易的基本要件。当然，要实现农村地区资产与要素的产权交易，必须将实物资产证券化，变成可以交易的价值，这是第二个要件。第三个要件是对资产与相应产权的评估，需要一定的专业化知识，且农村地区资产因方位的远近及其他影响因素，一定是"个性化"的。因此，建立与市场需求相挂钩、与利益相连接的产权市场，并提供具备相当公共品性质的第三方服务是必需的，这需要政府相应政策支持。就"林票"来讲，可以与城镇化进程的城市绿化水平相挂钩，与生态建设的考核相联系。

其四，政府在整个交易中的规则制度和行为边界。作为服务型政府，其行为边界一般界定在生产或提供公共物品或服务、调节收入分配、促进经济稳定发展等方面，也就是满足社会公共需要，具有整体性、集中性、强制性特征。要克服市场失灵，而市场失灵是产权制度失灵和过高交易成本导致的，因此政府在明确产权、降低交易费用方面应有所作为。这就需要基于市场需求，改革约束发展与进步的相应制度和规则，如相应利益分成规则、市场交易制度的维护、标准的设定等。

8 广东省林产金融发展的配套制度创新

8.1 政策性森林保险制度

保险是以合同（契约）形式，在集合众多受同样风险威胁的被保险人基础上，由保险人按损失分摊原则预收保费，组织保险基金以货币形式补偿被保险人损失的经济补偿制度。保险是一种危险损失转移机制，具有"社会稳定器"功能。当然保险所保的必须是可保风险，指那些在现有条件下可利用保险方法分散、减轻和转移的风险，具备四个要件：①风险必须是偶然的，指风险导致的损失必须是可能发生的，不是确定要发生的；②风险必须是意外的，指风险导致的损失后果必须是被保险人意料之外的，意料之内的风险损失不是可保风险；③风险是非投机行为风险，投机风险不可保；④使大量标的均有遭受损失并有重大损失可能性的风险。森林保险属于农业保险的一种，而农业保险既是农村金融的一部分，也是农村金融制度改革深化的基础。当然，农业保险与森林保险因为具有较大外部性和社会效益，属于政策性保险范畴，仅靠市场力量难以达到帕累托效率，需要政府支撑。

林业生产经营周期较长，易受各种自然灾害的侵袭，火灾、虫灾、洪涝、风灾等都会给林农造成经济损失。2009 年，中央启动了中央财政森林保险保费补贴试点。2012 年，中央财政森林保险保费补贴区域扩展到江西、湖南、浙江等 17 个省（区、市）①。广东省要把森林保险纳入农业保险统筹安排，通过保费补贴等政策手段引导保险公司、林业企业、林业专业合作组织、林农参与森林保险，扩大森林投保面积。各地可设立森林保险补偿基金，建立统一的基本森林保险制度。

应加大森林保险宣传力度，普及保险知识，提高林农保险意识。鼓励和引

---

① 截至 2012 年，纳入中央财政森林保险保费补贴范围的有福建、江西、湖南、辽宁、浙江、云南、广东、广西、四川、河北、安徽、河南、湖北、海南、重庆、贵州、陕西 17 个省（区、市）。

导散户林农、小型林业经营者主动参与森林保险；创新投保方式，支持林业专业合作组织集体投保，支持以一定行政单位组织形式进行统一投保，提高林农参保率和森林保险覆盖率。基于较大外部性，森林保险亦可采取强制保险形式。探索建立森林保险风险分散机制，森林保险经办机构要对森林保险实行一定比例的超赔再保，建立超赔保障机制，提高森林保险抗风险能力。通过建立完善的森林保险体系，支持更多的保险公司推出森林保险业务，化解林业生产经营风险，分散林业信贷风险。建立森林保险风险补偿机制，对森林保险实行税收优惠，减轻林农、林企参加保险的经济负担。森林保险机构要结合不同地区不同林种的差异化需求，开发创新森林保险险种和服务产品，保险费率厘定要考虑到林业灾害发生的概率和强度的差异性，坚持"保障适度、林农承担保费低廉、广范围覆盖"原则承保，按照"公开、及时、透明、到户"原则规范理赔服务，提升森林保险的服务质量。

8.2　加快林权信息管理系统及产权交易平台建设

高交易费用是制约林权交易的重要因素。而林权信息管理系统及产权交易平台建设是破解此约束的重要一环。所谓信息管理系统（information management system，IMS），就是利用计算机技术、网络通信技术、数据库技术等，开发各种数学模型、采用所存储的大量数据并实施企业管理的系统，具有数据处理、预测、计划、控制、辅助决策等功能。所以，利用信息系统能有效提高管理效率，降低管理与交易成本。产权交易是指交易双方依照法律规定和合同约定，通过购买、出售、兼并、承包、租赁、拍卖、股份转让、资产转让等方式，将一方所享有的产权转让给另一方的改变法人实体的法律行为，是多层次资本市场的重要组成部分。因产权交易客体的复杂性、方式的多样性、交易的市场性，需要建立产权交易平台，从而发挥信息积聚、价格发掘、制度规范、中介服务等功能，降低交易费用。

林权资本化需要两个方面的制度配套。一方面，加快林权证登记、抵押、采伐等信息的电子化管理进程，加快林区的信息采集，将该信息纳入中国人民银行企业和个人信用信息基础数据库，实现中国人民银行征信体系对林区和林农、林业企业的覆盖，方便银行查询及贷款管理。另一方面，引导金融机构建立健全林农、林业专业合作组织和林业企业的电子信用档案，设计客观的信用信息指标体系，建立和完善信用评级和信用评分制度，发挥信息整合和共享功能。建立林业部门与金融部门的信息共享机制，将广东省林权信息系统资源数据与之联系起来，建立大数据中心。

8.3 健全林业社会化服务体系

农业社会化服务体系，是指与农业相关的经济组织为满足农业生产发展需要，向直接从事农业生产的经营主体提供各种服务而构成的网络体系。农业社会化服务体系本质上就是基于农业分工的市场体系，是在商业性农业发展基础上，围绕农业生产部门而形成的一种现代农业分工体系，是获得专业化分工和集约化服务规模效益的一种社会化农业经济组织形式。随着农业生产力发展和农业商品化程度的提高，诸多农业生产环节从农业生产中分化出来，发展成为独立的新兴涉农经济部门，如技术推广服务、信息服务、政策和法律服务、生产资料供给、耕种栽培与病虫害防治技术服务以及销售、运输、加工服务等。农业社会化服务体系是否完善，是衡量一个国家农业商品化和现代化程度的重要指标。

作为大农业的一部分，林业经济发展也需要健全的社会化服务体系。较多地方成立了林权交易所，其业务不局限于产权交易，更是承接了林木采伐招投标、森林资源评估、林权抵押贷款、森林资源收储和融资担保等业务，这些业务都需要专业性人员和机构提供。而林业经济发展具有较大正外部性，单纯依靠个人或机构生产经营，难免会出现社会供给不足，政府在基础设施建设等方面应发挥作用，通过财政资金支持建立林业资产评估机构、资产信用增级、招投标信息平台等，为林业资产流转、交易等提供条件。

8.4 以组织化促进林业规模化、标准化、集约化发展

组织化中的组织主要是指集功能性团体和制度安排于一体的经济组织，农民的组织化是现代农业所要求的新型农民培育过程。其一，传统农民转变为现代农民。传统农民生产经营规模狭小、经营分散、经济实力较弱、科技水平滞后；而现代农业是科技型、机械化、信息化和工厂化的农业，受现代农业生产经营环境、技术、政策和管理理念等影响，要求农民的素养提升，成为适应现代农业的新型农民。其二，以一定组织形式从事农业生产与经营活动。传统农民生产经营呈现分散化、低效率特征，现代农业科技成果应用缓慢，农业生产

的专业化和社会化水平较低。一方面,通过农民组织化,使之成为具有较强竞争力的联合市场主体已成为提高农民比较收益、增强农业竞争力和实现农村现代化的必然要求;另一方面,政策诱致内生性合作组织创新,现代农业发展使得涉农主体的相互依存度递增,在开放环境中预期收益的取得大多通过构建自组织创新网络实现。这种农民合作经济组织在组织原则、管理等方面都具有明显的内生性,不仅提高了农民市场谈判地位,也成为适应市场经济的组织形式,改变了单一化进入市场格局。

同理,建立林业专业合作社,一方面可以将分散的林地聚合起来,进行规模化生产经营,另一方面可以为林业的生产经营提供产前、产中及产后一条龙服务,既享受了规模经济带来的好处,也节约了生产经营的摩擦成本和交易成本等。因此,应大力扶持林业专业合作组织,使其朝着标准化、集约化和规模化方向发展,实现林业的经济效益、社会效益和生态效益统一,增大社会整体福利。

8.5　创新政策性信用担保机制

信用担保是指企业在向银行融资过程中,根据合同约定,由依法设立的担保机构以保证方式为债务人提供担保,在债务人不能依约履行债务时,由担保机构承担合同约定的偿还责任,从而保障银行债权实现的一种金融支持方式。信用担保本质上是一种金融交易增信机制,或者说是一种专业化的风险分担机制。信用担保是金融交易过程中的内生需求,可以降低金融机构的管理成本和经营风险,降低金融交易费用,发挥经济杠杆作用,弥补金融交易过程中的信用不足,有利于金融资源的优化配置,促进金融资源配置效率。

信用担保的目的是通过风险分散机制降低借贷双方的交易风险,通过满足金融交易均衡条件进而推动借贷关系的达成,帮助信用不足的企业、个人或其他组织实现融资;也具有对贷款资产的信用增级功能。因此,政府应成立专门的、具有政策性的林业担保机构,针对林业特性,对其贷款提供信用担保服务,为林权抵押贷款证券化进行担保。该机构应不以营利为目的,由政府出资设立,运营资金纳入财政预算。农业融资担保公司联盟是财政资金支持成立的政策性机构,可以承担此项功能。

9 林业产业金融发展国内外实践镜鉴 ///////

9.1 国外林业金融发展的案例分析

9.1.1 美国的森林资源状况

美国是世界上第四大森林资源丰富的国家，森林面积 2.98 亿公顷，占土地总面积的 33%，人均拥有森林面积 1.12 公顷。其中，用材林地（年产材能力在 1.4 立方米/公顷以上的林地）1.98 亿公顷，占森林总面积的 66.4%；保留林地（根据法规禁止采伐的林地，如自然保护区等）1 400 万公顷，占 4.7%；其他林地（年产材能力在 1.4 立方米/公顷以下的林地）8 600 万公顷，占 28.9%。活立木蓄积量为 247 亿立方米，人均蓄积量为 100 立方米/公顷，是世界人均蓄积量 72 立方米/公顷的 1.4 倍，是中国人均蓄积量 9 立方米/公顷的 11 倍。从森林分布看，美国约 2/3 的森林分布在降水量丰富的东部地区，西部主要分布在雨量充足的太平洋沿岸，中部为荒漠、草原的主要分布区。从权属看，美国约 60% 的森林为私有林，分别由林业企业、私有木材公司、印第安土著部落人、农场主和林场主所拥有，34% 为国有林，6% 为其他公有林。用材林中的 73% 由个人或私营企业经营（其中森林企业和私有木材公司占 14%、农场主和林场主占 59%），27% 由联邦政府、州政府或其他公共单位管辖。木材公司的森林主要分布在中南部和东南部，其次为西北部，农场主和林场主的森林主要分布在东部和中部地区，国有林主要分布在北部山区，其他公有林主要分布在中北部和西部。

在 19 世纪以前，美国森林以开发利用为主。进入 20 世纪，美国开始保护森林，采取的主要措施为：禁止向私人出售森林，保护、管理商品林，实行流域保护，开展森林火灾、森林病虫害的防治，建立林业院校、科研机构对林产品进行研究以提高木材利用率，鼓励森林企业、私有木材公司、农场主和林场主发展商品林并给予税收、技术上的支持，制定联邦、州有关林业和野生动物保护的法律等。为改善生态环境，美国政府在保护天然林的同时开展人工造林，20世纪先后大规模地开展了三次人工造林，实现了林产品生产从天然林到人工林的转变、森林采伐量从大于生长量向小于生长量转变。全国私有人工林面积占全国人工林面积的 80％以上。森林企业、私有木材公司、农场主和林场主是美国人工造林的主力军，政府颁布了一系列法律并对私有林主实施了多种优惠扶持政策和法律保护。森林经营管理完全由森林场主根据其土地情况、木材生产周期、市场需求、价格等因素自行决定，各州及所管辖的县都编制了最佳森林经营方案，私有林主都能自觉执行森林经营方案。

（1）规范私有林主行为

通过立法规范私有林主行为是美国政府实施行政管理的主要手段。已颁布的有关林业的法案有《国家环境政策法案》《清洁空气法案》《清洁水法案》《濒危物种法案》《国有林经营法案》和《保护区规划》。《清洁水法案》规定，在连续阴雨天情况下不能进行采伐作业，以免破坏表土并使林道充满污泥，严禁未经处理的污水排放到河流和小溪中；同时，不允许填埋林间小溪。《濒危物种法案》规定，针对濒危或面临濒危的动植物种的狩猎行为是非法的。为了保护濒危或面临濒危动植物种及其栖息地，政府有关部门帮助私有林主设计了野生动植物保护可行方案，避免林业经营活动对受保护的物种栖息地产生不良影响。

（2）生态效益补偿措施

根据联邦政府《清洁空气法案》和《清洁水法案》，由于靠近河溪的牧地或河溪两岸 304.8 米内土地易发生土壤侵蚀，河流和小溪岸边的缓冲地带必须保留一定宽度的林带。为了涵养水源、保持水土，《华盛顿州森林指南》规定，河流和小溪两岸边必须保留 60 米宽的防护林带，这给私有林主的经济造成了损失。为补偿私有林主的损失，规定与防护林带接壤地带的森林采伐销售单位，以市场价核算防护林带的森林价值，并按其总价值的 50％给予林主一次性补偿。为了在河岸缓冲区种植林木和恢复湿地，以改善水质、减少土壤侵蚀和保护野生动物栖息环境，美国联邦与一些州共同启动了名为保护区建设项目（conservation reserve enhancement program，CREP）的流域管理新项目，将对自愿放弃农业生产而进行植被恢复的土地所有者提供 10～15 年的财政扶持。参与 CREP 项目的义务是，土地所有者必须同意在合同期（通常为 10～15 年）内维护、保持和管护种植的林木。参与者可选择种植护岸森林（70％租金补助）。在合同期内，报酬将按年度付给。如林主营造护岸林，每公顷可获得约 294 美元/年的补助，即土地租金 173 美元＋租金补助 121 美元（173×

70%）。马里兰州的土地所有者在种植河岸森林时将获得100%的补偿，种植草原缓冲带或湿地时获得87.5%（或更多）的补偿。

（3）林业税收优惠政策

美国的木材税收项目较少，仅有地方税和联邦所得税，且对木材的所得税给予一定优惠。1980年，美国通过了鼓励私有林主造林的免税政策：每一个纳税人可免1万美元的造林投资税，造林当年可先退税9%，其余91%分7年平均退还。纽约州实施减免土地税计划：私有林主只要同意，至少10年内按州政府规划经营森林，即可减免80%土地税。美国税基比较合理，按扣除采伐成本后的收入交纳林业税，按税后利润交纳所得税。

（4）造林成本补贴

美国政府通过实施一系列扶持政策鼓励私有林主造林。联邦政府每年都有一定预算拨给州政府，作为奖励私有林主的经费。造林费用一半由林主自己承担，一半由州政府以奖励形式给予补助。同时要求经营者需根据联邦政府制定的标准，履行项目申请、批复、施工和验收等程序，经政府补贴营造的森林采伐也要经过批准。根据补贴条款，用该款营造的林木在10~15年内不得采伐，如违约，经营者要退还全部资助款。此外，政府还无偿向林主提供40%的更新费用。政府还制定了退耕还林政策，国家在5年内，每年给每公顷林地补助111美元，调动了林主的积极性，使私有林从天然更新转变为人工更新，使闲置的农地转变为林地。

（5）林业技术推广服务

美国联邦农业部设立了技术推广局，每年的推广经费为12亿美元，其中联邦政府承担25%，州政府承担50%，县政府承担25%。美国50个州中有104所大学承担林业技术推广任务，共有科研、示范和推广人员5 000人，其中200人为林务专家，有150个技术推广办公室，共有270名林务专家，11 000名技术推广人员，为1 000万个私有林主服务。各个州都有技术推广站，林务工作者和大学科研、示范和推广人员无偿为私有林主提供技术咨询、培训和网上教学、实用技术和市场营销推广、制定林业经营规划等服务。

美国私有林发展的经验，可归纳为以下几点：一是私有林法律制度比较完善，用法律法规调整私有林主的行为。二是保护私有林产权，对因生态需要采取管制措施致使私有林主造成的经营损失，政府都予以适当补偿。三是制定优惠措施鼓励私有林发展，如造林成本补贴、税费减免等。四是利用行政合同管理，美国私有林主享受政府造林成本补贴，要承担10~15年内不得采伐的义务。

9.1.2　日本私有林业制度

（1）日本林业状况概要

日本是一个森林资源丰富的国家，森林覆盖率高达 67%，仅次于芬兰（76%）。日本的森林面积约 2 514.6 万公顷，其中人工林 1 040 万公顷（占总面积的 41%），天然林 1 338 万公顷（占总面积的 53%）。森林资源蓄积量约 34.83 亿立方米，其中人工林占 54%，天然林占 46%。日本森林资源特点可概括为：森林覆盖率高，但人均森林面积低，仅 0.2 公顷，是世界平均水平 0.6 公顷的 1/3，属于人均森林资源贫乏的国家之一，人工林面积所占比重很高。日本的森林资源按所有制划分为国有林和民有林，民有林又可分为公有林和私有林。国有林面积为 785 万公顷，占森林总面积的 31%；民有林面积为 1 730万公顷，占 69%。在民有林中，私有林面积 1 457.2 万公顷，占全国森林面积的 58%；私有林的森林蓄积量为 2 212 万立方米，占总蓄积量 3 483 万立方米的 64%。人工林中私有林的面积和蓄积量所占比重更是高达 65% 和 74%。私有林在国土保全、水源涵养、环境保护与改善、生物多样性保护、休闲保健、文化教育和科学研究等方面发挥了不可替代的作用。

日本的私有林发展是与政府实行的各种扶持政策分不开的，主要包括：以稳定林地和林木所有权为核心的制度保障；以财政补贴、信贷支持、税制优惠为核心的经济扶持；以森林国营保险和森林灾害共济事业为代表的风险抵御体系；对森林组合等林业经济协作组织的扶持；以林业专业技术员和林业普及指导员的充实为核心的技术服务等。

（2）日本的林业政策

林业既是一项产业，也是一种公益事业。为保证林业作为一个产业应获得的利润和作为一种公益事业应得到的损失补偿，日本政府对林业采取了三种经济扶持措施，并已形成长期制度，为私有林的经营与可持续发展提供稳定预期。

①林业补助金制度。林业补助金制度是一项长期制度。财政补贴是日本私有林扶持政策中最为有效、力度最大的一项措施，财源主要来自中央和地方财政预算。中央财政补贴根据预算种类的不同分为公共事业补贴和非公共事业补贴。前者由公共事业费预算支付，补贴对象侧重于硬件建设，如造林、林道建设、抚育间伐、森林病虫害防治、土壤改良、优良种苗供应、防止山地灾害、治山、防护林建设、森林火灾预防、购置高性能林业机械、木材综合加工利用

项目、信息网络建设等；后者由一般行政事业费预算支付，补贴对象主要是软件建设，如森林计划、森林调查、森林国营保险、地方林业科研、林业技术普及与指导、发展森林组合、保障林业劳动力、民间林业团体的启动金、活动费、人头费等。除中央财政补贴外，地方财政多采取与中央财政补贴配套的方式对林业实行补贴，也有单独设立的补贴项目，如达不到中央财政补贴标准的小规模硬件建设项目、当地特有的林产品开发项目等。近年出现了将中央与地方两种资金捆在一起，对一些软硬件混合型项目予以支持的趋势。如林业结构调整的补贴方式：中央财政将款项下拨到都、道、府、县，都道府县再分配给市、町、村或者森林组合。如果是面向林农的补助项目，则由森林组合向其会员林农募集项目参加者，完善手续后发放补助款；未加入森林组合的林农则可通过市、町、村申请补贴。

补助金的来源和分担比例均有规定：林业普及与指导的全部费用由国家负担；造林、林道、地方林业科研费用由国家和地方政府各负担一部分，其中造林费补助比例为一般地造林共计补助 40%，瘠薄地和水源地造林共计补助 68%；编制和实施地区森林计划、森林施业计划及防护林事务等费用由地方政府负担，国家补助 50%；被划定为防护林后，因木材生产限制承受的经济损失由国家补偿；在保安设施区域内，因造林及森林土木工程等设施建设及管理承受的损失由国家负担 2/3，地方政府负担 1/3。

自 1946 年始，日本对民间造林实行半额财政补贴（1947 年起改为中央财政 40%、地方财政 10%），并得到了法律支持[①]。在该政策推动下，日本造林面积连年增加，从 1946 年的 5 万公顷，发展到 1950 年的 30 万公顷，1955 年达到了 40 万公顷。1956 年，日本又制定了《林业相关事业补助金支付纲要》（以下简称《纲要》），重新确立了补助标准。《纲要》规定凡人工造林面积 0.1 公顷以上或天然林改造 0.3 公顷以上者，国家财政给予造林成本 30%、地方财政给予造林成本 10% 的补贴。这一补贴率只是一个原则性基数，实际操作中会进行调整。如对扩大造林（指天然林采伐迹地和荒山荒地造林）补贴的最低线为 48%，而对更新造林（指人工林采伐迹地造林）补贴的最低线为 24%。1973 年，日本政府对《纲要》进行了一次较大修改，一是加大了对扩大造林的补助力度，所有项目的补贴率均不低于 40%，最高达

[①] 1950 年的《造林临时措施法》、1951 年的《森林法》和《林业相关事业补助金支付纲要》及其修订条款。

68％；二是缩小了更新造林补助范围，除灾害恢复和保安林、自然公园的更新造林外，一般用材林的更新造林不再列为补贴对象；三是将补助重点转向了重点地区和重点林种；四是新设天然林改造补助项目。1979 年，日本开始实施"森林综合整备事业"，为应对木材价格下跌影响林农造林积极性的问题，再次调整造林补助政策。这一次调整总体上加大了补助力度，对于扩大造林一律实行 68％的补贴率，天然林改造一律实行 60％的补贴率，更新造林的补贴率提高到40％～52％；还增加了对间伐、抚育的补助项目，补贴率为40％～60％。20 世纪 80 年代后，林业工作重点转移至生态公益效能上。对"森林综合整备事业"内容作了相应调整，提出了"三个整备"，即以建立健全的生态系统为目的的"人工培育天然林整备"、以强化现有人工林生态机能为目的的"复层林整备"和以传统的扩大造林、更新造林为内容的"单层林整备"。1987 年，日本政府重新修订《纲要》，制定了新的补助标准，加快了复层林和人工培育天然林的建设，使造林与抚育相结合，保证采伐迹地的更新造林。截至 2000 年 3 月，日本共完成"人工培育天然林整备"18.7 万公顷；"复层林整备"7.5 万公顷；"单层林整备"人工造林 28.1 万公顷，人工林抚育358.2 万公顷。

林道建设补助标准为：开发区域面积在 2 000 公顷以上，补贴率65％；开发区域面积在 500 公顷以上，补贴率为55％；开发区域面积在 50 公顷以上，补贴率为45％。另外，对于人口严重外流的"过疏地区"的一般支线林道建设项目，最低开发面积可放宽到 30 公顷。在国家财政补贴基础上，都、道、府、县政府还追加补贴，补贴率根据本地财政状况决定，一般为 20％～25％。

②林业专用资金贷款制度。为了扶持和发展林业，日本建立了林业专用资金，专门用来提供林业贷款。林业专用资金来源于农林渔业金融公库、林业改善资金、木材生产和流通结构合理化资金、林业信用基金，以及 1996 年增设的促进林业就业资金 5 种资金贷款制度，林业专用资金贷款一般都是无息或低息贷款。

农林渔业金融公库。这是日本实施农林渔业政策性信贷的主要窗口，创立于 1953 年。公库的资本金来源于国家"产业投资特别会计"和部分借入资金，借入利息与贷出利息的差额由中央财政一般会计予以补偿。借贷对象为林农、森林组合、市、町、村等，森林所有者可通过森林组合或市、町、村等组织得到贷款，也可向农林渔业金融公库各地分支机构直接借贷。林业专用资金专门用于发放造林、林道及林业结构改善等事业所需的长期低息贷款，每年发放贷款 590 亿日元；其利率为 3.5％，偿还期 35 年，是该公库利率最低，偿还期最长的贷款。

林业改善资金。该资金创建于 1976 年，资本金的构成为中央财政占 2/3，地方财政占 1/3。由都、道、府、县设立林业改善资金特别会计，向林农及森林组合等发放。林业改善资金主要用于改善林业经营、防止劳动事故、确保林业劳动力及培养林业接班人等，属中短期无息贷款，每年贷款额为 75 亿～100 亿日元。

木材生产和流通结构合理化资金。该资金是为小规模、实力较弱的木材生产、加工、流通企业而设立的，主要提供经营合理化和经营规模扩大所需的基本运转资金和设备资金。其资本金由中央财政和地方财政以 1：1 比例提供的基础资金和由农林中央金库等金融机构提供的配套资金（基础资金的 4 倍）构成。借贷对象为制定了切实可行计划并通过都、道、府、县知事认定的森林组合、森林所有者、木材生产企业、木材加工企业、从事木材批发和零售的单位。基本运转资金的贷款限额为 1 000 万～3 亿日元，还贷期限为短期 1 年、长期 5 年，年利率为短期 1.85％～2.20％、长期 2.15％～2.50％；设备资金的贷款限额为 5 000 万～1.8 亿日元，还贷期限为 3 年，年利率为 2.65％～2.80％。

林业信用基金。该基金是由中央财政、地方财政和林业经营者共同出资建立的信用合作基金，是专门为经营者向民间金融机构融资提供债务担保而设立的。其主要目的是为林业经营者获得其他政策性贷款和非政策性贷款提供债务保证，保证对象为林业经营改善所必需的基本运转资金和设备资金的借贷，主要项目有造林、育林、木材产业的经营改革、林业劳动雇佣的改善等。向该基金申请信贷保证的条件是：申请者必须加入该基金，贷款项目和经营改革计划必须通过基金管理委员会认定。

促进林业就业资金制度。该制度是针对近年来林业不景气、劳动力严重不足现象而设立的无息贷款制度，为在林业行业新就业的人员及接受新就业者的林业生产单位提供就业培训资金和就业准备资金。其资本金主要由地方财政和地方林业协会提供，中央财政给予适当支持，2001 年度中央财政对基金的支持总额为 6 亿日元。

③税收优惠政策。日本现行税制中，税种税目多达 60 余种，最高税率达 70％。与林业密切相关的税种税目有 15 种，其中国税如山林所得税、转让所得税、法人所得税、继承税、赠与税和登记许可税；地税如居民税、营业税、不动产购置税、轻油交易税、固定资产税、特种土地占有税和营业所得税。

鉴于林业的特殊性和公益性，日本政府对林业税收采取了一些特殊优惠政策。

一是税基构成优惠。为缩小税基、减轻税负，计税金额可从收入总额中扣除一切必要成本，还可扣除一定免征数额。如在扣除一切必要成本及自然灾害损失后，对按照森林施业计划经营的森林者还可扣除相当于立木收入20％的金额予以免征；另外，对每个纳税人均可扣除50万日元免征额。在计算转让所得税纳税金额时，国家征用林地可扣除5 000万日元免征额；出售给国家或地方政府的用于国土保护的林地，可扣除2 000万日元予以免征。在计算法人所得税时，可将造林第一年30％的造林成本列入亏损或必要成本予以扣除。

二是减征。日本几乎对所有林业税收都采取不同程度的减征政策，其中山林所得税和遗产税的减征幅度最大。日本所得税原则上为综合课税，但考虑到山林所得具有投入期长、一次性实现的特点，其税额计算采用分离5除5乘课税方法①，这种计算方法可在很大程度上减轻税负。在遗产税计算中，当课征对象为山林时，山林的立木评价额可按时价的85％计算；当课征对象为防护林时，可按其禁伐或限伐程度予以减征，即允许部分禁伐的防护林可按其林地及立木评价额70％课征，择伐林按50％、单木择伐林按30％、禁伐林按20％课征。

三是免征。免税政策主要体现在维护国家利益、保护国土和扶持中小型林业企业等方面。如法人所得税中，对从事国家公共事业的法人（地方公共团体、农林渔业金融公库、森林开发公团等）免税；个人所得税中，对于用国家收购山林后支付的全额补偿金重新购买山林或取代补偿金接收山林者免税；遗产税中，对于将全部或部分遗产捐赠给国家、地方公共团体或特定公益法人的遗产继承人，其捐赠部分全部免税；地价税中，对林地免征地价税；地方税收中，防护林用地的购入免征不动产购置税，防护林及国家公园区域内的特种保护区免征固定资产税，林业企业和个人所购买的林业用轻油免征轻油交易税，对从事林业生产的法人和个人免征营业税。

四是延期纳税。在遗产税中，根据不动产价值和立木价值占课税遗产总价值的比例采取延期低息纳税措施。当不动产价值低于课税遗产总价值50％时，与立木价值超过课税遗产总价值30％的部分相对应的税额和与防护林等保护

---

① 山林所得与其他所得分开征税，并按照应纳所得额1/5部分的适用税率计算税额，所得之积再乘以5，得出应纳税额，计算公式为：应纳税额＝应纳税所得额×1/5×适用税率×5。

区内土地价值相对应的税额，以及超过课税遗产总价值 30% 的森林施业计划区内的立木价值相对应的税额，均可延期 5 年分期等额交纳，利息税分别为年息 5.4%、4.8% 和 3.6%（其他财产价值相对应税额为 6.6%）。当不动产价值超过课税遗产总价值 50% 时，与防护林等保护区内土地价值相对应的税额可在 15 年内分期等额交纳，利息税为 4.8%；与森林施业计划区内超过课税遗产总价值 30% 的立木相对应的税额，可在 20 年内分期等额或不等额交纳，利息税为 3.6%。

日本私有林扶持政策中有很多做法值得我国学习和借鉴。其一，建立健全造林补助体系，加快森林资源建设。其二，以林业金融推动产业发展。日本林业政策性信贷名目繁多，金融机构稳定，且有关林业金融的法律体系健全，政策性金融信贷政策的实施为林业发展提供了有力的资金保障。其三，建立和扶持林业社会化协作组织。大部分私有林扶持政策都是通过森林组合实施的。森林组合不仅较好解决了私有林业的市场竞争、风险回避以及资金、技术、采伐、运输、林道建设、病虫害防治等单户林农所难以解决的问题，而且加强了林农与政府的联系沟通，切实降低了政策实施成本，也推动了林业与信贷部门金融交易的达成，促进了林业产业发展。其四，运用政策手段引导非公有制林业发展。造林补助、林道建设补助以及融资政策都随林业发展需求而修订，提供林业发展的收益预期，引导林农、森林组合及林产加工企业按政府所期望方向进行经营活动。

9.1.3 英国林业金融发展案例分析

（1）英国林业概况

15 世纪以前，英国森林资源非常丰富，木材等足以满足自己国内需求。但在 18 世纪中叶产业革命以后，森林资源保护没有得到英国政府重视，各地区滥垦滥伐现象严重，原始森林资源几乎丧失殆尽，森林覆盖率直线下降，最低仅有 5%。世界大战以后，英国通过立法制定了恢复森林资源的长远规划，森林覆盖率才逐渐回升。目前英国林地面积约为 280 万公顷，其中 2/3 以上的森林为私有，包括个人、家庭、慈善机构和公司等所有，占全国森林面积的 70%。部分私有林的管理目标是为了休闲，而大规模家庭林场和公司所有的森林主要为生产木材。不过慈善机构和其他用于保护和游憩的私有森林面积呈现出不断增加态势。英国的国有林面积为 83.4 万公顷，占全国森林面积的 30%。全国森林中的 130 万公顷是独立认证的可持续性管理的林地。英国森林覆盖率约为 10.8%，远低于欧洲 33% 的平均水平。英国林业产业主要为第三产业，发展重点集中在保护森林资源，改善生态环境、提高自然景观、促进林区游憩为主要目的。虽然英国森林覆盖率相对较低，但英国并无裸露破碎地块，整洁高大的林木与大片草地形成了独特的自然景观，每年都吸引着大量国内外游客。此外，英国还制定了可持续性林业政策，主要涉及阻止林地挪作他用、控制林木采伐、促进更新造林、开发对环境无害的森林病虫害防治办法等，以达到可持续地管理现有林木与森林、不断提高森林覆盖率、获得多种效益等目的（廖晓晨，2002）。

（2）英国林业机构

英国森林资源恢复与其严格立法以及完善的林业管理是分不开的。1919年，英国成立了林业委员会，下设林业管理局 12 个、地方林业局 65 个（杨新民，2015）；有职工约 2 800 人，每个地区林业管理局职工约为 40~60 人，地方林业局的职工约为 6~15 人。林业委员会主要负责制定林业政策与法规、拓展英国林业研究、制定林业可持续性计划以及开展林业学习与休闲管理等，该机构是英国最大的土地经营者，既经营国有林业，又管理私有林。英国地方政府不设林业机构，但设林务官 1~2 人，负责私人造林、采伐的申报，以及协调、建议和监督作用（李剑泉等，2015）。私人造林的资助、森林资源采伐审批则归地方林业局负责，森林采伐必须由林业局批准，否则就是违法。林业委员会采取采伐许可证政策，对私有林采伐颁发许可证，并批准其《长期森林经营方案》，目的是调整森林类型和森林结构，同时也对国有林采伐进行审批（王修华，2013）。经过批准的采伐，其采伐迹地也必须进行人工更新或天然更新；另外，英国会对非法采伐者进行处理，甚至追究其法律责任。

（3）英国林业财政金融制度

一是财政补贴。英国政府对私人与私营公司造林事业颁布了一系列造林补贴政策，并出台了详细的补贴办法。①新植造林：针叶林为 700 英镑/公顷，不受面积限制；阔叶林 10 公顷以内为 1 350 英镑/公顷，10 公顷以上为 1 050 英镑/公顷。补助方式为造林后支付 70%，第 5 年验收后支付 30%。②更新造林：针叶林为 325 英镑/公顷，造林密度为 2 250 株/公顷；阔叶林 525 英镑/公顷，造林密度为 1 100 株/公顷；混交林根据测算的针、阔叶林面积支付。造林后补贴即全额支付。③天然林更新：针叶林 325 英镑/公顷，造林密度为 2 250 株/公顷；阔叶林 525 英镑/公顷，造林密度为 1 100 株/公顷。更新后补贴即全额支付。④优等地补助：600 英镑/公顷，造林密度在 2 250 株/公顷以上。⑤社区林地补助：950 英镑/公顷，社区林地需用于公众游憩。⑥地区差补助：600 英镑/公顷，面积在 25 公顷以内，适用于苏格兰中部地区和社区造林。⑦年度经营资助：从造林开始计算，每年补助 35 英镑/公顷。⑧林地改良补助：补助额为协议造林成本的一半，最高限额在 5 000 英镑以内。⑨牧业损失补助：每年 80 英镑，补助年限为 10 年（杨立文，2010；李琦，2007）。除对造林者提供补贴外，还为私有林主提供多种无偿技术服务，如通过网站为私有林业主提供各种技术咨询服务，并免费为其提供各种造林技术相关书籍，共同提高私有林业主造林技术与技能。

二是税收政策。英国政府给予了林业发展方面很多税收优惠政策，基本将林业收入排除在征收范围之外，仅对经营林地收取一定税费；还为林业提供森林火灾保险等。除减免林业收入所得等相关税费外，英国政府对林业遗产税也制定了特别规定，一般遗产税率高达 40%，而森林作为遗产的，其遗产税免征，鼓励个人把资金投向森林制造。此外，英国政府还出台了针对林业的贷款、保险等金融服务政策，这些政策大大降低了林业主造林成本与风险，提高了其造林积极性，对森林的恢复与保护起到重要作用。随着公众对森林生态效益要求的不断提高，国家对林业的扶持强度越来越大，商业团体也开始加强对林业的资助，另外英国国际开发部对海外国家的林业恢复与保护也给予了很大支持，尤其是对非洲国家（罗秋，2009）。

三是林业基金。为了保证林业长期规划的实施，可持续的资金来源必不可少。1919 年，英国成立了林业基金，其主要来源有林地租金、林产品收入、捐助金及议会拨款等。1960 年以前，基金以国有林为主，占林业基金总额的 90% 以上；1960 年以后，国家对私有林的支持逐渐增大，私有林基金所占比重有所上升，但国有林基金比重依然偏高（官秀玲，2011）。1988 年，英国农用林地基金成立，用以补偿农民因造林而导致的损失；1994 年，该基金又改名为农场林地奖励基金，用于农民造林补贴奖励。20 世纪 90 年代以来，英国政府不断扩大造林补助范围与提高补贴力度。其作为欧盟成员国期间，也执行了欧盟的农田退耕或休耕政策，在退耕或休耕田地上造林可申请一定财政补助。

四是社会资金参与等机制的建立。英国林业委员会建立了良好的社会参与机制，并用制度保证了各利益团体、个人、部门的参与，如森林资产化经营管理制度、森林经营资金投入制度等，在一定程度上满足了英国林业发展的资金需求。英国还通过立法确保各利益团体、个人、部门享有的参与权（如决策权）并约束参与者的行为，为参与者的利益提供了法律保障。这些制度均为英国林业发展提供了良好的发展环境。

（4）英国林业金融发展的启示与借鉴

①建立完善的林业基金制度。英国林业基金为英国林业恢复提供了可靠的资金保障，其经验也证明了林业基金对发展林业的必要性。林业发展是中国生态环境建设的基础，应建立并完善林业基金制度，为林业的可持续发展提供资金支持，以弥补林业产业因外部性和公益性而导致的经济效益缺失，诱导社会资金进行林业产业和产品开发，以期达到外部性内部化，促进林业产业交易制度的实施和交易活动的开展。

②构建多元化林业投资体系。长期资金要素短缺是限制广东省林业可持续发展的关键性因素。林业投资主要通过政府拨款、国际组织和机构援助、私营部门有偿资助等三种渠道，资金供给远小于资金需求，林业投入增长速度远低于林业基本建设投资所需增长速度，因此，建立一个多元投资体系尤其重要。在明晰产权基础上，应推进租赁、兑换、入股、抵押等产权有偿转让，盘活经营权，建立人工林活立木有偿转让制度；同时加强国际合作，调动和挖掘所有可能的财力资源，特别是私人投资和非政府组织资金，把公共资金和私有资金结合使用，投向林业可持续发展最需要的领域。

③加大财政税收补贴力度。应制定更为细致的财政补贴办法，鼓励国有林与私有林的恢复与保护，有效执行生态林效益补偿制度，建立和完善森林生态价值补偿机制，按照"谁造林，谁受偿""商品有价，服务收费"和"谁受益，谁负担"等原则，给予财政补贴。对于跨区域受益主体，可实行区域补偿机制。如因产业发展受限，粤北山区地市财政能力羸弱，珠三角地区作为生态受益主体，可对粤北山区地市实施跨区财政补贴。此外，还可给予经营林业的户主税收优惠，鼓励更多农户转向林业经营与保护，以财政资金诱导社会要素投入林业产业经营，提供可持续收益的预期。

④信贷优惠政策。金融是市场化资源配置的主渠道，金融技术具有杠杆功能和乘数效应，能够撬动更多社会资金投入，具有较高投资效率。中国林业发展的关键是降低林业资产经营过程中的风险与交易成本，使得交易"可行"。在新一轮林权改革政策下，林权作为一组权利束，可以在保障所有权与承包权利益的前提下，做活经营权，使得资产变资本，以林业资本交易促进银行业金融信贷机构将资金投向林业产业。政府与银行、保险公司、信用担保公司等合作构建风险分担机制，解决经营林业的农户抵押、质押货物缺乏难题，创新信贷方式，贯通林业融资渠道，以金融技术促进林业资产的资本化，实现林业资

产价值的时空配置，加快林业发展、林农增收。

⑤完善林业可持续发展的相关法律法规。制度是纯公共品，完善的制度能够给相关利益主体稳定的预期，进而导引主体行为，以达到制度所导向的目的。完善的林业法律法规体系是林业发展的先决条件，有了良好的发展环境才能保障资金的不断注入。要将可持续发展的理念融于法制建设之中，加强林业立法，制定与国情、省情相适应的可持续发展标准和指标体系。

9.1.4 国外林业产业金融发展的经验总结

（1）以完善的法律制度促进林业的可持续发展

各国政府都重视法制建设在私有林发展中的作用。美国从 1983 年颁布第一个与林业有关的《林木栽培法》开始，后来仅与林业有关的法令、条例就达 100 多个，内容涵盖了保障私有林发展的各个方面，体现了依法治林精神，形成了关于林业产业发展与生态维护的长期规范，给了林业产业相关主体明确的收益与违约的预期，进而导引并规范了人们的行为，促进了林业生态可持续发展理念的形成和依法营林的行为自觉，对私有林发展起到了推动作用。

（2）以财税和金融等扶持措施实现外部性内部化

林业是一个准公共品行业，具有较大外部性，市场主体逐利林业的动力不足，其资源配置存在市场失灵现象。要使得市场主体具备动力投资林业产业，必须将私人的社会边际成本与边际收益无限接近于社会的边际成本与边际收益，让参与主体收益最大化。政府作为公共利益的代言人应起到"拐杖"作用，财税及政策性金融的支撑是主要工具。以经济扶持和轻税赋政策促进私有林发展是世界各国的通行做法，日本、美国等为鼓励私有林发展和维护林业主利益，在所得税、遗产税、土地税、财产税、销售税等方面均实施优惠。而运用政策性金融杠杆撬动社会资本投入、利用各类金融工具促进林业资产资源价值的时空转换配置更是满足林业资金需求的重要手段。

（3）以体制机制建设促进林业产业市场发展

管理的体制机制不顺与利益相关主体的利益不均衡会造成毁林与生态破坏，应根据实际探讨、纠偏、改革管理的体制机制。世界各国政府都很注重林业管理体制和运行机制建设，对私有林的基本政策都在于疏导、服务、鼓励、支持林业主的活动，从责、权、利方面保障私有林业主的经济利益，同时政府也注重从管理和运行机制方面约束林主行为，使林主的营林方式符合国家林业可持续发展需要，实现个体利益与生态保护的双赢。

9.2　中国林业金融发展的理论分析

中国林业产业的本质特征、地位及其发展运行特点决定了依靠某一种融资方式或融资机制安排来解决融资难问题是不可取的。一方面，从其公益性本质、基础产业及战略产业地位来说，加速发展林业在某种程度上是政府目标意图的体现，财政和政策性融资安排必不可少；另一方面，林业产业发展给商业银行乃至证券中介机构提供了潜在优质服务客户。所以只有发挥财政与金融两种融资机制优势，才能破解中国林业产业资本问题，以实现优化林业投资结构、规范投资行为和提高投资效率的目的。因此，进行林业金融创新、构建林业金融支持体系无疑是解决林业融资瓶颈的一个重要突破口。一般而言，成熟的金融市场对产业发展的资金需求会做出反应，提供适当的金融产品。有效的林业金融支持体系应由三种类型构成，即财政性融资、政策性融资和商业性融资，它们应成为建构林业金融支持的基本元素。林业公益性特征及其基础产业地位决定了财政及政策性融资的必要性，而林业发展运行特征及其作为技术密集型产业、成长产业的地位又突显了市场化融资的必然性和发展趋向。

9.2.1　财政性融资及其先期诱导

财政性融资能对商业性融资提供诱导作用。一是风险分担作用，财政性融资一定程度上充当了类似于风险投资基金"孵化器"的作用，能孵化出符合商业性融资条件的林业企业群体。二是收益补充作用，林业企业商业性融资所具有的较高风险溢价，可通过某种专门为林业企业融资服务的财政性资金所化解。三是期限补充作用，对于某些从事高新技术研究的林业中小企业，政府财政长期为其提供中长期研发资金，相对那些主要投资于中短期项目的风险资本来说，其期限补充作用明显。四是信用补充作用，林业中小企业的信用程度普遍较低，通过财政性资本的介入，其信用水平必将大幅提高。五是较为稳定的资金供给，通过预算每年一定数额的财政性资金成为林业资金供给的稳定来源。六是政策诱导作用，财政性资金对林业项目的先期投入会创造出盈利性空间，引导商业性金融资本的随后进入，实现政策性诱导功能。七是信息功能，在财政资金支持下的政策性担保机构，能提供有关林业客户的各种信息，降低了信息不对称程度，增加了金融市场的资金融通机会。总体而言，财政支持或者税收补贴是维持林业发展最重要也是最直接的渠道，但受财力大小与财政支出总量的刚性约束，难以满足林业整体发展的需求，以金融技术为工具的社会融资才是主要渠道。

9.2.2　政策性金融及其补充效应

金融是以市场机制配置资源的，但因不充分竞争和金融资本逐利本性，亦存在"金融市场失灵"，需要政策性金融机构来校正。政策性金融能够一定程度地弥补商业性金融所留下的融资空间和资本市场空缺，确保政府经济职能和宏观调控政策的有效实施，从而实现符合经济社会长期效益的金融深化，以实现金融资源配置的经济有效性和社会合理性的有机统一。政策性金融是指在一国政府支持下，以国家信用为基础，运用特殊融资手段，按照国家法规限定的业务范围、经营对象，以优惠性存贷利率，为贯彻、配合国家特定的经济和社会发展政策而进行的一种特殊性资金融通行为。政策性金融具有四个方面的功能：其一，政策性功能。以贯彻国家产业和区域发展政策为出发点，以优惠利率、贷款期限和融资条件对强位弱势产业和扶持地区提供资金支持，特别表现在基础产业和农业方面。其二，诱导性功能。用资金投放表明政府的扶持意向，从而增强商业性金融机构的投资信心，使得商业性金融从事符合政策意图或国家发展战略目标的放款，形成一种政策性金融对商业性金融投资取向的诱导机制。其三，调整区域经济均衡发展功能。从微观角度看，以商业性金融的逐利性配置金融资源是有效的，但从宏观社会合理性角度看，则会带来产业结构和地区结构的失衡。而政策性金融就成了调整产业与区域发展均衡发展的有效工具。其四，补充性功能。政策性金融主要承担商业性金融无力或不愿承担的长期资金信贷业务，如对技术、市场风险较高领域进行引导补充性投资，或对投资回收期过长的项目及低收益的基础设施补充投资，再如直接对风险企业、低收益企业、低资信企业融资，间接地对企业信用担保，以引导商业性金融机构对其融资。

中国农业发展银行和国家开发银行作为支持林业发展的政策性银行，相对于我国林业融资需求，没有很好地发挥其杠杆作用及"引导—虹吸—扩张"机制。个中缘由，既有其自身经营机制不健全等原因，也有农村微型金融代理机构缺失、商业性金融机构的配合及宏观经济条件和市场环境等问题。因此，一要明确定位。政策性银行必须按国家的产业政策从事业务，不与商业性银行争市场，业务范围以"社会发展所必须而因微利商业性银行不为者"及政府长远战略发展需要导引者等为主，以市场机制配置资金资源。二要完善既有组织机构体系。改革委托代理制度，择优竞争，精简高效，明确规则，降低委托费用，消除寻租现象。完善小微金融组织体系，构建深入机体的毛细系统，作为政策性金融的基层组织支撑。还需为政策性银行资金筹集广辟来源和渠道，提高政策性银行运行效率，有效发挥政策性金融"引导—虹吸—扩张"机制的作用，加大政策性金融机构对林业发展的融资支持力度。三要制定与完善政策性金融法规，规范经营行为，明确权利与义务及界定各方面利益关系，维护合法权益，保障资产安全，给出依法经营的合理预期。

林业政策性金融的核心在于：为了有效弥补国家财政、商业性金融和合作金融支持林业的融资需求缺口，直接配置金融资源或者以少量政策性金融资源创造条件诱导社会资源的投入，以期林业金融资源的供给增加和有效的资源再配置，从而实现国家宏观林业调控的政策效应，成为保障林业持续发展的一种制度安排。作为一种既区别于财政又区别于商业性金融的特殊金融形式，政策性金融集财政与金融优势于一体，成为我国林业产业金融支持体系的有机组成部分。一方面，它充当政府贯彻实施林业政策的工具和窗口；另一方面，它又能补充、纠正商业性金融在林业金融领域作用的不足和偏差，实现国家宏观林业调控的政策效应，这也与林业的外部性内部化相一致。由此可见，林业政策性金融具有其存在与发展的经济社会基础。

9.2.3　商业性金融与长期理性

商业性金融机构以盈利为目的，根据市场法则安排资产负债结构，在流动性和安全性前提下实现盈利最大化。当各产业部门均衡发展条件下，商业性金融在配置金融资源时，在一定程度上既能实现经济有效性，又可实现社会合理性。然而，在非均衡发展与"极化"发展情况下，金融资源更多配置到"发展极"与发达区域上，相应地，边缘落后地区、贫困弱势群体、强位弱势产业等会因比较收益低而被排斥。这时就需要金融经营的"长期理性"，尤其是在农村区域。所谓"长期理性"是指不仅关注短期利益，同时也关注企业的长远发展利益，甚至为了长远利益而以牺牲部分短期利益为代价，追求可持续经营发展。如在经济发展的高涨阶段，更多的金融资源（其中包括农村金融机构）都投入到房地产开发中及短平快项目上，这是资本逐利的本性使然。然而，当经济回归到"新常态"，对农村金融机构来说，只有农村实体经济的良性发展才是农村金融机构长期发展的根基。所以，牺牲暂时的投资于房地产等"热钱"

的部分收益而包容所经营区域的小微企业与弱势群体，进而普惠培植潜在客户，未来就会得到"感恩的回报"，这就是长期理性。

林业商业性金融支持的主体建构，应该以商业银行为主导，兼容其他商业性金融，形成金融支持整合，共同推进我国林业的转型发展与产业深化。从理论上说，完善的林业商业性金融创新支持体系至少应包括三部分：一是为林业经营主体提供直接融资的资本市场体系；二是为林业经营主体提供间接融资的银行体系；三是为林业经济发展提供诸如担保、风险补偿、保险等服务的非银行金融体系。这需要商业银行信贷制度和融资业务及技术创新，更需要建立多层次资本市场，组建林业产业投资基金和林业高新技术产业化风险投资基金运用项目融资，创新林业项目 BOT、TOT、ABS 及林业信托融资方式，引导资本流向林业领域，促进林业产业快速发展。同时，鉴于我国林业经营主体尤其是林农相对弱小，实施普惠制商业性金融支持至关重要。

10 结论与政策性建议 ////////////////////////////////////

10.1 结论

本研究通过对广东省林业资源及林业资产资本化程度进行分析，得出了其资本化程度不高的结论，进而又从制度因素解释林业资产资本化方面进行了研究。在分析林业产业特性及产权制度安排基础上，从林业资产资本化的前提——清晰产权、林业资产资本化的基础——林权评估、林业资产资本化的核心——林权的当期或跨期交易以及林业资产资本化的配套制度等四个方面着手，对林业金融发展进行制度分析，借鉴美国、日本和英国林业金融发展经验，并对中国林业金融发展进行了理论剖析。最终得出以下结论：

①广东省林业资源及林业资产资本化程度不高。广东省林业资源丰富，还是全国木材加工业最发达的地区和家具生产最重要的出口基地，林业产业总产值连续多年位居全国首位。并且设立了中国绿色碳汇基金广东专项，开展了林业碳汇抵减碳排放交易的政策和机制研究，推进了林业碳汇抵减碳排放交易；广东长隆碳汇造林项目还是全国首例获得发改委备案的 CCER 林业碳汇交易项目。然而广东省林业资产资本化程度并不高，林权抵押贷款是其主要产品，虽具有一定覆盖面，但林权抵押贷款额度偏小，且对于林权估价普遍偏低；而其他资本化产品就更少了。

②广东省"均股均利""分股不分山"林权改革为林业资产资本化奠定了良好基础。广东将占集体林地 70% 左右的自留山、责任山确权到户，同时对一些生态区位重要、不适于分山到户林地采取"均股均利"方式，将农民对林地的承包经营权转化为股权。广东省"分股不分山"改革模式不仅为稳定和完善原有集体山林承包合约关系创造了条件，也有利于社会资金的引入，优化了林业生产经营制度环境，但还需通过明晰产权，还权赋能，将林权的资本化收益维护与生态价值维护的对接方面深化改革，促进林业实现"生产发展、生态保护、农民增收"的改革目标。

③构建林权交易市场是林业资产资本化的基础条件。只有具有林业资产的交易市场，林业金融产品才能交易，也才能实现金融的跨时空价值配置功能，将林业资产的价值和风险在时空上进行配置。广东作为全国南方集体林区的重点省份之一，集体林地有 1.51 亿亩，要盘活这巨大的林业资产，必须进一步明确产权，建立林权要素流转交易市场，才能实现基于市场机制利益分配的内在化激励。

④林业资产评估是林业资产金融创新的基础制度。森林资源资产评估具有特殊性，包括土地和林木资源资产的不可分割性、森林经营长周期性、森林资源资产的可再生性与效益多样性、核查的艰巨性等。资产评估成本高成为一大制约。在短期内评估技术不变的前提下，需要制度性创新以降低评估费用：一是完善林业资产市场交易评估管理制度，并鼓励林业资产评估的技术性创新；二是以县为单位建立评估机构；三是产业链或组织化方式创新。

⑤林业产权的当期或跨期交易是林业资产资本化的核心内容，需要有林业金融交易的平台，利用更多的金融交易手段，创新林业金融产品。林权抵押贷款因贷款发放金额小、期限短、利率偏高、程序复杂烦琐等难以改变林业发展融资瓶颈。林业资产证券化、林业资产入股开发、林业资产转让等都是实践中资本化的可行方式。

10.2　政策性建议

基于结论，本研究提出如下几点政策性建议：

①林业资产资本化是解决林业产业发展资金瓶颈的钥匙。林业资产资本化首先可以运用金融技术盘活林业资产资源。林业产业发展资金来源诸多，如财政投入、银行贷款、社会资本投入、国外资金等。无论是财政支持还是银行贷款，现有的内源融资抑或外源融资，都难以解决资金短缺问题。只有运用金融技术，盘活庞大的林业资产，将林业资产证券化、资本化，实现林业产业风险与收益（价值）的时空均衡配置，把林业产业未来收益的一部分贴现用于今日产业发展，才是解决困境之道，也是未来林业产业金融发展的基本方向。其次可以增加林农收入。林业资产资本化的根本目的是让林农具有"资本"和参与市场的机会，而为达此目的最可行的方法就是将林农的现有资产变成"活钱"，即证券化、资本化。再者，林业资产资本化是实现金融普惠的可行途径。普惠金融的贡献在于将金融惠及所有人群，使真正需要金融的弱势群体得到金融服

务。而能够嫁接金融实现普惠的是让弱势群体的资产转化为资本。当然，林权的产权厘清、评估、当期或跨期交易，以及建立林业资产资本化的配套制度是必不可少的环节。

②创新林业资产资本化的金融产品。金融市场上交易的是金融产品，只有丰富的金融产品出现，才能够支撑起一个繁荣的林业资产资本化的交易市场。受制于诸多因素限制，尤其是林业产业自然风险因素所带来的预期不确定性，导致金融机构对林业资产金融产品开发动力不足。林权抵押贷款也因发放金额小、期限短、利率偏高、程序烦琐等而绩效不佳。但林业资产证券化是方向。林业资产证券化已具备初步基础条件，且林业具有适合资产证券化的特征——林业投资有可靠的收益率、周期相对较长、受自然与市场双重风险约束、风险大、效益偏低，符合证券化的资产池特点，盘活林业信贷资产能较好解决融资问题。此外，林业资产入股开发、林业资产转让等都是实践中的可行方式。

③创新林业产业金融发展的配套制度。有效的制度能够降低市场中的信息成本和不确定性，抑制人的机会主义行为倾向，把阻碍合作的因素减少到最低限度，从而降低交易成本。并且制度创新有利于引导人们实现将外部性较大地内在化的激励。尤其是两个方面的配套制度：一是降低交易成本的制度，二是降低风险的制度。迫切需要创新的制度如提高政策性森林保险服务质量，加快林权信息管理系统及产权交易平台建设，建立健全的林业社会化服务体系，林业专业合作组织建设，提供信用担保服务，等等。

④在改革中要切实保障林农等弱势群体的利益，尤其是应使林农分享资产的增值收益，而不是变相地剥夺，让他们具有城镇化的资本。

主要参考文献

蔡剑辉，2001. 国外林业基金制度的实践及其借鉴 [J]. 林业经济（4）.

曹华政，2013. 林业中小企业融资问题研究 [D]. 北京：中国林业科学研究院.

陈文申，2000. 试论国家在制度创新过程中的基本功能——"诺斯悖论"的理论逻辑解析 [J]. 北京大学学报（哲学社会科学版）（1）.

陈锡文，2006. 坚持集体林权制度改革推进新农村建设 [J]. 林业经济（6）.

道格斯·C. 诺斯，1994. 经济史中的结构与变迁 [M]. 上海：上海三联书店：227 - 229.

邓岩，2009. 基于制度均衡视角的中国农村金融制度变迁与创新研究 [D]. 泰安：山东农业大学.

范晓，曾志强，2004. 林业资源资产评估与作价计算手册 [M]. 石家庄：河北音像出版社.

高岚，李怡，2010. 集体林权改革视野的个案选择与制度设计 [J]. 改革（5）：85 - 89.

高岚，下富炜，李道和，2006. 森林资源评价理论与方法研究 [M]. 北京：中国林业出版社.

葛扬，2007. 马克思土地资本化理论的现代分析 [J]. 南京社会科学（3）.

谷树忠，2000. 资源资产 [M] //孙鸿烈. 中国资源科学百科全书. 北京：中国大百科全书出版社.

郭培章，杨荫凯，2001. 树立系统的资源观：实施可持续发展的前提和关键 [J]. 中国人口·资源与环境（11）.

国家林业局，2010. 林木和林地权属登记管理办法 [EB/OL]. （09 - 29）[2021 - 12 - 19]. http：//www. greentimes. com.

韩柏泉，2007. 澳大利亚、日本林业考察报告 [J]. 安徽林业（6）.

洪名勇，2006. 外在制度的多样性与我国外在农地制度的多样性 [J]. 贵州大学学报（社会科学版）（1）.

胡迅，李彤，2010. 林业金融支持体系中金融创新研究 [J]. 河北北方学院学报（4）.

黄和亮，2006. 林地资源的价格体系研究 [J]. 林业经济问题（3）.

黄坤，2012. 美国林业管理模式对我国林业发展的五大启示 [J]. 绿色中国（16）.

黄丽媛，陈钦，陈仪全，2009. 福建省林权抵押贷款融资研究 [J]. 中国农学通报（18）.

姜文来，杨瑞珍，等，2003. 资源资产论 [M]. 科学出版社.

蒋正举，2014. "资源-资产-资本"视角下矿山废弃地转化理论及其应用研究 [D]. 徐州：中国矿业大学.

金满涛，2008. 美国、北欧、日本森林保险比较及其启示 [J]. 保险职业学院学报（6）.

金涛，李永杰，车玉粉，2011. 资产评估基本方法在林业资产评估中的应用 [J]. 林业调查规划（10）.

柯水发，温亚利，2003. 国外林业跨越式发展实践及其经验借鉴 [J]. 北京林业大学学报（社会科学版）（S1）.

柯水发，温亚利，2005. 中国林业产权制度变迁进程、动因及利益关系分析 [J]. 绿色中国（10）.

拉坦，1996. 诱致性制度创新理论 [M] //财产权利与制度创新——产权学派与新制度学派译文集. 上海：上海三联书店：329.

李文涛，苏琳，2001. 制度创新理论研究述评 [J]. 经济纵横（11）.

李娅，姜春前，严成，等，2007. 江西省集体林区林权制度改革效果及农户意愿分析——以江西省永丰村、上芫村、龙归村为例 [J]. 中国农村经济（12）.

李韵，2008. 社会资本及其在自然资源管理中的作用 [J]. 林业经济（10）.

李珍，2013. 森林资源资产抵押贷款价值评估研究 [D]. 保定：河北农业大学.

李周，2008. 林权改革的评价与思考 [J]. 林业经济（9）.

厉以宁，1997. 宏观经济学的产生和发展 [M]. 长沙：湖南出版社：448.

廖雪梅，张婕，2011. 全市首个林权交易所落户涪陵 [N]. 重庆日报，07-30（3）.

林毅夫，潘士远，刘明兴，2006. 技术选择、制度与经济发展 [J]. 经济学季刊（3）.

霖今祖，1999. 林业基金制度理论研究 [J]. 林业财务与会计（9）.

刘璨，2008. 中国集体林制度与林业发展 [M]. 北京：经济科学出版社.

刘璨，2009. 改革开放30年中国集体林发展趋势分析 [J]. 林业经济（1）.

刘璨，黄和亮，刘浩，等，2019. 中国集体林产权制度改革回顾与展望，林业经济问题（2）：113-127.

刘璨，吕金芝，2007. 我国集体林产权制度问题研究 [J]. 制度经济学研究（4）.

刘璨，吕金芝，王礼权，等，2006. 集体林产权制度分析——安排、变迁与绩效 [J]. 林业经济（11）.

刘伟平，张建国，1994. 集体山林经营制度改革：股份制与合作制 [J]. 林业经济问题（3）.

龙琳，2015. 江南林权交易所交易额突破5000万 [N]. 中国绿色时报，07-17（1）.

罗必良，2005. 新制度经济学 [M]. 太原：山西经济出版社.

马宁，2010. 中国农村金融制度创新研究 [D]. 长春：吉林大学.

乔永平，2008. 森林资源产权市场建设研究 [D]. 南京：南京林业大学.

秦涛，2009. 中国林业金融支持体系研究 [D]. 北京：北京林业大学.

秦涛，田治威，刘婉琳，等，2013. 农户森林保险需求的影响因素分析 [J]. 中国农村经济（7）.

秦涛，田治威，潘焕学，2010. 我国林权证抵押贷款模式与创新机制研究［J］. 绿色财会（2）.

秦涛，田治威，潘焕学，等，2014. 林业信贷与森林保险关联关系与合作模式研究［J］. 中国人口·资源与环境（3）.

秦涛，张晞，周超，2010. 我国林业信托融资模式与操作策略研究［J］. 绿色财会（9）.

全国注册资产评估考试用书编写组，2006. 资产评估［M］. 北京：中国财政经济出版社.

宋晓梅，刘士晶，潘焕学，2013. 国外森林资源资产证券化研究综述［J］. 世界林业研究（6）.

谭世明，2009. 制度变迁视角下集体林权制度改革与现代林业发展研究［D］. 武汉：华中农业大学.

王春玲，1997. 加拿大人均占有森林世界第一——加拿大林业体制介绍［J］. 绿化与生活（2）.

王登举，2004. 日本的私有林经济扶持政策及其借鉴［J］. 世界林业研究（5）.

王艳龙，2012. 中国西部地区矿产资源资本化研究［D］. 北京：北京邮电大学.

王兆君，2003. 国有森林资源资产运营研究［D］. 哈尔滨：东北林业大学.

温铁军，王平，陈学群，2007. 国有林区改革的困境和出路［J］. 林业经济（9）.

文魁，徐则荣，2013. 制度创新理论的生成与发展［J］. 当代经济研究（7）.

吴晓求，2013. 金融理论与政策［M］. 北京：中国人民大学出版社.

夏征农，2002. 辞海［M］. 上海：上海辞书出版社.

向建群，刘云忠，尤孝才，2013. 矿产的资源化、资产化、资本化三位一体管理的经济研究［J］. 中国矿业（1）.

肖平，周林，杨晓敏，2002. 农区林地使用权评估研究［J］. 林业经济问题（2）.

徐秀英，石道金，2003. 浙江集体林地使用权流转的调查研究［J］. 林业资源管理（5）.

徐燕，张彩虹，2006. 我国林业可持续发展融资渠道研究［J］. 北京林业大学学报（社会科学版）（3）.

许敏，陈逸涵，2013. 农村资产资本化试点与破解"三农"融资问题研究［J］. 金融会计（5）.

薛建明，2007. 日本林业经营理念和林业发展保障制度对新疆林业建设的启示［J］. 国家林业局管理干部学院学报（1）.

杨奕，2009. 中国农村金融制度创新研究［D］. 北京：中共中央党校.

张春霞，1995. 社会林业的发展与产权制度的变革——林业产权制度研究之四［J］. 林业经济问题（1）.

张道卫，2006. 对东北国有林区森林资源产权及其改革的调查与思考［J］. 林业经济（1）.

张海鹏，徐晋涛，2009. 集体林权制度改革的动因性质与效果评价［J］. 林业科学（7）.

张蒳冰，2010. 森林资源资产抵押贷款研究综述［J］. 林业经济问题（4）.

张蒳冰，2011. 集体林权资本化问题研究［D］. 泰安：山东农业大学.

张蒳冰，2014. 集体林权估价博弈的纳什均衡及其校正［J］. 山东社会科学（12）.

张建国，2006. 认识、把握、创新、发展——关于中国林业发展的换位思考［J］. 林业经济（1）．

张晓丽，2013. 基于林权交易市场的林业引资路径与模式研究［D］. 北京：北京林业大学．

张瑜，2009. 资本市场与林业产业发展关系研究［D］. 北京：北京林业大学．

张志勇，2007. 林权交易中心服务林农［N］. 江西日报，05－30（A01）．

赵强社，2012. 城乡基本公共服务均等化制度创新研究［D］. 杨凌：西北农林科技大学．

赵铁珍，柯水发，韩菲，2011. 美国林业管理及林业资源保护政策演进分析和启示［J］. 林业资源管理（3）．

赵雪崴，陈丽媛，李想，2012. 辽宁省林权抵押贷款现状分析［J］. 黑龙江生态工程职业学院学报（5）．

郑风田，阮荣平，2009. 集体林权改革评价：林产品生产绩效视角［J］. 中国人口·资源与环境（12）．

中共中央马克思恩格斯列宁斯大林著作编译局，2004. 资本论（第三卷）［M］. 北京：人民出版社．

中国林业考察团，2002. 一个林业发达国家的经验与启示——加拿大林业考察报告［J］. 林业经济（1）．

Alig R J，1986. Economatric analysis on the factors influencing forest acreage trends in the southest［J］. Forest Science，31（1）．

Amacher C S，1997. The design of forestry taxation：a synthesis with new directions［J］. Silva Fennica，31（1）．

Block N E，Sample V A.，2001. Alaric Industrial Timberland Divestitures and Investments：Opportunities and Challenges in Forestland Conservation［R］. Milford：Pinchot Institute for Conservation.

Bogaert T，Willamson I P，Fendel E M，2002. The roles of land administration in the accession of central European countries to the European Union［J］. Land Use Policy，19（1）：29－46.

Conway M C，Amacher G S，Sullivan J，et al.，2003. Decision nonindustrial forest landowners make：an empirical examination［J］. Journal of Forest Economics，9（3）：181－203.

Davis L E，North D C，1971. Institutional Change and American Economic Growth［M］. London：Cambridge University Press：10.

Dijk T V，2003. Scenarios of central European Land fragmentation［J］. Land Use Policy，20（2）：145－158.

Douglas W，2002. A General Overview of policy and Institutional Frameworks Governing the Forest Sector In the U.S［R］. Department of Agriculture/Forest Service Revised Version.

Duke J M，Eleonora M，2004. Price repression in the Slovak agricultural land market［J］.

Land Use Policy (21)：59 – 69.

Hyde W F，Amacher G S，Magrath W，1996. Deforestation and Forest Land Use：Theory，evidence and policy implications [J]. World Bank Research observer，11 (2) .

Kasper W，Streit M E，2013. Institutional Economics：Property，Competition，Policies [M]. Cheltenham：Edward elgar.

Landell – Mills N，Bishop J，Porras I，2001. Silver Bulltor Fool's Gold – a Global Review of Markets for Forest Environment Services and Impacts for the Poor [R]. London：IIED Instruments for Sustainable Private Sector Foresty Series.

Matthew G，2001. Agricultural land reform in Moldova [J]. Land Use Policy，18 (3)：269 – 279.

Mendes A M S C，Dias R A R D S，2001. Financial instruments of forest policy in Portugal in the 1980s and 1990s [R]. Rovaniemi：Financial instruments of forest policy Proceedings of an International Conference.

Munroe D K，York A P，2003. Jobs，House，and Tress：Changing Regional Structure，Local Land – use Pattern，and Forest Cover in Southern Indiana [J]. Growth and Change，34 (3)：299 – 320.

Ottisch S M，2003. A Transitional financing of forest the case of Slovenia Financial instruments of forest policy [A]. Proceedings of an International Conference Rovaniemi，Finland.

Powell L，White A，Landell – Mills N，2002. Developing Markets for the Ecosystem Services of Forests [R]. Washington，D. C. ：Forest Trend.

Rutton V W，1978. Induced Innovation：Technology，Innovation and Development [M]. Baltimore：Johns Hopkins University Press：38.

Scherr S，Khare A，White A，2003. Current Status and Future Potential of Market for Ecosystem Services of Tropical Forests：an Overviews [R]. A Report Prepare for the International Tropical Timber Organization.

Schumpeter J A，1939. Business Cycles：A Theoretical，Historical and Statistical Analysis of the Capitalist Process [M]. New York and London：McGraw – Hill：152.

Weyerhaeuser H，Kahrl F，Su Y F，2006. Ensuring a future for collective forestry in China's southwest：adding human and social to policy reforms [J]. Forest Policy and Economics，8 (4)：375 – 385.

Yin R S，Newman D H，1997. Impacts of rural reforms：the case of the Chinese forest sector [J]. Environment and Development Economics，2 (3)：291 – 305.

>>>

第四部分
普惠金融实践创新的广东案例

　　普惠金融是理念和理论，更是实践。该部分通过对清远农商银行、农行大埔支行、阳西农商银行、肇庆农商银行、罗定农商银行以及对云浮市、梅州市等地小微企业、农户、贫困户的问卷调查与访谈，从需求与供给两个维度考察约束金融交易的实际状况，重点从普惠信贷产品创新、普惠服务深化机制、新科技推进普惠金融、减贫机制、金融素养与信贷可得性、贫困农户信用评价体系、数字普惠等视角归纳总结了广东省各地的普惠金融探索，提供了值得借鉴的 11 个经典案例。

1 普惠金融产品与机制创新：
清远农商行案例[①] ////////////////

清远农商行践行普惠金融服务主力军责任，基于清远市"三农"、小微企业与绿色产业发展需求，根据政策导引，完善基础金融服务，助推普惠服务升级；开发了美丽乡村贷、生猪活体贷、文旅贷、民宿贷、新农直通贷和"清远鸡"数字农贷等乡村振兴特色贷款产品；以"众创贷"对接园区小微企业贷款需求，以"绿色金融"助力清远生态产业发展，以"金融村官"创新金融需求信息显性化机制，取得了显著普惠业务绩效。

1.1 引言

2005 年，联合国提出了普惠金融概念，构建了普惠金融体系，将那些受到传统金融服务排斥的低收入者、中小企业纳入金融服务范围，并呼吁各国政府制定行动计划以便促进普惠金融体系良性发展。普惠金融概念一经推出便在全世界得到高度认可。2015 年，中国将普惠金融纳入国家战略层面，并制定普惠金融未来发展规划。普惠金融的重点是农村区域和农民群体——这是被传统金融排斥的重灾区。而"三农"一直都是国家工作的重点，普惠金融发展为解决"三农"难题开辟了新途径，乡村振兴战略的实施也为普惠金融发展提供了新的发展机遇。农村商业银行一直以来扮演着农村金融主力军角色，将立足"三农"、服务城乡、支持中小企业作为发展的宗旨和理念，长期根植农村、网点遍布城乡、营销人才与社会资本等比较优势也决定了其农村普惠金融实施主体定位。本章以清远农村商业银行为例，对其普惠金融产品、制度创新进行分析，并给出相应建议与展望。

---

① 执笔人：洪密、张少宁。

1.2 清远市经济社会发展状况

（1）清远市人文区位优势

清远市又称凤城，梁天监六年（公元507年）置清远郡，清远之名由此而始。清远市位于广东省北部，北接湖南郴州、永州和广西梧州，南临广州、佛山，是环珠三角城市中距离大湾区内核最近的地区。其面积1.9万平方公里，约占广东省陆地总面积的10.6%，是广东省陆地面积最大的地级市。截至2020年11月，清远常住人口396.9万人，城镇人口216.3万人，城镇化率54.50%；乡村居住人口为180.6万人，占比45.50%。清远地貌类型多样，以山地和丘陵为主，地势西北高东南低，连州、阳山东北部的山岭是广东地势最高峻的山地（石坑崆海拔为1902米），东南部的英德、清新、清城境内的北江河谷地势较低（图4-1-1）。清远整体是亚热带季风气候，北部是中亚热带，南部是南亚热带，年平均气温在18.9～22℃之间，雨水资源丰富。清远森林覆盖率达到69.31%，森林面积2076.7万亩，森林蓄积量8533万立方米。

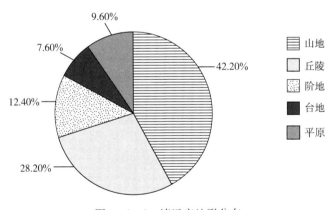

图4-1-1 清远市地形分布

清远具有高山峡谷纵横交错的优美环境和丰富的旅游资源，形成了"亲情温泉、激情漂流、闲情山水、奇情溶洞、热情民族、浓情美食"六大旅游板块，截至2020年末拥有国家5A级景区1个、4A级景区19个、3A级景区14个。清远先后获得"中国优秀旅游城市""国家园林城市""中国温泉之城""中国漂流之乡""中国奇洞之乡""中国英石之乡""中国宜居城市""中国十大特色休闲城市""国际旅游美食名城"等称号。清远市旅游收入一直占较大比重，2020年受疫情影响，旅游业仅实现总收入90.9亿元，相比2019年下降75.9%（图4-1-2）。2021年上半年，旅游市场热度开始回升，清远共接待游客561.61万人次，同比增长83.37%，旅游总收入54.94亿元，同比增长64%。

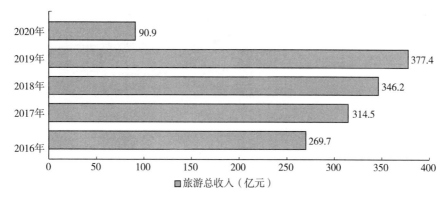

图4-1-2 清远市2016—2020年旅游总收入情况

（2）清远经济发展概况

清远市2020年实现地区生产总值1 777.1亿元，同比增长4.6%。其中，第一产业增加值对地区生产总值增长贡献率为43.3%；第二产业增加值对地区生产总值增长贡献率为27.6%；第三产业增加值对地区生产总值增长的贡献率为29.0%。三次产业结构比重为第一产业占16.8%、第二产业占33.0%、第三产业占50.2%（图4-1-3）。根据最新统计数据，2021年一季度清远市地区生产总值为404.62亿元，同比增长20.3%；其中，第一产业总值为53.66亿元，同比增长8.4%；第二产业总值125.99亿元，同比增长35.6%；第三产业总值为224.97亿元，同比增长16.1%。清远市第一产业比重常年保持在16%左右，第三产业多依托现代服务业发展，占比超过第二产业，第三产业对清远市经济增长有着显著带动作用。

随着经济社会发展以及居民收入与消费的增大，将带来更大的贷款需求。2020年，清远市居民人均可支配收入26 055元，增长6.9%，扣除价格因素实际增长4.8%。其中，城镇居民人均可支配收入33 159元，增长4.9%，扣除价格因素实际增长2.8%；农村居民人均可支配收入17 881元，增长8.2%，扣除价格因素实际增长6.1%。全年全体居民人均消费支出18 248元，增长1.5%。城镇居民人均消费支出21 774元，其中教育文化娱乐所占比重为8.0%；农村居民消费支出14 191元，其中教育文化娱乐所占比重为6.5%。

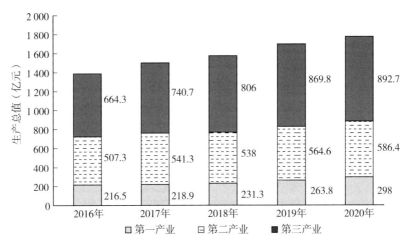

图 4-1-3　2016—2020 年清远市三次产业结构

2016—2020 年清远市的城镇与农村居民的人均可支配收入与消费支出情况参见图 4-1-4 与图 4-1-5。

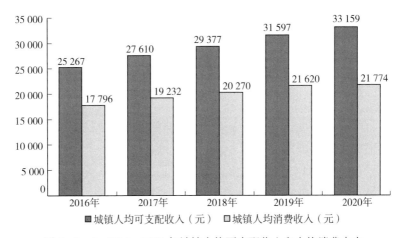

图 4-1-4　2016—2020 年城镇人均可支配收入和人均消费支出

　　从以上数据可以看出，近 5 年清远市人均可支配收入和人均销售收入都呈上升趋势，但是农村相对城镇而言，收支结余较少，在住房保障、医疗、养老、教育等制度发展不健全的情况下，农户的生产、生活资金需求仍较大。并且随着产业的转型升级，居民的信贷需求也从过去的生活型向生产型转变，城镇化进程加快，中小企业迅速发展，资金短缺成为短板，对信贷需求强烈。

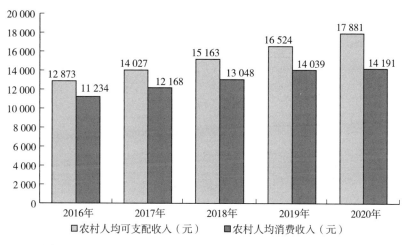

图 4-1-5　2016—2020 年农村人均可支配收入和人均消费支出

(3) 清远市金融总体发展概况

2020 年末清远市银行业金融机构本外币各项存款余额 2 710.5 亿元，增长 5.7%；各项贷款余额 2 218.0 亿元，增长 17.6%。其中，以实体经济为主的非金融企业及机关团体贷款同比增加 31.8%，表明金融对实体企业支持力度增强（表 4-1-1、图 4-1-6）。

表 4-1-1　2020 年清远市金融机构本外币存款余额

业务	指标	全年余额（亿元）	同比增长（%）
存款	各项存款余额	2 710.5	5.7
	住户存款	1 676.2	10.4
	非金融企业存款	549.3	3.6
贷款	各项贷款余额	2 218.0	17.6
	住户贷款	1 244.1	8.3
	非金融企业及机关团体贷款	966.5	31.8

1.3　清远农商行经营现况

(1) 基本情况

清远农商银行由原清城区农村信用合作联社改制而成，于 2012 年 10 月

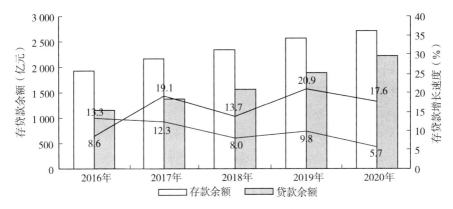

图 4 - 1 - 6 2016—2020 年清远市存贷款余额及其增长速度

16 日正式挂牌开业，是粤北地区最早改制、具备独立法人资格的地方性股份制商业银行。一直以来，清远农商银行始终坚守农村市场定位，支持辖区"三农"、中小微企业发展。2019 年，清远农商银行成为粤北地区第一家资产规模突破 300 亿元、贷款余额突破 200 亿元的农商银行。清远农商行是清远金融系统的主要力量，是清远城区规模最大、服务覆盖面最广、综合竞争力最强的金融机构。

清远农商行下设普惠金融部等 19 个部门、48 个网点机构、1 个总行营业部、10 个二级支行、10 个三级支行、27 个分理处；2021 年新设 155 个"悦农 e 站"便民服务站，与现有的 156 个金融服务站、1 个助农取款点结合，实现农村金融服务"村村通"，打通了"三农"金融最后一公里。截至 2021 年 8 月末，有员工 692 人，其中男性 389 人，占比 56.21%，女性 303 人，占比 43.79%；职工以中青年为主，40 岁及以下占比 57.66%，50 岁以上仅 63 人，占比 9.10%。

（2）客户和存贷款情况

截至 2020 年末，清远农商行资产规模 390.89 亿元，各项存款余额 299.68 亿元，增幅 10.52%；各项贷款余额 225.32 亿元，增幅 12.69%（表 4 - 1 - 2），存贷款市场份额均在辖区金融机构中位居第一。截至 2021 年 8 月，清远农商行对公存款客户 15 621 户，对公存款余额 80.5 亿元；对公贷款客户 448 户，对公贷款余额 102.4 亿元。对公贷款产品中，"众创贷"产品余额占比 10.29%，"船舶抵押贷"余额占比 2.01%，"建设贷"余额占比 2%。其中制造业客户占比 49.11%，批发零售业占比 17.67%。而存量个人客户34 111户，贷款余额 96.36 亿元，其中住房按揭贷款余额 54.07 亿元，个人经营性贷款余额 20.81 亿元，个人非按消费贷款余额 16.56 亿元。2019 年清远农商行营业收入、拨备前利润和净利润增速分别为 5.86%、7.82% 和 18.17%。2020 年受疫情及减税降费政策的影响，银行整体手续费及佣金净收入同比增速放缓，营业收入和拨备前利润同比下降 4.10% 和 8.02%（表 4-1-3）。

表 4-1-2　清远农商行 2018—2020 年资产规模、存贷款余额

单位：亿元

年份	资产规模	存款余额	贷款余额
2018	313.09	243.80	165.30
2019	348.14	271.16	199.94
2020	390.89	299.68	225.32

表 4-1-3　2018—2021 年 8 月清远农商行主要财务指标

单位：万元

财务指标	2018 年	2019 年	2020 年	2021 年（截至 8 月）
营业收入	111 271	117 793	112 966	71 953
拨备前利润	75 932	81 868	75 301	50 993
拨备后利润	57 160	65 107	55 916	47 439
净利润	44 080	52 088	46 008	42 246
中间业务收入	2 490	2 731	2 517	1 696

截至 2020 年末，清远农商行表内信贷资产余额为 225.32 亿元，五级分类结果如表 4-1-4 所示。与年初相比，正常类贷款的占比上升 5.08 个百分点，关注类贷款的占比下降 4.98 个百分点，次级类贷款的占比上升 0.12 个百分点，可疑类贷款的占比下降 0.24 个百分点，损失类贷款的占比上升 0.01 个百分点。自 2019 年，清远农商行的不良贷款率保持在 1% 以下。

表 4-1-4　2020 年清远农商行表内信贷资产余额

类别	余额（万元）	占比（%）
正常贷款合计	22 347 798.46	99.18
正常类	2 099 075.85	93.16
关注类	135 704.04	6.02

（续）

类别	余额（万元）	占比（%）
不良贷款合计	18 443.88	0.82
次级	11 021.89	0.49
可疑	7 130.34	0.32
损失类	291.65	0.01

1.4 清远农商行的普惠金融业务创新

（1）政策导引与基础金融服务完善助推普惠服务升级

其一，以绩效考核导向普惠金融服务。为全面推进普惠金融业务的开展，2021年初清远农商银行制定《2021年信贷业务授信政策指引》（以下简称《指引》），明确以实现年度普惠金融、"两增两控"、绿色信贷和支持乡村振兴等信贷业务为发展目标，优化调整信贷业务结构。对普惠企业明确以"两增两控"考核要求为导向，即普惠小微企业贷款增速高于各项贷款增速、有贷款余额户数不低于年初户数、不良率不高于各项贷款不良率3个百分点、持续稳控普惠小微贷款利率四项考核要求，推动全行服务普惠小微企业发展。明确涉农贷款余额保持持续增长，且每季增速不低于同期各项贷款增速。对绿色信贷领域则明确以实现一增三控为目标，即绿色信贷增速不低于同期各项贷款增速、不良率控制在低于同期小微企业贷款不良率范围之内、严格控制"两高一剩"行业贷款和环境、安全生产违法违规企业贷款。

其二，以农户信息采集机制创新完善征信体系。农村金融排斥问题很大程度上是由于信息不对称造成的，农村居民大部分尚未纳入征信体系，信息获取甄别成本高。征信体系可以将农户的品质、信用记录、行为状态等要素集合进行分析测算，大大降低银行服务成本，也有利于缓解农村金融排斥现象。清远农商银行以"整村授信项目"为依托，通过"金融村官＋网格营销"方式对农户进行金融服务需求采集、评级授信、建档管理，完善农户信用信息，并以"村民e贷"为支撑破解农户综合消费需求。截至2021年4月末，清远农商银行"整村授信"办理2 386户，有效用信1 839户，贷款金额5.38亿元（其中2021年新发放贷款1.02亿元），覆盖清城区1 292个村民小组，提高了村民的授信获得率。此外，还设立"网格化＋金融村官"机制，破解金融服务碎片化,打通金融服务"最后一公里";搭建银企、政银合作平台,为企业提供更便捷快速的融资渠道。

其三,优化支付结算体系。支付结算体系是普惠金融的基础。清远农商银行从企业内部优化到外部宣传教育等举措来加强支付结算体系的升级优化。一是优化银行账户服务。以常态化监督核查、全流程监测管理和投诉处理等服务质量保障制度,公开账户业务服务标准、办理时限等,保障小微企业基本金融服务可获得性。二是优化企业开户流程。通过线上新业务系统,加快开户审核、审批及报送流程,缩短企业账户开户时间。三是开通企业微信在线预约开户服务。直接通过手机或电脑远程刷脸进行身份识别,完成企业开户意愿及授权代理核实,打破开展银行业务时间与空间的限制。四是开展金融知识宣传活动,主要针对民营及小微企业、农村居民等主体,通过进农村、进社区、进学校、进企业等方式,开展防范电信诈骗、支付安全、优化企业账户服务等宣传教育活动。

(2)开发乡村振兴特色贷款产品

清远农商银行立足"三农"和小微企业,从企业与个人客户需求出发,针对不同客户群体的经营、消费、存款和理财等升级需求,开发创新金融产品。开发了"美丽乡村贷""民宿贷""政银保"系列贷款、"南粤技能创业贷""悦农小微贷一码上贷"等多元化涉农和个人类产品,并开展"整村授信"建设,进一步优化农村信用环境;推出大额存单、代销理财、代理保险和贵金属、电子银行业务等零售类产品;截至 2021 年 8 月末企业存量营销贷款产品达到36 个。

第一,美丽乡村贷。"美丽乡村贷"是清远农商银行联合清城区美丽乡村工作领导小组于 2018 年在全市首创的支持清远市美丽乡村建设的业务,具有免抵押、利息低、资料少、审批快等特点,既解决了美丽乡村建设项目的村民筹集建设资金和建设承包商融资难题,也示范带动了整个清远地区的美丽乡村建设,该产品曾被评为"2018 年清远市十佳乡村振兴金融产品""清远市银行保险业精准扶贫十佳创新产品"。截至 2021 年 8 月末,"美丽乡村贷"共发放贷款 885 笔,贷款金额累计 2.7 亿元。

第二,生猪活体贷。为促进生猪稳产保供,清远农商行参与省联社与广州码上服农信息科技有限公司联手推动的"生猪活体抵押贷款"金融创新业务。"生猪活体贷"借款人可向银行提出申请、与银行客户经理联系申请或在"码上服农 App"提交书面申请、拨打热线电话口头申请,之后经支行收集贷款资料，由审批部门审批通过后，与养殖单位签订抵押合同，在征信中心动产融资统一登记公示系统上办理抵押登记并生成电子登记凭证。其中符合应收账款质押条件的，应同时在人民银行做应收账款质押登记。登记办理成功后，码农专员会将生猪抵押信息录入系统。该产品贷款期限最长不超过 3 年，贷款利率根据银行资产负债管理委员会公布的贷款利率执行，担保方式主要为生猪活体抵押，也可根据企业实际情况采用保证担保或其他抵质押担保方式。贷款后，码上服农平台运营专员、经办行管户客户经理会"按月进行巡查"或"不定期进行现场抽查"，通过技术手段实行无接触扫码全检或者抽查，核对生猪数量与个体信息。

第三，文旅贷和民宿贷。按照"普惠、分散"原则，清远农商银行开发了"民宿贷""文旅贷"等贷款产品支持乡村产业发展。"文旅贷"是指以具备一定条件的中小微文化旅游企业为借款主体，满足经营景点景区、乡村旅游点、特色民宿、休闲农业等企业和个体工商户用于文化产业和旅游产业生产经营的资金需求，用风险补偿金进行风险分担，由银行发放贷款，支持中小微文化旅游企业发展的优惠贷款品种。"民宿贷"是为支持当地特色民宿产业创设的贷款产品。截至 2021 年 4 月末，"民宿贷""文旅贷"两款产品累放贷款近 300 万元。

第四，新农直贷。"新农直通贷"是清远农商银行运用"乡村振兴服务中心"的"五专"模式，联合广东省农业融资担保有限责任公司推出的农业担保合作贷款模式。该产品主要为从事粮食生产和农业适度规模经营的家庭农场、农民专业合作社等新型农业经营主体提供经营贷款。贷款由清远农商银行审批通过，省农担公司进行承保，农户实现零抵押办贷款。2021 年 8 月 24日，清远农商银行发放了该产品首笔贷款 20 万元，满足了客户的融资需求。

第五，"清远鸡"数字农贷项目。清远农商银行一直致力于创新数字化金融产品服务，并以"清远鸡"数字农贷项目为依托打造全场景开放金融生态圈。"清远鸡"数字农贷项目是省联社银信中心、阿里云公司及世界银行集团国际金融公司（IFC）在清新农商银行试点的数字化信贷产品项目。作为突破 C 端的一项品牌业务，清新农商银行通过"三部曲"推进数字农贷项目落地。首先举行"清远鸡"数字农贷项目运行培训班，为后续业务奠定基础。其次采集信息，根据数字农贷产品试运行阶段的数据采集要求，清新农商银行组织辖内支行走访调研清远鸡养殖户，采集养殖户的相关信息，累计完成 20 户清远鸡养殖户信息采集工作。最后达成三方深入交流合作模式，提出结合"公司＋农户"清远鸡养殖模式，实现对清远鸡养殖户批量受理、批量放款的目标。

（3）众创贷：园区小微企业贷款产品

为配合清远市政府鼓励工业园区建设和使用标准厂房，清远农商行开发了"众创贷"产品。"众创贷"服务对象主要是产业园区的小微企业，满足其购买标准厂房及其配套标准仓库、行政办公、生活配套设施用房的资金需求。该产品贷款额度最高为房地产成交价格的80%，贷款期限最长10年，担保方式为保证，贷款利率按借款金额和借款期限分层定价，最低年利率5%。截至2021年8月末，"众创贷"共发放99户120笔，贷款金额10.97亿元，贷款余额10.54亿元。并且清远农商行严格贷后管理，将"众创贷"风险主动控制在银行可接受的范围内，如：定期现场了解工程进度情况，督促开发商办理竣工验收手续，跟踪产权证的办理进度，及时对产权证办理抵押登记；监测账户资金流，监督借款人按项目工程进度和合同约定使用贷款资金；动态监测抵押物的价值和担保人的担保能力，发现抵押物市场价值和担保人担保能力下降时，采取相应风险防范措施。

（4）绿色金融：助力清远生态产业发展

根据广东省委"1＋1＋9"和清远市委市政府"十大行动方案"工作部署以及监管部门的有关要求，清远农商行率先提出打造生态银行，将绿色金融写入发展战略和公司章程，加大对清远节能环保产业、林业及生态环境产业的信贷支持。打造"蜻蜓信贷"特色品牌，先后创新推出六大专属绿色信贷产品：聚焦光伏行业，推出"光伏贷"；聚焦林业产业，推广林权抵押贷款，开发以公益林补偿收益权作质押的"林补贷"；聚焦林业产业核心公司与上下游供应链企业客户，推出"林业供应贷"；聚焦生态农业，开发"文旅贷"；聚焦碳排放，推出碳排放权抵押融资业务。截至2021年8月末，清远农商银行绿色贷款余额为4.48亿元，主要支持废旧资源再生利用、绿色建筑材料制造等绿色环保领域。

（5）金融村官：金融需求信息显性化机制创新

为破解农村地区金融服务碎片化，巩固拓展脱贫成果并同乡村振兴有效衔接，清远农商银行联合清城区委组织部建立金融村官工作机制。2021年初，农商行总行党委专门成立了党委书记任组长的工作领导小组，让全行219名金融村官深入161个行政村（区），并选派其中120多人挂任党组织副书记或书记助理、主任助理，通过党建＋网格化与金融村官双融合方式，实现全区行政村（村改居）党组织金融村官全覆盖。金融村官专注收集村委金融诉求和协助找准发展方向，根据划片到人的网格化管理原则采集客户信息，运用CRM系统整合数据，制定个性化金融服务方案，并普及"悦农 e 付""聪明小象""刷脸付""智小窝"租住平台等场景产品，全方位对接村（居）民经营、理财和消费需求。截至 2021 年 8 月末，金融村官已走访客户 3.2 万户，客户信息建档 3.15 万户，转正 2.18 万户，转正率近 7 成；"智小窝"进驻商户 295 户，提供可供出租的对通房源 1.2 万户；另外还开展存款保险、防电诈等金融知识宣传活动 305 场。

1.5 清远农商行普惠业务创新绩效

清远农商行专注服务"三农"、实体经济以及小微企业，优化信贷结构，其绩效考核方案明确对新增小微企业贷款（银保监"两增两控"口径）内部资金转移价格在原水平上降低 25 个百分点；支行考评方案专设支农支小考核指标，权重（12%）高于其他业务指标。截至 2020 年末，涉农贷款余额为95.30 亿元，占一般贷款余额的比值为 42.3%，同时单户授信总额 500 万以下的普惠型农户经营型贷款和 1 000 万元以下的普惠涉农小微企业贷款增速为36.14%，高于各项贷款平均增速（表 4-1-5）。根据最新统计，截至 2021 年8 月末，普惠贷款余额 72.8 亿元，比年初增长 5.7 亿元，增速 8.50%。其中小微企业普惠贷款余额 11.8 亿元，比年初增长 2.8 亿元，增速 31.97%；个人普惠贷款余额 61 亿元，比年初增长 2.8 亿元，增速 4.89%。

表 4-1-5 2020 年清远市农商行涉农贷款和普惠型贷款指标

指标	2020 年末余额（万元）	同比增加值（万元）	增速（%）
涉农贷款	953 016.69	54 391.63	6.05
单户授信 500 万以下农户经营型贷款和 1 000 万元以下涉农小微企业贷款	213 548.04	56 692.93	36.14
授信 1 000 万元（含）以下小微企业贷款	281.301.28	89 609.07	46.81

清远农商行运用新的金融科技拓展普惠服务覆盖面，在全市共有柜员机110 台、智慧柜台 71 台，覆盖辖内全部网点，全行电子渠道用户占比 23%。2019 年 3 月，其开办个人信用线上消费贷款"悦农 e 贷"，随后又开发了"高薪 e 贷""随心 e 贷""乡村 e 贷"和"村民 e 贷"等多款悦农 e 贷系列产品。借力"广清城轨"新基建，清远农商行向银盏林场输送智慧公交、悦农 e 付、

电子社保卡、云闪付、刷脸付等移动支付产品,为镇内居(村)民提供"医食住行游"移动支付方案,示范商圈受理环境改造率达 97%,镇内移动支付用户与交易规模同比翻了近 5 倍。此外,还对清城区商户进行优化升级,建立了 224 个"悦农 e 站"便民服务站,涵盖 POS、收银台、鲜特汇电商、刷脸付、云闪付、金融知识宣传等功能,让村民足不出村即可享受便捷金融服务。

2 县域小微企业融资：清远调查①

小微企业是清远市县域实体经济的重要组成部分，融资一直是其发展制约。通过对清远市县域小微企业进行问卷调查及描述性分析，我们得出需求方企业主的年龄、学历、经历等基本特征与供给方的企业特征均影响融资可得性且信息不对称是融资约束主要原因的结论，并提出有针对性的发展建议。

2.1 前言

小微企业的发展和迅速崛起是中国经济的最大亮点之一。2018 年中国小微企业名录收录的小微企业已超过 8 700 万户，日均新设企业超过 1.8 万户。"小微活，就业旺，经济兴"，小微企业贡献了就业、税收、GDP 且能促进创新、繁荣经济和满足人民群众需求等，已经成为中国经济发展的生力军。2018 年，世界银行、中小企业金融论坛、国际金融公司联合发布的报告显示，中国中小企业潜在融资需求约 29 万亿元，其中 41% 存在信贷困难，迫切需要金融机构提供支持。中国小微企业存在"麦克米伦缺陷"程度更深，成因更复杂。为破解融资难问题，各级政府部门、金融机构和企业都积极采取措施，降低融资成本，减轻融资难度，化解融资风险。一方面，通过减税降费助力小微企业发展，截至 2019 年 10 月末，为小微企业减税 1 860 亿元，民营企业各项政策合计减税 10 511 亿元，占全部减税数额的比例达 63.8%。另一方面，解决小微企业融资问题，新修订的《中华人民共和国中小企业促进法》规定安排专项资金用于建设中小企业融资及公共服务体系。实际上，小微企业"融资难"只是表象，而其根本原因是融资约束的大量存在。本章通过对清远市县域小微企业的调研，对该市县域小微企业特征及融资成本约束进行分析，提出有可操作性、针对性的降低融资成本约束的政策性建议。

---

① 执笔人：蓝丽华、洪密。

2.2　清远市县域小微企业发展与融资背景

2.2.1　清远市小微企业发展现状

2014 年至 2016 年，清远市享受小微企业增值税优惠政策的纳税人 36 057 户，共减免税收 9 154 万元。清远市享受小型微利企业所得税优惠的企业 2 184 户，共减免企业所得税 1 644 万元。2018 年，清远市通过各项降成本政策，为企业减负 43.8 亿元，通过"银税互动"帮助纳税人获得贷款资金 5.8 亿元，其中，小微企业贷款金额占八成左右。

小微企业在清远市企业总数中占绝大多数，清远市按行业分组的小微企业法人单位、从业人员和资产总计情况，如表 4 - 2 - 1 所示。

表 4 - 2 - 1　清远市按行业分组的小微企业法人单位、从业人员和资产总计

类别	企业法人单位 （个）	从业人员 （人）	资产总计 （亿元）
农、林、牧、渔业	45	461	0.84
工业	3 632	98 678	662.23
建筑业	299	10 040	37.26
交通运输业	288	5 567	23.38
仓储业	11	60	0.79
邮政业	22	518	0.16
信息传输业	61	554	1.71
软件和信息技术服务业	87	503	1.33
批发业	1 364	9 561	130.75
零售业	1 125	7 408	29.46
住宿业	106	4 485	15.15
餐饮业	63	2 758	3.79
房地产开发经营	411	8 320	521.48
物业管理	244	6 737	25.87
租赁和商务服务业	1 081	9 101	206.83
其他未列明行业	919	9 329	88.27
合计	9 758	174 080	1 749.30

2.2.2 清远市县域小微企业融资背景

（1）金融服务小微企业

2018 年，清远市 8 个县（市、区）建成县级综合征信中心，创建信用村 1 010 个，设立乡村金融服务站 1 180 个，实现行政村全覆盖；全辖区小微企业贷款余额 444.75 亿元，小微贷款户数 14 582 户。清远银行机构基本情况如表 4-2-2 所示。

表 4-2-2 清远银行机构基本情况

银行机构名称	基本情况选介
中国农业发展银行清远市分行	清远市唯一一家农业政策性银行，辖区内有 5 个分支机构，包括清远市分行本部、清新区支行、英德市支行、连州市支行和阳山县支行，在职员工共 89 人。2018 年各项贷款余额 39.4 亿元
中国工商银行清远分行	为做好小微企业服务工作，2018 年，成立了普惠金融事业部，每个支行都配专职小微企业客户经理。新增小微法人贷款 39 户，新增小微企业主经营贷款 112 户
中国农业银行清远分行	清远市辖区一级支行共 10 个（市区 3 个、县域 7 个），对外营业网点共 50 个。2018 年，累计投向中小微企业 22.78 亿元
中国银行清远分行	2018 年，清远市辖区共 26 个机构，在编员工 453 人。为支持地方实体经济发展，成立中国银行清远高新区科技支行，为小微企业提供"一对一"金融服务
中国建设银行清远市分行	2018 年，清远市辖内共 31 个分支机构，在编员工共 570 人，各项贷款余额共 183.03 亿元。聚焦地方经济建设，助力小微企业发展，助推普惠金融、科技金融，全年小微企业及普惠金融贷款新增共 2.11 亿元
广发银行清远分行	2018 年，对公小微企业贷款保持正增长态势，对公小微企业贷款余额共 46 097 万元。为小微企业提供普通流动资金贷款、企业通、票据贴现、税银通等产品，提供理财、保险、财务顾问等服务
清远市农村信用社系统	共 8 家农村合作金融机构，县（市、区）法人联社共 5 家，农村商业银行共 3 家，营业网点共 228 个。2018 年，清远农合机构小微企业贷款余额共 253.07 亿元，占清远市金融机构小微企业贷款的 79.03%。在清远市各县（市、区）参与建设超过 300 个村级金融服务站，金融服务覆盖 86 个乡镇
中国邮政储蓄银行清远市分行	清远市辖区共 8 家一级支行、71 个营业网点，服务城乡客户超过 300 万户，资产总额共 178.28 亿元，各项贷款余额共 83 亿元，不良资产率保持在 0.64% 的较低水平。普惠小微企业贷款（1 000 万元以下）结余共 12.36 亿元，小微企业贷款结余户数 2 712 户

（续）

银行机构名称	基本情况选介
交通银行清远分行	清远市辖区共 3 个营业网点，分别为营业部、清新支行和华南装饰城支行。2018 年贷款累计投放近 19 亿元，各存贷款规模共 38 亿元
东莞银行清远分行	2013 年 2 月开业，是东莞银行在异地开设的第 7 家分行，下辖 1 个营业网点。2018 年，各项贷款余额共 271 864.97 万元。2014—2018 年期间累计向清远市 128 户中小微企业投放贷款共 71.56 亿元

（2）小微企业平台建设

清远市中小微企业服务中心投资建设了清远市小微企业综合服务平台。清远市中小企业综合服务（窗口）平台与各地大专院校和专业技术服务机构 20 多家单位建立了长期稳定的合作关系，并联合清远市中小企业协会建立"清远市中小企业数据库""清远市中小企业服务专家库"。平台实现了银行与清远政务信用信息系统的数据共享，并与广东省中小微企业信用信息和融资对接平台互联互通，解决了银行获取企业信息少、信息难、信息不全面等问题。引进"扬帆计划""起航计划"等创新创业团队，为科技创新创业人才提供资助，给予"创新创业科研团队"一次性资助 100 万元。另外，还推广应收账款融资服务平台，帮助小微企业实现应收账款融资，2018 年累计实现注册用户 133 家，促成融资对接 174 笔，总金额达 225.98 亿元。支持企业"上市融资""企业提质增效""小升规"等专题项目获得省级财政扶持金额累计 1 739.35 万元。

（3）清远市政府政策扶持小微企业

清远市陆续出台促进小微企业发展的相关政策。2014 年 6 月出台《关于进一步减轻企业负担优化营商环境的实施意见》，激发市场主体活力，带动清远市主导产业并促进实体经济发展；同年 7 月印发《关于进一步支持中小微企业和民营企业发展的实施意见》，提出引导及鼓励民间资本进入法律法规未明确禁止进入行业和领域。2019 年 4 月，印发《清远市降低制造业企业成本推动实体经济发展的政策措施（修订版）》，降低制造业成本，加大制造业的扶持力度；同年 6 月，出台《关于促进我市小微工业企业上规模工作推进计划（2019—2020 年）的实施意见》，提出力争 2019 年完成新增上规工业企业达 65 家以上，2020 年达 60 家以上，实现 2018—2020 三年内清远市新增规模以上工业企业累计超过 250 家。2019 年 10 月，清远市政府常务会议审议通过《中小微企业应急转贷（过桥）资金管理暂行办法》，成立规模为 1 亿元的应急转贷（过桥）资金，为小微企业在贷款到期续贷时提供短期周转资金，缓解融资困境。

2.3　清远市小微企业融资调查分析

2.3.1　调研设计

为了掌握清远市县域小微企业的融资现状，我们对清远市县域小微企业进行了问卷调查，主要调查企业主基本特征、企业基本情况和企业融资约束等方面的内容。调查的范围和对象主要是在清远市南部地区的清城区、清新区、英德市、佛冈县以及北部地区的连州市、连山瑶族壮族自治县、连南瑶族自治县、阳山县共8个县（市、区）的小微企业，对其开展融资方面的调查。通过实地调研、互联网邮件转发、微信问卷调查、电话调查等方式，随机抽取了清远市8个县（市、区）的150家小微企业进行问卷调查。问卷共分三部分内容，包括企业主基本情况、企业基本情况和企业融资情况。

2.3.2　调查统计分析

本调查发放了150份问卷，有效问卷121份，其中，清远市南部地区的县域小微企业73家（清城区13家、清新区22家、英德市27家、佛冈县11家）；北部地区48家（连州市12家、连山壮族瑶族自治县12家、连南瑶族自治县14家、阳山县10家），有效问卷回收率80.67％。因此，该调查问卷所得的结果具有一定代表性，可以作为清远市小微企业有效样本进行研究①。需要说明的是，为了书写方便，区间数字大多取同，在该情况下，区间含下限不含上限。

（1）企业主基本情况分析

其一，企业主年龄结构。企业主年龄主要集中在中青年，其中30～39岁占38.02％；其次是40～49岁占27.27％；年轻企业主也占一定比例，30岁以下占25.62％；在50岁以上的比例较小，其中50～59岁占8.26％；60岁以上仅占0.83％。

其二，企业主文化程度。企业主文化程度在高中或大专以上的学历较多，

---

① 美国社会学者巴比曾提出问卷调查简单的等级规则："要进行分析和报告撰写，问卷回收率至少要有50％才是足够的，要至少达到60％的回收率才算是好的，而达到70％就非常好"。

占 52.89%；大学本科及以上的占 23.14%；而初中以下学历占 23.14%；小学及以下占 0.83%。

其三，企业主基本经历。根据企业主的调查统计，出生地在本市县的占 81.82%；在本省其他市和本省以外其他地区分别占 8.26% 和 9.92%。通过调查了解到由企业主创办的企业超过 70%，参股其他企业仅占 13.22%。企业主的父母、子女、亲戚、朋友在政府部门、金融部门、国有企业工作所占的比例不多，仅占 19.01%。企业主创办企业前在本行从业年限在 3 年以下的占 52.07%；在 3～5 年的占 16.53%；在 5～10 年和 10 年及以上的均占 15.70%。企业主在创办企业前从事个体工商和民营企业工作的分别占 24.16% 和 21.48%；从事务农的占 14.09%；在政府部门、国有企业和金融机构的分别占 4.03%，3.36% 和 2.01%；待业在家的占 6.71%；其他的占 24.16%。

（2）企业基本情况分析

一是企业创立时间。根据调查统计，企业创立时间在 2 年以内的占 45.45%；在 2～5 年的占 26.45%；在 5～10 年的占 18.18%；在 10 年及以上的仅占 9.92%。

二是企业行业分布。主要从事农、林、牧、渔业以及零售业和批发业的企业较多，分别占 34.29%、25.57% 和 17.71%；其次是软件和信息技术服务业、住宿和餐饮业，分别占 4.57% 和 3.45%；工业和建筑业均占 2.29%；信息传输业、租赁和商务服务业均占 1.14%；交通运输业、仓储业和物业管理均占 0.57%；其他行业所占比例较小，仅占 6.86%。

三是企业类型。个体经济占 29.75%，有限责任公司和独资企业分别占 26.45% 和 23.14%，合伙企业占 13.22%，股份制企业仅占 7.44%。调查了解到不同类型的企业有不同的融资方式，其中大多数企业是非家族企业，家族企业占 24.79%。

四是企业所有制性质。样本小微企业中超过 85% 是民营企业，集体企业占 10.74%，混合所有制企业占 3.31%，外商企业仅有 1 家，没有国有企业、港澳台企业和中外合资企业。

五是企业产品的基本情况。样本小微企业的产品超过 91% 在国内销售。产品通过质量系列认证或注册商标的占 27.27%，自主研制产品占 24.79%。

六是企业财务状况。样本小微企业账务处理分为外包和内部财务管理，外包处理占 47.11%，内部财务人员处理占 52.89%。调查了解到样本小微企业财务报表外部审计的占 31.40％，近七成的财务报表没有通过外部审计。调查显示，企业注册资本在 5 万～10 万元和 10 万～50 万元均占总注册资本23.73％；注册资本在 50 万～100 万元占 17.08％；注册资本在 100 万～500 万元占 12.71％；注册资本在 500 万元以上占 13.56％；注册资本在 5 万元以下仅占 8.46％。

2018 年，样本小微企业资产总额 100 万元以下的占 76.03％；资产总额在100 万～300 万元的占 9.92％；资产总额在 300 万～1 000 万元的占 5.79％；资产总额在 1 000 万～2 000 万元的占 4.96％；资产总额在 2 000 万元及以上的占 3.31％。2018 年企业资产负债率在 0～25％的占 85.95％；资产负债率在25％～50％的占 9.09％；资产负债率在 50％～75％的占 3.31％；资产负债率在 75％及以上的占 1.65％。

2018 年，样本小微企业营业收入在 50 万元以下的占 69.42％；营业收入在 50 万～100 万元的占 13.22％；营业收入在 100 万～200 万元的占 4.13％；营业收入在 200 万～300 万元的占 2.48％；营业收入在 300 万～500 万元的占4.96％；营业收入在 500 万元以上的占 5.79％。2018 年净利润率（净利润/销售收入）在 5％以下的占 55.37％；净利润率在 5％～10％的占 19.83％；净利润率在 10％～20％的占 13.22％；净利润率在 20％～50％的占 10.73％；仅 1家企业净利润率在 50％及以上。企业固定资产占总资产的比例 0～20％的超过62％；占比 20％～40％的为 16.53％；占比 40％～60％的为 9.09％；占比60％以上的为 11.57％。

七是企业员工情况。样本小微企业全职员工在 10 人以内占 74.38％；在10～50 人的占 22.31％；在 50～100 人的仅占 0.33％。样本小微企业 2019 年总计有 33.88％的员工离职，有 5 人以下离职的企业占 25.62％；5～10 人和10 人及以上离职的均占 0.41％。企业员工平均工资在 2 000～4 000 元的占81％；平均工资在 2 000 元以下和在 4 000 元及以上的占比均很低。

八是企业信用评级。小微企业信用等级越高，越能真实地、准确地反映经营信息，有利于化解融资风险、减轻融资难度、降低融资成本。调查结果如图 4-2-1 所示，样本小微企业未参加过信用评级的占 77.69％，参加过信用评级的仅占 22.31％，其中信用评级在 AA/AAA 级的占 2.48％；在 A/BBB级的占 1.65％；在 B/BB 级的占 4.96％；在 C 级的占 13.22％。可知，通过企业信用评级降低融资成本的样本小微企业较少，不利于银行对企业信用现状作出准确评估，不利于化解融资风险，缓解融资约束。

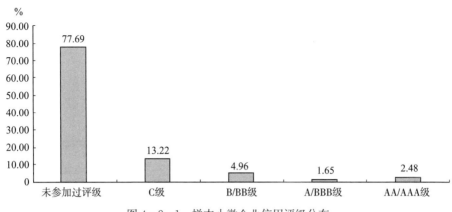

图 4 - 2 - 1 样本小微企业信用评级分布

九是政府关心支持企业感受度。调查统计结果如表 4 - 2 - 3 所示，2018 年度曾有乡镇以上级别政府干部调研、走访的企业占 42.15%，其中被调研、走访 1～5 次的企业占 20.66%；被调研、走访 5～10 次的企业占 6.61%；被调研、走访在 10 次及以上的企业占 14.88%。获得过乡镇及以上级别政府表彰的企业占 16.53%，其中表彰在 1～5 次的占 12.40%；5～10 次的占 1.65%；10 次及以上的占 2.48%。政府通过调研为企业排忧解难，尤其是解决融资难问题；注重对信用良好企业表彰，提高企业知名度和信用度，减轻融资难度，化解融资风险。

表 4 - 2 - 3 样本小微企业相关情况

测项	个体属性	户数（户）	百分比（%）
2018 年度，乡镇以上级别政府干部到企业调研、走访的次数	0 次	70	57.85
	1～5 次	25	20.66
	5～10 次	8	6.61
	10 次及以上	18	14.88
企业成立以来，获得乡镇及以上级别政府表彰次数	0 次	101	83.47
	1～5 次	15	12.40
	5～10 次	2	1.65
	10 次及以上	3	2.48

（3）企业融资情况分析

第一，企业的融资渠道。调查显示，有借款需求的占 85.12%，曾经有借款经历的占 81.82%，可知小微企业的融资需求普遍偏高。如图 4-2-2 所示，融资渠道是正规金融机构（农信社、银行）的占 82.83%；向亲友借款的占 15.15%；向上下游客户（企业）融资的占 2.02%。向正规金融机构（农信社、银行）申请过贷款的企业占 67.77%；在获得信贷前，主要靠自有资金偿还贷款的占 93.39%，通过过桥资金解决的占 6.61%。可见，样本小微企业融资渠道狭窄，融资方式较为单一，主要向正规金融机构融资，大多数靠内源资金偿还贷款。

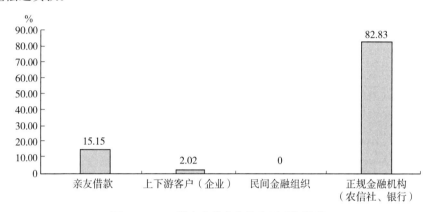

图 4-2-2　样本小微企业的主要融资渠道

对资金供给主体的调查统计结果如图 4-2-3 所示，向正规金融机构贷款，最主要（贷款金额最多）或偏好的融资渠道是农村商业银行（农信社）与村镇银行，占 86.20%；通过国有银行融资的占 18.29%；通过邮政储蓄银行融资的占 15.85%；通过股份制银行融资的占 3.66%。调查了解到企业贷款部分满足的占 80.81%；全部满足的占 16.16%；完全拒绝的占 3.03%。由此分析，样本小微企业主要向农村商业银行（农信社）与村镇银行等正规金融机构贷款，且大多数是满足部分融资需求。

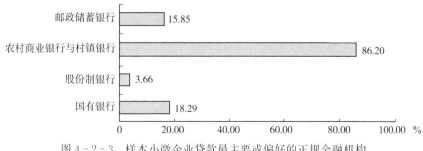

图 4-2-3　样本小微企业贷款最主要或偏好的正规金融机构

第二，企业向银行获得贷款的障碍程度。小微企业认为向银行获得贷款有障碍的占 93.93%。其中认为影响一般的占 30.30%；认为影响比较大的占 29.29%；认为影响有一点的占 18.18%；认为影响非常大的占 16.16%（图 4 - 2 - 4）。大多数样本小微企业向银行获得贷款存在着不同程度障碍。

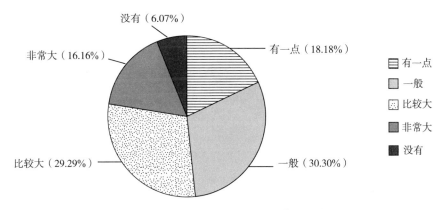

图 4 - 2 - 4　样本小微企业向银行获得贷款的障碍程度

第三，企业贷款需求额度范围。样本小微企业贷款需求额度在 1 万～50 万元的占 48.65%；在 50 万～100 万元的占 29.12%；在 100 万～200 万元的占 6.87%；在 200 万～300 万元的占 4.24%；在 300 万～400 万元的占 3.61%；在 400 万～500 万元的占 2.45%；在 500 万～600 万元的占 1.02%；在 600 万～800 万元的占 0.65%；在 800 万～1 000 万元的占 0.35%；在 1 000 万元及以上的占 3.03%（图 4 - 2 - 5）。可见，样本小微企业融资需求额度较少，但需求数量较多。

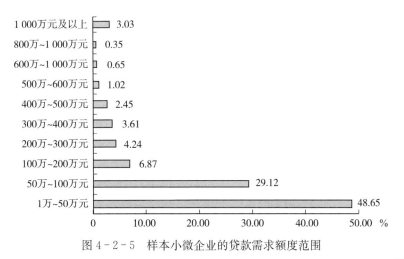

图 4 - 2 - 5　样本小微企业的贷款需求额度范围

第四，企业贷款期限需求。调查显示，样本小微企业贷款期限在1年以内的占15.15％；在1～5年的占65.66％；在5年以上的占19.19％（图4-2-6）。样本小微企业的贷款期限以中期贷款为主，长期贷款也有所增长，而短期流动性融资也占到了15个百分点。

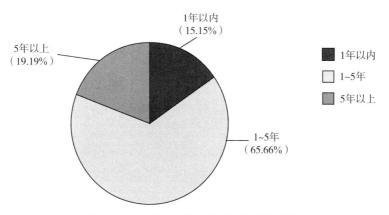

图4-2-6 样本小微企业需求的贷款期限

第五，企业能承担的意愿最高利率。样本小微企业能承担的意愿最高利率为上浮0～20％的占90.91％；上浮20％～30％的占3.03％；上浮30％～40％的占2.02％；上浮40％及以上的占4.04％（图4-2-7）。大多数样本小微企业能承担的最高利率上浮幅度不宜太高，利率过高会影响融资意愿，同时可能导致逆向选择，进而加大金融机构的风险。

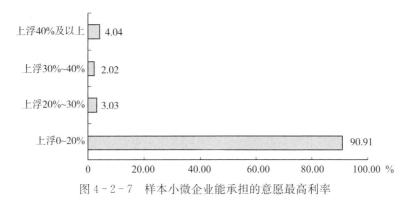

图4-2-7 样本小微企业能承担的意愿最高利率

第六，企业选择贷款银行的主要因素。企业在选择贷款银行时认为最重要的5个因素，其中认为最重要的是银行以低成本提供资金和服务，平均分占5.86分；二是企业与银行经常联络、关系好，银行了解企业主及企业业务，平均分占 4.91 分；三是银行能够给足够的贷款额度，平均分占 4.82 分；四是银行服务质量高，平均分占 4.34 分；五是银行会迅速做出决定，平均分占 3.89 分。此外，主要因素还有银行提供服务和产品多样化、银行发放信贷的标准是明确的、银行地理位置便利等（图 4-2-8）。

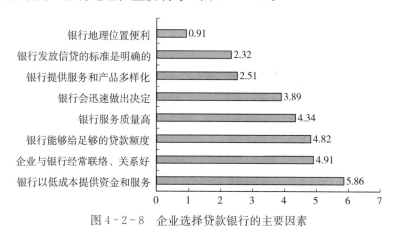

图 4-2-8　企业选择贷款银行的主要因素

第七，银行向企业发放贷款的主要因素。调查统计结果如图 4-2-9 所示，银行向小微企业发放贷款时看重的 5 个主要因素中最重要的是企业有无抵押资产，平均分占 3.75 分；二是企业有无担保，平均分占 3.3 分；三是财务报表反映的信息与银行流水，平均分占 2.86 分；四是信用评价情况，平均分占 2.51 分；最后是企业与银行长期交往了解到的企业主的声誉、人品、能力以及市场潜力等信息，平均分占 2.34 分。银行从自身风险和利润角度出发，更看重有无抵押资产和担保，其次是通过财务报表反映的信息与银行流水、信用评价情况。再者企业与银行长期交往有利于解决信息不对称问题，减轻融资难度。

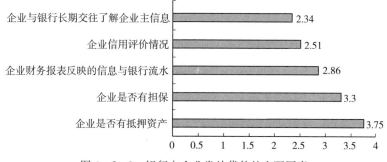

图 4-2-9　银行向企业发放贷款的主要因素

第八，银行机构服务企业融资的基本情况。样本小微企业与主要贷款银行往来时间在1~5年的占84.85％；在5~10年的占8.08％；在10年及以上的占7.07％。企业与主要贷款银行平均一年接触1~5次的占81.82％；5~10次的占6.06％；10次及以上的占12.12％。企业与主要贷款银行的距离较多选择在1~5公里的占76.77％；在5~10公里的占5.05％；在10公里及以上的占18.18％。企业向金融机构贷款选择在1~5家的居多，占96.97％；在5~10家的占2.02％，仅有1家是选择10家及以上（表4-2-4）。由此可知，样本小微企业向银行机构融资以中长期为主；大多数企业与银行往来时间在5年以内，这与小微企业的生命周期和建立时间有关；同时企业与银行保持联系不够密切，大多数企业与银行平均一年接触不足5次，不利于银行获取企业相关信息，不利于化解融资风险、降低融资成本。企业更青睐于选择离其较近的银行，多数在5公里以内，且选择贷款银行数量不多，这与当前农村金融市场的现状相关，也是降低融资成本的理性抉择。

表4-2-4　银行机构服务小微企业融资的基本情况

测项	个体属性	户数（户）	百分比（％）
企业与主要贷款银行往来的时间	1~5年	84	84.85
	5~10年	8	8.08
	10年及以上	7	7.07
企业与主要贷款银行平均一年接触的次数	1~5次	81	81.82
	5~10次	6	6.06
	10次及以上	12	12.12
企业与主要贷款银行的距离	1~5公里	76	76.77
	5~10公里	5	5.05
	10公里及以上	18	18.18
企业若有银行贷款，会向几家金融机构贷款	1~5家	96	96.97
	5~10家	2	2.02
	10家及以上	1	1.01

第九，企业的融资政策支持。调查如图4-2-10所示，样本小微企业未获得过融资政策支持的占70.25％，享受过融资政策支持的不足三成。其中，获得银行贷款贴息的占14.88％；获得政策性过桥融资服务的占4.96％；获得应收账款等动产融资服务的占3.31％；获得政策性担保机构融资担保服务和

企业贷款风险补偿基金的均占 2.48％；获得小额票据贴现中心融资服务的占 1.65％。大多数企业没有享受到融资政策支持，这也说明政策性支持尤其是精准扶持要到位。

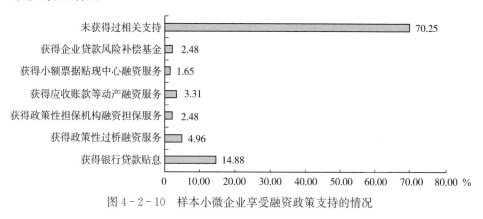

图 4-2-10　样本小微企业享受融资政策支持的情况

　　第十，企业需要政府重点解决的融资问题。如图 4-2-11 所示，在样本小微企业需要政府重点解决的融资问题中，银行贷款抵押、担保要求高占 75.21％；银行贷款成本高占 18.18％；征信不健全占 14.88％；过桥贷款成本高占 10.74％；担保公司收费高占 8.26％；认为应收账款等动产难以融资占 7.44％；银行抽贷、到期压缩规模占 5.79％等。最需要政府重点解决的是银行贷款抵押和担保问题，而银行贷款成本高及征信不健全问题也占较高比例。

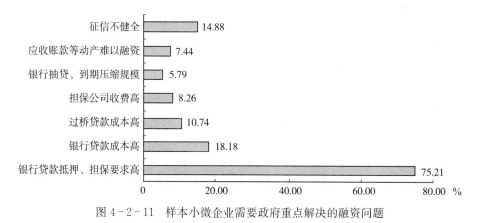

图 4-2-11　样本小微企业需要政府重点解决的融资问题

　　第十一，企业贷款能够提供的担保方式。从图 4-2-12 可见，样本小微企业贷款提供的最多的担保方式是商品房和住宅地（使用权）抵押，占

53.72%；土地（经营权）抵押的占 19.83%；担保人担保的占 15.70%；供应链核心企业保证和专业担保公司保证的均占 9.92%；商铺承租权质押的占 4.96%；应收账款质押的占 3.31%。可见，样本小微企业贷款能够提供的担保方式形式多样，提供商品房和住宅地（使用权）抵押的超过一半，其他担保方式所占比例较少。

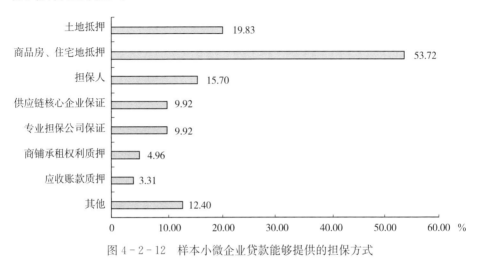

图 4-2-12　样本小微企业贷款能够提供的担保方式

2.3.3　调查问卷的初步结论

通过调查问卷结果分析，得出以下初步结论：

①清远市县域样本小微企业主的特征影响融资。样本小微企业主以中青年为主，学历相对较低，主要是广东清远本地人，在创办企业前主要从事个体工商和民营企业，但从业年限较短，企业大多数是企业主一手创办，参股其他企业较少。

②清远市小微企业创立时间相对较短，多数从事农、林、牧、渔、零售和批发业，以民营企业为主，产品主要在国内销售，且通过质量系列认证或注册商标的产品少，由自主研制的产品也较少。

③企业注册资本少，资产总额低，营业收入少，净利率较低。

④员工队伍不稳定，全职员工较少，且员工平均工资较低，员工离职现象时有发生。

⑤企业融资需求旺盛，但融资方式较为单一，融资渠道狭窄，主要向正规金融机构融资。

⑥企业缺乏抵（质）押担保，征信不够健全，通过信用评级获得融资的较少，多数没有参加过信用评级，且认为非正规、未注册企业的竞争对企业正常运营产生障碍，制约企业的融资。

⑦企业融资存在障碍，多数银行贷款只能满足部分需求，融资额度不高，且贷款期限较短。

⑧大多数样本小微企业没享受到融资政策支持，各类融资政策有待落实。

2.4　影响因素分析

2.4.1　小微企业融资特征

（1）不同发展阶段小微企业融资特征

根据企业成长周期理论，不同成长周期企业有不同融资特征。小微企业发展周期主要分为初创期、成长期和成熟期。针对融资需求，应使融资渠道多元化。下面对清远市县域小微企业的阶段融资特征进行分析。

超过 70% 的样本小微企业在 5 年内创立，大多数还在初创期，基本依靠企业主的自有资金，该阶段对资本和金融的需求程度相对较低，主要靠内源资金，符合融资次序理论中先选择内源资金再选择外源资金的规律。初创企业具有经营规模小、财务管理不规范、雇员较少、产品单一、信息不全以及经营风险较大等特征，根据信息不对称理论，外部投资很难了解企业真实经营状况，获得外部资金难度较高，部分企业也会向上下游客户（企业）及亲戚朋友贷款，来弥补暂时资金缺口。

随着小微企业进入成长期，融资需求相对增大，融资意愿不断加强，营业规模有了一定增长，业务量增加的同时交易记录也增多，有效抵质押物增加，信息相对完善，能缓解银行与企业信息不对称问题。除自有资金外，企业通过外部金融机构融资增多，但普遍存在产品存货较多及流动资金风险。根据调查分析，若创立企业超过 5 年、管理较规范、有稳定的供应商、员工增多且相对稳定、经营平稳、财务管理较为规范、产品多元化，可通过应收账款等动产融资，或通过政策性担保机构融资担保等融资方式，进一步缓解融资困境。

小微企业进入成熟期后，规模逐渐增大，财务管理及业务交易信息趋于完善，制度较为健全，增长速度放慢，进入稳步增长时期，外部投资更易掌握信息，在一定程度上解决了信息不对称问题，经营管理有成效，创新能力增强。

企业获得金融机构贷款逐渐增多，经营稳定，部分向中大型企业发展，甚至有些符合登陆新三板的条件。2018年，清远市新三板挂牌企业就有7家，在区域股权交易中心注册挂牌的企业有112家。

（2）不同行业小微企业融资特征

根据调查结果分析，清远市县域小微企业涉及的行业较多，主要从事农、林、牧、渔、零售和批发业；其次是软件和信息技术服务业、住宿和餐饮业、工业和建筑业。

其一，农、林、牧、渔业。主要从事养猪、鸡、鱼等及种植茶叶、香蕉、砂糖橘、葡萄等，该行业小微企业抵御自然风险能力较低及市场经营风险较高，融资风险较高。企业主要以自有资金或向亲友借款，部分以土地作为抵押物贷款或政策性贴息贷款等方式融资。企业主要特征是轻资产、资金流动快、财务管理欠缺、人才欠缺、融资信息不够畅通，根据信息不对称理论，不利于银行对小微企业信用现状作出准确评估。

其二，零售业和批发业。主要从事农副产品、农药化肥、饲料、五金产品、服装、汽修配件、家居用品等，该行业小微企业的产品交易记录较多，资金流动快，部分通过商铺抵押及应收账款质押等方式融资。其中大多数企业缺少固定资产等抵质押物，向银行机构贷款时只能满足部分金额，且贷款时间普遍较短，主要是解决流动性资金不足问题。

其三，软件和信息技术服务业。主要从事电子商务、电子科技、网商、信息服务等，企业经营场所分散且不固定，融资周期短，贷款频率高，资金使用急，属无形资产。该行业小微企业要求创新能力、竞争意识较强、信息化水平较高、人才需求高、财务管理信息透明等，多数通过政策性贷款及金融机构贷款等方式融资。企业主要存在信息技术风险、市场风险及经营风险较高等问题，资金需求量较大，缺少抵质押物，不利于化解融资风险。

其四，住宿和餐饮业。该行业小微企业主要特征是资金紧张，资金需求小、频率高，市场需求不足以及企业交易记录较多。根据融资次序理论，应先选择无交易成本的内源融资，再选择外源融资，因此该行业小微企业主要靠自有资金，部分以固定资产作为抵押贷款融资。由于贷款成本费用高，融资渠道少，民间贷款融资较困难，金融机构贷款利率时有上浮。

其五，工业和建筑业。从事该行业的小微企业资金需求量大，资金周期长，融资渠道较为单一，部分采用金融机构贷款融资。相对于大中型企业，其经营管理较欠缺，制度不够完善，影响了融资可获得性，这也是小微企业在银行贷款获得资金支持相对于大中型企业少的原因。

（3）不同地区小微企业融资特征

为了更好地理解和掌握清远市县域小微企业融资的差异，我们调查统计分析了清远8个县（市、区）的基本数据，如表4-2-5所示。其中，人均地区生产总值用来表示各地的经济发展水平，清城区、佛冈县、连州市的经济发展水平较高，且均高于清远市2018年人均地区生产水平（40 476元）；按地区生产总值排列，南部地区清城区、清新区、英德市、佛冈县普遍发展较快，北部地区除连州市外，连山壮族瑶族自治县、连南瑶族自治县、阳山县普遍发展较慢。

表4-2-5　2018年清远市县域小微企业的基本数据

地区	县域	人均地区生产总值（元）	地区生产总值（万元）
南部地区	清城	62 269	5 289 453
	清新	39 486	2 884 094
	英德	29 936	2 947 644
	佛冈	43 971	1 392 346
北部地区	连州	40 852	1 568 920
	连山	36 300	343 577
	连南	33 852	456 662
	阳山	27 951	1 040 477
清远市	全市所辖县级行政区	40 476	15 651 949

根据调查分析，如图4-2-13所示。清远市小微企业规模偏小，小型企业所占比例为24.79%；而微型企业所占比例明显高于小型企业，占75.21%。其中英德市、佛冈县、连州市、阳山县小型企业所占比例较高，均高于清远市县域样本小型企业所占比例。清城区、清新区、连山壮族瑶族自治县、连南瑶族自治县的微型企业所占比例较高，且均高于清远市县域样本微型企业所占比例。总之，不同地区的样本小微企业规模有所不同，且规模普遍较小，以微型企业为主。

调查显示，样本小微企业向银行贷款的比例占66.67%，其中清城区、清新区、英德市、佛冈县、连州市以及阳山县的企业向银行贷款融资比例较高；样本小微企业向亲友借款或上下游客户（企业）融资的比例占32.23%，其中

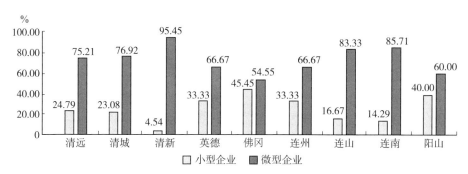

图 4-2-13　清远市县域样本小微企业规模

连山、连南的企业向亲友借款或向上下游客户（企业）融资所占比例较高。可见，不同地区选择的融资渠道有所不同，但普遍主要向正规金融机构融资，其次通过亲友借款或上下游客户（企业）融资，具体情况如表 4-2-6 所示。

表 4-2-6　清远市县域样本小微企业贷款情况

地区	县域	银行贷款	占样本比例	亲友借款或上下游客户（企业）	占样本比例
南部地区	清城	9	69.23%	4	30.77%
	清新	15	68.18%	7	31.82%
	英德	20	74.07%	7	25.93%
	佛冈	8	72.73%	3	27.27%
北部地区	连州	9	75.00%	3	25.00%
	连山	6	50.00%	6	50.00%
	连南	8	57.14%	6	42.86%
	阳山	7	70.00%	3	30.00%
清远市	全市所辖县级行政区	82	66.67%	39	32.23%

2.4.2　小微企业融资成本约束因素分析

小微企业融资成本约束影响因素有很多，既有内部因素制约，也有外部因素助推。现主要从企业自身、金融机构及政策因素进行分析。

（1）企业自身因素

一是小微企业规模较小，抵押资产少。调查显示，清远市县域小微企业的行业类型比较齐全，但规模较小，注册资本在 5 万～50 万元的占五成左右，资产总额普遍在 100 万元以下，营业收入普遍低于 50 万元。企业大多数是从事农、林、牧、渔、零售和批发业，缺少土地使用证、商业用房等抵质押资产，且使用临时办公场所或租用的商铺，存在无抵押、无担保、无信用记录等特征，因此，增加了融资成本。

二是抵抗风险能力较差，经营风险高。小微企业市场竞争力弱、创新力不足，大多数经营的是普通产品且品牌观念不强，通过质量系列认证或注册商标的产品少，自主研制产品仅占三成左右。企业信用观念较弱，超过七成没有参加过信用评级，没能通过信用评级缓解银行与企业信息不对称，进而降低融资成本。企业容易遭受经营风险，样本小微企业有七成创立时间在 5 年以内，经营 10 年以上的仅占 10% 左右，且 2018 年企业净利率在 5% 以下的占七成左右；容易受自然因素影响，如新冠肺炎疫情的影响较大，特别是餐饮住宿、批发零售、交通物流等行业的小微企业。

三是企业财务制度不完善、经营管理水平欠缺。根据调查，小微企业财务制度不规范，财务人员素质较低，财务处理有近五成是外包，财务报表七成左右没有经过外部审核。银行机构对企业财务信息掌握不足，影响融资可获得性。小微企业的产权和经营权高度统一，多为自主经营，由企业主创办的超七成，经营管理水平欠缺，以非家族管理为主，但家族企业仍占 25% 左右。

四是小微企业融资渠道单一，主要偏向正规金融机构贷款。样本小微企业融资向正规金融机构的贷款占七成左右，部分向亲友或上下游客户（企业）贷款，由于融资成本较高，没有选择民间金融组织贷款。企业在选择银行时，最重要的是银行以低成本提供资金和优质服务，且与银行经常联系并维系较好关系，银行掌握企业主和企业的信息。

五是影响因素还受到企业主年龄、文化程度、出生地、创办企业前从事的工作以及在本行从业年限等特征影响。调查显示，样本小微企业主以中青年为主，文化程度较低，这不利于其对融资政策的理解；不过他们超过八成是广东清远本地人，创办企业前主要从事个体工商和在民营企业工作，创办企业前在本行从业 3 年以上的占五成左右，积累了相关行业经验，有利于降低融资成本。

六是小微企业融资难的关键在于"首贷难"。企业初次贷款多数在初创期，经营年限不长，缺乏稳定的现金流等数据，风险评估难度较大。主要表现在"征信少、评估难"，"缺信息、缺渠道"，"担保弱、风险高"等融资特征。调查显示，在样本小微企业的"无贷户"中，部分有贷款需求但没得到满足。可见，首贷小微企业在融资信息及渠道上较其他企业处于劣势。

（2）金融机构因素

一是金融机构服务产品供给与小微企业的贷款需求不相匹配，小微企业的贷款需求大于金融机构的供给，且贷款成本普遍偏高。超过七成的样本小微企业向金融机构贷款需求在 1 万～100 万元之间，有八成左右能够获得金融机构的部分贷款，但仍有 3% 左右企业申请贷款时被完全拒绝，即使愿意承担高利率也无法获得贷款，而且其中有九成以上企业愿意承担最高利率上浮 20% 以内。

二是金融机构对小微企业贷款存在门槛约束。根据调查分析，超过九成的样本小微企业认为向金融机构贷款有障碍。其中有三成左右的企业认为向金融机构贷款比较有障碍，有两成左右的认为向金融机构贷款障碍非常大。调查了解到，金融机构向小微企业贷款服务类型较为单一，服务产品创新不够，金融机构服务小微企业相关制度不够完善，贷款流程过于烦琐和贷款期限较短。小微企业因缺乏中长期银行贷款，只能通过短贷长用，一旦市场发生变化，供应链和资金链就会出现问题。超过八成的样本小微企业贷款期限在 5 年以内，仅两成贷款期限超过 5 年。

三是信息不对称是主要约束之一。调查显示，样本小微企业与主要贷款银行往来时间不长，超过八成的企业与主要贷款银行一年接触不超 5 次，银行与企业的沟通较少，获得的企业主声誉、人品、能力及市场潜力等信息不足。金融机构向小微企业发放贷款除了抵押担保外，还需财务报表、银行流水及信用评价等信息，但超七成企业没有参加过信用评级，造成融资困难。

四是银行信息成本高阻碍信贷交易达成。出于信贷资金的安全和经济效益，银行向小微企业提供贷款时会优先选择有抵押担保的，而大多数企业缺少抵质押物，部分通过抵押担保时，又要支付抵押物的登记评估费等，还要负担审计费、担保费、公证费等，造成融资成本居高不下。

五是信用评估系统不够完善，信用评估标准有待细化。小微企业生命周期普遍较短，品牌及信誉度较低，部分企业在损失低于违约收益时会选择违约失信，使得金融机构更偏向选择大中型企业融资，排斥小微企业。

（3）政策因素

第一，企业政策措施不够准确。出现"政策出台"但小微企业"够不上"的情况。根据调查，七成左右的样本小微企业没有享受到融资政策支持，只有少数通过各类融资政策进行融资，且融资金额不能完全满足融资需求。

第二，企业政策的利用率较低，专门针对小微企业的融资政策较少，融资细化方案较少。样本小微企业享受融资政策支持仅占三成左右，各类融资政策如银行贷款贴息、政策性过桥融资服务、政策性担保机构融资担保服务、应收账款等动产融资服务、小额票据贴现中心融资服务、企业贷款风险补偿基金等利用率不高，所占比例甚少。

第三，政府系列融资政策真正落地并促进小微企业发展的力度不够，财税政策引导力不足。由于风险系数高，大多数金融机构对小微企业融资贷款只作为补充型贷款。

2.5　研究结论及破解融资难的建议

2.5.1　研究结论

根据对清远市 100 多家县域小微企业的调研数据，分析了企业主的基本特征、企业的基本特征及融资状况等，着重了解企业向银行融资时存在的问题及融资政策支持。总体结论：企业向银行融资存在障碍，多数企业没享受到融资政策支持，各类融资政策有待落实。

①需求角度：企业主的年龄、学历、经历等基本特征影响融资可获得性。企业主大都是中青年，学历较低，不利于对融资政策的理解，从业年限不长，经历较少，相关人脉关系较少，对缓解融资难问题经验不足。

②供给角度：企业特征影响融资的可获性。一是以民营企业为主，行业类型多，分布广，经营规模小，占清远市企业的大多数。银行具有规模化信贷偏好，对小微企业存在排斥。二是抵抗风险能力较差，产品创新力不足，通过质量系列认证或商标的产品少，自主研制产品仅占三成，企业员工队伍不稳定，在一定程度上增加了融资成本。三是财务制度不完善，财务处理近五成是外包，七成没有经过外部审计，银行对企业信息掌握不足，影响融资可获得性。四是抵押贷款是企业贷款的主要方式，而小微企业缺少抵押担保物，融资方式单一，制约了融资可得性。

③信息不对称是融资约束的主要原因：银行与小微企业信息不对称程度高，银行获取信息的成本高，进一步制约了金融交易的达成。

2.5.2　破解小微企业融资约束的政策性建议

（1）小微企业视角

其一，小微企业转型升级。应促进小微企业转型升级，调整产业结构，根据市场变化调整产品结构，聚焦"专精特新"发展，建立"专精特新"小微企业信息库；提高自主创新能力，加大核心技术创新；支持优质小微企业规模化与集群化发展。其二，破解信息与抵押物缺失约束。为解决银行与企业信息不对称问题，要注重参与信用评估建设，主动寻找融资信息交流平台，并了解最新融资政策；针对抵质押物欠缺，应探讨融资的可替代抵押担保方式，降低融资成本，提高融资可获得性。其三，提升小微企业主整体素质。小微企业主应加强对最新经营管理知识和业务知识的学习，提高经营管理和业务能力，提升金融素养，掌握金融交易中的基本知识，降低信贷成本。其四，优化小微企业管理制度。尤其应健全财务管理制度，规范财务管理，解决财务报表不够完整、财务制度不够健全等问题，有利于金融机构贷款审核企业信息清晰化，缓解企业与金融机构信息不对称问题。

（2）金融机构视角

一是创新金融产品和服务方式。创新金融产品和服务，发展多元化金融主体，为融资提供多元化选择，针对缺乏抵质押物问题，创新抵质押物替代服务和衍生类金融产品，分散信贷风险。应建立授信评议小组对企业信誉评级，建立专门适用于小微企业的授信制度、完善信用评级机制，缓解银行与企业信息不对称程度。二是充分应用金融科技。利用清远市小微企业信用信息和融资对接平台，让金融机构了解和掌握更多优质企业信息，从而激发金融机构向小微企业提供信贷服务，让数据转化为信用，将信贷业务与大数据相结合，削减业务成本，从而降低融资成本。三是发挥各金融机构的比较优势。鼓励和支持发展更多的中小型金融机构，在小微企业集中的县域设立专门的贷款公司、村镇银行等，向县域和乡镇等企业集中的地区延伸业务和网点；在政策性银行下分设小微企业银行，专门服务清远市县域小微企业；鼓励引导民间金融为小微企业提供资金支持，缓解融资困境。四是优化金融服务小微企业制度。完善金融机构服务小微企业的管理制度，推动银行健全考核激励机制，制定普惠型小微企业信贷计划；可成立专门服务小微企业融资的金融部门，主动了解企业主的人品、能力、业务及市场潜力等信息。

（3）改革政策视角

第一，切实将国家和地方企业融资政策落实到位。调查显示，清远七成小微企业没享受到政策扶持，需加强国家、省、市扶持融资政策落实。结合清远市实际，制定与国家、省级政策相对应的配套实施细则，让融资政策更精准更贴近市场，更具有操作性和针对性。第二，注重企业融资政策的宣传。通过政府网站、传统媒体报刊、微信公众号、政企通平台等媒体手段，多渠道对融资政策进行宣传，扩大小微企业的政策知晓率，有利于缓解融资困境。第三，落实财税支持企业优惠政策。通过风险补偿以及税收减免等财税激励政策，推动金融机构的小微信贷业务。第四，完善金融扶持企业融资政策。简化融资程序，鼓励金融机构适度提高小微企业不良贷款容忍度。加强要素保障，放宽技改普惠政策享受范围等。

3 金融普惠深化机制：阳西农商行案例①

阳西农商银行作为县域性银行，十分明确其服务农村和小微客户群体的定位及助力乡村振兴的历史使命，采取了推进整村授信、参与户户通工程、完善基础设施、优化涉农涉小微信贷业务等金融普惠深化机制，并基于客户需求开发了系列普惠金融产品，深度参与了扶贫项目，取得了显著绩效。

3.1 前言

2005 年，联合国首次正式提出普惠金融（inclusive finance）概念，即"普惠金融是一个能够有效地、全方位地为社会所有阶层和群体，尤其是为贫困、低收入人群提供服务的金融体系。"自此，中国在普惠金融领域进行了诸多探索和实践，2016 年《推进普惠金融发展规划（2016—2020）》设定了总体目标，通过构建多元化、覆盖广的金融机构体系，创新金融服务，建设金融基础设施，完善普惠金融的法律法规，引导、激励普惠金融发展、教育普惠金融知识和保护消费者权益，提高金融服务覆盖范围，使得如小微企业、农民、城镇低收入人群、贫困人群、残疾人等弱势群体更容易获得相应金融服务。同时，普惠金融肩负着巩固脱贫攻坚成果衔接乡村振兴及"缩小贫富差距，实现共同富裕"的使命。

广东阳西农村商业银行股份有限公司（简称"阳西农商银行"）作为县域商行，明确普惠金融银行定位，创新支农支小普惠机制，提升服务效率和水平，配合当地现代农业特色产业发展，为如西瓜、龙眼、荔枝、北运椒、番薯等种植业和程村镇养蚝产业以及溪头镇、上洋镇、沙扒镇等沿海地区深海鱼类网箱养殖等产业提供资金支持，普惠金融服务卓有成效。

---

① 执笔人：梁红、张少宁。

3.2 阳西县经济社会发展概况

阳西县地处漠阳江流域以西，故得名"阳西"，是广东省西南沿海县之一。独特的地理地貌造就了阳西县丰富的土地、矿产、海洋等自然资源以及农产品资源。全县有耕地 33 万多亩，低坡度山地 50 万亩；建有水果、蔬菜、中药材以及海水养殖、畜牧业等十大生产基地，种植业主要以水稻、番薯、玉米、大豆、荔枝、西瓜、北运椒、南药和茶叶为主，著名的农产品特产有上洋西瓜、上洋荔枝、新圩竹笋、溪头五彩薯等。阳西林木面积 90 万亩，森林覆盖率高达 48.7%，活立木蓄积量 200 多万立方米，为广东省林业生态县。

阳西海洋资源丰富，浅海滩涂面积 42 万亩，年产虾 1.9 万吨，年产蚝 20 万吨，其中程村是"国家级近江牡蛎吊养标准化示范区"，是中国著名蚝乡。阳西县有沙扒渔港、溪头渔港、河北渔港 3 个渔港，其中沙扒渔港为国家一级渔港，溪头渔港为省一级渔港，河北渔港为省二级渔港；海产品年产量 45.6 万吨，产值、产量在全省沿海县区排名第二。

阳西旅游资源丰富，"山、海、泉、林、湖、洞"优势突出。天然海滩有沙扒湾、月亮湾、白沙湾、河北湾、蓝袍湾、青湾仔；海岛有青洲岛、双山岛、大树岛；名胜古迹有大垌山净业寺和大洲古村落、塘口古堡群、七贤书院、上洋大屋等；温泉有阳西东湖咸水矿温泉、月亮湾咸水温泉群；体现粤西文化艺术的有漠阳民间艺术馆、漠阳乌木博物馆、林德宏艺术馆、叶秀炯美术馆、阳西当代书画名家艺术馆等。阳西县还是广东省著名的山歌之乡，若恰逢节日，能观赏到端午节龙舟赛、山歌擂台赛、走公、泼水节等独特的民俗风情。

阳西海岸线长 126.6 公里，岛岸线长 24.2 公里，浅海滩涂面积辽阔，具备发展核电、火电、风电等电力能源项目的良好资源条件。阳西是广东省重要电力能源产业基地，其中风电、水电发展较快，有广东华厦阳西电厂、华润电力风能（阳江）有限公司、阳西县东水电站等发电企业 19 家。

截至 2021 年 6 月，阳西县生产总值为 112.59 亿元，同比增长 16.4%。其中，第一产业增加值为 31.26 亿元，同比增长 4.0%；第二产业增加值为 40.15 亿元，同比增长 39.1%；第三产业增加值 41.18 亿元，同比增长 11.6%。

3.3 阳西农商银行发展概况

（1）阳西农商银行总体发展情况

阳西农商银行是由阳西农信联社改制而来，于 2019 年 10 月 18 日正式挂牌。阳西农商银行是阳西县资产规模最大、营业网点最多、金融服务覆盖面最广的银行机构。截至 2021 年二季度末，阳西农商银行共有营业网点 18 个，在职人员 273 人。其一直坚持支农支小、服务县域经济市场定位，为阳西经济发展提供了强有力的资金支持。2019 年—2021 年 6 月，阳西农商银行各项存贷款余额不断增加，存贷比例也呈不断上升趋势。2019 年末，其存贷比为 38.96%，同比增加 1.55 个百分点，2020 年末存贷比为 46.29%，同比增加 7.33 个百分点，2021 年二季度存贷比为 48.88%，比年初增加 2.59 个百分点（表 4-3-1、图 4-3-1、图 4-3-2）。

表 4-3-1 阳西农商银行 2019—2021 年二季度总体发展情况

	2019 年末	2020 年末	2021 年 6 月
各项存款余额（万元）	479 414.79	504 346.7	514 569.66
各项贷款余额（万元）	186 762.98	233 474.19	251 546.51
存贷比例（%）	38.96	46.29	48.88
资产规模（万元）	548 904.81	586 998.08	514 569.66
负债规模（万元）	484 910.13	519 909.56	530 271.46
资产负债比（%）	88.34	88.57	88.98

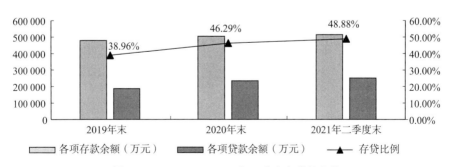

图 4-3-1 2019—2021 年二季度存贷款变化

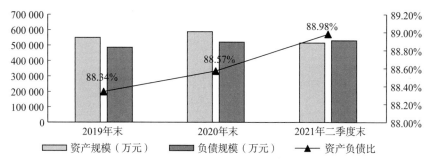

图 4 - 3 - 2　2019—2021 年二季度资产负债变化

（2）信贷业务发展情况

①贷款业务发展情况。阳西农商银行始终坚持"面向三农，面向社区，面向中小微企业，面向地方经济发展"的定位，持续践行"向小、向农、向实"的信贷投放路径，农业贷款余额及农业贷款占比不断增加。2019—2021 年 6 月，尽管受新冠疫情影响，阳西农商银行各项贷款一直呈现增长态势。截至 2021 年二季度末，阳西农商银行各项贷款余额由 2020 年末的 233 474.19 万元增至 251 546.51万元，增幅为 7.74％。其中，2021 年二季度末的农业贷款余额增至 176 887.69 万元，农业贷款占贷款总额的 70.32％（图 4 - 3 - 3）。

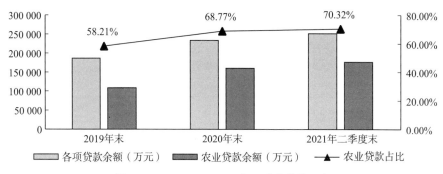

图 4 - 3 - 3　2019—2021 年二季度贷款业务

②经营绩效。2019—2021 年，受疫情影响，阳西农商银行经营收益有所起伏。2019 年，其经营利润 8 327.23 万元，而 2020 年为 7 885.06 万元，同比减少 442.17 万元，降幅 5.31％；2019 年的拨备后利润总额 6 886.27 万元，2020 年则为 5 675.60 万元，同比减少 1 210.67 万元，降幅 17.58％；2019 年的净利润为 5 157.14 万元，2020 年则为 4 400.69 万元，同比减少 756.45 万元，降幅 14.67％。截至 2021 年二季度末，实现经营利润 4 393.50 万元，同

比增加 12.71 万元，增幅 0.29%；拨备后利润总额 714.11 万元，同比减少 1 487.01 万元，降幅 67.56%；净利润 225.37 万元，同比减少 1 472.24 万元，降幅 86.72%（表 4-3-2）。

表 4-3-2 2019—2021 年二季度经营利润情况

单位：万元

	2019 年末	2020 年末	2021 年 6 月
经营利润	8 327.23	7 885.06	4，393.50
拨备后利润总额	6 886.27	5，675.60	714.11
净利润	5 157.14	4，400.69	225.37

贷款利息收入为阳西农商银行主要收入来源，就其利息收入结构分析，农户贷款、农村企业贷款和非农贷款是其重要收入来源。2019 年末的贷款利息收入中农户贷款利息收入占比 31.45%；农村经济组织贷款利息收入占比 0.02%；农村企业贷款利息收入占比 28.11%；非农贷款利息收入占比 40.42%。总体涉农贷款占比 59.58%。至 2020 年末的贷款利息收入中涉农贷款占比 69.12%，非农贷款利息收入占比 30.88%。而 2021 年二季度末的贷款利息收入中涉农贷款占比 76.72%，非农贷款利息收入占比 23.28%。在这两年半中，涉农贷款由 59.58%、69.12% 升至 76.72%，一直呈现上升态势，但农村经济组织贷款一直是薄弱环节（表 4-3-3、图 4-3-4）。

表 4-3-3 2019—2021 年 6 月贷款利息收入情况

单位：万元

	2019 年末	2020 年末	2021 年 6 月
总利息收入	12 299.09	12 079.8	5 650.77
农户贷款收入	3 867.91	5 814.75	3 659.29
农村经济组织贷款收入	2.54	1.83	3.19
农村企业贷款收入	3 456.81	2 532.56	672.58
非农贷款收入	4 971.23	3 730.24	1 315.43

从其风险控制来看，2019 年末的不良类贷款 4 593.67 万元；2020 年末的不良类贷款 4 048.44 万元，占贷款总额 1.73%；而 2021 年 6 月末的不良类贷款 6 877.45 万元，比年初增加 2 829.01 万元，占贷款总额 2.73%，不良贷款率比年初上升 1 个百分点，但总体还算稳健（表 4-3-4）。

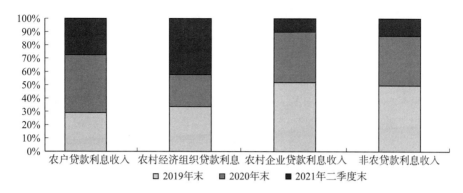

图 4-3-4 2019—2021 年二季度各类贷款利息收入占比

表 4-3-4 2019—2021 年二季度不良贷款变化情况

	2019 年末	2020 年末	2021 年二季度末
不良贷款余额（万元）	4 593.67	4 048.44	6 877.45
不良贷款率（％）	2.46	1.73	2.73

3.4 金融普惠深化机制创新

（1）普惠金融绩效概况

阳西农商银行金融服务聚焦本地市场，坚持服务"三农"，信贷投放突出"支农支小支微"普惠金融定位，满足农户、农村小微企业、农林牧渔业等资金需求。加大对农业种养殖、农产品加工销售、农村基础设施建设支持力度，满足农村专业户不同季节对信贷资金的需求；配合当地政府推进两权抵押贷款，探索涉农贷款担保模式，提高涉农信贷比重。确保涉农与小微企业贷款增速、普惠型农户贷款与普惠型小微企业贷款增速快于各项贷款增速。

阳西农商银行 2020 年累计投放涉农信贷资金 88 672 万元，较好地满足了农户、农村企业等资金需求。截至 2020 年末，各项贷款余额 233 474 万元，比年初增加 46 711 万元，增幅 25.01％（图 4-3-5）。其中，涉农贷款余额 174 778 万元，比年初增加 55 125 万元，占贷款总额 74.86％，涉农贷款增幅 46.07％，高于各项贷款增速 21.06 个百分点。普惠型涉农贷款余额 37 157 万元，比年初增加 9 234 万元，增速 33.07％，高于各项贷款增速 8.06 个百分点。单户授信总额 1 000 万元以下的普惠型小微企业贷款余额 26 519 万元，比年初增加 8 775 万元，增速为 49.45％，高于各项贷款增速 24.44 个百分点；贷款户数 331 户，比年初增加 156 户。截至 2020 年末，支持农林牧渔业贷款余额 21 539 万元，同比增加 2 507 万元，增速为 13.17％；发放农村土地承包经营权抵押贷款 4 户余额 47 万元；发放船舶抵押贷款余额 1 925 万元，支持海产品捕捞、收购、水产养殖、加工、销售、饲料供应等涉海行业发展；发放"政银通"累计 7 笔，金额 1 070 万元；发放"养蚝贷"累计 45 笔，金额 1 530 万元。

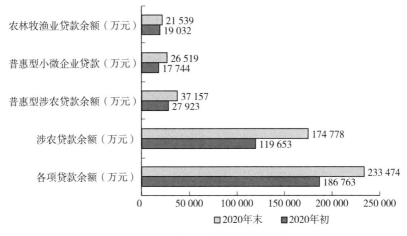

图 4-3-5　2020 年初末支农支小贷款情况对比

（2）推进金融普惠深化重点

①推进整村授信工作。阳西农商银行以产业、行业为切入口扎实推进整村授信工作，计划对乡村医生、粤菜师傅、经济合作社以及深海养殖、养蚝、生猪等产业推出整村授信方案。其一，养蚝产业整村授信。程村蚝有 200 多年的养殖历史，程村镇边海是理想的天然蚝场。随着"程村蚝"品牌的发展壮大，阳西农商银行加大了对程村镇养蚝业的信贷资金投入。2021 年以来，累计发放"养蚝贷"35 笔，授信金额 1 324 万元，余额 1 275 万元，户均授信 37.83 万元；历年以来发放"养蚝贷"626 笔，授信金额 7 604 万元。其二，深海养殖整村授信。溪头马村及上洋河北依靠石头埠海域得天独厚的养殖条件，当地渔民自发在该海域兴起了海水鱼类网箱养殖。2021 年 2 月 24 日，阳西农商银行走访阳西深海养殖基地，现场举办"深海养殖"整村授信宣讲会，对 72 户深海养殖户整体预授信 2 880 万元。自 2020 年推出"深海养殖贷"以来，累计发放 12 笔，余额 925 万元，户均 77 万元。其三，乡村医生行业授信。2021 年 2 月 9 日，阳西农商银行与阳西县农村卫生协会举办"乡村医生贷"签约仪式，现场

签署了"乡村医生贷"借款合同，发放"乡村医生贷"业务5笔，金额50万元，并以对阳西县农村卫生协会会员整体授信方式，加大"乡村医生贷"投放，推进乡村医疗事业发展。截至2021年3月底，乡村医生贷款6笔，金额56万元。

②推进普惠金融"户户通"项目。为加大金融服务乡村振兴力度，广东省农信联社决定在全省范围推进"广东普惠金融户户通"（简称"户户通"）工程。阳西农商银行围绕支农支小，服务实体经济的主线，探索广东农信与地方政府、村（居）委会、企业、农户合作，打造线上线下结合的普惠金融户户通服务体系，提高金融服务覆盖率。通过省联社与省农业农村厅、省政务服务数据管理局战略合作，畅通对接"政府、乡村、产业"，实施"政务通、信用通、信贷通、理财通、销售通"五通工程，让"户户通"平台成为所在社区、乡镇、农区的生活中心、金融中心和价值中心，满足客户政务、生活、金融等多元化服务需求。"户户通"项目的重点是五通工程，如表4-3-5所示。

表4-3-5 "五通工程"重点工作任务

五通工程	目标	重点工作
政务通	打通政府服务"最后一公里"，让百姓办事更便捷	加强与省、市、县（区）政府深度合作，利用广东农信网点优势，协助地方政府在所有行政村布放政府服务自助机。通过派驻乡村金融特派员、党建共建、推广使用"户户通App"方式，延伸和承接政府服务和基层公共服务。拟到2023年末，实现派驻乡村金融特派员、布放政府服务自助机、行政村党建共建平台、"悦农e站"金融服务点和"三资平台"系统对接等五项行政村100%全覆盖；力争实现"户户通App"城乡用户全覆盖
信用通	构建县域共享的涉农信用信息数据库，发展农村数字普惠金融	推进"信用村（镇）、信用户"创建评定，通过联合当地政府、村（居）委会，结合移动端电子设备，采取走家串户方式开展农户、个体工商户、小微企业等的信息建档和信用评定。到2023年末，实现信用村创建行政村全覆盖，力争合格自然人、新型农业经营主体、小微、个体工商户信用建档及信用评价100%全覆盖
信贷通	破解信贷产品不足，让三农贷款更便捷	利用金融科技加快信贷业务流程化改造和智能化普惠金融服务平台建设，结合客户信用评价和内外部大数据分析，依托"悦农e贷""悦农小微贷"和移动营销等系统，丰富"真猪贷""场景贷""园区贷""龙头贷""美丽乡村贷""地方特色贷"等六类金融产品，提高涉农及小微企业首贷款率及授信用信覆盖面。到2023年末，力争辖内合格客户预授信100%覆盖，符合准入条件客户申贷获得率100%；实现普惠型涉农、普惠型小微贷款增速大于各项贷款增速，占比稳中有升

（续）

五通工程	目标	重点工作
理财通	破解理财安全问题，让农民财富能增值	打造兼具清算和理财等功能资金归集平台，打造城乡居民信赖的理财平台，向用户推送全生命周期的理财产品组合业务，满足三农及小微客户理财安全和理财增值需求；传递正确的投资理念，远离非法集资、欺诈风险。各农商行加大宣传和推广力度，逐步实现本机构有效客户理财服务推送全覆盖
销售通	破解产销对接不畅，让农产品不愁卖	整合"悦农 e 付""鲜特汇"等销售支付一体化平台资源，农户、个体工商户、小微企业等可通过"户户通 App"平台，享受电商、金融、惠民、生活综合服务，推广本地乡村特色产品，推动当地农业产业经济发展

③完善基础设施，促进普惠金融可触达。一是建设"助农取款"点。截至2020年末，拓展助农取款服务点 44 个，助农取款服务点取款笔数达 468 笔，取款金额达 24.93 万元，查询笔数为 403 笔。二是网点自助银行服务，布放自助设备机具 58 台，其中自助取款机（ATM）5 台、自助存取款一体机（CRS）35 台、自助终端 16 台、超级柜台 2 台，自助机具乡镇覆盖率达100％。三是推广电子银行业务。推广手机银行、电话银行、网上银行等电子金融服务，全年新增 POS 商户 26 户、新增个人网银用户 283 户、新增企业网银用户 214 户、新增手机银行 16 859 户。四是参与建设乡村金融生态，加强农村金融消费者保护和教育，提升群众合规使用金融服务的能力。

④优化涉农、涉小微信贷业务。第一，从降低涉农企业融资成本出发优化金融服务方式。如运用最高额循环贷款等信贷产品创新还款方式，根据企业实际经营周期循环使用贷款，通过和企业协商制定灵活分期还款计划，适时推出续贷等业务。同时探索减少融资收费项目，减轻涉农小微企业融资成本负担。第二，以小额信贷增量满足普通农户金融需求。加大对农户信用评级结果的综合运用，对信用良好的农户，在办理贷款业务时可享受贷款优先权、利率优惠、保证方式灵活的激励政策，并享受较高的授信额度，尤其是加大小额信贷扶贫项目支持力度。为此，阳西农商银行开展扶贫政策宣传和培训活动，提升广大群众对金融精准扶贫的知晓率，提高贫困户及边缘人口的守信意识，帮助客户了解、用好扶贫小额信贷政策。开展扶贫小额信贷需求摸查，对符合扶贫小额信贷及续贷、展期条件有贷款需求的建档立卡贫困户和边缘人口确保应贷尽贷、应续尽续、应展尽展。截至2020年末，累放精准扶贫贷款 139 户

455.6万元。为应对还款高峰期，阳西农商银行提前3个月做好客户到期提醒，联合村两委、驻村工作队等帮助其制定还款计划。第三，对涉农与小微客户实行利率优惠措施。运用专项再贷款政策，以优惠利率资金支持中小微企业，适时推广"税融贷""政银通"业务，实行免抵押贷款业务年利率低至4.25%；对于执行贷款年利率大于9%的客户，采取降低利率举措，实施统一执行不高于8.88%年利率的规定。

（3）创新普惠金融产品

一是针对"三农"融资普遍缺乏抵押物现状，阳西农商银行与当地政府合作建立风险补偿机制，推出"税融贷""政银通"等无抵押信贷产品。"政银通"是阳西农商银行与阳西县政府合作开发，由阳西县政府提供风险补偿基金，阳西农商银行向农业经营主体发放的信用类涉农贷款；是对符合"政银通"的农业贷款主体适度降低授信门槛、简化授信程序，在授信额度、放大倍数、利率水平、续贷条件等方面对农业贷款主体提供免担保的信贷业务服务。截至2021年3月末，阳西农商银行累计发放税融贷6户，金额1 030万元；累计发放政银通贷款7户，金额1 070万元。

二是围绕"一镇一业、一行一品"开发特色行业信用贷款产品。阳西农商银行对县域镇乡产业结构分布进行分析，选择开发与成熟产业相配套的特色行业信用贷款产品，为种养大户、水产大户、特色产业大户等提供贷款支持。如面向程村镇养蚝产业的"养蚝贷"，面向上洋镇、溪头镇深海网箱养殖行业的"网箱贷"等。2020年阳西农商银行累放"养蚝贷"45笔，金额1 530万元。

三是利用互联网开发金融科技产品。阳西农商银行推出知识图谱平台、悦农e存、悦农e贷、悦农小微贷、悦农e付、悦农e钉等金融科技产品，其中个人消费类贷款"悦农e贷"为阳西农商银行可以接受客户在线渠道申请和审贷的全线上系列贷款产品，有6款子产品。截至2021年6月，"悦农e贷"余额为4 000万元，阳西农商行电子渠道用户占比95%。

四是推进两权抵押贷款业务。开发林权抵押、土地经营权与农民住房财产权抵押等信贷产品，农村土地承包经营权抵押贷款4户余额47万元。

五是开发船舶抵押贷款。继续推广船舶抵押贷款，满足渔业捕捞生产资金需求，支持海产品捕捞、收购、水产养殖、加工、销售、饲料供应等涉海行业发展。截至2020年12月末，阳西农商银行船舶抵押贷款余额1 925万元。

部分贷款产品介绍见表4-3-6。

表 4-3-6　部分贷款产品介绍

贷款产品	授信条件	贷款额度	贷款期限及还款方式
荔枝贷、西瓜贷、五彩薯贷、龙眼贷、东水茶贷、肉猪养殖贷、程村蚝贷	借款主体为阳西籍的合法从事种养殖的个人、非法人资格的私营企业投资人、合伙企业合伙人、农村承包经营户、个体工商户、个人独资企业的投资人、法人企业的主要经营者（包括法定代表人、主要股东等）。借款主体需在阳西县区域内从事贷款所指类种养殖 1 年以上	抵押担保最高额度 800 万元；保证担保最高额度 300 万元；信用方式最高额度 50 万元	根据种养殖周期，贷款期限最长为 3 年（含）；还款方式可采用"一次授信，随借随还"、等额本息还款法、等额本金还款法、协议分期还款等方式还款
农居光伏贷	借款主体应为阳西县域内需在改造农房上安装光伏发电的个人，借款用途为购买光伏设备，与南方电网签订发电并网合同及购买保险，其他要求按《广东阳西农村商业银行股份有限公司个人消费贷款管理办法》执行	贷款额度不超过设备工程费用的 70%	可采用等额本息还款法和等额本金还款法方式还款　采用协议还款方式（按月分期还款），贷款到期前各期至少要归还银行贷款总额不少于贷款本金的 72%
乡村医生贷	1. 借款主体应为乡村卫生站（法定代表人），需在阳西县区域内从事卫生站服务 1 年以上，借款用于购买医疗器械、药品、改善服务环境、支付工资等 2. 对象为具有完全民事行为能力的中国公民，年龄 18 周岁（含）以上，男性年龄和借款期限之和不超 65 周岁（含），女性年龄和借款期限之和不超 60 周岁（含）；在阳西县区域内有固定住所和经营场所 3. 遵纪守法，无恶意违约记录或不良债务资信；原则上要求授信申请人在"个人信用信息基础数据库"中当前无拖欠，两年内无连续欠供三期及以上或累计欠供六期及以上的拖欠记录	信用发放，无须保证、抵押；县城卫生站最高额度 30 万元；城镇卫生站最高额度 20 万元；农村卫生站最高额度 10 万元	贷款期限最长为三年；可分别采用"一次授信，随借随还"还款方式（按实际用款天数计息，不用不计息）、"等额本息还款法""等额本金还款法"

（4）深度参与扶贫

阳西农商银行成立了"金融扶贫工作小组"，全面调研了解贫困户生活现状、贫困原因等情况，明确贫困户的帮扶时间、措施，对贫困户采取了针对性措施帮扶。首先，针对建档立卡贫困户扶贫小额信贷发放、扶贫项目融资、服务网点布设等情况，建立分片包干责任制。截至 2020 年 7 月，阳西农商银行扶贫小额贷款余额 115 笔，金额 386.8 万元；辖区内共设立 18 个营业网点，布设 56 台自助终端设备，助农取款服务点 47 个，布放机具 44 台，行政村金融服务覆盖率 34.78%。其次，帮扶建档立卡有劳动力贫困户发展种植业、畜牧养殖业、入股光伏电网项目和顺欣罗非鱼代加工项目等，拓宽收入渠道。对没有劳动力的低保户、孤儿户和五保户，通过政策性保障兜底、解决住房、子女读书、大病救助等帮扶措施改善其生活。在 2019 年，贫困户入股光伏电网项目和顺欣罗非鱼代加工项目的分红金额分别为 5.88 万元和 2.01 万元。再次，组织有劳动力贫困户参加农业技术及非农业技能培训，提高贫困户劳动力的素质及技能水平，稳定收入来源。最后，阳西农商银行捐赠 10 万元，解决新光村3户贫困户的危房改造个人资金不足问题。另外，还"以消费帮扶贫，以销售促脱贫"，如参与消费助扶贫活动程村镇专场，协助农户设摊，与前来咨询购买的客户交流和介绍农产品，并向新光村贫困户和农户购买玉米、番薯、鸭蛋、鹅。阳西农商银行干部员工利用微信朋友圈宣传，助销售促脱贫，帮助横山村累计销售 1 000 多公斤玉米。

4 新科技推进金融普惠：农行大埔
支行案例①

农行大埔支行充分利用金融科技实施金融普惠，以大数据平台建设推进普惠金融，以大数据创新普惠金融产品，开发了涉农微 e 贷、保理 e 融、账户 e 贷、纳税 e 贷等系列产品，取得了较好成效，支持了乡村振兴建设。本章结合大埔县情和大埔金融服务情况作了详细介绍。

4.1 大埔县及农行梅州大埔支行概况

4.1.1 大埔县经济发展概况

大埔县位于广东省东北部，居韩江中上游，地处闽粤两省，是梅州、潮州、龙岩、漳州四市交界，素有"三区六乡"之称（中央苏区、革命老区、边远山区；文化之乡、华侨之乡、世界长寿乡、中国青花瓷之乡、中国名茶之乡、中国蜜柚之乡）。大埔县辖 14 个镇 1 个林场，人口 57 万，面积 2 467 平方公里，其中山地面积 298 万亩，耕地面积 24.76 万亩。大埔人文历史悠久，自东晋义熙九年（公元 413 年）建义招县，迄今已有 1 600 多年历史。大埔境内古文化遗址、名胜古迹、革命旧址有 212 处，其中有父子进士牌坊、花萼楼、泰安楼、光禄第、肇庆堂、中山纪念堂等 6 处全国重点文物保护单位。大埔被誉为客家人文秀区，先后涌现了清朝"南洋首富"张弼士、新加坡总理李光耀、中国首任驻日公使何如璋、中国共产党早期革命活动家罗明、中山大学首任校长邹鲁、大慈善家田家炳，以及"父子两进士""父子两总理""一腹三翰院""同期四主席""一门九清华""全县 121 位将军"等广为人传的名人事迹。大埔生态环境秀美，被誉为客家"香格里拉"，是国家重点生态功能区，有自然保护区6个，森林公园 33 个，林地面积 291.26 万亩，生态公益林基地 187.3 万亩，森林覆盖率达 78.1%，出境水质常年保持Ⅱ类

① 执笔人：何伟文、张少宁。

以上。

产业方面，一是旅游业较为发达。除了山水风景、围屋民居等历史记忆外，大埔县是广东省第一个获认定的中央苏区县，是中央红色交通线中的重要一环。二是以陶瓷为特色产业。高陂是大埔最早的陶瓷产地，有史料记载的陶瓷生产历史已有700多年，是广东省陶瓷主产区之一，素有"陶瓷之乡""白玉城"的美称，更有"粤东瓷都"之誉，其陶瓷以"白如玉、薄如纸、声如磬"的特点享誉海内外，产品80％出口欧美、中东、东南亚等地区。此外，大埔的青花瓷造型美观、明净素雅，釉层晶莹玉透、纯朴自然，青花纹饰图案为手工彩绘，色彩着色力强，发色鲜艳，纹饰不易褪色。2016年12月，"大埔青花瓷"实施地理标志产品保护。三是具有地理标志的特色农产品。大埔县先后获得"中国蜜柚之乡""中国名茶之乡"称号，2019年还获得了"世界长寿乡"称号。"大埔蜜柚"是其特色农产品，2015年实施地理标志产品保护，2016年被列入中欧地理标志互认产品目录，并入选2019年第四批全国名特优新农产品名录。另外，大埔茶叶种植也有上千年历史，"大埔乌龙茶"在明清时期便为梅州八大茗茶之一，其品质特征是"清花蜜香"，2016年实施国家农产品地理标志登记保护，2019年入选全国名特优新农产品名录。大埔单丛茶入选2013年度全国名特优新农产品目录。截至2020年，大埔县生产总值92.51亿元，规上工业增加值10.74亿元，分别比增5.5％和15.3％；一般公共预算收入7.04亿元；固定资产投资71.53亿元、社会消费品零售总额64.48亿元、贸易出口总额2.42亿美元，分别比增2.3％、9.3％和3.8％。

4.1.2　大埔金融机构基本情况

大埔县共有8家银行金融机构（包括工、农、中、建、农发行、农商行、邮储银行、客家村镇银行）。截至2021年6月末，全县金融机构本外币各项存款余额165.39亿元，比年初减少3.31亿元；各项贷款余额105.37亿元，比年初增4.51亿元。

（1）存款概况

2018—2020年，大埔县金融机构存款总额年均增幅6.21％，农行大埔支行增幅5.44％。2021年6月末，各金融机构本外币各项存款总额161.21亿元，农行大埔支行各项存款余额24.76亿元，比年初增加0.56亿元，余额占比15.36％（表4-4-1）。

表 4-4-1　梅州主要金融机构各项存款情况

金融机构	2018 年末			2019 年末			2020 年末			2021 年 6 月末		
	存款余额（万元）	占比（%）	排名	存款余额（万元）	占比（%）	排名	存款余额（万元）	占比（%）	排名	存款余额（万元）	占比（%）	排名
工行	101 128	6.7	5	102 687	6.44	5	96 342	5.94	5	101 670	6.31	5
农行	223 775	14.84	3	237 309	14.87	3	242 054	14.93	3	247 648	15.36	3
中行	7 493	0.5	6	9 487	0.59	6	14 470	0.89	6	7 906	0.49	6
建行	151 428	10.04	4	153 619	9.63	4	169 281	10.44	4	161 011	9.99	4
邮储	450 509	29.87	2	472 011	29.58	2	470 501	29.02	2	473 679	29.38	2
农商行	573 951	38.05	1	620 422	38.88	1	628 679	38.78	1	620 198	38.47	1
合计	1 508 284	100		1 595 535	100		1 621 327	100		1 612 112	100	

（2）贷款概况

2018—2020 年，大埔县金融机构贷款总额年均增幅 11.32%，农行大埔支行增幅 18.66%。2021 年 6 月末，各金融机构本外币各项贷款总额 98.99 亿元，比年初增 25.87 亿元；农行大埔支行各项贷款余额 22.51 亿元，比年初增 1.58 亿元，余额占比 22.74%（表 4-4-2）。

表 4-4-2　梅州主要金融机构各项贷款情况

金融机构	2018 年末			2019 年末			2020 年末			2021 年 6 月末		
	贷款余额（万元）	占比（%）	排名	贷款余额（万元）	占比（%）	排名	贷款余额（万元）	占比（%）	排名	贷款余额（万元）	占比（%）	排名
工行	81 067	11.59	4	96 402	12.09	4	113 400	12.18	4	115 621	11.68	4
农行	137 051	19.59	2	161 947	20.32	2	209 348	22.48	2	225 126	22.74	2
中行	1	0	6	4 957	0.62	6	14 796	1.59	6	66 938	6.76	6
建行	114 582	16.38	3	119 850	15.03	3	132 113	14.19	3	90 812	9.17	3
邮储	44 832	6.41	5	49 312	6.19	5	52 164	5.6	5	65 269	6.59	5
农商行	322 048	46.03	1	364 685	45.75	1	409 321	43.96	1	426 111	43.05	1
合计	699 581	100		797 153	100		931 142	100		989 878	100	

(3) 不良贷款情况

截至 2021 年 6 月末，农行大埔支行不良贷款余额 995 万元，比年初下降 393 万元；不良贷款率 0.44%，比年初下降 0.1 个百分点；截至 2021 年 6 月末，不良资产处置 450.4 万元，其中不良贷款现金收回 393 万元；核销后现金收回 57.4 万元。

(4) 客户建设情况

截至 2021 年 6 月末，对公类账户总量为 1 685 户，其中基本账户有 1 248 个，2021 年新增对公账户数 135 户；新增国际结算客户 38 户，法人有贷客户数 46 户，比年初增加 6 户；个人客户总量为 28.55 万户，比年初增加 0.15 万户；个人有效客户数 26.17 万户，比年初增加 2.25 万户。客户金融资产规模（AUM）增长方面，2021 年 6 月末 AUM 总量余额 23.5 亿元，比年初增加 1.61 亿元。产品覆盖率方面，截至 2021 年 6 月末，个人贵宾客户 57 项产品覆盖率 850.22%，比年初增加 22.15%。截至 2021 年 6 月末，信用卡有效客户增加 825 户；掌银月活客户数 18 396 户，微信银行活跃客户数 8 874 户；机构客户总量为 308 户；账户总量为 336 户，其中基本账户有 205 户。2021 年新增账户 17 户，新开"双高"机构类客户账户 5 个。

4.2　以大数据平台建设推进普惠金融

2019 年 10 月十九届四中全会首次将"数据"列为生产要素参与分配，标志着数字经济进入了新时代。2020 年 6 月，中国人民银行等五部委联合发布《关于加大小微企业信用贷款支持力度的通知》（银发〔2020〕123 号），要求各银行业金融机构积极运用大数据、云计算等金融科技手段，整合内外部信用信息，提高对小微企业信用风险评价和管控水平。

早在 2015 年，农行大埔支行便开启了大数据金融服务的探索。2015 年中国农业银行开始推进数据入库，用 2 年时间初步建成了全行共享的大数据平台，持续建设个人客户、对公客户、监管统计等八大数据集市，为大数据分析应用奠定基础。大数据平台集中存储了 BoEing、IFAR、C3 等近 150 个行内主要系统的业务数据和工商、司法等外部数据，数据量超过 400T。大埔支行利用总行大数据平台、创新型信贷产品，探索自己的大数据普惠金融服务路径。截至 2021 年 6 月末，农行大埔支行互联网场景商户上线数 35 户，其中高频场景客户已有 24 户，带动掌银活跃客户数 5 661 户。已上线大埔县政府、公路局、住建局、水务局、自然资源局、应急管理局等智慧饭堂项目；万福寺、灵觉寺、居士林、盘湖庵慈善捐款项目等 12 个缴费项目，湖寮、高陂等 6 个镇政府的党费项目，以及大埔县自来水厂、奥园广场缴费合作项目。

农行大埔支行积极推进数字化转型智能系统的使用，通过组织培训和加强考核方式，让营销人员熟悉营销宝、PCVM 和 E 掌通的系统使用。至 2021 年 6 月末，大埔支行通过营销宝线上营销近 3 000 笔，销售基金、理财产品、大额存单等共 2.1 亿元。

此外，农行大埔支行还加强了线上贷款营销推动个人贷款提速，以房抵 e 贷、抵押 e 贷、惠农 e 贷等重点产品为抓手，以专业市场、重点龙头企业上下游客户为突破点，推动线上线下渠道协调发展，实现个人 e 贷业务较快增长。截至 2021 年 6 月，其累计投放"个人 e 贷"贷款 1.06 亿元，较 2021 年初净增 3 800 万元。

4.3 以大数据创新普惠金融产品

农行大埔支行推出的大数据与普惠金融相结合的创新产品共有 10 余个，其特点是：不需要担保，采用线上大数据和行内数据建立白名单，依靠纯信用、采用线上自主的申请方式。产品包括：首户 e 贷、微捷贷、续捷 e 贷、外贸微 e 贷、账户 e 贷、纳税 e 贷、教育 e 贷、商户 e 贷，涉农 e 贷等，涉及乡村生活方方面面，是真正意义上的"普惠"。

4.3.1 涉农微 e 贷

依托总行"微捷贷"系统，借鉴工商模型、惠农 e 贷模型等信贷模式，以涉农项目的财政资金等数据为授信计算依据，采用全线上自助贷款流程，向获得政府涉农资金项目实施资格的白名单内企业发放短期流动资金贷款。该模型以 C3、BoEing、征信、涉农资金等信息为基础，依托"微捷贷"系统实现业务标准化处理，批量获客并对客户进行主动授信，系统自动完成客户评级、分类、授信核定和用信审批。客户通过农业银行指定的电子渠道进行贷款申请、提款和还款的全线上操作。

涉农微 e 贷业务采用共同借款人模式，即由借款企业和企业主作为共同借款人。需满足的基本条件①规定详细，实际是风险贷前排除。涉农微 e 贷业务的客户清单信息《财政涉农资金项目客户推荐表》由各项目主管部门书面提供或客户自主申请②，经支行实地核查并补充完善信息后，由二级分行审核认定上报。该业务采取"白名单"机制，采用白名单方式向优质小微企业开展"微捷贷"业务。白名单主要通过各主管部门向大埔支行批量推送，经营行调查、核实企业的生产经营等信息后发起业务流程，经二级分行前后台部门审核，贷审会审议，二级分行行长（分管信贷行长）审批认定后，报省行（三农对公业务部）审核同意后，由科技部门导入到"微捷贷"业务系统。对客户按照授信100万元（含）以下小微企业评级有关规定，由系统自动抓取数据进行客户评级。项目实施企业的授信及贷款额度同时核定，单户最高不超过100万元（含）③。符合以下多个专项条件的，调节系数取最大值（表 4 - 4 - 3）。贷款期限最长不超过1年，单笔贷款期限最短为1天，单笔贷款到期日不超过额度有效期到期日；贷款利率定价实行参数化管理，综合考虑客户资质、贷款成本、风险覆盖、合理收益等因素确定贷款利率；明确涉农微 e 贷资金用途仅限于企业正常生产经营活动。还款方式根据借款人使用贷款金额按日计息，采用利随本清方式还款，企业或企业主可通过自助渠

---

① 基本条件涉 13 项：a. 经工商行政管理机关核准登记的企业法人，企业主年满 18 周岁且不超过 65 周岁，非港、澳、台及外籍人士；b. 企业经营至少 2 年（含）以上，有固定经营场所；在农业银行开立结算账户，自愿接受农业银行信贷和结算监督；c. 企业法定代表人与企业主为同一自然人；d. 工商登记信息无不良记录，无政府相关部门认定的严重失信情形；企业上年度纳税信用等级为 B 级（含）以上；e. 企业在农业银行无有效客户评级及授信额度（仅办理小额网贷业务、低信用风险业务的除外）；企业主的其他企业在农业银行无授信额度（仅办理低信用风险业务的除外）；f. 企业在农业银行已结清债项历史风险分类均为正常类，无已核销业务；g. 企业在其他银行授信不超过 2 家，其未结清债项无不良余额；企业及企业主在其他银行信贷余额不超过 500 万元（个人房贷、信用卡额度除外）；h. 企业主当前无逾期贷款，且近 2 年内，逾期或欠息在 30 天（含）以内的次数未超过 6 次，不存在逾期或欠息在 30 天以上的信用记录，在农业银行不存在贷款风险分类为次级及以下的记录；i. 企业及企业主未列入全国法院失信被执行人名单；j. 企业及企业主不存在强制执行或未被撤销的行政处罚记录；k. 企业及企业主的客户洗钱和恐怖融资风险等级不为高风险或禁止类；未被列入中国政府、联合国、美国财政部海外资产控制办公室、有关国家及国际组织、各境外机构注册地所在国（地区）政府发布的制裁名单或农行大埔支行自定义监控名单；l. 借款人及其实际控制人、法定代表人、高管人员未违法从事民间借贷、非法集资、涉黑涉恶及其他非法金融活动的相关内容；m. 借款人不为关系人或关联方。

② 提供项目中标书、与政府相关部门签订的工程合同或协议等相关证明材料；且相关标书、合同、协议有效期以签订日起算不超过 2 年。

③ 最高授信及贷款额度＝（项目的财政涉农资金金额－已支付给客户的财政资金金额）×调节系数（C）。

道办理提前还款业务。

表 4－4－3　调节系数对应关系

专项条件	C
1. 企业主或其配偶为农行大埔支行私人银行客户	1.2
2. 企业上年度纳税信用等级为 A 级	1.2
3. 企业上年度纳税信用等级为 B 级	1.1
4. 企业上年度在农行大埔支行的对公日均存款不低于 10 万元（含）	1.1
5. 代收及代付业务（含代发工资）月均交易笔数在 50 笔以上（含）	1.1
6. 其他企业	1.0

4.3.2　保理 e 融

传统供应链保理业务存在"四难"：一是交易背景核实难，交易背景造假是造成不良率居高不下的关键所在；二是核心企业确权难，传统保理业务通常由供应商直接发起，未取得核心企业的有效确认；三是业务控制难，供应链客户分散、传统业务流程复杂、交易背景核实效率低；四是信用穿透难，仅能覆盖核心企业一级供应商，无法实现信用穿透。对此，农业银行利用金融科技探索破解之道。首先，利用互联网打破地域限制，创新银行信贷流程，进行线上发票校验，如利用中登网自动登记提升业务效率；其次，利用大数据整合供应链"三流"数据核实交易背景真实性，并通过征信、工商、司法以及第三方数据辅助完成客户识别；再者，将区块链应用在交易追溯、电子单证流转等方面；最后，通过电子签名或合同认证等技术解决核心企业应付账款确权问题，实现核心企业信用的穿透，进而开发了"保理 e 融"。

"保理 e 融"产品是农业银行借助金融科技，依托链捷贷线上供应链融资平台开展的线上保理融资服务。其特点：一是客户是产业链中的核心企业上游产业链客户，无须抵质押和财务报表，只要在当地开通农行对公账户即可申请融资；二是标准化产品，其业务逻辑相对简单，系统对接仅需企业提供融资对应的交易信息；三是通过多级流转模式覆盖产业链上游各级客户，可实现快速批量获客；四是风险可控，保理 e 融的实质是核心企业为应付账款承担无条件付款责任，通过线上化、标准化业务流程能有效防止操作风险，自动校验发票真伪，自动应收账款转让登记。

客户准入条件：核心企业信用等级在A＋级（含）以上，且满足以下三个条件之一。①属于总行确定的行业重点客户、总行核心客户、一级分行核心客户（包括其直接或间接控股从事集团主营业务经营的子公司）；②资产总额不低于10亿元或年销售收入不少于20亿元，且为支持类客户；③核心企业为财务公司的，客户分类应为支持类，且注册资本在10亿元（含）以上；注册资本达不到10亿元的，母公司应为行业重点客户或总行核心客户或世界500强企业。而直接供应商则须由核心企业推荐，并具有稳定的服务能力及良好的履约记录。间接供应商在农行平台或企业平台记录良好。

企业平台准入条件：①大型集团企业自建供应链平台，如中建云筑网、铁建银信、中航金网、TCL简单汇等；②实力较强的第三方服务平台，如中企云链等；③核心企业ERP系统的供应链金融模块。

保理e融业务占用核心企业无追索权保理融资额度，业务品种为贸易融资项下二级业务品种"无追索权保理"信贷产品分类为链捷贷；合作规模根据核心企业的近三年与上年度营业成本确定①；融资金额单户不设上限，根据核心企业及客户实际情况确定，单笔不超过融资应收账款的100％；融资期限不超过一年；融资利率参照商票贴现利率，根据客户资信状况采取预收利息或后收利息方式；保理手续费按照《中国农业银行服务收费价格目录》及相关规定，在融资款项交割日一次性收取。截至2020年7月，该业务已上线核心企业172家，融资客户数4 273户，余额111亿元，累计放款笔数16 840笔，累计放款金额273亿元。

4.3.3　账户e贷

"账户e贷"主要以小微企业及其企业主的账户行为、税收、工商、社保、水电、发票、交易流水等内外部数据为依据，通过网上银行、掌上银行等电子渠道，为客户提供在线自助循环贷款的网络融资产品。

"账户e贷"实行共同借款人，即由企业和企业主作为共同借款人。借款

---

①　核心企业上年度营业成本×（1＋核心企业近三年营业成本平均增长率）×50％。

企业及企业主需满足 11 项基本条件①。对客户分类按照总行年度普惠金融信贷政策指引相关规定执行。"账户 e 贷"符合小微企业评分管理规定的，采用小微云评分模型开展评分；不符合小微企业评分管理规定的，按照现行非零售客户评级有关规定进行客户评级。贷款额度根据企业及企业主的账户行为、税收、工商、社保、水电、发票、交易流水等内外部数据综合确定，单户授信额度最高不超过 50 万元。贷款有效期最长不超过 1 年，单笔贷款期限最短为 1 天，单笔贷款到期日不超过额度有效期到期日。贷款利率定价综合考虑客户资质、贷款成本、风险覆盖、合理收益等因素，实施差异化定价管理。"账户 e 贷"仅限于企业正常生产经营活动，贷款资金不得用于以下事项：①购房及偿还住房抵押贷款；②股票、债券、期货、金融衍生产品和资产管理产品等投资；③固定资产、股本权益性投资；④法律法规禁止的其他用途。还款方式根据借款人使用的贷款金额按日计息，可采用一次性利随本清、按月付息到期还本等方式进行还款。

创新之处：其一，首次运用机器算法对存量结算客户、微捷贷有贷客户、微捷贷拒贷客户等百亿级数据进行挖掘分析建模，构建账户 e 贷各项模型。构建的模型：一是结算流水模型，主要依据企业及企业主经营性结算流水情况，综合考虑行业、企业综合价值贡献、销售收入等因素；二是代发工资模型，主要依据企业代发工资情况综合考虑行业、企业综合价值贡献、销售收入等因素；三是收单商户模型，主要依据企业在农行大埔支行的收单情况综合考虑行业、企业综合价值贡献、销售收入等因素。其二，在现有"纳税 e 贷"税务、工商、征信等数据基础上，引入了行内结算流水、代发工资等账户行为数据，增加对企业评价数据维度，更全面地评价客户经营状况。

---

① 基本条件包括：a. 经市场监督管理机关核准登记的企业，企业主年满 18 周岁且不超过 65 周岁，非港澳台居民及外籍人士；b. 企业成立 2 年以上，并在农业银行开立结算账户 1 年以上，且自愿接受农业银行信贷和结算监督；c. 在农业银行已结清债项，历史风险分类均为正常类，无已核销业务；d. 在其他银行授信不超过 2 家，其未结清债项无不良余额；在其他银行信贷余额不超过 500 万元（个人房贷、信用卡及"网捷贷"额度除外）；e. 当前无逾期贷款，且近 2 年内逾期或欠息在 30 天（含）以内的次数未超过 6 次，近 2 年内不存在逾期或欠息在 30 天以上的信用记录，近 2 年在农业银行不存在贷款风险分类为次级及以下的记录；f. 未列入全国法院失信被执行人名单；g. 不存在欠税、强制执行或未被撤销的行政处罚记录；h. 近两年诚信缴税，无税务部门认定的严重失信情形；i. 未列入农业银行洗钱和恐怖融资高风险类、禁止类或制裁名单；j. 企业及其主要股东、法定代表人、实际控制人、高级管理人员等未从事非法民间借贷、非法集资、涉黑涉恶及其他非法金融活动；k. 非农业银行关系人及禁止办理业务的关联方，允许办理业务的关联方需符合农业银行关联交易管理相关规定。

4.3.4 纳税 e 贷

纳税 e 贷是以企业涉税信息为主,结合企业及企业主的结算、工商、征信等内外部信息,运用大数据技术进行分析评价,对诚信纳税的优质小微企业提供的在线自助循环使用的网络融资产品。这类贷款涉及涉税信息来源问题,具有三种信息合作方式。一是银税信息直连模式,与税务部门合作,实现银税数据直接交互;通过系统平台开发、专线直连、开放接口等方式获取小微企业涉税信息。二是第三方服务商合作模式,与税务部门指定的第三方税务信息服务商合作,通过系统平台开发、专线直连、开放接口等方式获取小微企业涉税信息。三是其他模式,各地能够获取企业真实、有效涉税信息的政府部门及企业统一信用平台等建立合作关系,获取企业涉税信息等。根据合作意愿及系统资源,可实现不同程度的涉税信息交互,涉税信息范围包括但不限于企业基本信息、纳税信息及申报明细、纳税信用情况、财务数据、发票明细等,并需向税务部门反馈审批结果。客户在线申请纳税 e 贷,授权农行大埔支行获取其在税务部门的涉税信息,用于贷款业务办理和贷后管理。

纳税 e 贷业务采用共同借款人模式,即由借款企业和企业主作为共同借款人,借款企业作为授信主体。当然,借款者需满足农行大埔支行的基本条件[①],并同时办理客户授信评级。授信在 100 万元(含)以内的,采用授信 100 万元以下小微企业评级模型开展评级;授信超过 100 万元的,采用"小微云"评级模型开展评级。办理纳税 e 贷业务的小微企业授信及贷款额度同时核

---

① 借款企业及企业主满足的基本条件:a. 经工商行政管理机关核准登记的企业法人,企业主年满 18 周岁且不超过 65 周岁,非港澳台及外籍人士;b. 在农行大埔支行开立结算账户,自愿接受信贷和结算监督;c. 生产经营 2 年以上;d. 企业最近一次纳税信用等级在 B 级(含)以上;e. 近两年诚信缴税,无税务部门认定的严重失信情形;f. 近 12 个月纳税总额在 1 万元(含)以上,纳税总额是指企业在税务部门缴纳的增值税、企业所得税等税项的总和;g. 申请贷款时,不存在欠缴的税款;h. 办理业务时,在农行大埔支行无有效客户评级及授信额度(仅办理低信用风险业务或小额网贷业务的除外);i. 信用状况正常,无不良信用记录;或虽然有过不良信用记录,但不良信用记录的产生并非由于主观恶意,且申请本次用信前已偿还全部不良信用;j. 在其他银行授信不超过 2 家;信贷余额不超过 500 万元(个人房贷、信用卡额度除外);k. 当前无逾期贷款,且近 2 年内逾期或欠息在 30 天(含)以内的次数未超过 6 次,近 2 年内不存在逾期或欠息在 30 天以上的信用记录,近 2 年在农行大埔支行不存在贷款风险分类为次级及以下的记录;l. 未列入全国法院失信被执行人名单;m. 不存在强制执行或被撤销的行政处罚记录;n. 客户洗钱和恐怖融资风险等级不为高风险或禁止类;未被列入大埔支行监控范围的制裁名单;不存在刑事犯罪记录;未从事或参与民间借贷、涉黑、涉赌、涉毒及其他非法金融活动;o. 企业主非农行大埔支行关系人,借款企业非大埔支行关系人投资或担任高级管理职务的企业。

定，以全线上方式办理的，额度最高不超过 100 万元（含）；以线上线下相结合方式办理的，额度最高不超过 300 万元（含）。企业主同时在农行大埔支行办理个人生产经营贷款的，核定授信额度时，等额扣减个人生产经营贷款额度；同时办理其他小额网贷业务的，以测算的最大额度作为企业授信额度，实行"额度扣减"后确定纳税 e 贷业务额度；同时办理其他非小额网贷信贷业务的，按照小微企业授信管理办法相关规定为客户核定授信额度。贷款期限最长不超过 1 年，单笔贷款期限最短为 1 天，单笔贷款到期日不超过额度有效期到期日。贷款利率定价实行参数化管理，综合考虑客户资质、贷款成本、风险覆盖、合理收益等因素确定贷款利率。资金用途仅限于企业正常生产经营活动，不得用于股市、楼市、证券以及其他权益性投资、民间高息借贷、非法集资和国家有关法律法规和规章禁止的范围。还款方式根据借款人使用的贷款金额按日计息，采用利随本清方式进行还款。

5　罗定农商行普惠金融实践探索^①

罗定农商行积极践行支农支小支微、服务实体经济责任，尝试运用金融科技技术探索数字化时代农村金融普惠路径，通过县域普惠金融项目加大新基建，实现"户户通"工程全覆盖，升级农村基础服务；开发卡贷宝、银税贷、美丽乡村风貌贷、商户贷等普惠金融产品，提升服务"三农"的力度与深度。

5.1　罗定及罗定农商银行概要

5.1.1　罗定市经济发展概况

罗定是由云浮市代管的县级市，位于广东省西部，是著名爱国将领蔡廷锴将军的故乡。罗定距离省会广州约 200 公里，地处粤桂交汇中心地带，古称"全粤要枢"。总面积 2 327.5 平方公里，辖 17 个镇、4 个街道和 1 个农场。截至 2020 年末，全市户籍人口 130 万，常住人口 93 万。罗定以悠久历史、独特文化、秀丽风景、良好生态和丰富物产而闻名。罗定古称泷州，又名龙乡，从晋末设龙乡县至今已有 1 600 多年历史，素有"文化之乡""历史名城"等美誉。改革开放以来，罗定经济步入快车道，尤其是现代农业快速发展。2020 年罗定市生产总值（GDP）279.31 亿元，其中第一产业增加值 56.49 亿元，增长 6.4%；第二产业增加值 77.69 亿元，增长 2.8%；第三产业增加值 145.12 亿元，增长 2.9%。一、二、三产业增加值占总产值比例为 20.23%、27.81%、51.96%（如表 4-5-1 所示）。实现规模以上工业总产值 146.50 亿元，同比增长 4.1%，实现规模以上工业增加值 33.19 亿元，同比增长 3.0%；农林牧渔业增加值 57.30 亿元，增长 6.3%；农林牧渔业的产值占地区 GDP 的 31.22%（如图 4-5-1 所示）。一般公共财政预算收入完成 15.74 亿元；金融机构本外币存款余额 383.37 亿元，增长 3.4%；金融机构本外币贷款余额 271.45 亿元，增长 8.8%。城乡居民人均可支配收入 20 746 元，增长 6.7%。

---

①　执笔人：阮梓珊、张少宁。

表 4-5-1 2020 年罗定市经济发展情况

	金额（亿元）	增长率（%）
地区生产总值	279.31	3.5
第一产业增加值	56.49	6.4
第二产业增加值	77.69	2.8
第三产业增加值	145.12	2.9
规模以上工业总产值	146.50	4.1
规模以上工业增加值	33.19	3.0
农林牧渔业增加值	57.30	6.3
社会消费品零售总额	121.2	−6.7
外贸进出口总额	35.10	−9.2
地方一般公共预算收入	15.74	17.4
金融机构本外币存款余额	383.37	3.4
金融机构本外币贷款余额	271.45	8.8

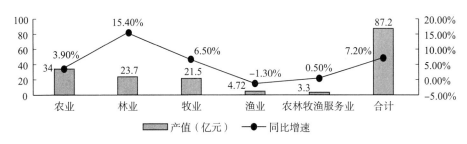

图 4-5-1 2020 年罗定市农林牧渔业情况

5.1.2 罗定农商行的现况

罗定农村商业银行股份有限公司（简称"罗定农商行"）是一家由辖内自然人、企业法人在罗定农村信用合作联社基础上以变更组织形式发起设立的股份有限性银行业金融机构。前身为罗定农信社，成立于 1953 年 1 月，1996 年 10 月与中国农业银行脱离行政隶属关系，2009 年统一法人为"罗定市农村信用合作联社"，2018 年 12 月罗定农信社正式改制为罗定农商行。截至 2021 年 9 月末，罗定农商行注册资本为 500 752 593 元，辖属 40 个支行和 1 个营业部，在编正式员工 516 人。

罗定农商行存贷款规模处于罗定当地金融机构首位，截至 2021 年 9 月末，其资产总额 217.75 亿元，负债总额 203.02 亿元，各项存款余额 190.41 亿元，比年初增长 10.91%，市场占有率 46.42%；各项贷款余额 101.80 亿元，比年初减少 16.17%，市场占有率 37.67%。如表 4-5-2 所示，2021 年一季度短期贷款下降 4.06%，贴现资产增加 7.51%，银行的资产负债比降低，这虽然有利于资金风险的规避，但同时也造成银行收入的减少。根据《巴塞尔协议Ⅲ》，银行的总资本充足率不低于 8%，核心一级资本充足率不低于 4.5%，杠杆率不低于 3%。如表 4-5-3 所示，罗定农商行的总资本充足率、核心一级资本充足率、杠杆率分别为 8.74%、7.99%、6.76%，资本率充足，抵御风险的能力也较强，但核心一级资本充足率的提高，会导致 ROE 和净息差减少，从而影响了银行业绩。而且其核心资本的大部分都占压在变现能力弱的固定资产或亏损资产上，进一步降低了银行补资能力，削弱了银行资本功能发挥的基础，降低了资本的利用率。

表 4-5-2 2021 年一季度罗定市农商行贷款情况

类型	项目	贷款余额（亿元）	变动额（亿元）	增长率（%）
按贷款主体分	个人贷款	27.13	2.27	9.14
	个人消费类贷款	19.56	1.64	9.15
	单位贷款	82.69	−0.58	−0.70
按贷款结构划分	短期贷款	7.29	−0.31	−4.06
	中长期	102.54	2.00	1.99
	贴现资产	14.30	1.00	7.51
	房地产贷款余额	23.88	0.39	1.64

表 4-5-3 2021 年三季度罗定市农商行资本结构

资本项目	资产额度/比例
资产总额（亿元）	217.75
负债总额（亿元）	203.02
各项存款余额（亿元）	190.41
各项贷款余额（亿元）	101.80
不良贷款余额（亿元）	2.46

（续）

资本项目	资产额度/比例
资产利润率（%）	8.93
资本利润率（%）	112.33
不良贷款率（%）	2.42
资本充足率（%）	8.74
核心一级资本充足率（%）	7.99
拨备覆盖率（%）	155.94
拨贷比（%）	3.77
单一客户贷款集中度（%）	7.34
单一集团客户授信集中度（%）	46.67
杠杆率（%）	6.76

罗定农商行以支农支小支微、服务实体经济为己任，发挥特有的"挎包精神"走到田间，每个基层行都坚持做一个特色产品，支持三农经济和中小微企业发展，致力为城乡居民和实体经济发展提供金融服务，以三农与小微企业贷款中心和普惠金融部为实施单位，提升服务"三农"的力度与深度。截至2020年末，普惠型小微企业贷款增速35.95%，高于各项贷款增速28.18个百分点；涉农贷款余额988 236.20万元，比年初增加23 445万元，涉农贷款持续增长；普惠型涉农贷款增速15.90%，比各项贷款增速高8.13个百分点。2021年一季度，贷款总额度虽仍保持正增长，但按揭贷款额度在1月有小幅度下降、小微企业贷款额度持续减少。（图4-5-2、表4-5-4）。

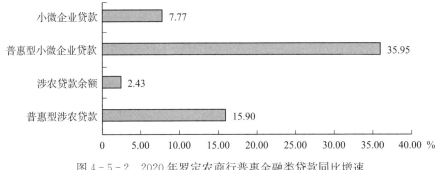

图4-5-2　2020年罗定农商行普惠金融类贷款同比增速

表 4 - 5 - 4　罗定农商行 2021 年一季度部分产品贷款情况

产品	2020 年底		1 月		2 月		3 月	
	笔数（笔）	额度（亿元）	笔数（笔）	额度（亿元）	笔数（笔）	额度（亿元）	笔数（笔）	额度（亿元）
按揭贷款	3 212	12.36	3 209	12.34	3 282	12.63	3 358	12.95
小微企业贷	89	1.45	87	1.44	85	1.39	82	1.34
悦农 E 贷	542	0.46	607	0.51	637	0.52	655	0.55
合计	3 843	14.28	3 903	14.29	4 004	14.55	4 095	14.85

注：统计日期为 2021 年 3 月 31 日。

5.2　罗定农商行普惠金融实践探索

5.2.1　基于金融科技的新基建

（1）县域普惠金融项目

为更好地实现金融服务乡村振兴，罗定农商行配合市府办金融部门，合力推进县域普惠金融项目。与网商银行合作，采集全市居民尤其是农村居民信用信息，通过大数据分析确定普惠金融信用客户，进而精准授信。2020 年 3 月，网商银行公基金正式推出上市，授信总金额为 30 亿元。贷款者需使用支付宝进行授权，根据银行以及支付宝的双重信用等级的评定，最终确定个人授信额度。截至 2020 年 9 月，在 6 个月的试运行期间，网商银行就向罗定市授信19.09 亿元，授信人数 11.8 万人，贷款金额 2.61 亿元，贷款人数 12 593 人；涉农授信 16.76 亿元，授信人数 10.89 万人，贷款金额 2.18 亿元，贷款人数10 992 人。截至 2021 年 3 月，网商银行累计授信人数已达 16.06 万人，贷款金额达 3 亿多元，贷款人数达 1.7 万人。基于此情况，市府办金融部门与罗定农商行计划提高授信总金额至 40 亿元，以便更好地推进项目发展。

（2）农村基础服务升级

其一，"户户通"全覆盖。广东农信户户通直接与粤省事系统相连接，通过与政府合作，为农户提供医保、水电缴纳等便利服务。由于银行的正常营业时间不可能 24 小时全天营业，针对用户偶发性紧急需求，广东农信系统研发投入户户通端口全智能设备。在政府支持下，预计投入户户通使用设备 10 多万台，截至 2021 年 3 月，已有 3 万余台设备投入使用，基本覆盖广东省内每个镇。罗定农商行发挥传统的"挎包精神"，将"户户通"工程做到了全覆盖、一体化，每个农户一张农信卡，全方位普及农户可贷意识。其 41 个网点基本覆盖到每一个镇、每一条村，小网点人数至少有 6 人，大网点人数达 30 人。

其二，移动支付示范镇建设。2020 年 9 月 4 日，罗定市"移动支付示范镇"项目正式启动创建，推行城区"网合化"、乡镇"信用村"建设，这是罗定农商行"移动支付＋"模式的探索，发挥移动支付服务实体经济、乡村振兴和社会民生功能，推动移动支付便民工程向县域拓展。为此，罗定农商行加大对"农村＋基建""农民＋消费"等的细分业态支持，培育和支持农业龙头企业、农民专业合作社、专业大户等新兴经营主体，拓展服务"三农"边界。罗定农商行协调广东银联与罗定市 3 家农产品龙头企业合作，在云闪付 App 上开展农产品生鲜线上推广，助销优质食材套餐，这是广东第一家银企合作的上线云闪付 App 推广项目。进一步协调广东银联、邮政 EMS 与罗定市特色农产品企业合作，在云闪付 App 上推出"罗定脱贫攻坚专区"农产品销售项目，助推脱贫攻坚。为了创新移动支付产品和服务优化，2020 年 5 月 20 日，罗定农商行首台银联"刷脸付"终端在罗定市超市投入使用，标志着罗定市移动支付应用场景建设再上新台阶，成为云浮市内首个上线银联云闪付"刷脸付"终端地区。截至 2021 年 3 月，罗定市已有 4 个镇加入"移动支付镇"建设；2021 年 5 月，罗城街道获 2020 年度广东省"移动支付示范镇"荣誉称号。

5.2.2 "三农"信贷产品的创新

2020 年，罗定农商银行不断完善授信审批制度，优化审批流程，建立"低风险短流程、高风险长流程"的授信审批机制，创新"三农"信贷产品。对信用、保证等高风险类业务和抵质押贷款、按揭等低风险类业务进行差别授权，制定不同的审批权限；对符合信贷政策、风险较低或风险可控的"三农"、小微信贷及按揭业务下放审批权限，简化流程，快速审贷。

（1）卡贷宝金融产品创新

罗定农商行为提高支农支小金融服务水平，培育优质个人客户群体，结合自身实际情况，针对目标客户群体制定了"卡贷宝"业务。该业务是指符合罗定农商行贷款条件并经审批通过的个人信贷客户，可在具备合规及确定贷款用途前提下，在获批授信额度和期限内，到办贷机构营业柜台或在广东农信提供的终端设施（自助设备、网上银行、手机银行、电话银行等）办理提款和还贷等业务；或具备有效消费场景时，通过 POS 机等终端设备进行支付触发完成借款的便捷发放（归还）贷款业务。

卡贷宝业务按还款方式与申请渠道不同划分为循环卡贷宝、分期卡贷宝（分期宝）与消费易（悦农 e 贷）三种产品。循环卡贷宝在授信期限内可循环使用授信额度，随借随还，按月还息到期还本；分期卡贷宝在授信期限内可一次或分次使用授信额度，按月等额本息归还；消费易可由借款人通过手机银行申请，在授信期限内可循环使用授信额度，或一次、分次不可循环使用授信额度。前两款产品是需借款人线下申请，同一客户只可同时在最多两家农合机构办理卡贷宝业务，且一张银行卡只能绑定一个卡贷宝贷款账户。申请消费易的借款人，在业务申请的办理机构中不存在未结清的个人循环消费贷款业务。

贷款主要满足两类需求：一是个人消费，包括但不限于家居装修、购车、医疗、教育、婚嫁、旅游、大宗购物等消费性支出；二是个人经营贷款，仅限于借款人的生产经营性资金或与生产经营相关的固定资产投入。关于贷款额度规定，单户个人综合消费贷款授信额度不得超过 100 万元；以保证方式授信的，原则上授信额度不得超过 50 万元；以信用方式授信的，原则上授信额度不得超过 30 万元。卡贷宝可循环贷款授信期限最长不超过 3 年（含），非循环贷款授信期限最长不超过 5 年（含）。贷款利率参考最近一期公布的 LPR 利率加（减）点制定。

卡贷宝产品的优势：其一，卡贷关联，操作便捷。卡贷宝功能开通后，借款人可通过双方约定的自助、自动触发或营业柜台方式实施操作，实现放款、还款、查询等功能；可在合同约定的授信期限和最高授信额度内，随用随贷、额度控制、自助使用，无须逐笔出具书面借款申请和签订借款合同。其二，多重信息核实，安全系数高。借款人在电话银行、自助终端、网上银行、POS 等业务平台输入银行卡号、密码、贷款金额等，系统即可自动将贷款资金发放到指定银行卡中；也可通过消费触发放款完成交易。采用自助（含自动触发）结款方式，每笔借款及还款的金额等以贷款人形成的电子记录为准，电子记录为合同的组成部分。截至 2020 年末，仅消费易（悦农 e 贷）授信户数为 4 022 户，授信金额 70 629.74 万元，贷款余额 31 875.42 万元。

（2）"信用＋担保"银税贷

银税贷是指面向由罗定农商行认可且连续正常纳税的中小微企业，依据其近两年平均纳税总额发放的流动资金贷款业务。该贷款只用于借款企业正常流动资金周转。该业务对贷款企业的要求：一是企业受经济周期波动影响较小、主营业务突出、市场需求持续稳定；二是纳税评级 B 级（含）以上，拥有 2 年以上持续、稳定的增值税和所得税纳税历史；三是业主在罗定市有稳定住所，且有本市户籍或在本市有房产（配偶双方任一均可）或连续两年（含）以上在本市缴纳社会保险或个人所得税。

银税贷采取信用并追加担保的授信方式，借款企业的总授信金额不超过1 000万元，授信额度应同时满足以下条件：在追加保证人担保情况下，授信额度不得超过人民币300万元，或授信金额≤年销售收入×30%，或授信金额≤企业近两年纳税总额平均值×放大倍数×调整比例（放大倍数以及调整比例参考标准如表4-5-5、表4-5-6所示）。此外，借款企业在罗定农商行及其他行全部信用及保证方式授信金额合计不得超过400万元。在追加抵（质）押物担保情况下，总授信额度最高不超过1 000万元，追加保证人额度与抵（质）押授信额度分别核算。贷款期限根据贷款用途、生产经营周期、还款能力和本行的资金实力，由借贷双方协商合理确定，原则上贷款期限最长不超过3年。贷款利率需综合考虑成本、市场竞争风险等因素并结合实际确定，对于"三农"及小微企业优质客户可给予优惠利率。还款方式可采取按月分期还款或按月等额还本付息方式，按月付息，有效期内还款。在最高额度有效期内随借随还、循环利用的，期限最长不超3年，且单笔期限最长不超1年。

表4-5-5　放大倍数参考标准

客户纳税信用登记	放大倍数
A及以上	5
B	3

表4-5-6　调整比例参考标准

客户评分	调整比例
90分	1.2
80分（含）～90分	1
70分（含）～80分	0.8
60分（含）～70分	0.6
60分以下	0

(3) 美丽乡村风貌贷

该类贷款主要满足乡村振兴中的农房风貌提升资金需求。向承建美丽乡村项目工程的承包商（包括各类建组公司、施工队或个人等）发放，以其承建美丽乡村项目工程款为第一还款来源，用于乡村建设需要的贷款。

借款人的条件要求：一是征信记录状况良好，借款人为自然人的，要求其及配偶（如有）在当前个人征信系统、信贷管理系统中无贷款拖欠记录；二是需在罗定农商行开立创建工程款结算专用账户，并签订相关协议指定唯一的创建工程款结算账户、奖补资金收入账户，接受信贷监管；三是自筹资金投入占承包工程总投的 30% 以上。

贷款采用应收账款质押及保证担保方式进行，授信总金额不超过借款人与创建单位（自然村）签订的工程合同总金额的 70%，最高不超 500 万元。借款人将创建工程应收账款质押给罗定农商行，借款主体为企（事）业法人的，追加股东作为连带责任保证担保人；借款主体为自然人的，追加借款人配偶（如有）或其他直系亲属作为连带责任保证担保人；也可视借款人实际追加其他抵（质）押辅助性担保措施。单笔业务贷款期限最长不超过 2 年（含）；利率需根据罗定农商行贷款利率定价管理办法的规定执行定价，或由总行对该产品实施单独定价；贷款 1 年期以内的，可选择按月还息，到期一次性还本；贷款 1 年以上的，制定并执行符合监管政策要求的还款计划。

（4）家庭连带责任商户贷

罗定农商行结合辖内商户资金需求实际，专创"商户贷"信贷产品，用于商户生产经营中的流动资金需求，促进商品的生产和流通。贷款对象为注册地和主要经营场所均在罗定市范围内的商户，借款主体应为户主或其直系家庭亲属，且应具有完全民事行为能力的自然人。基本条件要求包括：持有罗定工商行政管理局核发的有效营业执照 2 年以上，为罗定本地常住户口或提供本地购房或自建房资料；生产经营正常，有稳定、足够的还款来源，近两年内信用报告逾期记录累计不超过 4 次；家庭资产负债（含本笔贷款）不超过 60%。商户贷采取保证贷款方式，除借款人配偶签订连带责任保证合同外，须落实家庭成员中有代偿能力的一名成年亲属或家庭成员外一名有代偿能力的人签订连带责任保证合同。由各贷款机构根据商户的资信、偿债能力、交易流水等确定贷款额度，原则上单个商户最高贷款额度为 30 万元，具体最高贷款额度测算参考模型（如表 4-5-7 所示，要求三个条件均达到）。商户贷最长期限不得超过 3 年，需结合考虑成本、市场竞争、风险等因素并结合实际确定贷款利率水平；商户贷应恰当采用随借随还、按月付息到期还本、到期一次性还清、分期还款、每月等额本息偿还方式中的一种。

表 4-5-7 具体最高贷款额度测算模型

征信逾期记录 （非恶意拖欠）	家庭资产负债率	信用等级评定 （个人/农户）	最高贷款额度
1 次以下	40%（含以下）	A 以上/优秀	30 万元
2 次	40%～45%（含）	BBB/较好	20 万元
3 次	45%～55%（含）	BBB/较好	15 万元
4 次	55%～60%（含）	BB/一般	10 万元

5.3　总结

　　罗定农商行积极践行支农支小支微、服务实体经济责任，并运用新金融科技探索数字化时代农村金融普惠路径，通过县域普惠金融项目加大对新基建的支持，实现"户户通"工程全覆盖，进而升级农村基础服务；基于乡村振兴需求，开发创新卡贷宝、银税贷、美丽乡村风貌贷、商户贷等普惠金融产品，使得普惠业务下沉小微型主体，切实提升了服务"三农"的力度与深度。当然，罗定农商行还存在一些业务拓展中的问题，如信用信息不对称问题，农村信贷市场信息不对称是常态，普惠业务下沉更是强化了信息不对称程度，这也意味着会带来较高的信息成本，在一定程度上可以通过新技术的应用、基层政府的参与和罗定农商行信贷经理的社会资本营销优势得以缓解。另外，罗定农商行对海量用户数据的处理能力不足，这既可以按今天所采取的购买服务或合作方式推进，也应加快自身的信息设备的更新换代与人才储备。而生产生活户内合一特征决定了乡村信贷监管成本高，这说明农村信贷作为小额度贷款，其用途监管可能是"伪命题"，可实施"模糊监管策略"；也可以基于乡村金融服务站或户户通工程实施总体信用动态监管，并开展金融知识教育和素养提升工程，培育契约精神。

6 普惠金融的减贫机制与效应：广东实证[①]

金融是资金要素和价值在时空维度的配置技术，是人们不可或缺的公共品，它能够调剂人生不同阶段的收入与支出丰歉，平滑波折，使人生更幸福。普惠金融的储蓄、信贷与保险具有直接减贫效应，通过促进经济增长和生态发展、调节收入分配进而实现间接减贫。基于广东省统计年鉴数据，本章实证了普惠金融的减贫效应，得到了"广东省普惠金融发展对农村贫困减缓有明显的促进作用"的结论。

6.1 普惠金融减贫效应的理论机制分析

6.1.1 普惠金融减贫的直接影响机制

（1）储蓄服务减贫机制

储蓄具有对闲置资金进行保值增值功能，是贫困群体最重要的金融需求。在面临突发状况时，储蓄可以提高贫困群体抵御风险的能力，是贫困群体维持正常生活的第一道防线。储蓄减贫效果主要体现在两个方面：第一，有效应对金融风险，增强风险防范能力。低收入群体抵御风险的能力较弱，一旦出现天灾人祸、重大疾病等突发状况，容易陷入贫困境地。储蓄能在一定程度上为贫困群体提供保障，一方面低收入群体可通过储蓄获得利息收益，增加收入；另一方面，贫困群体可利用储蓄将闲置资金积累起来，进行短期或长期的理财规划，使未来收入得到保障，减少突发状况对贫困群体的经济冲击，降低返贫的可能性。第二，补充机构信贷资金从而满足各群体金融需求。储蓄是金融机构获取资金的重要来源，也是发展信贷业务的基础。储蓄业务可帮助机构拓展信贷规模，让中低收入群体和小微企业能更容易获得贷款资金。有需求的贫困群体可利用贷款资金进行自主创业或个人投资摆脱贫困，小微企业也可利用资金满足生产需求，扩大生产规模。

---

① 执笔人：谢明心、李乐如。

（2）信贷服务减贫机制

信贷是金融机构主营业务，基于利益诉求，传统金融机构倾向于在经济发达地区、面向高收益群体开展信贷交易；农村地区与低收入群体是金融排斥对象，贫困群体的信贷需求更无法被满足。信贷服务减贫主要体现在两个方面：一是为低收入者提供急需的资金。信贷服务为低收入人群提供可支配资金，相比储蓄更能拓宽收入分配渠道，例如可以将资金分配到教育投资，用于换取教育资源或者进行技能培训，提高个体竞争力，或将资金用于生产投资，提高生产效率获得经济效益。二是提高小微企业金融服务的可得性。传统金融机构对小微企业设立了较高的融资门槛，而普惠金融信贷服务通过合理利率提高了金融服务的可得性，这既提高了普惠金融机构盈利水平和更强普惠能力，也为小微企业提供更多获得资金的机会。小微企业大多是劳动密集型，其平稳发展也意味着增加对普通劳动力的需求，提供就业机会间接减缓个体贫困。

（3）保险服务减贫机制

保险也是普惠金融发挥减贫作用的载体之一。保险是以契约形式，在集合众多受同样风险威胁的被保险人的基础上，由保险人按损失分摊原则预收保费，组织保险基金以货币形式补偿被保险人损失的经济补偿制度。作为一种金融行为，保险是一种危险损失转移机制，普惠性农村保险市场的拓展可减缓贫困，尤其是针对贫困群体需要抵御的三大风险——"因病致贫"的健康风险、"因灾致贫"的自然风险、"谷贱伤农"的市场风险方面，可以帮助贫困人群提高抵御风险的能力，起到国民收入再分配作用。

6.1.2 普惠金融发展对减贫的间接影响机制

（1）普惠金融促进经济增长的减贫机制

普惠金融通过储蓄、投资和资源配置促进经济发展。一方面，普惠金融促进贫困地区增加金融网点，通过储蓄汇集更多社会闲置资金；通过提高存款利率增加闲置资金的机会成本，使得金融机构可获得大量储蓄资金，对企业和个人投放信贷资金，整体提高投资以及消费水平，促进总产出的增加。另一方面，金融普惠使企业和个人的投资需求在一定程度上得到满足，企业获得融资扩大生产规模，个人获得投资资金可创业，均能增加收益。再者，普惠金融提高了资源配置效率，促进经济增长，增加社会福利。普惠金融关注社会合理性，拓展了信贷市场边界；以市场机制配置资金要素，遵循经济有效性逻辑，从而达到资本边际产出最大化，资金合理配置能使资金流向有利于经济增长的领域上，带动整个社会总产出增加。

经济增长通过两种方式减缓贫困，一是经济增长的"涓滴效应"，是指政策制定者首先考虑为经济实力强大的群体提供金融支持，通过其影响力带动社会经济快速发展，从而改善贫困群体的经济环境，获得经济发展红利。经济发展还带来更多税收，为政府向贫困群体进行转移支付提供条件。二是"利贫式经济"增长，主要是指穷人尽管享有经济成果会比富人少，但或多或少也得到好处，相比以前的贫困程度是有所改善的。

（2）普惠金融的调节收入分配减贫机制

在经济发展中，稀缺资源的重新分配导致每个人的禀赋不同，一些人成为资源的富有者，一些人成为资源的缺乏者（周孟亮，2018）。资源总是稀缺的，而资源获取能力的差异导致收入不同和拥有财富程度差距。资源缺失导致个体创造财富能力下降，从而逐步成为贫困群体；富有群体所占的稀缺资源较多，贫富差距因资源差异不断拉大。金融作为资源配置的核心技术，可以集中社会闲置资源重新配置。金融是中性的，可以将资源配置给富有者，成为财富集中的手段；也可以配置给长尾群体，成为减贫的工具。但因资本逐利性，获得金融资源存在较高门槛，传统的金融机构难以做到将资源分配到贫困群体中。普惠金融作为金融发展的一种创新模式，使得贫困阶层通过获得合理的金融服务得以提高收入，缩小与高收入阶层的收入水平差距，改善收入分配不均，促进贫困减缓。

（3）普惠金融的促进生态发展减贫机制

发展普惠金融对建设绿色生态环境起到了重要作用。良好生态环境是经济可持续发展的前提，贫困地区通常因资金缺失和环保意识薄弱，无法在生产方式上考虑生态环境，普惠金融可以引导贫困地区做出改变。通过金融技术推进绿色生态产业发展，让企业在生产过程中尽可能地降低污染排放量，避免对环境造成严重污染。同时，绿色金融产品可以发展绿色种养殖农产品，加强绿色金融能力建设，提升投资绿色化水平。发挥普惠金融的绿色作用，让人们在绿色生态环境下生活有利于减缓贫困。

综上，普惠金融发展的减贫效应机制如图4-6-1所示：

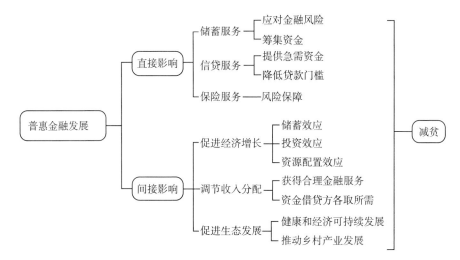

图 4-6-1 普惠金融发展对减贫的作用机制

6.2 广东省普惠金融发展

6.2.1 广东省普惠金融供给概况

自 2005 年以来，广东省不断扩大金融服务范围，提高金融服务可得性，广东省金融机构的存款贷款金额不断增加，普惠金融服务范围和规模不断扩大。根据 2020 年广东省统计年鉴相关数据，金融机构本外币存款余额为 267 638.26 亿元，同比增长 15.13%。2016 年到 2020 年的全省存款余额一直呈上升趋势，整体银行资产增速加快。进一步观察各地区发现，珠三角地区的存款余额远高于粤东西北地区，但各个地区仍然保持着存款余额持续增长（参见图 4-6-2）。2020 年广东省金融机构本外币贷款余额达到 195 680.62 亿元，是 2000 年的 14.79 倍，同比增长 16.48%。此外，各地区的金融机构本外币贷款余额尽管有所差别，但均保持稳定增长，如图 4-6-3 所示。

提高金融服务的覆盖率和渗透率是发展普惠金融的重要途径。广东省工作重点的一部分放在金融服务的覆盖上，或在农村地区增设营业网点，或通过乡村金融服务站与助农取款点等形式，将服务下沉，以满足当地居民的基本金融服务需求。根据《广东省金融运行报告》显示，2020 年广东小型农村金融机构有 5 687 家，从业人数为 74 154 名；新型农村金融机构 243 家，从业人数 4 970 名。2020 年金融机构营业网点总数达到了 16 372 家，金融从业人员有

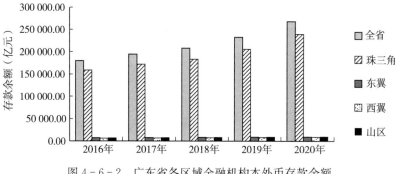

图4-6-2　广东省各区域金融机构本外币存款余额

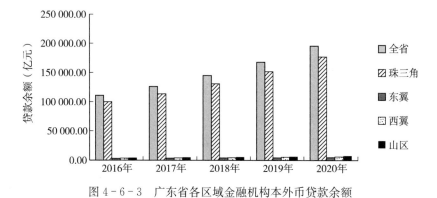

图4-6-3　广东省各区域金融机构本外币贷款余额

345 003名。但从图4-6-4、图4-6-5中依然可以发现发达地区与欠发达地区存在较大差异。

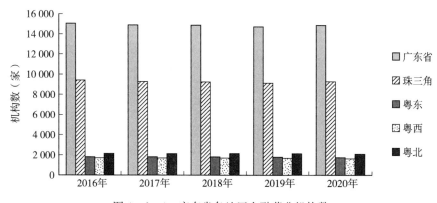

图4-6-4　广东省各地区金融营业机构数

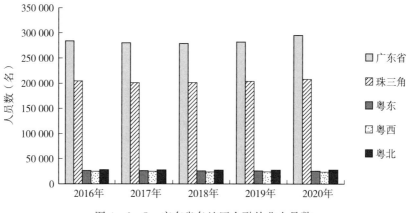

图 4-6-5　广东省各地区金融从业人员数

6.2.2　广东省普惠金融需求满足情况

贷款权是普惠金融的核心权能，贷款需求是贫困群体的基本金融需求之一，通过贷款可以获取资金要素，进而获得资源禀赋与发展机会，增加收入水平，减缓贫困。因此，普惠金融服务尤其强调对低收入人群和小微企业的贷款。如图 4-6-6 所示，2020 年广东省涉农贷款余额达到历史新高的 16 408 亿元，同比增长 17.20%。与此同时，2020 年广东省精准扶贫贷款余额达 285 亿元，同比增长 27.3%；产业精准扶贫贷款余额达 212.5 亿元。这些数据都说明普惠金融降低融资门槛，贫困群体的金融需求得到了一定程度的满足。

图 4-6-6　广东省涉农贷款余额

6.2.3　普惠金融的服务模式创新

为推动普惠金融服务乡村振兴，广东省开展以农村信用体系建设和基础金融服务为主要内容的普惠金融"村村通"，行政村实现信用通、站点通、服务通，推进城乡基础金融服务均等化。各金融机构相继开展了金融产品与金融服务创新，有效促进了普惠金融服务三农与小微企业等实体经济发展。传统农村金融机构如农村信用社、中国农业银行等相继推出新的普惠金融服务模式。其一，在确权颁证基础上，将农村土地承包经营权、林权、农民住房财产权、海域使用权等纳入抵押品范围；其二，推行"一次核定、随用随贷、余额控制、周转使用、动态调整"的农户信贷模式；其三，发挥互联网对普惠金融的助推作用，推广"互联网＋信用三农"新模式，为农业企业、农户、农产品筹集资金，提高"三农"融资效率。乡镇银行、贷款公司也已增加在广东省农村地区普及覆盖。另据资料显示，"粤信融"金融平台累计撮合银企融资对接 4.6 万笔，金额为 3 052 亿元。中证应收账款融资服务平台为中小微企业提供线上"政采贷"业务和应收账款融资服务，2020 年促成融资 5 281 笔，金额 1 003 亿元。这些创新都有助于金融资源更多惠及贫困群体，但互联网普惠金融产品尚处于初始开发状态，还需结合贫困群体需求改进完善。

6.3　广东普惠金融减贫效应的实证分析

6.3.1　广东省减贫的描述性分析

广东以全省农民人均可支配收入的 33％作为扶贫标准，在全国率先开启解决相对贫困探索。2013—2015 年，广东省以 3 480 元作为相对贫困标准，全省认定 20.9 万户、90.6 万相对贫困人口。通过三年的"规划到户、责任到人"开发式帮扶，累计完成 3 000 个村 6 万户 30 万人的"两不具备"村庄移民搬迁，56.8 万户农村低收入群体农村危房改造，被帮扶相对贫困人口人均可支配收入达 9 220 元。2016—2020 年，现行标准下 161.5 万相对贫困人口"两不愁三保障"全部实现，贫困劳动力就业率 98％以上，年人均产业增收 2 400 多元，有劳动力贫困户年人均可支配收入达 15 147 元，全部实现高质量稳定脱贫，2 277 个相对贫困村实现"后队"变"前队"，东西部扶贫协作各项指标超额完成，帮助桂川黔滇 4 省（区）93 个贫困县摘帽、500 多万贫困人口脱贫。这样的减贫成果与广东省的普惠金融发展的相关性如何？我们通过实证寻求答案。

6.3.2 普惠金融发展水平测度

(1) 指标选取和数据收集

基于指标科学性、全面性以及数据可获得性，本文通过计算普惠金融指数测量广东省普惠金融发展水平。其中，普惠金融指数使用 3 个测量维度 8 个指标进行计算，各位维度指标及权重如表 4-6-1 所示。

表 4-6-1 普惠金融发展指数各维度指标

测量维度	具体指标	计算方法	权重
金融服务的地理渗透性	X_1：每单位地区面积所拥有的金融机构营业网点数	金融机构营业网点数/地区面积	0.195
	X_2：每单位地区面积所拥有的金融从业人员数	金融从业人员数/地区面积	0.257
金融服务的可得性	X_3：每单元地区人口所拥有的金融机构网点数	金融机构网点数/地区人口	0.071
	X_4：每单元地区人口所拥有的金融从业人员数	金融从业人员数/地区人口	0.106
金融服务的使用度	X_5：存款情况	金融机构各项存款/地区GDP	0.055
	X_6：贷款情况	金融机构各项贷款/GDP	0.080
	X_7：保险密度	保险收入/地区常住人数	0.173
	X_8：保险深度	保险收入/地区GDP	0.063

(2) 测度方法和计算结果

借鉴谢升峰、卢娟红（2014）的测度方法，采用变异系数法确定各指标维度权重，采用欧式距离法计算综合普惠金融指数（IFI）。最终计算结果见表 4-6-2。

表 4-6-2 普惠金融综合指数的计算结果

地区	2010 年	2011 年	2012 年	2013 年	2014 年	2015 年	2016 年	2017 年	2018 年	2019 年
广州	0.345	0.351	0.359	0.370	0.376	0.385	0.406	0.395	0.396	0.394

（续）

地区	2010年	2011年	2012年	2013年	2014年	2015年	2016年	2017年	2018年	2019年
深圳	0.704	0.721	0.752	0.787	0.835	0.907	1.000	0.958	0.999	0.995
珠海	0.250	0.257	0.266	0.279	0.287	0.304	0.317	0.310	0.308	0.302
汕头	0.320	0.325	0.326	0.330	0.331	0.337	0.338	0.337	0.338	0.337
佛山	0.493	0.499	0.507	0.516	0.521	0.530	0.527	0.517	0.512	0.496
韶关	0.006	0.007	0.007	0.007	0.007	0.007	0.007	0.007	0.007	0.007
河源	0.005	0.005	0.006	0.006	0.006	0.006	0.006	0.006	0.007	0.007
梅州	0.019	0.019	0.020	0.020	0.020	0.022	0.023	0.023	0.023	0.023
惠州	0.047	0.048	0.050	0.052	0.053	0.054	0.056	0.057	0.056	0.056
汕尾	0.033	0.034	0.033	0.034	0.034	0.034	0.033	0.033	0.032	0.033
东莞	0.530	0.540	0.554	0.557	0.575	0.592	0.605	0.601	0.599	0.597
中山	0.336	0.344	0.354	0.361	0.366	0.379	0.386	0.379	0.379	0.371
江门	0.079	0.080	0.083	0.084	0.086	0.087	0.088	0.087	0.088	0.086
阳江	0.021	0.021	0.021	0.022	0.022	0.022	0.022	0.022	0.022	0.022
湛江	0.052	0.052	0.053	0.054	0.054	0.054	0.055	0.054	0.054	0.052
茂名	0.042	0.042	0.043	0.043	0.043	0.043	0.043	0.043	0.043	0.043
肇庆	0.019	0.019	0.020	0.021	0.022	0.023	0.023	0.023	0.022	0.022
清远	0.008	0.008	0.009	0.009	0.009	0.010	0.010	0.010	0.010	0.010
潮州	0.068	0.069	0.071	0.072	0.072	0.073	0.073	0.073	0.074	0.074
揭阳	0.109	0.109	0.110	0.111	0.113	0.116	0.117	0.117	0.117	0.115
云浮	0.025	0.025	0.026	0.026	0.026	0.027	0.027	0.027	0.027	0.027
珠三角	0.263	0.267	0.274	0.280	0.286	0.294	0.301	0.296	0.295	0.291
粤东	0.132	0.134	0.135	0.137	0.138	0.140	0.140	0.140	0.140	0.139
粤西	0.035	0.035	0.036	0.036	0.036	0.036	0.037	0.036	0.036	0.036
粤北	0.010	0.010	0.010	0.010	0.011	0.011	0.012	0.012	0.012	0.012

资料来源：广东省统计年鉴、中国保险年鉴、广东省各市统计年鉴。

广东省普惠金融整体发展格局得到一定改善。从普惠金融指数的增速变化可以看出，各地区总体保持上升趋势。但珠三角地区与粤东、粤西、粤北地区之间的普惠金融发展程度存在明显差异。

6.3.3 实证检验与结果分析

（1）模型设定和变量选取

通过固定效应模型研究广东省普惠发展水平的减贫效应，具体模型设定如下：

$$GAP_{it} = \beta_1 IFI_{it} + \beta_2 UR_{it} + \beta_3 IS_{it} + \beta_3 LnEMP_{it} + \alpha_i + \beta_i + \varepsilon_{it}$$

上式中，被解释变量 GAP 表示贫富差距，该指标通过泰尔系数来表示。解释变量 IFI 表示普惠金融发展水平指数，它是回归模型中的核心自变量。其他变量为控制变量，分别为产业结构（IS）、对外开放水平（OPEN）、就业率（LNEMP）。

（2）实证分析

为了保证模型设定的合理性与准确性，进而有效避免模型的"伪回归"，对变量进行单位根检验以及协整检验，结果在 5% 的显著性水平下，认为变量 GAP 与 IFI、IS、$OPEN$、$LnEMP$ 之间存在长期均衡关系。因此，接下来运用回归方程对变量进行回归估计时，结果是相对准确有效。运用个体固定效应模型进行回归的结果如表 4 - 6 - 3。

表 4 - 6 - 3　个体固定模型效应的回归统计结果

解释变量	系数	标准差	t 统计量	Prob.
C	1.354 793	0.201 466	6.724 684	0.000 0
IFI	−2.851 420	0.637 475	−4.472 990	0.000 0
IS	−1.004 575	0.237 158	−4.235 887	0.000 1
$OPEN$	0.002 059	0.000 149	13.838 43	0.000 0
LnEMP	0.201 127	0.096 747	2.078 896	0.042 6

根据个体固定模型效应的估计结果，整个模型的回归方程可以表示为：

$$GAP_{it} = -2.851\,420\,IFI_{it} - 1.004\,575\,IS_{it} + 0.002\,059\,OPEN_{it} + 0.201\,127LnEMP + 1.354\,793 + 0.964\,495\,D_1 + \cdots - 0.550\,372\,D_4$$

对珠三角，回归模型为：

$$GAP_{it} = -2.851\,420\,IFI_{it} - 1.004\,575\,IS_{it} + 0.002\,059\,OPEN_{it} + 0.201\,127\mathrm{Ln}EMP + 1.354\,793 + 0.964\,495$$

对粤东，回归模型为：

$$GAP_{it} = -2.851\,420\,IFI_{it} - 1.004\,575\,IS_{it} + 0.002\,059\,OPEN_{it} + 0.201\,127\mathrm{Ln}EMP + 1.354\,793 + 0.057\,700$$

对粤西，回归模型为：

$$GAP_{it} = -2.851\,420\,IFI_{it} - 1.004\,575\,IS_{it} + 0.002\,059\,OPEN_{it} + 0.201\,127\mathrm{Ln}EMP + 1.354\,793 - 0.471\,823$$

对粤北，回归模型为：

$$GAP_{it} = -2.851\,420\,IFI_{it} - 1.004\,575\,IS_{it} + 0.002\,059\,OPEN_{it} + 0.201\,127\mathrm{Ln}EMP + 1.354\,793 - 0.550\,372$$

表 4-6-4　固定效应下珠三角、粤东、粤西、粤北地区面板估计结果

解释变量	珠三角		粤东		粤西		粤北	
	系数	T检验值	系数	T检验值	系数	T检验值	系数	T检验值
IFI	-2.851 420	-4.472 990	-2.851 420	-4.472 990	-2.851 420	-4.472 990	-2.851 420	-4.472 990
IS	-1.004 575	-4.235 887	-1.004 575	-4.235 887	-1.004 575	-4.235 887	-1.004 575	-4.235 887
OPEN	0.002 059	13.838 43	0.002 059	13.838 43	0.002 059	13.838 43	0.002 059	13.838 43
LnEMP	0.201 127	2.078 896	0.201 127	2.078 896	0.201 127	2.078 896	0.201 127	2.078 896
常数项	1.354 793	6.724 684	1.354 793	6.724 684	1.354 793	6.724 684	1.354 793	6.724 684
R^2	0.997 237		0.997 237		0.997 237		0.997 237	

由上述回归结果可以看出：第一，IFI 的系数为 $-2.851\,420$，这说明普惠金融发展水平每提高 1 个单位，整个广东省整体贫富差距缩小相应系数绝对值单位。第二，产业结构的系数为 $-1.004\,575$，说明产业结构发展水平每提高 1 个单位，贫富差距就会分别缩小 $1.004\,575$ 个单位。这说明产业结构发展的减贫作用相对没有普惠金融的减贫作用效果大，但也应该积极调整产业结构，和普惠金融一起发挥作用才能起到更好的减贫效果。第三，开放水平的系数为 $0.002\,059$，对外开放水平每增加一个单位，贫富差距就会增加 $0.002\,059$ 个单位。这说明开放水平相较于普惠金融和产业结构对农村减贫的作用效果更

弱，有可能因为无序开放造成资源掠夺而加剧贫困，但影响作用很小。第四，对于珠三角、粤东、粤北、粤西区域而言，在固定效应模型的框架下，珠三角、粤东贫富差距和常数项正相关，粤西、粤北贫富差距和常数项负相关，常数项的正负相关代表着当地的基础性水平。

6.4 结论与政策性建议

6.4.1 研究结论

通过实证可得出结论：广东省普惠金融发展对农村贫困减缓有明显的促进作用。广东省普惠金融发展水平越高，农村贫困越得到改善，从而使得城镇与乡村的贫富差距逐渐缩小。在推动农村实现减贫方面，普惠金融不是唯一的影响因素，农村产业发展带来的利好收益等因素也对农村减贫具有一定影响作用；政府对农村地区的财政支持可能在短期内有一定利好效果，但在长期来说对减缓农村贫困作用不大。推动普惠金融服务在农村地区的普及，大力发展产业经济，农村地区才能更好地实现减贫。

6.4.2 政策性建议

（1）金融资源向欠发达地区倾斜

乡村振兴意味着资源要素应在乡村地区集聚和有效利用，然而，在乡村比较收益刚性约束下，资金要素难以实现配置乡村的预期。因此，需要政府出台一系列优惠政策，或发挥财政资金的诱导机制，刺激当地金融机构对小微企业和贫困群体发放贷款。同时，金融机构也应有意识地将金融资源向贫困地区倾斜，这既是发达地区金融市场基本趋于饱和进行市场开拓的需要，也是履行普惠金融服务的社会责任。

（2）以金融科技应用促进普惠金融发展

阻碍普惠金融发展因素之一是成本问题，提高农村地区金融机构网点覆盖率难度较大，设施维护与后续营销成本较高。金融科技与互联网技术为普惠金融发展创造了新条件，其中移动支付已经成为发展趋势。移动金融有助于提高金融服务的灵活性和可得性，缓解贫困地区和低收入群体金融服务的高成本和规模不经济问题。因此，农村地区应加强金融科技和互联网普惠金融的应用，提高金融交易效率，降低金融服务成本，满足多元化投融资需求，大幅提升金融服务的普惠性和覆盖面。

（3）实施普惠金融教育

实施普惠金融教育可以提升贫困群体的认知水平，增加有效金融需求。金融教育应注重基础金融知识与风险教育，可以开设特色金融知识讲座，对于农民关注的农村信贷、房子抵押贷款、农村保险、理财和投资等方面进行重点知识普及，提供专业化培训，引导其正确的金融消费和风险意识。

7 普惠金融服务深化：清远农商行案例①

清远农商行积极践行普惠性和社区性银行责任，通过改进普惠服务基础条件、实施涉农和小微企业普惠信贷计划、推动绿色信贷发展、创建"Qing 基金"助力社会公益以及开发创新乡村振兴类、无抵押需求增信类普惠贷款产品等举措，深化了普惠金融服务。

7.1 清远市经济社会发展和地理区位概况

清远市位于广东省的中北部、北江中下游、南岭山脉南侧与珠江三角洲的结合带上，处于粤、湘、桂三省（区）交界处，素有"三省通衢、北江要塞"之称，位于珠三角"一小时生活圈"内，市区距广州约50公里，距新白云机场约30公里，距香港、澳门约200公里。清远总面积1.9万平方公里，约占全省陆地总面积的10.6%。清远市下辖8个县市区，80个乡镇，5个街道，1 371个村，187个社区。截至2020年末，清远市户籍人口449.9万人，实现地区生产总值1 777.2亿元，财政总收入419.6亿元，增长6.9%；地方一般公共预算收入123.6亿元，较上年增长4.3%，其中税收收入87.1亿元，较上年下降0.03%；三次产业结构占总产值比重为16.8%、33.0%、50.2%。

清远市历史悠久，人才辈出，在春秋战国时期属百越之地；汉置桂阳、中宿等5县；梁天鉴六年置清远郡，清远之名由此而始。清远山清水秀，环境优美，高山峡谷纵横交错，南岭主峰，北江、连江、琶江、三江辉映，旅游资源丰富。2019年，清远有乡村旅游点120多个，重点打造壮瑶民俗、现代民宿、古村文化、山水生态、农事体验、花节观光、精品农家乐等乡村旅游产品，拟规划打造的乡村旅游点（片区）350多个，3个乡村旅游景区被评定为国家AAAA级景区，有国家级休闲农业与乡村旅游示范点1个、省级休闲农业与乡村旅游示范镇10个、省级休闲农业与乡村旅游示范点13个、全国特色旅游

---

① 执笔人：徐帆、张少宁。

名镇 1 个、广东省旅游名镇 1 个、广东省旅游名村 2 个、"中国乡村旅游金牌农家乐" 20 个，发展了乡村民宿 300 余家。2019 年全年清远接待游客 4 728.63 万人次、旅游总收入 377.36 亿元，分别较上年增长 7.50%、9.0%。

7.2 清远农商行概况

清远农商银行于 2012 年 10 月 16 日正式挂牌开业，由原清远区农村信用合作联社改制而成，是粤北地区最早改制、具备独立法人资格的总行级地方股份制商业银行。清远农商行践行普惠金融银行职能，全面支持辖区"三农""中小微企业发展"，推动区域经济持续发展。到 2019 年，清远农商行的服务网点机构有 51 个，员工 700 余人，服务网络全面覆盖各乡镇、街办。清远农商行也已经成为粤北地区第一家资产规模突破 300 亿元，贷款余额突破 200 亿元的农商银行。2020 年，资产规模已经突破 390 亿元，综合实力在全省农合机构中位居前列，成为清远城区规模最大、服务范围最广、综合竞争力最强的金融机构。截至 2020 年末，清远农商行资产总规模 390.89 亿元，各项存款余额 299.68 亿元，较上年增加 10.52%；各项贷款余额 225.32 亿元，较上年增加 12.69%，存贷款市场份额均在清远辖区金融机构中位居第一（表 4-7-1）。

表 4-7-1 2018—2020 年清远农商行资产存贷情况

单位：亿元

年份	资产规模	存款规模	贷款规模
2018	313.09	243.80	165.30
2019	348.14	271.16	199.94
2020	390.89	299.68	225.32

清远农商行稳健经营，不良资产占比较低。截至 2020 年末，清远农商行信贷资产余额 2 253 223.77 万元。将信贷资产分为正常类、关注类、次级类、可疑类和损失类五类，五级分类结果：正常类 2 099 075.85 万元，占比 93.16%；关注类 135 704.04 万元，占比 6.02%；次级类 11 021.89 万元，占比 0.49%；可疑类 7 130.34 万元，占比 0.23%；损失类 291.65 万元，占比 0.01%。与年初相比，正常类贷款占比上升 5.08%，关注类贷款占比下降 4.98%。次级类贷款占比上升 0.12%，可疑类贷款占比下降 0.24%，损失类贷款占比上升 0.01%（表 4-7-2）。

表 4-7-2　信贷资产风险分类情况

单位：万元

分类级次	年初	结构比	报告期	结构比	增量	增幅	结构变化
各项贷款	1 999 351.23	100.00	2 253 223.77	100.00	253 872.54	12.70	增加
正常类	1 760 999.03	88.08	2 099 075.85	93.16	338 076.82	19.20	增加
关注类	219 829.08	11.00	135 704.04	6.02	−84 125.04	−38.27	减少
次级类	7 365.44	0.37	11 021.89	0.49	3 656.45	49.64	增加
可疑类	11 148.87	0.56	7 130.34	0.32	−4 018.53	−36.04	减少
损失类	8.81	0.00	291.65	0.01	282.84	3 210.44	增加
不良小计	18 523.12	0.93	18 443.88	0.82	−79.24	−0.43	减少

7.3　清远农商行普惠金融深化服务探索

7.3.1　普惠金融基础条件的帕累托改进

其一，农村征信体系建设。积极配合县级综合征信中心建设，通过信用评级等方式让更多金融产品服务惠及农民。清远城区共收集农户信息 88 300 户，截至 2020 年底，已录入农户 88 300 户，录入率达 100%。

其二，设置差别化的涉农贷款不良容忍度指标。对于三农贷款风险防控，制定差别化的涉农不良贷款率容忍度，明确"涉农贷款、精准扶贫贷款不良率高出自身各项贷款不良率年度目标 2 个百分点（含）以内的，可不作为内部考核评价的扣分因素"。

其三，利用金融科技铺设服务站点，实现金融服务村村通。2020 年清远农商银行共新设 155 个"悦农 e 站"便民服务站，与现有的 156 个金融服务站、1 个助农取款点结合，实现农村金融服务"村村通"、打通"三农"金融服务最后一公里，成为清城区本土网点最多、服务面最广的金融机构。"悦农 e 站"便民服务站，进一步提高普惠金融水平，每一个站点均配置了智能 POS 机、点钞机、"鲜特汇"扫码墙及宣传货架，具备余额查询、助农取款、助农转账、金融知识和业务宣传、假币识别等功能，不仅承载了农商行传统的助农服务，而且实现了农村金融服务"村村通"，奠定了"三农"金融生活圈基础。

其四，推进大众金融知识和金融素养提升。积极推进公众金融知识教育，面向社区、厂区等不同的金融消费群体,深入社区乡村,开展形式多样的宣传、教育、推广活动,开展金融知识系列宣传,支付结算和反假币、防范电信诈骗等宣传工作,提高消费者金融知识和风险意识,增强了村民和市民的金融知识和反诈骗能力。

此外,清远农商行深度参与金融精准扶贫工作。派出干部到贫困村担任驻村党建指导员,协助开展扶贫工作;沟通对口帮扶村,划付专项资金支持村镇产业发展;联动配合清远城区扶贫服务中心,向"建档立卡"贫困户直接提供金融支持;推广"美丽乡村贷"特色业务,助力清远市700多个自然村的美丽乡村环境建设;与清远市乡村新闻官指导服务中心签订战略合作协议,为全市1 000多名"乡村新闻官"推出"乡村e贷"专项信贷产业服务乡村振兴;探索后疫情时代最潮的消费扶贫新模式;开展抖音扶贫直播带货活动等。

7.3.2 实施涉农和小微企业普惠信贷计划

以涉农和小微企业信贷计划服务地方实体经济。清远农商行先后开发了"阻疫贷""小微特惠贷""接力贷""融易宝""园区助力贷""名宿贷""信融贷""极速贴现""乡村e贷""林业供应贷""生猪活体贷"等新产品,满足小微客户复工复产和多元化金融需求。同时,为解决低收入群体和小微客户"无抵押"困局,截至2020年末,累计发放智闪贷1 809笔,发放贷款3.86亿元。再者,以"小微特惠贷"精准投放再贷款资金,面向有还贷压力的客户,为符合条件的企业和个体工商户调整还款计算(含展期)和结息方式;面向缺乏抵押物的客户,持续加大信用贷款投放力度,增强金融普惠性。

7.3.3 推动绿色信贷发展

清远农商行创新发展绿色金融组织体系、产品体系和制度体系,为绿色发展提供金融服务支持。首先,制定了绿色金融服务工作实施方案,明确了绿色信贷工作目标和中长期计划,成立工作领导小组统筹、督导各职能部门有序开展绿色金融工作。其次,完善绿色信贷制度,通过制定绿色信贷管理办法,明确规范绿色信贷的组织管理、信贷政策制度、信贷流程管理、内控管理与信息披露等,为推动绿色信贷稳健发展、防范风险提供制度保障。最后,开发了"林业供应贷"等绿色金融产品。

7.3.4 创建"Qing 基金"助力社会公益

2013 年 10 月 10 日，清远市农商行出资人民币 1 000 万元作为初始资金，成立清远市农商行公益基金会（简称"Qing 基金"，）。"Qing 基金"打造了"圆梦"系列项目，定位于教育、医疗和环保三个方向，2020 年取得良好社会成效。"圆梦"系列项目为贫困高中生做好助学工作，为清城区内的孤儿及因特殊情况造成家庭经济困难的大学生提供帮扶。其中"圆梦·助燃生命"项目救助进入手术阶段的苦难家庭地中海贫血患儿；"圆梦·感恩"项目关注困境儿童、孤寡老人、困难党员、贫困家庭等弱势群体；"圆梦·智慧起航"项目实施助学贫困生以及捐赠电子书阅览室行动。

7.3.5 创新金融普惠产品及服务

清远农商行先后开发了"生猪活体贷""文旅贷""林业供应贷""清远鸡产业贷"等乡村振兴类贷款产品；针对农户普遍缺乏抵质押物特点，联合清远市、清城区两级政府和保险公司推出"创业担保贷""村民 e 贷""政银保"等系列合作农业担保贷款。

（1）乡村振兴类贷款产品

其一，生猪活体贷是指向符合条件的肉猪养殖户发放的用于生产经营需要的贷款，最长不超过 3 年，贷款年利率 6%（单利），采取生猪活体抵押、保证或抵（质）押方式。截至 2020 年末，发放 3 户，发放金额 2 080 万元，有效扶持清远市辖区内养猪行业的发展。

其二，文旅贷是指向从事旅游文化产业的企业、个体工商户以及其他经济组织发放的用于项目建设和经营的贷款。针对辖区内良好的生态环境和丰富旅游资源，为支持乡村旅游产业发展，根据农民普遍缺乏有效抵押物实际，推出以信用发放为主的"民宿贷"产品，全力支持具备条件的村庄打造休闲度假型、生态村寨型、民俗风情型等为主的乡村名宿项目。贷款额度方面，固定支出用途最高不超过项目总投入的 70%，日常经营支出最高不超过 3 000 万元；贷款期限为固定资产贷款最长 10 年，流动资金贷款最长 3 年；贷款利率按清远农商行利率管理规定执行，单利计算；采取信用、保证、抵（质）押担保方式。截至 2020 年末，共对接"民宿贷"意向客户 12 户，实现放款 4 笔。

其三，林业供应贷是指向符合条件的核心企业及其上下游供应链客户发放的用于生产经营需要的贷款。主要提供用于种植、施肥、发展林下经济的绿色金融产品。贷款额度最高为项目总投入的 70%；用于林场种植的贷款期限最长不超 5 年，用于加工运输等其他周转性的最长不超 3 年；贷款年利率 6.5%（单利），采用抵质贷＋保证担保方式。

其四，清远鸡产业贷是指向经营清远鸡产业的企（事）业法人、经济组织、个体工商户及自然人发放的贷款，用于育种孵化、肉鸡饲养、加工销售等产业链端。产业端模式下固定资产用途贷款额度最高不超过项目总投入 70%，流动资金用途最高不超过 5 000 万元；核心企业担保模式下最高额度不超过 1 000 万元。

固定资产用途贷款期限最长 8 年，流动资金用途最长 3 年；贷款利率按清远农商行利率管理规定执行，单利计算；采取抵押、质保和保证方式。

（2）创新无抵押需求增信类贷款产品

一是创业担保贷。主要的目标对象是返乡创业农民工、网络商户、建档立卡贫困人口及农民，小微企业、登记失业人员、就业困难人员（含残疾人）、复员转业退役军人、刑满释放人员等。主要用于其创业资金，贷款额度区分层次：创业担保贷款单笔个人贷款额度不超过 30 万元；合伙经营或创办企业的可按照每人不超过 30 万元、贷款总额不超过 300 万元额度实行"捆绑性"贷款；符合贷款条件的小微企业，贷款额度不超过 500 万元。贷款期限不超过 3 年，贷款利率不高于当期市场的贷款基础利率＋0.5%，担保方式采取向人力资源社会保障部门（创业指导科）申请创业担保贷款，由其转介经营单位；或借款人直接向经营单位申请创业担保贷款。

二是村民 e 贷。以信用工程为基础，采取整村授信模型满足农户家庭综合消费支出。截至 2020 年，清远农商银行已实现挂点走访全覆盖并全面落实客户经理挂点村小组的"1＋1"试点任务。

三是政银保。政府、保险公司与银行合作分担风险的贷款模式。截至 2020 年末，清远农商行累计发放"政银保"系列合作农业贷款 259 笔，金额 11 121 万元，余额 1 217.8 万元。

7.4　清远农商行普惠金融深化服务绩效

清远农商行积极践行区域性银行、普惠性银行的社会责任，改进服务涉农、小微客户基础条件，积极实施涉农和小微企业普惠信贷计划，推动绿色信贷发展，创建"Qing 基金"助力社会公益，开发创新乡村振兴类、无抵押需求增信类普惠贷款产品，取得了不菲成绩。截至 2020 年末，清远农商行涉农贷款余额 953 016.69 万元，占一般贷款余额的 42.30%，涉农贷款较年初增加 54 391.63 万元，增幅为 6.05%。其单户授信总额 500 万以下普惠型农户经营性贷款和 1 000 万元以下普惠涉农小微企业贷款余额为 213 548.04 万元，较年初增加 56 692.93 万元，增幅为 36.14%。在小微企业贷款方面，截至 2020 年末，清远农商行小微企业贷款余额 1 328 991.56 万元，其中单户授信 1 000 万元（含）以下小微企业贷款余额为 281 301.28 万元，较年初增幅为 46.81%；普惠性小微企业有贷款余额户数为 2 539 户，较年初增长 513 户；普惠性小微企业不良贷款余额为 5 094.56 万元，不良贷款率为 1.81%；新发放普惠型小微企业贷款利率水平为 5.70%。此外，累计发放扶贫小额贷款 12 笔 13.5 万元。有效支持了本地实体经济、"三农"以及小微企业发展。

8 农村普惠金融产品创新：肇庆农商银行案例①

普惠金融的核心是实现对被排斥弱势群体的包容性金融服务，在农村产业项目收益的刚性约束下，运用互联网及现代信息通信技术降低交易成本，基于农村环境与客户需求导向进行金融产品创新是一个路径选择。肇庆市农商银行根据当地需求结构作了初步探索，开发了积金快贷、一村一品贷、农房贷、乡村普惠贷等金融产品，促进了金融资源下沉农村小微实体经济主体，满足了部分普惠需求。

8.1 肇庆市及肇庆市农商银行概要

(1) 肇庆市社会经济发展概况

肇庆市位于广东省中西部，区域总面积148.91万公顷，下辖端州、四会等8个县区市和大旺经济开发区，常住人口共411.36万人，其中乡村人口为201.50万人，占比48.98%。肇庆市具有三大特点：一是历史悠久，是岭南土著文化和广府文化的发祥地，有文字记载的历史达2 230多年，1994年1月被国务院公布为第三批国家历史文化名城。二是自然资源丰富，不仅拥有丰富的土地、农林资源和水力资源，而且拥有黄金、玉石等50多种矿产资源，被誉为广东"黄金之乡""中国砚都"。三是旅游资源丰富，七星岩兼有阳朔之山、桂林之水形胜，素有"岭南第一奇观"的美誉；鼎湖山国家级自然保护区被联合国教科文组织确定为"人和生物圈"生态定位研究站；星湖、盘龙峡、"天下第一石"、千层峰、广宁竹海大观、燕岩等构成了千里旅游走廊画卷。

2020年地区生产总值2 311.65亿元，同比增长3.0%；其中第一产业增加值437.27亿元，增长5.3%，对地区生产总值增长贡献率为28.7%；第二产业增加值902.19亿元，增长2.4%，对地区生产总值增长贡献率为34.7%；第三产业增加值972.19亿元，增长2.6%，对地区生产总值增长贡献率为

---

① 执笔人：刘惠芬、张少宁。

36.6%。三次产业占总产值的比重为 18.9%、39.0%、42.1%。一般公共预算收入 124.5 亿元，增长 9%；规模以上工业增加值、固定资产投资、外贸进出口总额分别增长 2.6%、12.1%、2.1%；全体居民人均可支配收入 27 496 元，增长 5.3%（表 4-8-1）。

表 4-8-1 2020 年肇庆市总体经济发展概况

	数值（亿元）	增长率（%）
第一产业增加值	437.27	5.3
第二产业增加值	902.19	2.4
第三产业增加值	972.19	2.6
地区生产总值	2 311.65	3.0
规模以上工业总产值	708.70	2.6
农林牧渔业总产值	678.51	6.4
固定资产投资	523.47	12.1
社会消费品零售总额	1 062.16	−4.1
外贸进出口总额	412.68	2.1
地方公共财政预算收入	124.50	9.0

（2）肇庆市农商银行发展概要

肇庆农商银行坚持支农支小市场定位，主动对接乡村振兴战略、城乡融合发展项目，树立普惠金融户户通发展目标，为肇庆小微客户提供优质金融服务。截至 2021 年 8 月末，肇庆农商银行各项存款余额为 4 036 133 万元，在当地金融机构市场占比为 23.37%，各项贷款余额为 268.53 亿元，市场占比为 16.57%，存贷款规模排名均位列第一。

肇庆农商银行严控信贷风险，实施稳健经营，取得明显绩效。截至 2021 年 8 月末，肇庆农商银行营业收入为 134 825.15 万元，同比增长 8.09%；拨备前利润总额为 55 876.87 万元，同比增长 20.82%；拨备后利润总额为 56 177.25 万元，同比增长 80.85%；净利润为 49 694.98 万元，同比增长 82.18%。中间业务收入为 1 883.66 万元，同比增 35.35%。其资产利润为 1.49%，资本利润为 14.53%，成本收入比为 36.66%，均高于监管要求[①]，

---

① 资产利润法定监管值要求为不低于 0.6%，资本利润的法定监管值要求为不低于 11%，成本收入比的法定监管值要求为不高于 45%。

参见表 4 - 8 - 2。不过，受新冠疫情影响，2020 年肇庆农商银行资产质量情况呈现一定下滑趋势。截至 2020 年末，肇庆农商银行不良贷款余额 75 870 万元，比上年增加 42 416 万元，增幅 126.79%；不良率 2.94%，比上年上升1.51 个百分点。2020 年肇庆农商银行全年处置不良资产 78 785.30 万元，比上年增加 37 623.85 万元，增幅 91.26%。其中处置不良贷款 44 363.59 万元，处置表内抵债资产 34 421.71 万元。不良贷款处置金额比上年增加 24 871.09万元，增幅 127.69%。

截至 2020 年末，肇庆农商银行个人贷款户数 26 329 户、余额 950 549 万元，余额比上年增加 78 461 万元，增幅 9.00%，占比 36.8%；对公贷款户数582 户、余额 1 632 439 万元，余额比上年增加 55 377 万元，增幅 3.51%，占比 63.2%（表 4 - 8 - 3）。

表 4 - 8 - 2　2021 年 8 月末肇庆农商银行经营指标

	总额（万元）	同比增长（万元）	同比增幅（%）
营业收入	134 825.15	10 088.79	8.09
拨备前利润	55 876.87	9 629.81	20.82
拨备后利润	56 177.25	25 113.95	80.85
净利润	49 694.98	22 417.48	82.18
中间业务	1 883.66	492.01	35.35

表 4 - 8 - 3　2020 年末客户建设情况

	户数（户）	余额（万元）	比上年增加（万元）	增幅（%）	占比（%）
个人贷款	26 329	950 549	78 461	9.00	36.8
对公贷款	582	1 632 439	55 377	3.51	63.2

8.2　肇庆市农商银行普惠金融产品创新

在实施乡村振兴战略背景下，发展普惠金融是满足"三农"资金需求、推动全面建成小康社会的重要举措之一。肇庆农商银行在运用现代金融科技拓展金融覆盖面、提供基本金融服务的同时，基于乡村金融环境变化和实际，以创新金融产品对接客户需求，开发了悦农 e 贷、一村一品贷、水产贷、农房贷、乡村普惠贷、创业担保贷以及积金快贷、肇兴贷、同舟贷、真猪贷、知识产权质押贷款、极速贴现、红星贷、家禽养殖贷、船舶贷等普惠金融产品。

（1）积金快贷

"积金快贷"是一款全线上个人消费贷，全程"0 资料、0 费用"，是客户只要下载"广东农信"App，使用肇庆农商银行手机银行即可自助办理贷款的金融产品。肇庆农商银行是广东省农合机构第二家上线该产品的机构，覆盖所有肇庆市缴纳公积金人群，特点是手续简单、办理快捷；还款方式方便灵活，随借随还；额度高，利率低，额度最高 20 万元，年利率 4.8%。

（2）一村一品贷

产业振兴是乡村振兴的核心，基于肇庆市乡村特色产业，自 2020 年 9 月开始，肇庆农商银行开发"一村一品贷"产品，推动辖内乡村特色产业规模化、标准化、品牌化和市场化发展。该款产品以整村授信模式或按区域产业整体推进模式进行，采取整村授信与个人信用等级情况相结合，原则上以市农业局发布的"一村一品"系列产品名录范围及一级支行推荐的名单（该名单会动态调整）进行投放。一级支行按属地原则管理，发掘其辖区内特色产业，向总行提出整体授信需求，调查员调研"一村一品"产业情况及农户需求，然后确定整村或产业授信方案，并进户调查，确定白名单；遵循审慎性与效率原则，总行业务管理部门会进行相关审查和审批。贷款用于借款人投资经营"一村一品"产业或产品中的合理资金需求，贷款期限最长不得超过 3 年，可分为信用贷款、保证担保贷款和抵（质）押担保贷款。贷后农商银行会对贷款资金使用、借款人的信用及担保情况等进行跟踪检查和监控分析，确保贷款资产安全。一是定期跟踪分析评估借款人履行借款合同约定内容的情况，并作为与借款人后续合作的信用评价基础；二是按照法律法规规定、借款合同的约定，对借款人未按合同承诺提供真实、完整信息和未按合同约定用途使用、支付贷款等行为追究违约责任。

（3）农房贷

结合政府三旧改造、美丽乡村政策以及乡村居民自建房市场的融资需求，2020 年 9 月肇庆农商银行开发推行"农房贷"金融产品，满足乡村居民建设和改造房屋资金需求。

"农房贷"的基本条件：本人或直系亲属拥有肇庆市端州区、高要区和鼎湖区村居土地使用权并拟在该土地建设房产；借款者具有完全民事行为能力的自然人，年满 18 周岁，且年龄和授信期限合计不超过 60 周岁；具有良好的信用记录和还款意愿，无不良嗜好，在农合机构、人民银行个人征信系统和其他相关个人信用系统中无恶意违约记录或不良债务资信；具有稳定的经济收入，有偿还贷款本息的能力并能够提供相应的收入或资产证明；有固定住所、常住户口或有效居留证明；在肇庆农商行开立银行卡（或个人结算账户）。

"农房贷"用于新建房屋或旧房重建、改建、加建及房屋内外装修等农房建设相关用途，贷款额度与期限根据借款人的贷款条件、个人信用状况等确定，贷款期限最长 10 年，可分为信用贷款、保证担保贷款和抵（质）押担保贷款，最高贷款金额不超过 50 万元。

贷后农商银行会对贷款资金使用、借款人信用及担保情况变化等跟踪检查和监控分析，确保贷款资产安全。银行会定期跟踪分析评估借款人履行借款合同约定内容的情况，并作为与借款人后续合作的信用评价基础。按照法律法规规定和借款合同的约定，银行还会对借款人未按合同承诺提供真实、完整信息和未按合同约定用途使用、支付贷款等行为追究违约责任。

（4）乡村普惠贷

探索新形势下乡村治理和普惠金融服务"三农"的新模式，需要以科学规范的信用农户评定机制为基础，2020 年 11 月肇庆农商银行开发了"乡村普惠贷"。

首先，借款人应符合肇庆农商银行准入条件。借款人是具有完全民事行为能力的中华人民共和国公民，年满 22 周岁且不超过 60 周岁，贷款期限与借款人年龄之和不能超过 63 年；信用状况良好，具有还款意愿和还款能力，在个人信用信息基础数据库及全省农合机构中无本息拖欠情况。其次，参照《农户信用评分模型表》，农户信用评分采用模型进行评分，以定量与定性指标相结合，采用大数据、熟人评价、综合评审等方式，确定农户综合得分。以被评 600 分（不含）以上的农户家庭为单位，明确符合基本准入要求的家庭成员列入白名单，作为乡村普惠贷借款人，原则上一户中最多不能超过 3 名（含）。肇庆农商银行将预授信白名单导入系统，实施乡村普惠贷（白名单）批量审核管理。随后，根据模型确定贷款额度①，贷款采取信用方式，单户业务最高授信额度不超过 30 万元，单个借款人最高授信额度不超过 10 万元，贷款期限内可循环使用。用途仅限于个人合法合理的消费，包括但不限于家居装修、购

---

① 该村单户最高可贷额度＝肇庆农商银行最高可贷额度÷750×该村优质农户平均分，其中该村单户最高可贷额度≤肇庆农商银行最高可贷额度＝10 万元。单户预授信额度＝该村最高可贷金额÷（750 分及以上农户的平均分数－600）×（该户信用得分－600）。其中 1 万元≤单户农户预授信额度≤该村单户最高可贷额度。

车、医疗、教育、婚嫁、旅游、大宗购物等消费性支出。

借款人通过手机银行端或其他电子渠道，填写必要信息，同时在线签署个人信用信息查询授权书后即完成贷款申请。悦农 e 贷系统在通过内外部渠道获取客户数据后使用授信审批模型进行自动审批，系统将自动计算并创建授信额度。审批通过后，可通过手机银行客户端在线签署借款合同等法律文本，线上渠道自动发放贷款至借款人选定的提款账户，还款方式分正常还款、提前还款、逾期还款。

在风险管控方面，肇庆农商银行按照《肇庆农村商业银行股份有限公司信贷资产七级分类管理暂行办法》，结合乡村普惠贷业务特性开展风险分类。借款人在发起提款申请后，系统会进行提款前风险排查，检查借款人在农合机构各类贷款有无逾期、存量贷款风险分类是否次级及以下，若存在逾期情况，则不允许其提款。贷款发放前，要求客户在合同中承诺按约定使用贷款；贷款发放后，系统将对客户贷款资金用途进行监控，并对风险客户进行预警提示，提交给贷后管理人员予以核实。对于经核查确实存在挪用贷款的客户，贷后管理人员应督促客户整改或采取提前收回贷款等措施，防控风险。

8.3 普惠金融服务创新

肇庆农商银行利用金融科技建设普惠金融信用体系和信用平台，扩大现有信用体系的覆盖面，解决金融发展中的信息不对称问题，促进普惠金融服务创新。

①通过金融直播间、抖音、开发小程序等方式有针对性地营销各类产品和服务，提升批量获客水平。同时，结合"鲜特汇"商城线上平台，将辖内农户、涉农企业生产的莲子、芡实、霸王花、药膳套装等特色农副产品上线进行帮扶销售，并借助抖音平台以"悦农收获季"为主题，对禄步镇双马生态农业种养基地的一村一品项目"双马菠萝"开展直播带货，协助拓宽农产品销售渠道。

②实施普惠金融户户通网格化营销策略。结合城区、城乡片区特色，落实网格化营销。一是落实营销分区，锁定目标客户群体。城市型支行主要负责市场、街道、社区；农村型支行主要负责行政村；城郊型支行负责部分市场、街道、社区及所辖行政村，实施立体化网格营销战略，实现客户的精细化管理。二是搭建组织架构，设立总行网格化领导小组、城镇网格化工作办公室、一级

支行网格化营销走访工作小组三级工作架构，并细分走访模式，巧用系统工作，做好肇庆农商银行网格化营销。

此外，肇庆农商银行还借助互联网、微信、QQ、微博等媒体工具宣传、普及金融知识，使金融消费者理性运用金融工具和享受金融服务，并以此增强消费者权益保护，更好推动肇庆市普惠金融创新发展。

8.4 总结

肇庆农商银行以客户需求导向进行产品创新，开发了悦农 e 贷、一村一品贷、乡村普惠贷以及积金快贷等系列普惠金融产品，契合乡村小微客户的产业发展、个人消费支出、房屋建设与改造等需求，降低交易成本，有助于金融资源注入实体经济和乡村建设。截至 2020 年末，肇庆农商银行各项贷款余额 2 582 988万元，比年初增加 236 196 万元，增幅10.06％；占当地市场份额的15.78％；存贷比 64.04％。其中，普惠涉农贷款 149 441 万元，较年初增长15 581 万元，增幅11.64％；普惠小微企业贷款余额 292 045 万元，比年初增加66 229 万元，增速29.33％；有贷款余额户数 2 312 户，比年初户数（1 774 户）增加 538 户；发放普惠小微企业贷款的年化利率5.25％，比上年年化利率水平（6.59％）低 1.34 个百分点；普惠小微企业贷款不良率1.45％，比各项贷款不良率（2.94％）低 1.49 个百分点。取得了较好绩效，促进了肇庆市农村经济的可持续发展。

9 农业企业家金融素养与信贷可得性：云浮实证[①]

普惠金融发展带动金融供给增加，一定程度缓解了农业企业融资难、融资贵问题，但供给的扩大未必使得企业信贷可得。本章实证分析了金融素养等因素对企业金融需求和获得贷款的影响，发现金融素养、生命周期、亲友工作、性别、政治面貌、教育对金融需求有显著正向影响；利用定性比较分析法分析企业产生有效金融需求的组合构型，发现制约农业企业金融供需不匹配的关键是企业有效金融需求不足，存在需求型金融抑制，而金融素养是潜在金融需求转化为显性金融需求的能力表现。

9.1 引言

发展普惠金融，一定程度上满足了中小企业贷款需求，却忽视了培育创造中小企业有效信贷需求，单方面增加金融供给，难以提高金融市场均衡水平，提升需求有效性至关重要。而农业企业家金融素养是影响其需求有效性的重要因素。研究发现，金融素养显著正向影响农户的信贷行为、理财行为及保险行为（何学松等，2019；邢大伟等，2019），可以降低信贷约束（刘自强等，2019）。部分农业企业受企业家金融素养等因素约束，无法将潜在需求转化为有效需求。以往的研究中，金融素养是个人金融能力的微观表现，信贷可得性是金融供给端的宏观表现，本研究将金融素养、金融需求、金融供给、信贷可获得性相联系，实证分析金融素养等因素对获得贷款和产生金融需求的影响，建立农业企业家金融素养与信贷可获得性的影响机制。

金融素养是基于经济原理和金融知识的判断和决策能力。Noctor（1992）首次提出金融素养概念，金融素养被其定义为个人使用和管理做出明智判断和有效决策的能力。在后续的研究中，金融素养的内涵不断补充和扩大，包括了

---

① 执笔人：王剑楠。

解基本金融知识、知识应用能力以及对金融信息的敏感性和金融行为后果的预见能力。在人口老龄化带来的公共政策和养老金制度变化背景下，Cutler（1996）认为对经济原理和经济知识有基础的了解是具备金融素养的前提条件，有足够的金融能力才能应对政策和制度变化。Servon（2008）强调金融素养应侧重于金融知识的应用能力，通过金融知识教育提升金融素养，将金融素养与网络银行技术相结合，可以激励低收入银行客户采取更活跃的金融行为。Mason（2000）认为金融素养应侧重于个人对实施金融决策所需相关信息的敏感性及对相关决策可能引发经济后果的预见能力。

金融素养可以促使个人采用最佳行为方式做出正确的金融决策，缺乏金融素养的人会偏离最佳行为决策，从而导致个人获取金融产品时必须付出较高成本。Noctor 在 1992 年提出金融素养概念后，斯坦福大学教授 Bernheim（1995）在公共政策和经济增长关系的研究中发现，金融产品随政策变化愈加复杂，但美国家庭没有足够的金融素养让其意识到金融产品的复杂性，从而导致家庭金融脆弱。Bernheim（1996）研究雇主金融教育项目与雇主金融行为的关系时发现，金融教育对雇主的金融行为有正向影响，接受过金融教育的雇主金融行为更加活跃和稳健，未接受过金融教育的雇主往往不能有效参与金融市场活动。受教育程度高的人比受教育程度低的人有更好的金融技能和知识，金融素养越高的群体失业可能性就越低，而较低的金融知识得分与受访者无力支付手机、银行卡账单有显著关联（Chen，1998；Marcolin，2006）。金融教育投入对居民投资股票有显著正向作用，受过金融教育的群体能做出更符合自身风险偏好的投资决策（贾宪军等，2019）。Lusardi（2007）的研究发现，金融素养是退休计划的重要因素，金融素养越高的成年人在做退休计划时能有效将金融素养与个人决策相结合。具备较高金融素养，会表现出更高的风险偏好，最终影响金融行为（朱涛等，2016），能显著促进消费者的潜在消费（孟德锋等，2019）；能显著促进家庭股市参与的意愿与规模，分散家庭金融资产配置（伍再华等，2017），对城市和农村贫困状况的缓解也有显著影响（单德朋，2019；谭燕芝等，2019）。

可通过多种维度测度金融素养。金融素养的测度最早源自 Chen（1998）对大学生个人理财素养的测度，被调查大学生要求回答 52 个关于常识、储蓄和借款、保险和投资的金融知识。经济合作与发展组织（OECD）在 2013 年国际留学生评估项目（PISA）金融素养测评国际报告，在报告中用内容

（content）、过程（process）、背景（context）三个维度测试金融素养，这三个维度中的具体指标可以概括为构成金融素养的基础知识、知识的应用能力、发挥金融素养的环境，在日常生活和金融教育中，可以从这三个方面提升金融素养。中国居民金融素养水平整体较低（何学松等，2019；苏芳等，2020），对金融产品的风险特征认知不清（朱涛等，2017），职业、受教育程度、收入、年龄、地域对金融素养得分有影响，收入和职业是导致金融素养差异的重要因素，教育水平是影响金融素养的核心因素（刘国强，2018；余文建等，2017），在主观金融素养和客观金融素养的评估上，女性金融素养显著低于男性（廖理等，2019），农村居民的个人受教育程度、父母最高受教育程度、非农程度会造成金融素养的差异（张欢欢等，2017），在金融知识、金融行为、金融态度、金融技能四方面均落后于城镇居民。（王姣等，2019）。

9.2 理论分析框架与研究假设

9.2.1 贷款行为模型

通过访谈调查我们了解到农业企业家的借款主要来自银行，设影响银行贷款边际成本的因素为 X_S，影响农业企业家贷款边际收益的因素为 X_d，银行提供贷款的边际成本为 $MC(X_S)$，农业企业家借款的边际收益为 $MR(X_d)$，则农业企业家希望得到贷款且银行愿意提供贷款的条件为：

$$\begin{cases} MC(X_S) < r \\ MR(X_d) > r \end{cases}$$

该式的经济含义为：当企业借款的边际收益 $MR(X_d)$ 大于边际成本 r 且银行提供贷款的边际成本 $MC(X_S)$ 小于边际收益 r 时，企业才有贷款需求而且需求可以得到满足，信贷交易才能达成。令 Y_1 代表银行提供的贷款数量，Y_2 代表企业希望得到的贷款数量，Y_1 受 X_S 影响，Y_2 受 X_d 影响，此时贷款行为模型为：

$$\begin{cases} Y_1 = f(X_S) \\ Y_2 = f(X_d) \end{cases}$$

9.2.2 研究假设

在此次调查中，用银行提供贷款表示金融供给，假设金融素养、企业经营规模、企业生命周期、企业借款用途、家中是否有亲戚在金融机构工作等因素会对银行提供贷款造成影响，进行实证分析。

（1）金融素养对企业获得贷款有影响

金融素养可促使个人采用最佳行为方式做出正确金融决策，缺乏金融素养的人会做出偏离最佳行为的决策，金融素养高的企业经营者在经营中能够做出更符合自身风险偏好的行为决策（苏芳等，2020），降低逆向选择和道德风险，银行可以从企业的日常经营和财务状况上判断企业家的金融素养，银行更愿意将贷款提供给金融素养好的企业家。基于此，提出假设1。

H_1：金融素养与企业获得贷款有正相关关系

（2）企业生命周期对企业获得贷款有影响

企业生命周期理论将企业分为发展、成长、成熟、衰退四个阶段，处在发展和成长阶段的企业需要更多资金进行扩张，金融需求旺盛，但是处在发展和成长阶段的企业规模较小，经营不稳定，自身实力不足（曹代福，2013）。银行在授信时会考虑到不成熟企业抗风险能力差、财务报表缺乏可信度、企业未来存活时间不确定等问题，而且处在发展成长阶段的企业需要资金扩张，缺乏合适的抵押和担保品，银行无法有效控制风险。而成熟阶段的企业有较大规模、完备制度与可信的财务报表，银行在授信时更倾向于成熟阶段企业。在调研中，主要接触的是小微型企业，并未接触到大型企业。基于此，提出假设2。

H_2：处在发展成长阶段的企业与企业获得贷款有负相关关系。

（3）企业借款用途对企业获得贷款有影响

银行在提供贷款时，更倾向于将贷款提供给用来生产的企业家（张争美，2015）。在访谈调查时发现，企业申请贷款主要有两个目的，一个是作为过桥资金，过桥资金是一种过渡性资金，这是由于银行为了规避风险，要求企业先还旧账才能继续借贷新款；另一个目的用于生产经营，银行更愿意将贷款提供给用于生产经营的企业。基于此，提出假设3。

H_3：用于生产的借款对企业贷款有正相关关系

（4）亲友在银行工作对企业获得贷款有影响

企业家有亲友在银行工作，对企业获得贷款有正向影响。一方面当企业家有贷款需求时，可以向亲友咨询，方便准确地获得信息，另一方面可以帮助银行筛选，减少道德风险和逆向选择出现的概率。基于此，提出假设4。

H_4：亲友在银行工作对企业贷款有正向影响

9.3 研究设计

9.3.1 数据来源及基本特征

本文数据来源于 2018 年对广东省云浮市下辖云城区、云安区、新兴县、郁南县、罗定市的实地调查，采用类型随机抽样法抽取农业企业家样本。云浮市下辖罗定市以温氏集团为代表的禽畜养殖业是支柱产业之一，与之相关的是各类农业企业、农产品加工企业等，调查对象主要集中在中小微企业，根据随机抽样法抽出样本。共计选取有效问卷 109 份。调查对象个体特征方面，男性和女性占比分别为 66.97% 和 33.03%，年龄集中在 40～50 岁，13.76% 的调查对象为小学学历，55.96% 的是初中学历，20.18% 的为高中学历，10.09% 的是本科或大专学历。62.39% 的调查样本把贷款用于生产性项目，37.61% 的将贷款用于其他用途。调查发现，农业企业家借贷目的主要用于生产性投入或作为其他贷款的过桥资金。

金融素养测评得分计算没有统一的标准，对于影响因素较少的测度，可以采用因子分析法。如刘国强（2018）利用因子分析法对调查数据构造公共因子，测度消费者金融素养指数，《2019 年消费者金融素养调查报告》也利用了因子分析法对调查数据进行处理，构建金融素养指数。对于指标全面、综合性强的评价体系，通常采用对回答赋值加总得分，如张欢欢等（2017）在研究山东、河南、贵州农村居民金融素养特征时，将金融知识、理解应用、风险回报、规划、信息分析、责任六个维度，包含 12 个二级指标，根据不同的回答赋值，将调查对象的得分进行加总，得到金融素养测评指数。参考其他学者的研究，本章测评金融素养设置了四个维度 18 个二级指标，也采用对回答加总得分方式评估企业家的金融素养。

根据企业家对金融素养测评体系四个维度 18 个指标有关问题的回答，统计分析得到表所示的企业家金融素养得分描述性分析，将数据进一步加工可以得到企业家金融素养各级指标情况（表 4-9-1、表 4-9-2）。

表 4-9-1 企业家金融素养得分描述性分析

一级指标	二级指标	得分	频数	频率	一级指标	二级指标	得分	频数	频率
金融知识	通胀	2	71	65.14%	金融技能	计算能力	2	48	44.04%
		1	36	33.03%			1	59	54.13%

（续）

一级指标	二级指标	得分	频数	频率	一级指标	二级指标	得分	频数	频率
金融知识	通胀	0	2	1.83%	金融技能	计算能力	0	2	1.83%
	利率	2	77	70.64%		阅读能力	2	81	74.31%
		1	24	22.02%			1	26	23.85%
		0	8	7.34%			0	2	1.83%
	风险	2	57	52.29%		理解能力	2	33	30.28%
		1	44	40.37%			1	67	61.47%
		0	8	7.34%			0	9	8.26%
	金融产品	2	66	60.55%		应用能力	2	42	38.53%
		1	35	32.11%			1	61	55.96%
		0	8	7.34%			0	6	5.50%
金融态度	对储蓄的偏好	2	30	27.52%	金融行为	收支平衡	2	52	47.71%
		1	71	65.14%			1	46	42.20%
		0	8	7.34%			0	11	10.09%
	退休计划	2	16	14.68%		长期计划	2	32	29.36%
		1	77	70.64%			1	72	66.06%
		0	16	14.68%			0	5	4.59%
	接触金融产品的态度	2	49	44.95%		意外支出计划	2	18	16.51%
		1	53	48.62%			1	70	64.22%
		0	7	6.42%			0	21	19.27%
	金融安全意识	2	31	28.44%		购买或持有金融产品	2	18	16.51%
		1	72	66.06%			1	68	62.39%
		0	6	5.50%			0	23	21.10%
	信用意识	2	90	82.57%		金融咨询	2	36	33.03%
		1	18	16.51%			1	66	60.55%
		0	1	0.92%			0	7	6.42%

表 4 - 9 - 2　企业家金融素养各级指标情况

指标	得分区间	平均得分
金融知识	[0, 8]	6.247 706
金融态度	[0, 8]	6.633 028

（续）

指标	得分区间	平均得分
金融技能	[0，8]	5.697 248
金融行为	[0，8]	5.816 514
总分：金融素养	[0，36]	24.394 5

9.3.2 变量选取

（1）被解释变量

选取被解释变量为银行贷款（supply），企业获得贷款取值1，未获得贷款取值0。

（2）解释变量

根据假设1到假设4，解释变量选取金融素养（financial literacy）、企业生命周期（enterprise lifecycle）、借款用途（type）、是否有亲友在银行工作（work）。

financial literacy根据调查问卷展示的金融知识、金融技能、金融态度和金融行为这四个方面的回答，将回答得分加总作为FL的赋值。

enterprise lifecycle划分为两组，发展期和成长期企业为一组，成熟期企业为另一组，因为调查问卷不涉及衰退期企业，不考虑衰退期企业的赋值。将成熟期企业EL赋值为1，发展期和成长期的企业EL赋值为0。

type主要分为生产性借款、过桥类借款和其他用途类借款，将其综合划分为生产类借款和其他用途类借款，将生产类借款type赋值为1，其他用途类借款type赋值为0。

work对企业获得贷款和银行提供贷款都有帮助，有亲友在银行工作work赋值为1，无亲友在银行工作work赋值为0。

（3）控制变量

借鉴已有研究，将年龄（age）、性别（gender）、受教育程度（education）、政治面貌（status）作为控制变量。定义和符号如表4-9-3所示。

表4-9-3　模型变量选取与赋值说明

变量性质	变量代码	变量名称	变量赋值
被解释变量	Supply	企业贷款	企业获得银行贷款Supply取值为1，否则取0

（续）

变量性质	变量代码	变量名称	变量赋值
解释变量	FL	金融素养	根据调查问卷加总得分
	EL	企业生命周期	成熟期企业赋值为 1，发展期和成长期企业赋值为 0
	Type	贷款用途	生产类用途赋值为 1，其他用途赋值为 0
	Work	亲友工作	在银行工作赋值为 1，否则为 0
控制变量	Age	年龄	被访问者实际年龄
	Gender	性别	男性赋值为 1，女性赋值为 0
	Education	受教育程度	小学及以下赋值为 1；初中赋值为 2；高中、中专或技校赋值为 3；大学或大专赋值为 4；硕士及以上赋值为 5
	Status	政治面貌	党员赋值为 1，非党员赋值为 0

9.3.3　模型构建

（1）Probit 模型

假设在利率 r 水平下，所有企业都有贷款需求，企业是否得到贷款取决于银行的贷款决策。通过构建潜变量（latent variable）y_s^* 判断银行的行为净收益。净收益＝收益－成本，如果银行净收益大于 0，就提供贷款；否则就不提供贷款。假设净收益为：

$$y_s^* = x'\beta + \varepsilon$$

其中 x 为银行决策的影响因素，y_s^* 为潜变量，不可观测。

$$\begin{cases} Supply = 1, \ y_s^* > 0 \\ Supply = 0, \ y_s^* < 0 \end{cases}$$

第一，将控制变量年龄、性别、受教育程度、政治面貌加入计量模型进行回归，得到模型 1：

$$Probit(supply) = \beta_0 + \gamma_j P_j$$

P_j 为控制变量

第二，根据假设 1，将金融素养加入回归模型，得到模型 2：

$$Probit(supply) = \beta_0 + \beta_1 fl + \gamma_j P_j$$

第三，根据假设 2，将企业生命周期加入回归模型，得到模型 3：

$$Probit(supply) = \beta_0 + \beta_2\, el + \gamma_j\, P_j$$

第四，根据假设3，将借款种类加入回归模型，得到模型4：

$$Probit(supply) = \beta_0 + \beta_3\, type + \gamma_j\, P_j$$

第五，根据假设4，将亲友工作加入回归模型，得到模型5：

$$Probit(supply) = \beta_0 + \beta_4\, work + \gamma_j\, P_j$$

第六，考虑所有解释变量和控制变量，得到模型6：

$$Probit(supply) = \beta_0 + \beta_i X_i + \gamma_j\, P_i$$

(2) 部分可观测的双变量 Probit 模型

在一定利率 r 情况下，并不一定所有的企业都存在贷款需求，可能因为部分企业家金融素养较低，无法把握企业现在或未来可能产生的资金需求，导致企业没有申请贷款。也有可能在金融素养足够的情况下，企业家从成本最小化角度思考，通过减少企业成本相对增加净利润。在资金需求并不是非常迫切的情况下，部分企业家选择不申请贷款。无论是哪一种情况，都反映出在特定利率 r 情况下，并不能保证所有企业都有贷款需求。

此时，企业是否获得贷款考虑两个方面：一是企业的贷款需求，二是银行的放贷决策。这是一个双变量模型，往往只能观察到企业是否获得了贷款。当企业获得贷款时，说明企业提出了贷款申请并且银行作出了放贷决策，但企业没有贷款需求时就不会提交贷款申请，因而无法从企业是否获得贷款观察银行的决策。这种情况可以选用部分可观测的双变量 Probit 模型，通过联立离散选择模型做出模拟。

$$\begin{cases} y_d^* = \beta_1 X_1 + \varepsilon_1 \\ y_s^* = \beta_2 X_2 + \varepsilon_2 \\ E(\varepsilon_1) = 0, E(\varepsilon_2) = 0 \\ Var(\varepsilon_1) = 1, Var(\varepsilon_2) = 1 \\ cov(\varepsilon_1, \varepsilon_2) = \rho \end{cases}$$

y_s^* 是银行作出贷款决策的潜变量，y_d^* 是企业经营者申请贷款意愿的潜变量，潜变量无法被观测。X_1 是影响企业经营者贷款边际收益的变量，X_2 是影响银行提供贷款边际成本的变量，假设 ε_1 和 ε_2 服从联合正态分布。

$$\begin{cases} y_d = 1,\ y_d^* > 0;\ y_d = 0, y_d^* < 0 \\ y_s = 1,\ y_s^* > 0;\ y_s = 0, y_s^* < 0 \end{cases}$$

y_s 表示银行是否愿意提供贷款的决策变量，y_d 表示企业经营者是否愿意申请贷款的决策变量。

$$\begin{cases} y = 1, \ y_s = 1 、 y_d = 1 \\ y = 0, \ y_s = 0 \text{ 或 } y_d = 0 \end{cases}$$

当银行愿意提供贷款（$y_s = 1$）且企业经营者想要申请贷款（$y_d = 1$）时，贷款行为（$y = 1$）才会发生，企业经营者的贷款行为才能被观测到，企业能否获得贷款是样本能提供给我们的最大信息。部分可观测的双变量 probit 模型采用最大似然法（MLE）作为估计方法，测度希望得到贷款但被银行拒绝的企业比例，也就是金融抑制率，部分可观测的双变量 probit 模型对假设条件更加宽松，更加符合企业家贷款的决策机制，由此测度的金融抑制指标也更为合理，还能充分利用双变量模型残差 ε_1 和 ε_2 的相关性，做出更准确估计。

9.4　实证检验与结果分析

9.4.1　Probit 模型

根据设定的模型 1 到模型 6，将收集到的样本数据进行 probit 回归之后，整理得到表 4-9-4 所示的回归结果表。

表 4-9-4　模型 1 至模型 6 的回归结果

	模型 1	模型 2	模型 3	模型 4	模型 5	模型 6
年龄	−0.029	−0.009	−0.426	−0.007	−0.038	−0.04
	(−0.11)	(−0.03)	(−0.16)	(0.15)	(−0.14)	(−0.02)
教育	0.536***	0.465**	0.419*	0.503***	0.455***	0.513***
	(2.48)	(1.64)	(0.96)	(2.15)	(2.53)	2.61
性别	1.804***	1.637***	1.887***	1.454***	1.821***	1.725***
	(4.31)	(3.70)	(4.15)	(3.27)	(4.27)	(3.12)
政治面貌	0.919***	0.505*	1.114***	1.018***	0.831***	0.661**
	(2.42)	(3.25)	(2.76)	(2.53)	(2.17)	(−1.41)
金融素养		0.103***				0.079**
		(2.83)				(1.89)
生命周期			1.082***			1.012***
			(2.90)			(2.10)

（续）

	模型 1	模型 2	模型 3	模型 4	模型 5	模型 6
借款种类				1.069***		0.412*
				(2.73)		(0.88)
亲友工作					0.377*	0.749**
					(1.10)	(1.65)

注：***、**、*分别表示在10％、5％、1％的水平下显著。

（1）金融素养对获得贷款有显著正向影响

对银行来说，企业家金融素养是一个不可观测的指标，但企业家金融素养对获得银行贷款存在间接影响（梁伟森等，2019）。金融素养通过作用于企业家的金融行为发挥作用，是产生金融需求的重要环节。金融素养的高低可以影响企业家对自身金融行为的掌控和预测，银行在筛选贷款申请者时，可以通过企业财务状况、前期信贷情况等环节间接考察企业家金融素养，通过对金融素养的评估，可有效避开逆向选择和道德风险问题，减少银行信贷风险。银行更希望贷款给金融素养高的企业家，金融素养对企业获得贷款有显著正向影响。

（2）企业金融满足率为 43.65％、56.35％的企业没有得到金融服务

根据在利率水平 r 情况下所有企业都有金融需求的假设，企业是否获得贷款取决于银行的贷款决策。如果银行同意放贷（$Suppluy = 1, y_s^* > 0$），企业获得贷款；银行不同意放贷（$Supply = 0, y_s^* < 0$），企业不会获得贷款。对于 Probit 模型，可以用 supply＝0 代表银行对企业的信贷配给，也就是金融抑制率，计算方法为：

$$P(supply = 0) = P(y_s^* < 0) = P(x'\beta + \varepsilon < 0) = P(\varepsilon < -\beta'x)$$
$$= \phi(-\beta'x) = 1 - \phi(-\beta'x)$$

考虑所有解释变量和控制变量的回归结果，根据估计参数计算得到金融满足率为43.65％，56.35％的企业没有得到金融服务。

（3）其他结果

①企业家年龄对企业获得贷款的影响不显著。

②企业家所受教育对获得贷款有显著正向影响。银行在做出放贷决策之前，会根据各类指标将申请者的个人信用进行量化，企业家所受教育是其中一个量化指标，企业家学历越高，越能控制自己的行为，能更好预知行为风险，银行可通过对企业家学历的筛选降低风险。

③性别对获得贷款有显著正向影响。性别会影响商业银行对企业做出的放贷决策（张伟如，2014），Lusardi et al.（2007）发现男性的风险偏好高于女性，能做出更活跃的金融行为。银行在决策时会根据申请者的性别进行筛选，无论是银行的筛选，还是性别导致风险偏好和金融行为的差异，最终导致性别对获得贷款有显著正向影响。

④政治面貌对获得贷款有显著正向影响。文学舟等（2019）针对银行和企业间信任关系的调查研究发现，企业家的政治身份（如党员、政协委员等）会增加银行对企业的信任。企业家作为党员受到党纪约束，在一定程度上降低了道德风险；同时，参加党组织活动会扩大企业家的影响力和人脉圈，有利于银行了解其风险偏好，从而做出最佳放贷决策。多种因素导致企业家政治面貌对贷款有显著正向影响。

⑤生命周期对获得贷款有显著正向影响。处于不同发展期的企业，在做出是否及时还款决策时，有不同预期收益（仇荣国等，2017）；企业在由非成长期向成长期过渡时，更倾向于优先偿还债权人兼股东的债务，银行贷款并不是这一阶段企业优先偿还的目标（谭燕等，2018）。企业在不同生命周期有不同的发展目标，处在非成熟期的企业尤其是发展期企业，更容易出现逆向选择和道德风险问题。银行更倾向于将贷款提供给成熟期企业，成熟期企业生产规模稳定，资金流量平稳，风险相对较低，所以企业生命周期对获得贷款有显著正向影响。

⑥借款种类对获得贷款有显著正向影响。企业用于非生产性贷款更容易发生违约（朱辉，2019），银行更愿意将贷款发放给用于扩大再生产的企业（王延涛等，2019）。一方面，将贷款用于扩大再生产，可以看出企业产品销售紧俏，需要扩大生产规模，提高盈利能力；另一方面，用于扩大再生产风险较低，企业贷款后违约的概率也较低。

⑦亲友在银行工作对获得贷款有显著正向影响。从调查问卷得到的数据看，若有亲友在银行工作，当企业家有资金需求时很大概率会优先咨询亲友，亲友在银行工作提高了企业家对金融贷款信息的可得性；同时，银行对其了解程度也会高于其他申请人，提高了银行对企业家风险偏好等个人信息的可得性，可以降低逆向选择和道德风险发生的概率。所以，亲友在银行工作对获得贷款有显著正向影响。

9.4.2 部分可观测的双变量 Probit 模型

根据模型对数据回归，整理回归结果得到表 4-9-5。

表4-9-5　部分可观测双变量 probit 模型回归结果

变量	demand	supply
金融素养	0.12**	4.91***
生命周期	1.12***	33.91***
贷款用途		34.57***
亲友工作	0.36**	13.79***
年龄	−0.23	
性别	1.16***	
政治面貌	0.88*	
教育	0.48*	
常数项	−2.93*	−122.02***
observations	109	109
Log likelihood	−28.15	
wald test of rho=0	$P=0.000\,0$	

注：***、**、*分别表示在10％、5％、1％的水平下显著。

通过对实证结果分析，可得到如下结论：

①部分可观测双变量 probit 模型的估计系数与上一节的估计系数有较大差别，这是由于假设仅能观察到 $z=y_s \cdot y_d$ 的情况，减少了部分观测值，信息较少，损失了效率。表4-9-5最后一行沃尔德检验 P 值为0.000，强烈拒绝"$\rho=0$"的原假设，有必要使用部分可观测的双变量模型，模型选取合理。

②假设在一定利率 r 情况下，并不是所有企业家都有贷款需求，将企业贷款需求考虑到模型中，得到金融满足率为65.89％，金融抑制率为34.11％。对比在假设利率 r 所有企业家都有贷款需求情况下，金融满足度为43.65％，金融抑制率为56.35％，再考虑农业企业有效需求不足实际，金融抑制程度大大减弱，这与很多文献中认为农业企业金融供给率低存在差异。如果不关注有效需求，只从供给侧推动普惠金融，而企业贷款的有效需求增长较慢或保持不变，就会导致一部分金融供给不能找到匹配的有效金融需求，导致金融资源浪费。

③由于实证模型假设条件的限制，损失了部分观测值，得到的估计系数存在差距，但仍然可以从回归结果中年龄对获得贷款影响不显著，金融素养、生命周期、贷款用途、亲友工作对获得贷款有显著正向影响，金融素养、生命周期、亲友工作、性别、政治面貌、教育对企业家的金融需求有显著正向影响，

结论与上节实证检验一致且相互印证，增强了结果的可信度。

④金融素养对企业家金融需求有正向影响。金融素养高的企业家更有探知市场环境和金融风险的能力，像银行贷款需要付出成本，金融素养可以让企业家根据预期进行借贷决策；金融素养低的企业家对预期的敏感性也较低，只会按照当前经营需要进行贷款决策。金融素养高的企业家具有市场预见性，以及是否需要贷款做出判断，而对未来的判断影响金融需求。

9.5　基于定性比较分析方法的金融需求影响因素构型分析

实证分析金融素养和其他因素对企业金融需求和获得贷款的影响，发现金融素养、生命周期、亲友工作、性别、政治面貌、教育对金融需求有显著正向影响。利用定性比较分析法（qualitative comparative analysis，QCA）对企业产生有效金融需求的组合构型进行分析。

QCA以一致性和差异性思想为核心。一致性是指如果所研究现象出现多个实例时包含同一种因素，这个使所有实例表现出一致性的因素就是这些现象的原因。差异性是指如果所研究现象的实例在一种情况下发生而在另一种情况下不发生，使这一实例表现出差异的因素就是这些现象的原因。QCA通过设计一种使一致性和差异性联合的复合方法，分析产生现象的原因。通过QCA方法分析金融素养、生命周期、教育、政治面貌、性别、亲友工作产生的不同构型组合，观察这些构型组合是否会引起有效金融需求，从而分析金融素养和其他因素导致有效金融需求的必要性和充分性。

9.5.1　构建二分数据表

使用清晰集定性比较分析法（crisp‐set QCA）进行构型分析，选定结果变量（outcome）、前因变量（condition），将结果变量、前因变量中的数据根据一定规则重新编排为二分数据，构建二分数据表（表4‐9‐6）。

表4‐9‐6　解释变量和结果变量的设定

变量	变量类型	数据权重	赋值	说明
金融需求	不需要贷款	26.61%	0	结果变量
	需要贷款	73.39%	1	

（续）

变量	变量类型	数据权重	赋值	说明
金融素养	14≤得分≤21	38.53%	0	前因变量
	21<得分≤36	61.47%	1	
教育	初中及以下	69.72%	0	前因变量
	高中及以上	30.28%	1	
生命周期	发展期或成长期	60.55%	0	前因变量
	成熟期	39.45%	1	
政治面貌	非党员	54.13%	0	前因变量
	党员	45.87%	1	
亲友工作	在银行	61.47%	0	前因变量
	不在银行	38.53%	1	
性别	女	30.28%	0	前因变量
	男	69.72%	1	

9.5.2　信效度分析

首先进行 Pearson 相关性检验。Pearson 相关性检验有助于发现多重共线性问题，若变量间相关系数大于 0.9，则表明存在严重多重共线性问题。反之，不影响后续定性分析。由表 4-9-7 所示，各变量间相关系数低于 0.7，不存在强烈相关关系，可以使用定性比较分析法。使用 QCA 方法时，前因变量个数为 n，存在 2^n 种逻辑组合，若样本案例数大于逻辑组合数，虽然样本案例可能存在逻辑重合的情况，但在完美情况下可以覆盖所有种类的逻辑组合，此时使用 QCA 能保证逻辑剩余最少，QCA 分析结果可信度高。在本研究中，存在 109 个样本案例，6 个前因变量构成 $2^6 = 64$ 个逻辑组合，样本案例数＞逻辑组合数，理论上保证了无法被观察到的逻辑剩余数量最少，QCA 分析结果可信度高。在重新构建二分数据表的过程中，对金融素养、教育变量的重新编排过程严格根据各阶层累计占比划定分界线，重新将金融素养、教育编码为二分变量，保证了新编码的信效度。此外，在抽样选取企业时，采用了类型随机抽样法，将企业划分为微型、小型、中型三大类，再根据不同产业企业在总体中的比重，确定各类企业抽取样本的数量，然后根据简单随机抽样法抽出上述数量的样本，具有较好的外部效度。

表 4－9－7　Pearson 相关性分析

变量	fl	edu	el	work	gender	status	demand
fl	1						
edu	0.193**	1					
el	0.331***	0.408***	1				
work	0.148	0.358***	−0.017	1			
gender	0.326***	0.250***	0.208**	0.246**	1		
status	0.275***	0.515***	0.161*	0.464***	0.216**	1	
demand	0.532***	0.171*	0.316***	0.206**	0.460***	0.138	1

注：***、**、*分别在1%、5%、10%水平下显著。

9.5.3　单因素必要性分析

金融素养等六个前因变量构成不同的组态，在组态分析之前，要对各前因变量是否为金融需求的必要条件进行检验。Ragin（2017）认为如果前因变量可以构成必要条件，那么前因变量的一致性（consistency）阈值为0.9。如表4－9－8所示，金融素养、教育、生命周期、亲友工作、性别、政治面貌六个前因条件导致金融需求的一致性均小于0.9，非金融素养、非教育、非生命周期、非亲友工作、非性别、非政治面貌六个前因条件导致非金融需求的一致性均小于0.9。结果显示任何单一前因变量不构成导致金融需求的必要条件，任何单一非前因变量也不构成导致非金融需求的必要条件。综上所述，在六个前因变量中，没有任何一个单一因素可以导致金融需求或者非金融需求，要探究金融需求的构型，需要考虑多因素构成的组态对金融需求的作用机制。

表 4－9－8　前因变量必要性检验

前因变量	金融需求		非前因变量	～金融需求	
	Consistency	Coverage		Consistency	Coverage
金融素养	0.787 5	0.954 5	～金融素养	0.796 6	0.604 7
教育	0.350 0	0.848 5	～教育	0.427 6	0.315 8
生命周期	0.487 5	0.907 0	～生命周期	0.551 7	0.381 0

（续）

前因变量	金融需求		非前因变量	~金融需求	
	Consistency	Coverage		Consistency	Coverage
亲友工作	0.675 0	0.806 0	~亲友工作	0.551 7	0.381 0
性别	0.527 0	0.876 7	~性别	0.689 7	0.555 6
政治面貌	0.452 0	0.800 0	~政治面貌	0.655 2	0.322 0

注："~"表示非。

9.5.4 金融需求前因组态

利用 fsqca3.0 软件处理，真值表（truth table）展示了导致金融有效需求的构型，表 4-9-9 展示了案例数大于等于 3 的构型组合。设置一致率阈值为0.8，案例数门槛为 1，进行定性比较分析，得到导致金融需求的构型组合的表 4-9-10。

表 4-9-9 案例变量真值

status	gender	work	el	edu	fl	number	Demand
1	1	1	1	1	1	20	1
0	0	0	0	0	0	9	0
0	1	1	0	0	1	8	1
1	1	1	0	0	1	7	1
0	0	0	1	0	1	5	0
0	1	1	0	0	0	5	1
0	1	0	0	0	0	5	0
1	0	1	0	0	0	5	0
1	0	1	0	1	0	4	0
0	0	1	0	0	1	3	1
0	1	0	1	0	1	3	1
0	0	0	0	0	1	3	0
0	1	0	0	0	1	3	0
1	1	1	0	0	0	3	1
1	1	0	0	0	1	3	1
1	1	0	1	0	1	3	1
1	1	1	0	1	1	3	1

表 4 - 9 - 10　金融需求的组态构型

前因变量	结果				
	①	②	③	④	⑤
金融素养	√			×	√
生命周期		√			×
政治面貌	√		√		×
亲友工作	√	√		√	√
教育		√	√	√	
性别		√	√		
Raw Coverage	0.45	0.437 5	0.342 5	0.14	0.21
Unique Coverage	0.275	0.172 5	0.15	0.007	0.091
Consistency	1	1	0.944	1	1
Overall Solution Coverage			0.925		
Overall Solution Consistency			0.98		

注："√"表示核心因果条件存在；"×"表示边缘因果条件缺失。

　　QCA 技术关注跨案例的并发因果关系，这意味着要素的不同组合可能产生同样结果，当多个不同条件组合可能产生同样结果时，如 $AB+CD\rightarrow Y$；特定结果出现，某个条件可能出现也可能不出现，如 $AB\rightarrow Y$，同样 $aC\rightarrow Y$，这样的情况称为多重并发因果关系。根据编码规则，运用 fsqca3.0 软件对 109 个案例进行分析处理，探究前因变量对结果变量的多重并发因果关系，根据布尔代数运算法则得到五个导致金融需求的组态构型。由表 4 - 9 - 10 可以看出，金融需求的前因条件组态有五种，分别为：①金融素养×政治面貌×亲友工作；②生命周期×亲友工作×教育×性别；③政治面貌×教育×性别；④~金融素养×亲友工作×教育；⑤金融素养×~生命周期×~政治面貌×亲友工作。五种组态度导致金融素养结果的覆盖率为92.5%，一致性为 0.98，属于高覆盖率和高一致性，表明这五种组态可以有效解释产生金融素养的原因构型。导致金融需求结果的充分性（raw coverage）排名前三的组态为①、②、③，导致结果的充分性为 0.45、0.437 5、0.342 5，金融需求的结果是由①、②、③组态产生的必要性分别为 0.275、0.172 5、0.15。结果表明①、②、③三种组态可以有效覆盖结果，但均不是结果产生的必要条件。

　　基于回归分析，采用定性比较分析方法研究产生有效金融素养的构型组合。

检验单因素必要性发现，金融素养、生命周期、亲友工作、性别、教育、政治面貌都不是产生有效金融需求的必要条件，金融素养要和其他因素搭配组合才能产生有效金融需求。对构型组合分析可知，产生有效金融需求的构型包含三个方面：产生实际金融需求的能力、还贷能力、贷款信息来源。金融素养代表产生实际金融需求的能力，这种能力也可以由教育和性别搭配组合代替。有效金融需求可由金融素养、还贷能力、信息来源路径产生，也可由金融素养、信息来源路径产生。还贷能力较弱的企业可以匹配政策性金融，放宽还贷能力要求，产生有效金融需求。在匹配政策性金融的过程中，信息来源是必不可少的环节。

9.6 研究结论与政策建议

(1) 研究结论

需求型金融抑制是制约金融交易的关键因素之一。实证分析中，假设所有农业企业都存在金融需求，企业的金融满足率约为 43%；考虑部分企业没有金融需求的情况后，金融满足率为 65%；再考虑农业企业有效需求不足的实际情况，金融满足程度还需相对提高。企业资金短缺问题无解，不只是因为金融供给不足，还在于有效金融需求不足。因此，在发展普惠金融、增加金融供给的同时，还需要增加需求方的有效金融需求，单纯增加金融供给将导致金融资源的浪费。实证结果表明，金融素养对产生有效金融需求有显著正向影响，对企业获得贷款有显著正向影响。金融素养是潜在金融需求转化为实际金融需求的能力表现，有贷款资格的企业家因为缺乏金融素养，无法将潜在金融需求转化为有效金融需求，造成需求型金融抑制。

(2) 政策建议

金融知识的教育培训是公共品，有利于整个社会资源配置效率的提高和社会福利的增加，作为公共利益代言的政府应当承担其主体责任。政府可以开展金融知识宣传活动，面向有融资需求的农业企业创业者、经营者开展多种形式的金融知识普及教育活动，根据农业企业发展阶段，有针对性地介绍金融基础知识，重点培训信贷市场、民间融资等方面的内容，切实提高其融资主动性和可获得性。

金融机构和农业企业家个体是金融知识教育和培训的主要受益主体。就金融机构来说，金融教育培训和金融素养的提升，会相应优化农村金融生态，降低金融交易费用和风险，并拓展优质客户群体，拓展金融交易，增加金融机构收益。因此，应当主动参与到政府的金融知识普及和培训中，充分利用自身专业比较优势，配合制定相应计划和实施方案，并利用网络优势进行主动和常态化教育宣传活动。就农业企业家个人而言，可以加强与银行等金融机构的联系，尤其是没有亲友在银行工作的企业家，可以咨询相关专业人士，普及金融知识，增加融资信息获取途径。

10 贫困农户信用评价体系研究：
棉洋镇验证[①]

本章采用广东省棉洋镇金融扶贫情况访谈数据，运用层次分析法从贫困农户的家庭、经营生产、户主品质、信誉表现以及信息化使用情况等 5 个一级层面指标和 26 个二级层面指标构建了具有实用性的信用评价指标体系和信用评分表，并运用棉洋镇贫困农户信用数据实证检验了贫困农户信用评价指标体系及打分表的可行性。

10.1 引言

信息不对称是制约农村普惠金融业务发展的关键因素之一。农户作为农村金融的关键主体，但农户信用评价体系不完善，各金融机构无法准确获取农户信用信息。构建和完善农户信用评价体系，有利于改进农村金融服务，提升农户贷款可得性，提高金融机构信贷资金的投放精准度，提升农村普惠金融覆盖面及发展质效，实现农村金融资源配置的"帕累托最优"。

国内外学者在农户信用评价指标方面进行了大量研究，在农户信用行为特征方面，李延敏（2008）认为农户的借贷规模水平以及来源用途均存在显著结构性特征；许家伟（2017）研究发现不同类型的农户在选择偏好土地利用方式时呈现多元化特点，农户拥有的资源禀赋差异是重要原因（陈芳，2018）。自给自足型农户倾向于从熟人圈子内获取基本农业信息，专业型农户主要关注农业市场价格信息，而兼业型农户则偏好于搜集非农就业信息（简小鹰，2007）；金融联结有助于提高农户贷款偿还主动性和调动扶贫金融的积极性（王惠等，2019）。在农户信用影响因素方面，诸多研究表明农户年龄、文化程度、资产负债情况、贷款来源用途、区域经济环境、家庭特征、信贷资金用途及社会关系等对农户贷款可获得性及其风险具有显著影响（Nikolic，2013；孙清等；

① 执笔人：刘城、梁红。

2006；杜君楠，2019；马文勤等，2009；赖永文等，2012）。李莉等（2019）实证认为农户品质对农户个人信用会产生显著影响。农户信用评价指标的研究，学者们通常遵循国际上较为经典的5C信用评分原则进行指标选取，主要是对农户的品格、还款能力、资本、担保、环境条件五方面进行综合定性分析（Mahjabeen，2008；舒歆，2015）；程鑫等（2018）发现受地域经济、自然、人文环境等影响，农户信用也不尽相同；Sugiyama（2010）提出了两种降维判别分析法；石宝峰等（2018）通过相关性分析找出并删除不明显影响评价结果的指标。Nikolic（2013）将信用评价指标进行逐一分类，然后从各类指标中筛出最能真实反映农户信用信息的指标。李薪竹等（2017）尝试将农户电商购物记录纳入信用评价指标体系中。董丹阳（2019）运用非参数检验法识别影响农户贷款违约的关键特征。信用评价方法的研究是基于借鉴国外已有研究基础上进行的。如模糊识别法（Aksu，2010）、将神经网络结合遗传算法运用于信用评价（杨成荣等，2018）、AHP评价法（吴贻军等，2017）；运用层次分析法构建评价农户信用评价指标体系（王虹倩等，2016；田莹莹等，2019）；谭民俊等（2007）运用 FPR－UTAHP 评价方法构建农户信用评价等级模糊模式识别判定模型。

国内外学者的研究取得了阶段性成果，提供了丰富的思考和借鉴。但他们的评价指标未能识别区分贫困农户与普通农户，大部分含有收入类或资产类指标，不适用于对贫困农户信用的评价。基于此，本研究界定了普通农户和贫困农户的特征性差异，将贫困农户纳入信用评价指标体系进行研究，通过面对面访谈棉洋镇贫困农户基本信用特征选取指标，针对棉洋镇贫困农户以及金融扶贫实际设计指标体系，以期丰富农村信用体系建设内容，助力精准扶贫，为推动普惠金融发展提供依据。

10.2　贫困农户信用评价对普惠金融的助推机制

全球普惠金融合作伙伴组织（Global Partnership of Financial Inclusion，GPFI）提出应从金融服务的获取、使用及质量方面度量普惠金融发展，贫困农户信用评价体系对普惠金融发展的促进机制正是通过这三方面实现的。

（1）促进普惠金融服务可得

构建贫困农户信用评价体系有利于降低扶贫贷款双方的交易费用。一方面，有助于扶贫金融机构利用采集的贫困农户基础信息数据，综合分析贫困农户信用水平，为放贷提供决策依据，降低扶贫金融机构的贷款信息成本；另一方面，贫困农户信用指标评价体系的构建能缓解贫困户因贷款成本高、缺乏抵押担保物等受到的资金约束，增大获得贫困户普惠金融服务的能力和便捷性。而信息通信技术的应用大大降低了信息搜集和储存成本，使获取贫困农户信息可行。

（2）提升普惠金融服务使用效率

"要致富先修路"，贫困农户信用评价指标体系就是贫困农户与金融扶贫资金之间的"路"。完善的贫困农户信用评价指标体系有利于解决贫困农户与扶贫金融机构双方的信息不对称，降低获取金融服务门槛，有效辨别农村贫困对象，既可有效扩展涉农金融机构的渗透性，也可保障金融服务在农村各个层面资金需求主体中的渗透度，提升扶贫资金使用效率。

（3）提高普惠金融服务质量

由于贫困农户的致贫原因存在个性化差异，有些是因灾因病、受疫情影响等，也有些是可能存在不还款意愿等。在处理贫困农户贷款逾期时，若采用"一刀切"行为缺乏包容性，会加剧贫困农户整体信用恶化。而贫困农户评价指标体系有助于扶贫金融机构识别贫困农户逾期原因，据此提供合理调整延长还款期限或给予更低优惠利率等个性化服务，发挥扶贫信贷资金的帮扶作用，提升农村普惠金融服务的质量。

10.3 棉洋镇调查及金融扶贫现状分析

为全面客观地识别出影响贫困农户信用评价的指标因素，改进完善贫困农户信用评价指标，我们走访调查了棉洋镇金融扶贫开展情况，依托镇扶贫办贫困户建档立卡资料，面对面访谈了从每个行政村随机选取 3 名贫困户共 78 名样本贫困农户（包含已申请并获得扶贫贷款的 10 名贫困户），整理了样本贫困农户的访谈记录，并咨询了多名专家。

10.3.1 棉洋镇及其贫困农户基本情况

（1）棉洋镇基本情况

棉洋镇位于广东省东北部，坐落在五华县最南端，占地总面积约 254 平方公里，下辖 2 个居委会和 26 个行政村，全镇人口总数达 11.46 万人，其中农业人口 10.21 万人，占全镇总人口的 90%；贫困人口 5 715 人，贫困发生率

4.9％。2019 年全镇生产总值约 9.2 亿元，其中农业生产总值占 8.38 亿元，占比 91％；工业总产值占 0.82 亿元，占比 9％；全镇村民人均收入约 8 600 元。棉洋镇农户主要从事的种植农业作物有烤烟、茶叶、油茶、柿花、百香果、红色蜜柚、沙田柚、鹰嘴桃、两季水稻等特色产业，养殖方面主要是畜牧养殖以及渔业、品种龙虾养殖等。

（2）棉洋镇样本贫困农户概况

样本贫困农户主要从事种养殖业兼零星打工，占比 93.58％，从事客运运输（摩托车载客）的有 5 户，占比 6.42％。其中经营项目有政府帮扶的有 21 户，占比 26.92％，经营同一项目持续时间超过 5 年的有 28 户，占比 35.9％，加入专业合作社的 3 户，占比 3.85％。调研样本贫困农户均是已婚状况，家庭有效劳动力数量普遍是 2～3 人，最多的 4～5 人。年龄结构主要是 30 岁以上群体，最多的是 40～55 岁贫困农户共 50 人，占比 64.11％；其次是 30～40 岁之间的共 16 人，占比 20.51％；55 岁以上的有 11 人，占比 14.10％；30 岁以下的仅 1 人。从学历结构可以看出贫困与知识的强相关性，大部分贫困农户的最高学历处于初中和小学水平，小学及以下的共 36 人，占比 46.15％，初中的 38 人，占比 48.72％，仅有 4 户拥有高中学历，无人接受过高中以上学历。健康状况分为三个等级：差、一般、健康。样本贫困农户及其家人身体均健康的有 55 户，占比 70.51％，家庭中有一人处于一般健康的有 9 户，占比 11.54％，健康状况处于差等级的有 14 户，占比 17.95％。有 9 户贫困农户是中共党员，占比 11.54％，有 3 户曾经或现正担任村干部，占比 3.85％。所在行政村被评为"信用村"的共 9 户，占比 11.54％，被评为"信用户"的 11 户，占比 14.10％。会使用智能手机的有 41 户，占比 51.9％，使用手机支付的有 12 户，占比 15.38％，会使用淘宝的有 10 户，占比 12.82％，会通过网络平台销售农产品的有 7 户，占比 8.97％。

样本贫困农户中仅有 10 户申请获得扶贫贷款，占比 12.82％，其中有 6 户逾期违约形成不良，占比 60％。因主观原因逾期违约的有 1 户，剩余 5 户均属于非主观原因造成的，其中 1 户由于经营生产失败以及建房投入，1 户因经营生产期限较长与贷款付息期限不匹配，1 户因自然灾害（洪涝）导致，1 户因子女教育支出及儿子娶亲所致，1 户因重大疾病无力还贷。

10.3.2　棉洋镇金融扶贫开展情况

全镇金融机构共有 2 个：中国邮政储蓄银行五华县支行、五华县农村信用联社，设有 4 个营业网点，总共 8 台 ATM 机。尚未实现各级行政村营业网点全覆盖，营业网点仅集中在镇中心。截至 2019 年底，棉洋镇金融机构涉农贷款余额 600.5 万元，农户贷款余额 180.8 万元，其中贫困农户贷款余额仅有 21.07 万元，共 9 户贫困户申请扶贫贷款，占贫困农户 5 715 人的 0.2%；农户不良贷款余额 58.9 万元，占农户贷款余额 32.6%，有不良贷款的农户共有 29 户，其中贫困农户 6 户，占比 20.6%，贫困户扶贫贷款逾期违约率高达 60%。

10.4 贫困农户信用评价指标体系构建

为对贫困农户信用进行系统全面评价，在建立评价指标体系时须遵循合法性、全面性、科学性、可操作性、可比性、定性与定量相结合六项基本原则，并采用 1970 年 T. L. Saaty 提出的层次分析法构建评价体系。

10.4.1 指标的选取

借鉴学者研究成果，结合《扶贫开发建档立卡指标体系》，根据棉洋镇贫困农户信贷实际，从贫困农户的家庭、经营生产、户主品质、信誉表现和信息化使用等 5 个一级指标 26 个二级指标来构建适用于贫困农户的信用评价指标体系（图 4 - 10 - 1）。

（1）家庭基本情况（A_1）

一般来说，年龄处于 40～55 岁阶段贫困农户的经验阅历较为丰富，掌握农业技能较为熟练，创造财富能力较强。家人的身体健康状况越好，贫困农户的额外医疗负担越轻，生产生活效率也越高。文化程度和教育水平越高，对新鲜事物的接受能力越强，发展潜力更大，脱贫致富能力更强；有效劳动力人数越多，创造的财富也相对越多；社会资本越多，获取的资源也越多，贷款违约的可能性就会相对较低。这些均对贫困农户的偿还能力有显著的相关关系。因此，评价家庭基本情况选取的代表指标包括户主年龄（A_{11}）、户主学历水平（A_{12}）、家庭成员健康状况（A_{13}）、家庭劳动力人数（A_{14}）、是否为党员或村干部（A_{15}）。

（2）经营生产情况（A_2）

贫困农户的林地、耕地面积和养殖数量，既反映农业生产经营规模，也反映其农业收入水平；林地、耕地面积规模越大，养殖数量越多，农业收入就越大，就越有能力偿还贷款。经营稳定性能反映经营项目的能力和未来收入状

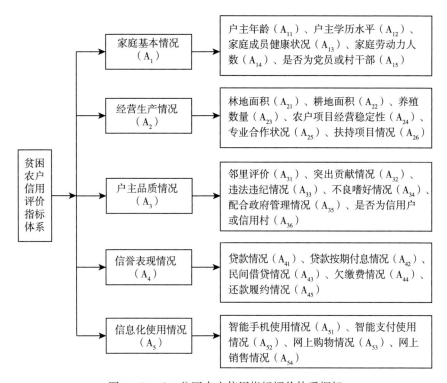

图 4-10-1　贫困农户信用指标评价体系框架

况，持续经营某项目的年限越多，积累的种养经验越丰富，经营稳定性越高；项目经营越稳定，按期偿还债务就越有保障。专业合作和国家扶贫产业项目的支持能使贫困农户获得更专业的种养技术指导，均能反映经营项目的能力和收入，从而反映其还贷能力。因此，评价经营生产情况选取的代表指标包括林地面积（A_{21}）、耕地面积（A_{22}）、养殖数量（A_{23}）、农户项目经营稳定性（A_{24}）、专业合作状况（A_{25}）、扶持项目情况（A_{26}）。

（3）户主品质情况（A_3）

贫困农户的品质主要体现在其与邻里的关系如何、是否为信用户或信用村、有没有获得过当地评奖评优等荣誉称号、是否做出过突出贡献、是否配合政府管理、是否遵法守纪、是否有坑蒙拐骗、赌博等不良嗜好行为等方面。童馨乐、褚保金（2011）研究发现农户的社会关系对其获取贷款及还贷能力有显著影响。因此，评价户主品质情况选取的代表指标包括邻里评价（A_{31}）、突出贡献情况（A_{32}）、违法违纪情况（A_{33}）、不良嗜好情况（A_{34}）、配合政府管理情况（A_{35}）、是否为信用户或信用村（A_{36}）。

（4）信誉表现情况（A₄）

信用历史可以反映其过去的信用状况，信用记录应分析贫困农户与农村信用社等扶贫金融机构、亲朋好友之间是否有借贷关系，是否按时偿还贷款，是故意拖欠还是非主观违约，是否有借贷纠纷情况，是否有欠缴电费、承包承租费的不良记录等方面。因此，评价信誉表现情况选取的代表指标包括贷款情况（A₄₁）、贷款按期付息情况（A₄₂）、民间借贷情况（A₄₃）、欠缴费情况（A₄₄）、还款履约情况（A₄₅）。

（5）信息化使用情况（A₅）

贫困农户是否会使用智能手机和手机支付，以及是否会通过淘宝等购物平台购物和销售农产品，均能间接反映贫困农户对新鲜事物的态度以及接受程度，会对履约行为产生影响。信息化的普及使用情况有利于提高贫困农户的生产生活水平，及时获取新产品等信息，促进增加收入，便于及时还款，增强信用水平。因此，评价信息化使用情况选取的代表指标包括智能手机使用情况（A₅₁）、智能支付使用情况（A₅₂）、网上购物情况（A₅₃）、网上销售情况（A₅₄）。

10.4.2　指标权重的确定

分别对各层次的信用评价指标进行两两相互比较，构建两两成对的比较判断矩阵。在矩阵的构建过程中，根据甲指标对乙指标的相对影响强度确定甲指标对乙指标的分值。甲指标对乙指标的影响强度分为影响相同、影响稍强、影响强、影响明显强、影响绝对强五级，其相对应的分值取为1、3、5、7、9。如果甲指标对乙指标的影响程度处于上述划分之间的，则相应的分值取为2、4、6、8。依据各指标之间的影响程度构建判断矩阵。

（1）一级指标权重的确定

一级指标的判别矩阵和权重如表4-10-1所示。

表4-10-1　一级指标判别矩阵及其权重

指标	A_1	A_2	A_3	A_4	A_5	M_i	W_i	权重
A_1	1	1/4	1/3	1/3	2	0.055 6	0.561 0	0.093 5
A_2	4	1	2	2	4	64.000 0	2.297 4	0.382 7
A_3	3	1/2	1	1/3	2	1.000 0	1.000 0	0.166 6
A_4	3	1/2	3	1	3	13.500 0	1.682 9	0.280 4
A_5	1/2	1/4	1/2	1/3	1	0.020 8	0.461 1	0.076 8

（2）二级指标权重的确定

第一，家庭基本情况（表 4-10-2）。

表 4-10-2 家庭基本情况指标判别矩阵及其权重

指标	A_{11}	A_{12}	A_{13}	A_{14}	A_{15}	M_i	W_i	权重
A_{11}	1	1/2	1/2	1/2	1/2	0.062 5	0.574 3	0.109 8
A_{12}	2	1	1	1/2	1/2	0.500 0	0.870 6	0.166 4
A_{13}	2	1	1	2	1	4.000 0	1.319 5	0.252 2
A_{14}	2	2	1/2	1	2	4.000 0	1.319 5	0.252 2
A_{15}	2	2	1	1/2	1	2.000 0	1.148 7	0.219 4

第二，经营生产情况（表 4-10-3）。

表 4-10-3 经营生产情况指标判别矩阵及其权重

指标	A_{21}	A_{22}	A_{23}	A_{24}	A_{25}	A_{26}	M_i	W_i	权重
A_{21}	1	1	1/2	1/3	1/2	1/3	0.027 8	0.550 3	0.080 2
A_{22}	1	1	1/2	1/3	1/2	1/3	0.027 8	0.550 3	0.080 2
A_{23}	2	2	1	1/3	1/2	1/3	0.222 2	0.778 3	0.113 4
A_{24}	3	3	3	1	2	2	108.000 0	2.182 2	0.317 9
A_{25}	2	2	2	1/2	1	1	4.000 0	1.259 9	0.183 5
A_{26}	3	3	3	1/2	1	1	13.500 0	1.543 1	0.224 8

第三，户主品质情况（表 4-10-4）。

表 4-10-4 户主品质情况指标判别矩阵及其权重

指标	A_{31}	A_{32}	A_{33}	A_{34}	A_{35}	A_{36}	M_i	W_i	权重
A_{31}	1	1/3	1/5	1/4	1	1/4	0.004 2	0.401 1	0.052 9
A_{32}	3	1	1/4	1/2	3	1/2	0.375 0	0.849 2	0.111 9
A_{33}	5	4	1	3	5	3	900.000 0	3.107 2	0.409 5
A_{34}	4	2	1/3	1	4	1	8.000 0	1.414 2	0.186 4
A_{35}	1	1/3	1/5	1/4	1	1/4	0.004 2	0.401 1	0.052 9
A_{36}	4	2	1/3	1	4	1	8.000 0	1.414 2	0.186 4

第四，信誉表现情况（表 4-10-5）。

表 4-10-5 信誉表现情况指标判别矩阵及其权重

指标	A₄₁	A₄₂	A₄₃	A₄₄	A₄₅	Mᵢ	Wᵢ	权重
A₄₁	1	1/2	1/4	1	1/3	0.041 7	0.529 6	0.094 8
A₄₂	2	1	1/2	2	1	2.000 0	1.148 7	0.205 7
A₄₃	4	2	1	2	2	32.000 0	2.000 0	0.358 2
A₄₄	1	1/2	1/2	1	1/2	0.125 0	0.659 8	0.118 2
A₄₅	3	1	1/2	2	1	3.000 0	1.245 7	0.223 1

第五，信息化使用情况（表 4-10-6）。

表 4-10-6 信息化使用情况指标判别矩阵及其权重

指标	A₅₁	A₅₂	A₅₃	A₅₄	Mᵢ	Wᵢ	权重
A₅₁	1	1/2	1/2	1/4	0.062 5	0.500 0	0.107 4
A₅₂	3	1	2	1/2	3.000 0	1.316 1	0.282 6
A₅₃	2	1/2	1	1/2	0.500 0	0.840 9	0.180 6
A₅₄	4	2	2	1	16.000 0	2.000 0	0.429 4

(3) 贫困农户信用指标体系

由此构建起贫困农户信用指标体系，如表 4-10-7 所示。

表 4-10-7 贫困农户信用指标体系

一级指标及其权重	二级指标及其权重
家庭基本情况 （0.093 5）	户主年龄（0.109 8） 户主学历水平（0.166 4） 家庭成员健康状况（0.252 2） 家庭劳动力人数（0.252 2） 是否为党员或村干部（0.219 4）
生产经营情况 （0.382 7）	林地面积（0.080 2） 耕地面积（0.080 2） 养殖数量（0.113 4） 农户项目经营稳定性（0.317 9） 专业合作状况（0.183 5） 扶持项目情况（0.224 8）

（续）

一级指标及其权重	二级指标及其权重
户主品质情况 （0.166 6）	邻里评价（0.052 9）
	突出贡献情况（0.111 9）
	违法违纪情况（0.409 5）
	不良嗜好情况（0.186 4）
	配合政府管理情况（0.052 9）
	是否为信用户或信用村（0.186 4）
信誉表现情况 （0.280 4）	贷款情况（0.094 8）
	贷款按期付息情况（0.205 7）
	民间借贷情况（0.358 2）
	欠缴费情况（0.118 2）
	还款履约情况（0.223 1）
信息化使用情况（0.076 8）	智能手机使用情况（0.107 4）
	智能支付使用情况（0.282 6）
	网上购物情况（0.180 6）
	网上销售情况（0.429 4）

10.4.3　构建贫困农户信用评分表

（1）数据标准化处理

由于构建的评价体系含有定性与定量两种指标，为便于对各项指标直接量化汇总和直观比较，需对各项指标进行同度量的量化处理。本研究采用的量化方法主要为五分法（好得 5 分、良好得 4 分、一般得 3 分、较差得 2 分、差得1 分；或者好得 2 分、一般得 1 分、差得 0 分）和二元选择法（有赋值 1 分，无赋值 0 分）。量化处理结果如表 4-10-8 所示。

表 4-10-8　指标量化情况

指标	同度量标准化处理结果
户主年龄	30～35＝5 分，29 及以下＝4 分，35～45＝3 分，45～55＝2 分，56 及以上＝1 分
户主学历水平	大专及以上＝5 分，高中（中专）＝4 分，初中＝3 分，小学＝2 分，小学以下＝1 分

（续）

指标	同度量标准化处理结果
家庭成员健康状况	健康＝2分，一般＝1分，差＝0分
家庭劳动力人数	5人及以上＝5分，4人＝4分，3人＝3分，2人＝2分，1人及以下＝1分
是否为党员或村干部	党员兼村干部＝2分，党员或村干部＝1分，否＝0分
林地面积	8亩以上＝5分，6～8亩＝4分，4～6亩＝3分，2～4亩＝2分，2亩以下＝1分
耕地面积	8亩以上＝5分，6～8亩＝4分，4～6亩＝3分，2～4亩＝2分，2亩以下＝1分
养殖数量	有养殖场＝2分，零散养殖（数量少于15头）＝1分，无＝0分
农户项目经营稳定性	拥有5年以上经营经验＝5分，拥有4～5年经营经验＝4分，拥有3～4年经营经验＝3分，拥有2～3年经营经验2分，仅有2年以下经营经验1分
专业合作状况	有＝1分，无＝0分
扶持项目情况	有扶贫单位等帮扶＝1分，无＝0分
邻里评价	家庭和睦和邻里关系融洽＝2分，亲属和邻里关系一般＝1分，家庭不和睦和邻里关系较差＝0分
突出贡献情况	有＝1分，无＝0分
违法违纪情况	三年内无＝2分，有1次＝1分，有2次以上＝0分
不良嗜好情况	无＝2分，有1项＝1分，有2项以上＝0分
配合政府管理情况	配合＝1分，不配合＝0分
是否为信用户或信用村	信用村且为信用户＝2分，信用户或信用村＝1分，否＝0
贷款情况	有＝2分，无＝1分
贷款按期付息情况	无违约＝2分，非主观违约＝1分，主观违约＝0分
民间借贷情况	无纠纷＝1分，有纠纷＝0分
欠缴费情况	无＝1分，有＝0分
还款履约情况	有贷款且正常＝5分，无贷款＝4分，有贷款但因不可抗力违约＝3分，有贷款但因经营失败违约＝2分，有贷款但因教育婚丧嫁娶疾病等生活性支出违约＝1分，有贷款但主观原因违约＝0分
智能手机使用情况	3年以上＝5分，2～3年＝4分，1～2年＝3分，6个月～1年＝2分，6个月以下＝1分
智能支付使用情况	3年以上＝5分，2～3年＝4分，1～2年＝3分，6个月～1年＝2分，6个月以下＝1分

（续）

指标	同度量标准化处理结果
网上购物情况	熟练＝2分，一般＝1分，无＝0分
网上销售情况	有淘宝等网上店铺＝2分，通过微信等平台＝1分，无＝0分

（2）指标分值的确定

本研究采用百分制原则对贫困农户信用指标进行分值分配，通过计算100分×指标权重得出指标分值，然后对一级指标分值进行取整，二级指标分值保留2位小数。根据权重计算一级指标分值得出，家庭基本情况＝100分×0.093 5＝9分，生产经营情况＝100分×0.382 7＝38分，户主品质情况＝100分×0.166 6＝17分，信誉表现情况＝100分×0.280 4＝28分，信息化使用情况＝100分×0.076 8＝8分。同样的，根据权重计算出二级指标的分值。

（3）设计贫困农户信用评分表

通过对各项指标进行量化处理，以及指标分值分配，进一步得出贫困农户信用评分表（表4-10-9）。

表4-10-9　贫困农户信用评分

一级指标及其分值	二级指标	最高得分	分数
家庭基本情况（9分）	户主年龄	0.99	30～35＝0.99分，29及以下＝0.79分，35～45＝0.47分，45～55＝0.19分，56及以上＝0.04分
	户主学历水平	1.50	大专及以上＝1.5分，高中（中专）＝1.2分，初中＝0.72分，小学＝0.29分，小学以下＝0.06分
	家庭成员健康状况	2.27	健康＝2.27分，一般＝1.13分，差＝0分
	家庭劳动力人数	2.27	5人及以上＝2.27分，4人＝1.82分，3人＝1.09分，2人＝0.44分，1人及以下＝0.09分
	是否为党员或村干部	1.97	党员兼村干部＝1.97分，党员或村干部＝0.99分，否＝0分
生产经营情况（38分）	林地面积	3.05	8亩以上＝3.05分，6～8亩＝2.44分，4～6亩＝1.46分，2～4亩＝0.59分，2亩以下＝0.12分
	耕地面积	3.05	8亩以上＝3.05分，6～8亩＝2.44分，4～6亩＝1.46分，2～4亩＝0.59分，2亩以下＝0.12分

（续）

一级指标 及其分值	二级指标	最高得分	分数
生产经营 情况（38分）	养殖数量	4.31	有养殖场＝4.31分，零散养殖（数量少于15头）＝2.15分，无＝0分
	农户项目经营稳定性	12.08	拥有5年以上经营经验＝12.08分，拥有4～5年经营经验＝9.66分，拥有3～4年经营经验＝5.8分，拥有2～3年经营经验2.32分，仅有2年以下经营经验＝0.46分
	专业合作状况	6.97	有＝6.97分，无＝0分
	扶持项目情况	8.54	有扶贫单位等帮扶＝8.54分，无＝0分
户主品质 情况（17分）	邻里评价	0.90	家庭和睦和邻里关系融洽＝0.9分，亲属和邻里关系一般＝0.45分，家庭不和睦和邻里关系较差＝0分
	突出贡献情况	1.90	有＝1.9分，无＝0分
	违法违纪情况	6.96	三年内无＝6.96分，有1次＝3.48分，有2次以上＝0分
	不良嗜好情况	3.17	无＝3.17分，有1项＝1.58分，有2项以上＝0分
	配合政府管理情况	0.90	配合＝0.9分，不配合＝0分
	是否为信用户或信用村	3.17	信用村且为信用户＝3.17分，信用户或信用村＝1.58分，否＝0
信誉表现 情况（28分）	贷款情况	2.65	有＝2.65分，无＝1.33分
	贷款按期付息情况	5.76	无违约＝5.76分，非主观违约＝2.88分，主观违约＝0分
	民间借贷情况	10.03	无纠纷＝10.03分，有纠纷＝0分
	欠缴费情况	3.31	无＝3.31分，有＝0分
	还款履约情况	6.25	有贷款且正常＝6.25分，无贷款＝5分，有贷款但因不可抗力违约＝3分，有贷款但因经营失败违约＝1.2分，有贷款但因教育婚丧嫁娶疾病等生活性支出违约＝0.24分，有贷款但主观原因违约＝0分

（续）

一级指标 及其分值	二级指标	最高得分	分数
信息化使用 情况（8分）	智能手机使用情况	0.86	3 年以上＝0.86 分，2～3 年＝0.69 分，1～2 年＝0.41 分，6 个月～1 年＝0.16 分，6 个月以 下＝0.03 分
	智能支付使用情况	2.26	3 年以上＝2.26 分，2～3 年＝1.81 分，1～2 年＝1.09 分，6 个月～1 年＝0.43 分，6 个月以 下＝0.09 分
	网上购物情况	1.44	熟练＝1.44 分，一般＝0.72 分，无＝0 分
	网上销售情况	3.44	有淘宝等网上店铺＝3.44 分，通过微信等平 台＝1.72 分，无＝0 分

10.4.4　棉洋镇贫困农户信用测算结果评价

由于访谈的 78 户样本贫困农户中仅有 10 户贫困农户申请并获得扶贫贷款，其中有 6 户贫困农户逾期违约形成不良贷款，为检验贫困农户信用评分表的有效性，本研究从获得扶贫贷款的 10 户贫困农户选取 3 户贷款正常的贫困农户和 3 户贷款违约的贫困农户，作为参考检验样本，逐一对选取的 6 户贫困农户信用进行打分。信用评分分界线为 60 分，信用评分低于 60 分的贫困农户违约风险较高，高于 60 分的违约风险相对较低。打分情况见表 4-10-10。

表 4-10-10　部分贫困农户信用评分情况

指标	分数	违约1	违约2	违约3	正常1	正常2	正常3
户主年龄	30～35＝0.99 分，29 及以下＝ 0.79 分，35～45＝0.47 分，45～ 55＝0.19 分，56 及以上＝0.04 分	0.19	0.19	0.04	0.47	0.99	0.47
户主学历水平	大专及以上＝1.5 分，高中（中 专）＝1.2 分，初中＝0.72 分，小 学＝0.29 分，小学以下＝0.06 分	0.29	0.29	0.06	0.29	0.72	0.29
家庭成员 健康状况	健康＝2.27 分，一般＝1.13 分， 差＝0 分	1.13	0.00	0.00	1.13	1.13	1.13
家庭劳 动力人数	5 人及以上＝2.27 分，4 人＝ 1.82 分，3 人＝1.09 分，2 人＝ 0.44 分，1 人及以下＝0.09 分	1.09	0.09	0.44	0.44	1.09	0.44

（续）

指标	分数	违约 1	违约 2	违约 3	正常 1	正常 2	正常 3
是否为党员或村干部	党员兼村干部＝1.97分，党员或村干部＝0.99分，否＝0分	0.00	0.00	0.00	0.00	0.99	0.00
林地面积	8亩以上＝3.05分，6～8亩＝2.44分，4～6亩＝1.46分，2～4亩＝0.59分，2亩以下＝0.12分	1.46	0.59	1.46	2.44	2.44	1.46
耕地面积	8亩以上＝3.05分，6～8亩＝2.44分，4～6亩＝1.46分，2～4亩＝0.59分，2亩以下＝0.12分	2.44	2.44	1.46	0.59	2.44	2.44
养殖数量	有养殖场＝4.31分，零散养殖（数量少于15头）＝2.15分，无＝0分	2.15	2.15	2.15	2.15	2.15	2.15
农户项目经营稳定性	拥有5年以上经营经验＝12.08分，拥有4～5年经营经验＝9.66分，拥有3～4年经营经验＝5.8分，拥有2～3年经营经验2.32分，仅有2年以下经营经验＝0.46分	9.66	12.08	9.66	2.32	9.66	5.80
专业合作状况	有＝6.97分，无＝0分	0.00	6.97	0.00	0.00	0.00	0.00
扶持项目情况	有扶贫单位等帮扶＝8.54分，无＝0分	0.00	8.54	8.54	8.54	0.00	8.54
邻里评价	家庭和睦和邻里关系融洽＝0.9分，亲属和邻里关系一般＝0.45分，家庭不和睦和邻里关系较差＝0分	0.45	0.90	0.90	0.90	0.90	0.90
突出贡献情况	有＝1.9分，无＝0分	0.00	0.00	0.00	1.90	0.00	0.00
违法违纪情况	三年内无＝6.96分，有1次＝3.48分，有2次以上＝0分	6.96	6.96	6.96	6.96	6.96	6.96
不良嗜好情况	无＝3.17分，有1项＝1.58分，有2项以上＝0分	1.58	0.00	0.00	1.58	0.00	1.58
配合政府管理情况	配合＝0.9分，不配合＝0分	0.90	0.90	0.90	0.90	0.90	0.90
是否为信用户或信用村	信用村且为信用户＝3.17分，信用户或信用村＝1.58分，否＝0	1.58	0.00	0.00	1.58	0.00	0.00

（续）

指标	分数	违约1	违约2	违约3	正常1	正常2	正常3
贷款情况	有＝2.65分，无＝1.33分	2.65	2.65	2.65	2.65	2.65	2.65
贷款按期付息情况	无违约＝5.76分，非主观违约＝2.88分，主观违约＝0分	2.88	0.00	2.88	5.76	5.76	5.76
民间借贷情况	无纠纷＝10.03分，有纠纷＝0分	10.03	0.00	10.03	10.03	10.03	10.03
欠缴费情况	无＝3.31分，有＝0分	3.31	3.31	3.31	3.31	3.31	3.31
还款履约情况	有贷款且正常＝6.25分，无贷款＝5分，有贷款但因不可抗力违约＝3分，有贷款但因经营失败违约＝1.2分，有贷款但因教育婚丧嫁娶疾病等生活性支出违约＝0.24分，有贷款但主观原因违约＝0分	1.20	0.00	0.24	6.25	6.25	6.25
智能手机使用情况	3年以上＝0.86分，2～3年＝0.69分，1～2年＝0.41分，6个月～1年＝0.16分，6个月以下＝0.03分	0.16	0.16	0.41	0.41	0.41	0.69
智能支付使用情况	3年以上＝2.26分，2～3年＝1.81分，1～2年＝1.09分，6个月～1年＝0.43分，6个月以下＝0.09分	0.43	0.43	1.09	1.09	1.09	1.09
网上购物情况	熟练＝1.44分，一般＝0.72分，无＝0分	0.72	0.00	0.72	1.44	0.72	1.44
网上销售情况	有淘宝等网上店铺＝3.44分，通过微信等平台＝1.72分，无＝0分	1.72	0.00	1.72	0.00	0.00	1.72
总分		52.98	48.65	55.62	63.13	60.59	66.00

通过打分检验情况可知，违约贷款贫困农户的信用评分均低于60分，分别为52.98、48.65、55.62，其中主观违约贫困农户的信用评分仅为48.65分；贷款正常的贫困农户的信用评分均高于60分，分别为63.13、60.59、66。检验结果与实际贷款状况基本吻合。因此，本研究设计的贫困农户信用评价指标体系以及打分表的可行性较好，通过合理有效性检验。

10.5 研究结论

本研究通过研究梳理农户信用评价的研究成果和相关理论基础，并结合广东省棉洋镇贫困农户的实际情况，选取了 5 个一级指标和 26 个二级指标构建了贫困农户信用评价指标体系以及对应的信用评分表，运用层次分析法对各项指标进行权重确定，并结合指标权重设计评分表，最后对样本贫困农户进行评分检验。

从获得扶贫贷款的 10 户贫困农户选取 3 户贷款正常的和 3 户贷款违约的，作为参考检验样本，逐一对样本贫困农户进行评分，检验结果显示，样本贫困农户的综合信用得分与实际贷款情况基本吻合。可得出结论：设计的贫困农户信用评价指标体系以及打分表具有较好的可行性。

11 数字普惠金融：发展指数与实践模式①

数字普惠金融依托大数据、人工智能和云计算等新兴技术，克服了时间滞后性和地域限制性，降低了服务成本和门槛，扩大了受众范围，有助于解决普惠金融"最后一公里"问题，为低收入群体获取金融服务提供了便利，弥补了传统普惠金融的不足。本章从覆盖广度、使用深度、数字化程度三个维度对数字普惠金融指数进行分析，介绍了网络支付、数字化储蓄与理财、互联网保险等三种数字普惠金融实践模式，从数字平台和消费者两个方面对数字普惠金融发展存在问题进行探讨并提出对策建议。

11.1 背景概述

为解决"三农"等弱势群体融资难、融资贵问题，2018 年《中国普惠金融发展情况报告》白皮书中指出：普惠金融要着眼于金融服务空白和不足的农村地区，决胜脱贫攻坚"最后一公里"。但农村地区受地理位置、经济条件等因素制约，交通不发达，基础建设落后，导致金融机构设点成本高，与传统金融机构的商业性和盈利目的相冲突，普惠金融的可持续性发展受到了限制。2016 年 G20 峰会提出的"利用数字技术推动普惠金融发展"的原则标志着数字普惠金融正式成为全球未来金融扶贫的重要方向。2019 年出台的《关于金融服务乡村振兴的指导意见》指出，数字普惠金融要在农村得到有效普及，要创新金融产品和金融服务方式，更好满足乡村振兴的融资需求；2020 年，中国人民银行提出"在数字普惠金融的道路上一个都不落下"，将金融科技成果更好惠及不同群体；2021 年，中央 1 号文件对数字技术推进农村数字基础设施建设、乡村产业数字化等提出要求；这一系列举措从数字普惠金融的服务对象、服务方式和产品内容等方面做出规定，充分体现了数字普惠金融发展的重要性与必要性。

---

① 执笔人：林琪珊、孙维远。

11.2 数字普惠金融发展现状

中国数字普惠金融经历了传统金融互联网化和互联网直接融资模式的两个阶段，自 2010 年后进入金融科技赋能金融服务的创新阶段，此阶段将多种数字信息技术与传统金融业务结合，具有覆盖区域更广泛、服务成本更低廉、服务对象更普遍的优势。

11.2.1 政策支持数字普惠金融发展

近年来，中国不断出台推动普惠金融发展的货币、财政、产业、监管政策，为数字普惠金融奠定了良好基础，激发了数字普惠金融的发展动力。2015 年《关于积极推进"互联网＋"行动的指导意见》提及"互联网＋"普惠金融概念，鼓励互联网与银行、证券、保险、基金的融合创新；2016 年《普惠金融发展专项资金管理办法》提出：引导地方政府、金融机构以及社会资金支持普惠金融发展，弥补市场失灵，保障我国普惠金融重点服务的基础金融服务可得性和适用性；同年，《关于金融助推脱贫攻坚的实施意见》鼓励探索利用移动支付、互联网支付等新兴电子支付方式开发贫困地区支付服务市场。2017 年《中国金融业信息技术"十三五"发展规划》为数字普惠金融发展提供了技术支持；同年，中国人民银行发布《关于对普惠金融实施定向降准的通知》，鼓励金融机构加大对"三农"和小微企业支持力度。2018 年《关于进一步深化小微企业金融服务的意见》提出增加支小支农再贷款和再贴现额度共 1 500 亿元，下调支小再贷款利率 0.5%。

11.2.2 以信用中国和金融素养工程奠定数字普惠基础

社会信用体系是深入推进数字普惠金融发展的基础，中国信用体系建设自 20 世纪 90 年代后开始，并随着信息技术发展得以不断完善。2019 年，随着国务院办公厅《关于加快推进社会信用体系建设 构建以信用为基础的新型监管机制的指导意见》等文件出台，完善信用建设制度框架，建设多层次信用基础设施，信用信息化水平进一步提升，全国信用信息共享平台发挥信用信息归集共享"总枢纽"作用，"信用中国"网站提高了信用信息的公开程度。并且《中国信用发展报告（2019—2020）》提出未来信用建设实践的重点是包括公共信用、消费信用、金融信用在内的"三信融合"。

此外，中国针对金融消费者还专门出台了保护性指导意见，从规范金融机构行为、完善监管机制、建立健全保障机制等方面对我国金融消费者权益保护问题进行了系统规范。同时，推进金融知识纳入国民教育体系。中国人民银行《2019 年消费者金融素养调查报告》显示，2019 年全国消费者金融素养指数平均值为 64.77，较 2017 年提高了 1.06 个百分点。从整体上看，拥有良好数字素养的消费者具备较高的金融素养水平，因此，通过消费者的教育体系能缩小数字普惠金融发展中的数字鸿沟，增强数字普惠金融的可得性。

11.2.3 数字化条件

网络强国战略促进了中国通信网络行业的快速发展，5G 时代已经到来，城乡宽带覆盖率和互联网接入用户数量不断扩大、数字技术快速迭代均是支撑数字普惠金融发展的基础。第 43 次、第 45 次《中国互联网络发展状况统计报告》中披露了城镇地区与农村地区的互联网普及率。虽然城乡互联网普及率均逐年提高，但在 2013—2018 年间城乡互联网普及率差距均超过 30% 且呈扩大趋势，直至 2020 年 3 月城镇互联网普及率为 76.5%，乡村互联网普及率为 46.2%，城乡互联网普及率差距缩小了 5.9 个百分点，农村地区互联网普及率明显提高，有助于农村地区数字普惠金融发展（图 4-11-1）。

图 4-11-1 网民规模及互联网普及率

（受新冠肺炎疫情影响，2019 年的统计数据截止时间为 2020 年 3 月）

2010 年后，随着互联网金融的兴起、壮大，传统金融业依靠技术手段将传统金融服务进行电子化转型，使得信贷、保险等领域的产品触及更广泛群体，实现了降低交易成本和扩张金融市场目标，使金融服务变得更安全与便捷。此外，金融科技催生了互联网金融机构的诞生，互联网"三巨头"BAT 的金融业务成为数字普惠金融发展的推进器，互联网理财、第三方支付和网络借贷产品越来越多。以 5G、大数据、云计算、人工智能等为代表的新一代信息技术推动金融行业的数字化转型。《中国金融科技生态白皮书（2020）》指出，2020 年中国 5G 网络建设呈现明显加速趋势，5G 用户超过 4 000 万，使得多技术生态融合应用实现金融服务深度和广度的不断拓展，提升金融获客能力，并带来金融服务业务的突破式创新（图 4-11-2、图 4-11-3）。

图 4-11-2　农村网民人数及比例

（资料来源：《中国互联网络发展状况统计报告》《中国统计年鉴》）

图 4-11-3　城乡互联网普及率

11.3　数字普惠金融发展指数

11.3.1　数字普惠金融发展指数概况

北京大学互联网金融研究中心根据蚂蚁金服所提供的数据测算得出的数字普惠金融发展指数是衡量国内数字普惠金融发展的主要指标。数字普惠金融发展指数包括覆盖广度、使用深度和数字化程度 3 个一级维度。覆盖广度用第三方支付账户覆盖率指标衡量，体现用户在互联网平台上的参与度；使用深度包含支付、信贷、保险、信用、投资、货币基金等业务分类指数；数字化程度用移动支付笔数、金额、贷款利率，体现数字金融的移动化、实惠化、信用化和便利化程度。指数覆盖中国大陆 31 个省级城市和 337 个地级以上城市和 2 800 个县域，目前最新省级数据的时间跨度为 2011—2018 年。通过对不同省级数据的横向对比，可以看出数字普惠金融发展的地域差异；通过不同年份数据的纵向对比，可以分析数字普惠金融发展趋势；通过不同维度数据的比较，可以分析数字普惠金融在不同影响效应层面的贡献。

从整体上看，2011—2018 年这八年间，中国数字普惠金融总指数始终呈上升趋势，31 个省份曲线都自下而上递增，仅 2015 年和 2016 年有部分交叉重叠的较接近数值，8 年间的整体增长超 3～15 倍。不同地理区域的数字普惠金融水平存在差异，东部地区省份普遍优于中西部地区省份。纵向对比 2011 年和 2018 年的指数，从绝对值来看，上海始终占据第一名位置，西藏从初始的末位以 15 倍增幅超过多个省份，总体上是发展情况较差的地区后劲十足，发展情况良好的地区增幅小，增幅之差达 5 倍。说明发展中加大了对落后区域的支持力度以缩小差异，数字普惠金融的普惠意义得以体现，能够为贫困地区做出贡献（图 4 - 11 - 4、图 4 - 11 - 5）。

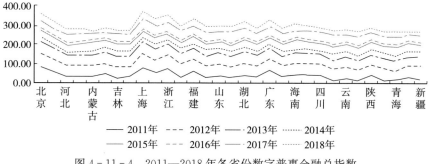

图 4 - 11 - 4　2011—2018 年各省份数字普惠金融总指数

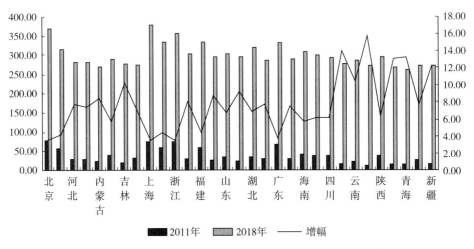

图 4 - 11 - 5　2011 年和 2018 年各省份数字普惠金融总指数

11.3.2　子维度指标的发展情况

2018 年各省份在三个一级维度的发展情况，从横向来看，数字化程度的指数最高但地区差距最小，使用深度的地区差异最大，且使用深度和覆盖广度的曲线波动性相似（图 4 - 11 - 6）。说明各省间的数字化支持服务水平差距不大，能够获取数字金融的便利性和交易成本相近，而在使用深度上即实际各项业务的获取上存在较大差异，长三角地区城市呈现小高峰。为推进各省份数字普惠金融发展，应从扩大覆盖广度和提高触达能力方面着手，缓解弱势，减小差距。

图 4 - 11 - 6　2018 年各子维度指标发展情况

（1）覆盖广度指标

首先，相较于 2011 年，2018 年的覆盖广度指数明显上升，说明该维度对于数字普惠金融整体发展具有贡献；其次，2011 年折线波动大，各省份的覆盖广度情况差距很大，最大值是上海的 98.85，最小值是青海的 1.96，差距高达 50 倍，而 2018 年的整体差距明显缩小，北京、西藏分别成为覆盖广度指数最大、最小的城市，差距缩小到仅一倍有余，而青海的指数也已比 2011 年增长了 127 倍，说明国家战略措施达到了效果，应进一步扩展数字普惠金融的覆盖范围，降低金融服务门槛，促进普惠金融的提质增效（图 4 - 11 - 7）。

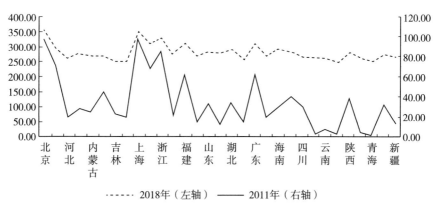

----- 2018年（左轴）　—— 2011年（右轴）

图 4 - 11 - 7　2011 年和 2018 年覆盖广度指数对比

（2）使用深度指标

为体现各年度的曲线，图 4 - 11 - 8 中两曲线采用了不同的坐标轴边界，虽然曲线存在部分地区交叉，但 2018 年的指数是明显较 2011 年有大幅增长。其次，两条曲线的波动都较覆盖广度曲线大，不同地区之间就各项金融业务的使用情况存在较大差异，东北地区如吉林、黑龙江等和西部地区如青海、甘肃等地的指数偏小，但增长幅度大于东部地区如上海、广东等地，说明数字普惠金融发展加强了偏远地区的使用深度，能使人们更快捷地获取金融服务。

使用深度指数中还包含支付、信贷、保险、信用、投资、货币基金等业务分类指数，描述了各项服务的使用总量和活跃度，从图 4 - 11 - 9 可看出 2018 年的保险业务发展指数远高于其他服务类型，通过互联网平台购买保险的用户数及金额高于其他业务的使用程度；其他业务的使用量在苏浙沪等地多于西部地区的使用量。在纵向对比中，各维度数据的统计起始时间不一致，2011 年时西藏、青海的支付指数为 0，河南的保险指数为 0.25，较目前呈跨越式增长，仅考虑完整数据区间的 2015—2018 年，信贷业务的深度增长率最高，货币基金的增长率最小且部分省份出现指数降低的情况。

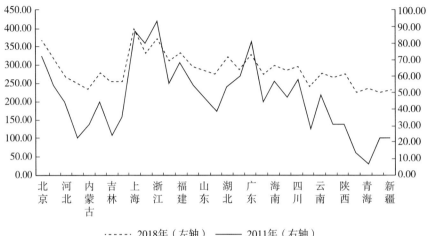

图 4-11-8　2011 年和 2018 年使用深度指数对比

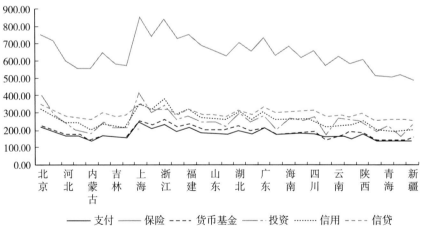

图 4-11-9　各省份 2018 年使用深度二级维度指数对比

（3）数字化程度

就数字化程度对金融服务的支持而言，如图 4-11-10 所示，2018 年较 2011 年大幅增长且平稳，2011 年各省的数字化程度波动属三个一级维度中最大的，说明数字化程度存在明显的地区差异，但发展到 2018 年时趋于平稳状况，即这段时间对于技术的普及和基础设施的建设取得了成效；值得关注的是，总指数和广度、深度指数均获得高分的上海市在 2011 年的数字化程度很低，并在 8 年之间实现了最大增幅。

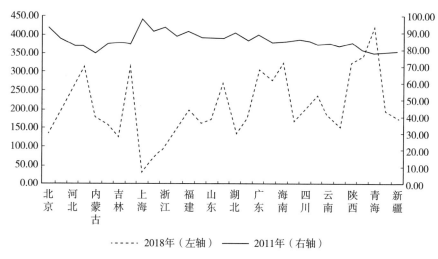

图 4-11-10 2011 年和 2018 年数字化程度指数对比

11.4 数字普惠金融实践模式

数字普惠金融从最初的传统金融业务数字化到互联网企业涉足金融领域，逐渐探索出了适用于不同群体和场景的实践模式。

11.4.1 网络支付

支付是货币流通的基础，支付体系是金融行业的重要部分。与传统意义的支付相比，数字金融领域的支付是以数字媒介为基础，利用第三方网络平台完成支付结算的方式，具有效率高、成本低等比较优势。根据第 45 次《中国互联网络发展状况统计报告》，2020 年 3 月，我国首次有超过 7 亿网民使用了网络支付，占比 85%，较 2018 年末增长 27.9%；手机网民中有 7.65 亿人使用了手机网络支付功能，占比达 85.3%，较 2018 年末增长 31.1%。受新冠疫情影响，人们线上购物增加，线下门店也推荐使用网络支付，农村地区也相继安装了扫码支付设备，引导人们形成了网络支付习惯，网络支付市场交易规模显著提高。根据中国人民银行数据，网络支付市场规模从 2015 年的不足 50 万亿元，至 2019 年突破 250 万亿元，其中，支付宝市场份额稳居移动支付龙头，占比 55.10％，腾讯财付通（含微信支付）紧随其后位列第二。

网络支付的快速发展是生活模式的创新，让长尾用户有机会享受数字普惠金融服务。一方面，网络支付的便捷性使偏远地区农民便于使用转账、汇款和生活缴费等服务，弥补了传统金融设施不足、网点不够等弊端，扩大了金融服务的覆盖面；另一方面，网络支付平台日益丰富的产品及与生活关系密切的应用场景，促进了数字普惠金融的多样化。金融机构通过生活支付能够获取客户信息、消费偏好等，据此可进一步为用户提供个性化产品，使数字普惠金融服务的广度、精度得到提升。

11.4.2　数字化储蓄与理财

储蓄是金融机构传统业务，是民众最基本的金融服务需求，数字化储蓄的发展为低收入群体的储蓄和理财扩展了渠道。一方面，人们将闲置资金储蓄并获取利息收入，提供了基本的保值增值服务，数字渠道的便利性也提高了资金取用的灵活性；另一方面，互联网理财平台改变了原有销售方式，不仅降低了服务成本，还降低了门槛限制，让产品覆盖各种期限和起投金额，扩大了服务覆盖面，使更多长尾客户能便利地获取理财信息和产品。根据《中国互联网络发展状况统计报告》显示，截至 2020 年 3 月，共有 1.6 亿网民购买互联网理财产品，同比增长 8.0％（图 4 - 11 - 11）。其中，首先推出该类小额互联网理财的是余额宝平台，不限制投资金额、不收取手续费、投资者可随时取现等优点吸引了投资者关注，随后腾讯微信理财通、京东小金库和工银薪金宝等产品相继诞生，数字化理财成为数字普惠金融领域的又一重要实践模式。

图 4 - 11 - 11　互联网理财使用情况

11.4.3　互联网保险

互联网保险是通过数字化技术，将销售、审核、承保和理赔等业务环节转移到线上，利用物联网、大数据、区块链等技术赋能，实现产品销售、服务的创新和机构产品的互联网化。2012 年 2 月，保监会公布了第一批 19 家企业获得网上保险销售资格，互联网保险公司由此兴起，并在 2015 年达到高点，实现了 9.2% 的渗透率；后期由于监管力度加大和业务结构转型，保费收入增长整体放缓，直至 2019 年开始复苏，互联网保险保费再次突破 2 000 亿元，同比增长 42.62%。新冠肺炎疫情使得居民对于健康的风险意识提高了，加大了对保险的需求，2020 年上半年互联网保险实现收入 1 766 亿元。

互联网保险的发展提高了保险的可获得性，产品销售与服务的线上化提高了业务效率，保险产品品种得以创新。其一，传统保险行业依赖保险经纪人的推销，而今依托互联网平台，能够扩大宣传渠道，并利用大数据分析客户偏好，实现精准投放；此外，在投保和理赔阶段，用户也只需要线上提交材料、获得审核或理赔反馈，在供给端和需求端均体现了高效、便捷特点。其二，传统机构转型升级推出了互联网保险产品，增强了互联网金融的权威性和稳健性，同时互联网企业也创立了保险分支机构，设计出了多样化的保险产品和业务流程，能覆盖更广泛的用户和投保场景。对于低收入农村居民群体，保险的保障作用表现在通过购买人身保险，避免因病致贫，保障基本生活水平，并可通过购买农业保险、财产保险等提高抵御自然灾害风险的能力，不仅保障自身生产，也能为其获取融资提供担保。

11.5　数字普惠金融存在问题

新兴产业发展有赖于供给方、需求方和监管方的合作，由于技术研发时间长、法律政策相对滞后，征信体系建设和个人信息保护制度不完善；又由于地区发展不平衡，农村地区教育水平和人口结构差异及普惠群体金融知识不足等问题制约数字普惠金融发展，面临着挑战。

11.5.1　数字技术和网络平台的潜在风险

数字普惠金融的潜在风险来源于数字技术和服务平台。一方面，数字普惠金融对网络、数据的依赖程度高，大数据、云平台在为数字金融提供便利的同时容易出现数据遗失或被窃取等可能性；另一方面，相关企业的安全保护意识薄弱，缺乏风险监督和安全保护机制，甚至部分非正规平台会有意通过金融服务窃取用户信息或通过高额回报的诱惑实施金融诈骗。各种潜在风险导致消费者产生金融排斥，这也对政府部门监管提出了新的要求。

对于监管机构而言，缺乏可借鉴的先例，监管制度、行业准则等有待完善，新型的混业经营平台对分业监管模式也提出了挑战。对于金融机构而言，传统组织体系无法与新业务相适应，内部管理制度、业务流程未能及时更新，在服务经营中可能出现授信审批权限、激励考核制度等未全面落实的情况，导致服务能力与社会需求不匹配，对目标客户的信贷需求供给不足，或者出现"不愿贷、不能贷、不会贷"的问题。

11.5.2 普惠对象的金融素养不足

数字普惠金融发展有赖于消费者的数字知识和金融素养，普惠金融的目标群体属于低收入人群，所受教育水平落后，金融知识匮乏，技术手段单一，不愿意或没有能力学习如何操作，对数字普惠金融形成自我排斥，从而形成"数字鸿沟"，限制了其获取数字普惠金融产品和服务机会，也不利于数字金融在普惠金融领域的推广与发展。根据 2020 年第 46 次《中国互联网络发展状况统计报告》显示，我国非网民规模仍有 4.63 亿人，其中尤以农村地区为主，特别是疫情之下，远离互联网不仅使非网民群体无法及时获取防疫信息，更是无法享受出行、购物的便利服务，甚至出现了因无法提供健康码而导致的出行困难。非网民群体中仅有 12.9% 是因为年龄过大或者过小较难使用互联网，主要原因集中于不懂电脑或网络（48.9%）和不懂拼音等文化限制（18.2%）。因此，文化水平所形成的数字鸿沟将是影响数字普惠金融发展的可能原因之一。

11.6 对策建议

11.6.1 加强对农村居民技术与知识的普及

由于数字技术的复杂性和金融知识的专业化，部分受教育程度低、信息闭塞农村居民不懂或不愿接触互联网，更不会使用数字普惠金融平台。因此，政府及金融机构要加强教育科普，提供金融知识和风险防范专项宣讲活动，提高农民使用互联网和智能手机的技能，吸引其主动接受新技术手段，增强辨别和防范金融风险的能力，减小数字鸿沟，减少自我排斥现象，促其通过平台获取普惠金融服务。

11.6.2　推动偏远地区的数字化建设

由于我国幅员辽阔，经济水平差异较大，不少地理位置偏僻或地形不便之地刚脱离贫困，其数字基础设施条件仍不能使数字普惠金融得以普及，如网络传输的速度、流畅性、安全性等因素就决定了消费者使用后的效用及交易安全，同时，高速宽带费用和优质通信设备购置成本仍然较高，可能阻碍部分相对贫困人口的触网行为，无法获得数字普惠金融服务。因此，政府应当出台优惠政策，给予相应贷款补贴和税收减免，各大运营商可因地制宜设置套餐资费，保障偏远地区获取数字化服务的基本需求。

11.6.3　加快完善数字普惠金融监管体系

从 P2P 平台爆雷到支付宝系列监管问题，再到非法机构有意窃取信息或实施金融诈骗等，数字普惠金融发展中存在诸多风险，监管体系在完善过程中难免出现滞后性。尤其是在农村地区发展数字普惠金融，由于农民识别风险和承受风险的能力差，更应加强监管法规的制定与实行，在实现"全面依法治国"的道路上不忘农村金融领域，从立法、普法、执法等多个环节共同发力，保障农村数字普惠金融健康发展，才能真正发挥其在农民增收过程的作用。

主要参考文献

蔡洋萍，2015. 湘鄂豫中部三省农村普惠金融发展评价分析 [J]. 农业技术经济 (2)：42 - 49.

曹代福，2013. 小企业互助融资与风险控制研究 [D]. 成都：西南财经大学.

陈芳，2018. 社会资本、融资心理与农户借贷行为——基于行为经济学视角的逻辑分析与实证检验 [J]. 南方金融 (14)：51 - 63.

陈三毛，钱晓萍，2014. 中国各省金融包容性指数及其测算 [J]. 金融论坛，19 (9)：3 - 8.

陈晓枫，叶李伟，2007. 金融发展理论的变迁与创新 [J]. 福建师范大学学报 (哲学社会科学版)(3)：52 - 57.

程鑫，石洪波，董媛香，2018. 基于 MIC - MAC 的农户信用评价指标体系优化研究 [J]. 数学的实践与认识 (8)：17 - 25.

董丹阳，2019. 基于违约损失显著判别的兼业型农户信用评价研究 [J]. 农村金融研究 (6)：36 - 52.

杜君楠，2019. 农户正规信贷约束影响因素实证研究 [J]. 西部金融 (7)：9 - 15.

高沛星，王修华，2011. 我国农村金融排斥的区域差异与影响因素——基于省际数据的实证分析 [J]. 农业技术经济 (4)：93 - 102.

郭田勇，丁潇，2015. 普惠金融的国际比较研究——基于银行服务的视角 [J]. 国际金融研究 (2)：55 - 64.

何德旭，苗文龙，2015. 金融排斥、金融包容与中国普惠金融制度的构建 [J]. 财贸经济 (3)：5 - 16.

何学松，孔荣，2019. 金融素养、金融行为与农民收入——基于陕西省的农户调查 [J]. 北京工商大学学报 (社会科学版)，34 (2)：1 - 11.

贾宪军，王爱萍，胡海峰，2019. 金融教育投入与家庭投资行为——基于中国城市居民家庭消费金融调查数据的实证分析 [J]. 金融论坛，24 (12)：27 - 37.

简小鹰，冯海英，2007. 贫困农村社区不同类型农户信息需求特性分析 [J]. 中国农业科技导报 (9)：212 - 226.

焦瑾璞，2014. 普惠金融的国际经验 [J]. 中国金融 (10)：68 - 70.

赖永文，刘伟平，2012. 农户信用影响因素分析 [J]. 福建金融 (4)：20 - 24.

李莉，张宗毅，2019. 农户品质对农户信用影响实证分析 [J]. 中国农业大学学报 (1)：206 - 216.

李薪竹，杨晓晓，孔维丰，等，2017. 农户信用评价指标体系研究综述［J］. 金融研究
（20）：157-158.

李延敏，2008. 不同类型农户借贷行为特征［J］. 财经科学（7）：23-30.

梁伟森，温思美，2019. 涉农中小企业贷款违约风险评估研究——基于"新三板"农林牧
渔类企业数据［J］. 农村经济（11）：93-100.

廖理，初众，张伟强，2019. 中国居民金融素养差异性的测度实证［J］. 数量经济技术经
济研究，36（1）：96-112.

刘刚，2007. 金融可持续发展理论：金融发展理论的可能方向［J］. 经济研究导刊（4）：
186-188.

刘国强，2018. 我国消费者金融素养现状研究——基于 2017 年消费者金融素养问卷调查
［J］. 金融研究（3）：1-20.

刘自强，樊俊颖，2019. 金融素养影响农户正规信贷获得的内在机制研究——基于需求角
度的分析［J］. 农业现代化研究，40（4）：664-673.

马文勤，孔荣，杨秀珍，2009. 农户小额信贷信用风险评估模型构建［J］. 财会月刊
（36）：49-51.

孟德锋，田亮，严伟祥，2019. 金融素养与信用消费行为——以信用卡为例［J］. 金融论
坛，24（11）：67-80.

潘功胜，2015. 关于构建普惠金融体系的几点思考［J］. 上海金融（4）：3-5.

PISA，2015. 金融素养测评框架及启示［J］. 中国农村金融（7）：66-67.

仇荣国，孔玉生，2017. 基于企业生命周期的科技型小微企业信贷融资机制［J］. 系统工
程，35（1）：13-22.

任建军，2009. 信贷配给理论发展、模型与实证研究［J］. 金融论坛，14（4）：21-28.

单德朋，2019. 金融素养与城市贫困［J］. 中国工业经济（4）：136-154.

石宝峰，靳鹏，2018. 农村信用合作社竞争力评价及影响因素分析——基于陕西 107 家农
信社面板数据［J］. 农村金融研究（4）：61-66.

舒歆，2015. 农户信用评价指标体系构建——基于河南省 X 市农村信用社的实证研究［J］.
征信（5）：63-67.

苏芳，殷娅娟，2020. 金融素养对中国居民家庭金融资产配置分散化的影响——基于倾向
得分匹配法（PSM）的实证研究［J］. 金融与经济（1）：26-33.

苏岚岚，孔荣，2019. 金融素养、创业培训与农民创业决策［J］. 华南农业大学学报（社
会科学版），18（3）：53-66.

苏岚岚，孔荣，2019. 农民金融素养与农村要素市场发育的互动关联机理研究［J］. 中国
农村观察（2）：61-77.

孙清，汪祖杰，2006. LOGIT 模型在小额农贷信用风险识别中的应用［J］. 南京审计学院
学报（3）：27-29.

谭民俊，王雄，岳意定，2007. FPR - UTAHP 评价方法在农户小额信贷信用评级中的应用 [J]. 系统工程 (5)：55 - 59.

谭燕，蒋华林，吴静，等，2018. 企业生命周期、财务资助与银行贷款——基于 A 股民营上市公司的经验证据 [J]. 会计研究 (5)：36 - 43.

谭燕芝，彭千芮，2019. 金融能力、金融决策与贫困 [J]. 经济理论与经济管理 (2)：62 - 77.

田霖，2007. 我国金融排除空间差异的影响要素分析 [J]. 财经研究 (4)：107 - 119.

田莹莹，马一宁，韩景旺，2019. "乡村振兴"战略下农户信用评价体系构建研究 [J]. 农村金融研究 (15)：106 - 107.

童馨乐，褚保金，2011. 社会资本对农户借贷行为影响的实证研究——基于八省 1 003 个农户的调查数据 [J]. 金融研究 (12)：177 - 191.

王虹倩，田冰冰，王刚贞，2016. 农业价值链融资的农户信用风险评估研究——基于安徽省利辛县的样本 [J]. 郑州航空工业管理学院学报 (2)：92 - 99.

王惠，王静，2019. 基于演化博弈模型的金融联结模式下农户信用行为演化 [J]. 首都经济贸易大学学报 (1)：42 - 49.

王姣，马国温，姚爽，2019. 中国农村居民金融素养现状及提升研究 [J]. 农业经济 (3)：82 - 84.

王延涛，郭泓黎，2019. 我国农村金融的供求分析 [J]. 农业经济 (11)：119 - 120.

王宇熹，杨少华，2014. 金融素养理论研究新进展 [J]. 上海金融 (3)：26 - 33.

文学舟，张海燕，蒋海芸，2019. 小微企业信贷融资中的银企信任问题分析及策略设计——基于江苏省 338 家小微企业的问卷调查 [J]. 西南金融 (9)：40 - 47.

吴贻军，傅泳，2017. 一种创新型的农户信用评价方法——基于安徽省长丰县农村信用体系建设的实证研究 [J]. 征信 (7)：66 - 71.

伍再华，谢北辰，郭新华，2017. 借贷约束、金融素养与中国家庭股票市场"有限参与"之谜 [J]. 现代财经（天津财经大学学报），37 (12)：20 - 35.

星焱，2015. 普惠金融的效用与实现：综述及启示 [J]. 国际金融研究 (11)：24 - 36.

星焱，2016. 普惠金融：一个基本理论框架 [J]. 国际金融研究 (9)：21 - 37.

邢大伟，管志豪，2019. 金融素养、家庭资产与农户借贷行为——基于 CHFS2015 年数据的实证 [J]. 农村金融研究 (10)：32 - 39.

杨成荣，李战江，2018. 信用评价方法的多维最优选择策略 [J]. 统计与决策 (21)：80 - 85.

杨明婉，张乐柱，颜梁柱，2019. 普惠金融发展的测度体系与影响因素研究——以广东省为例 [J]. 金融监管研究 (1)：69 - 80.

尹振涛，舒凯彤，2016. 我国普惠金融发展的模式、问题与对策 [J]. 经济纵横 (1)：103 - 107.

余文建，武岳，华国斌，2017. 消费者金融素养指数模型构建与分析 [J]. 上海金融 (4)：27 - 34.

张欢欢，熊学萍，2017. 普惠金融视角下农村居民的金融素养特征与影响因素研究——基

于三省的调查 [J]. 农业现代化研究，38（6）：1026 - 1035.

张伟如，2014. 中国商业银行对小微企业信贷融资问题研究 [D]. 北京：对外经济贸易大学.

张争美，2015. 小微企业信贷特征与信贷行为影响因素研究 [D]. 重庆：西南大学.

周雨薇，惠琳，邓可欣，2012. 从信贷配给角度看温州金融危机 [J]. 金融经济（12）：52 - 54.

朱辉，2019. 农村中小企业银行融资工具认知风险防控研究 [J]. 农业经济（6）：109 - 111.

朱涛，林璐，张礼乐，2017. 基于国际比较的中国居民金融素养特征研究 [J]. 国际商务研究，38（1）：85 - 96.

朱涛，吴宣文，李苏乔，2016. 金融素养与风险态度——来自微观调查数据的实证研究 [J]. 科技与经济，29（1）：62 - 66.

Aksu Y，2010. Margin - Maximizing Feature Elimination Methods for Linear and Nonlinear Kernel—Based Discriminant Functions [J]. IEEE Transactions on Neural Networks（5）：701 - 717.

Beck T，Demirguc - Kunt A，Honahan P，2007. Access to Financial Services：Measurement，Impact，and Policies [J]. The World Bank Research Observer，24（1）：119 - 145.

Bernheim D，1995. Do households appreciate their financial vulnerabilities? An analysis of actions，perceptions，and public policy [J]. Tax policy and economic growth：1 - 30.

Bernheim D，Garrett D，1996. The determinants and consequences of financial education in the workplace：Evidence from a survey of households [R]. NBER Working Paper.

Campbell J，2006. Household Finance [J]. The Journal of Finance（4）：1553 - 1604.

Chakravarty R，2010. Measuring Financial Inclusion An Axiomatic Approach [R]. Indira Gandhi institute of Development Research.

Chen H，Volpe R P，1998. An analysis of personal financial literacy among college students [J]. Financial Services Review，7（2）：107 - 128.

Cutler N E，Devlin S J，1996. Financial Literacy 2000 [J]. Journal of the American Society of CLU & CHFC，50（4）：32 - 34.

Ellis H，1951. The Rediscovery of Money，Money，Trade and Economic Growth [M]. New York：Macmillan Company.

Hoston，2010. Measuring Financial Literacy [J]. The Journal of Consumer Affairs，44（2）.

Jaffee D M，Modigliani F，1969. A Theory and test of credit rationing [J]. American Economic Review，59（5）.

Lusardi A，2010. Financial Capability in the United States：Consumer Decision - Making and the Role of Social Security [R]. Michigan Retirement Research Center.

Lusardi A，Mitchell O S，2007. Financial literacy and retirement planning：New evidence from the Rand American Life Panel [R]. Michigan Retirement Research Centre.

Lusardi，2011. Financial Literacy and Planning：Implications for Retirement Wellbeing [R]. National Bureau of Economic Research.

Mahjabeen R，2008. Microfinancing in Bangladesh：Impact on households，consumption and welfare [J]. Journal of Policy Modeling (6)：1083 – 1092.

Marcolin S，Abraham A，2006. Financial literacy research：current literature and future opportunities [G] //The 3rd International Conference on Contemporary Business，Charles Stuart University.

Mason C L J，Wilson R，2000. Conceptualizing financial literacy [R]. Loughborough University Paper.

Nikolic N，2013. The application of brute force logistic regression to corporate credit scoring models：evidence from Serbian financial statements [J]. Expert Systems with Applications (15)：5932 – 5944.

Nikolic Y N，2013. The real impact of improved access to finance：Evidence from Mexico [J]. The Journal of Finance (69)：1347 – 1376.

Noctor S S，1992. Financial literacy：a discussion of concepts and competences of financial literacy and opportunities for its introduction into young people's learning [R]. National Foundation for Educational Research.

Pischke J D，Donald D，Adams D W，1987. Rural Financial Markets in Developing Countries [M]. Baltimore：The Johns Hopkins University Press.

Sarma M，2008. Index of Financial Inclusion [R]. Indian Council for Research on International Economic Relations.

Servon L J，Kaestner R，2008. Consumer Financial Literacy and the Impact of Online Banking on the Financial Behavior of Lower – Income Bank Customers [J]. The Journal of Consumer Affairs，42 (2) .

Sugiyama M，2014. The Theory of Moral Sentiments [M]. London：Create Space Independent Publishing Platform.

Wilson J，1954. Credit rationing and the relevant rate of interest [J]. Economics New Series，8 (21)：21 – 31.

后　记
——疫情下禅房苦修的日子

读经济管理这本"经"是在我几近不惑之年开始的，岱下与曲园的主业是汉语言文学，毕业之后一直从事行政管理，在人情世故中十多年青春流逝。但年轻的梦还在，不想将余下的岁月交付天国，毕竟这是只有一次的人生！机缘凑巧，上个世纪末鼓励在职研修，于是我与王家传先生结缘。哪承想我不屑时下骗得名片上的"硕博"头衔，竟念念有词起来，睡梦中也是钟磬声。后又赚得温思美先生喜欢，在鲁粤往返的颠簸中竟也"后"了。虽山东省某副省长的邀约在耳，然已将心托付于南国的紫荆花瓣，那个大雪冰冻的年关，牵手妻儿南下花城。时刻记着温先生"做出点出息来"的训言，家传先生"上天入地"的点拨，也以罗必良先生"高考生"的无字警句勉励，常怀敬畏之心，不舍昼夜间已十四春秋。窗含雨幕春，味品烟墨秋，在茶甘书香的滋味中有点明净起来。

我受米运生教授蛊惑来调研撰写一本普惠金融案例，还煞有介事地与他如菜市场般讨价还价。银子未见，但一诺之后，便带领弟子踏访田野，然行程近半，被反复的新冠肺炎疫情所阻。好在多年来一直行走在田间地头，研磨着普惠金融路径，三个省项成果与此链为一个系列思考：从需求到产品，以机制增效率，资产证券化与资本化；基于金融三大核心功能，运用金融技术解决好信用、资源与风险的时空配置是关键。于是，连同调研新成的 11 个案例，累积 50 余万字的文草，草件参与撰写者在文中均一一注明。吾伏案辛丑秋冬，几易其稿而杀青。这既是研学之道，亦是认识乡村、升华心境的历程，毕竟心中容下乾坤，人生才能幸福！感谢中国农业出版社副编审闫保荣女士的一直帮助，感谢在调研中伸以援手的所有人，尤其是以清远市农商银行董事长陆松开博士以及余卓玲、谢家裕、郑炳礼等为代表的金融界朋友，认定学界与实业乃金融一家之事，倾全力配合。愿吾辈之努力使得普惠金融更能深化服务社会底层群体，一起见证乡村振兴与共同富裕的明天。谨以浅见求教于大家。

是为记。

张乐柱

2021 年 12 月 18 日

图书在版编目（CIP）数据

普惠金融实践创新：广东案例 / 张乐柱著. —北
京：中国农业出版社，2022.8
（普惠金融与"三农"经济研究系列丛书）
ISBN 978 - 7 - 109 - 29738 - 8

Ⅰ.①普⋯　Ⅱ.①张⋯　Ⅲ.①农村金融改革－研究－
广东　Ⅳ.①F832.35

中国版本图书馆 CIP 数据核字（2022）第 124051 号

中国农业出版社出版
地址：北京市朝阳区麦子店街 18 号楼
邮编：100125
责任编辑：闫保荣
版式设计：王　晨　　责任校对：周丽芳
印刷：北京中兴印刷有限公司
版次：2022 年 8 月第 1 版
印次：2022 年 8 月北京第 1 次印刷
发行：新华书店北京发行所
开本：700mm×1000mm　1/16
印张：28.75
字数：516 千字
定价：98.00 元